Die Entstehung der Verfassungen der dänischen Monarchie (1848-1849)

Kieler Werkstücke

Reihe A:
Beiträge zur schleswig-holsteinischen und skandinavischen Geschichte

Herausgegeben von Oliver Auge und Thomas Riis
Begründet von Erich Hoffmann

Band 32

PETER LANG
Frankfurt am Main · Berlin · Bern · Bruxelles · New York · Oxford · Wien

Sönke Loebert / Okko Meiburg / Thomas Riis

Die Entstehung der Verfassungen der dänischen Monarchie (1848-1849)

PETER LANG
Internationaler Verlag der Wissenschaften

Bibliografische Information der Deutschen Nationalbibliothek
Die Deutsche Nationalbibliothek verzeichnet diese Publikation in der Deutschen Nationalbibliografie; detaillierte bibliografische Daten sind im Internet über http://dnb.d-nb.de abrufbar.

Umschlagabbildung:
Siegel der Christian-Albrechts-Universität zu Kiel.

Die Universität trägt ihren Namen nach ihrem Gründer, dem Herzog Christian Albrecht von Schleswig-Holstein-Gottorf, der sie im Jahre 1665 - nur siebzehn Jahre nach dem Ende des Dreißigjährigen Krieges - für sein Herzogtum ins Leben rief. An diese Zeit erinnert auch ihr Siegel: Es zeigt eine Frauengestalt mit einem Palmzweig und einem Füllhorn voller Ähren in den Händen, die den Frieden versinnbildlicht. Das Siegel trägt die Unterschrift: Pax optima rerum (Frieden ist das höchste Gut).

Abdruck mit freundlicher Genehmigung
der Christian-Albrechts-Universität zu Kiel.

ISSN 0936-4005
ISBN 978-3-631-62177-6

www.peterlang.de

Vi
Frederik den Syvende,
af Guds Naade
Konge til Danmark, de Venders og Gothers,
Hertug til Slesvig, Holsten, Stormarn,
Ditmarsken, Lauenborg og Oldenborg,
Gjøre vitterligt for Alle:

Die dänische Verfassung („Grundlov“) vom 5. Juni 1849, Titelseite. Der Text lautet: „Vi Frederik den Syvende, af Guds Naade Konge til Danmark, de Venders og Gothers, Hertug til Slesvig, Holsten, Stormarn, Ditmarsken, Lauenborg og Oldenborg; Gjøre vitterligt for Alle: Efterat Vi af fri Kongelig Magtfuldkommenhed havde besluttet i Overeensstemmelse […] (Seitenwechsel).“

Rigsarkivet, Kopenhagen; Foto Königliche Bibliothek, Kopenhagen.

Inhaltsverzeichnis

Vorwort

Wie bekannt war der Wunsch nach einer freien Verfassung eine der Triebkräfte in der Schleswig-Holsteinischen Erhebung. Knapp fünfzehn Monate nach dem Bruch im März 1848 hatten sich Schleswig-Holstein, Lauenburg und Dänemark freie Verfassungen gegeben, von denen diejenigen Schleswig-Holsteins und Lauenburgs nach dem Scheitern der Erhebung wieder aufgehoben wurden.

Im Rahmen des von Professor Horst Dippel, Kassel, geleiteten Projekts über die Verfassungen der Welt 1776-1850 sollte ich die dänischen Texte finden; durch die Lektüre der Grundgesetze für Schleswig-Holstein, Lauenburg und Dänemark wurde mir klar, dass sie auf gemeinsamen Ideen, vielleicht sogar auf einer gemeinsamen Vorlage basierten. Durch Nachforschungen im Kopenhagener Reichsarchiv gelang es mir, diese zu finden. Es handelt sich um den Entwurf einer gemeinsamen Verfassung für Schleswig-Holstein und Dänemark, der wegen der Erhebung nicht voll ausgearbeitet wurde. Der Text ist keine Reinschrift, sondern ein Entwurf mit zahlreichen Korrekturen. Als der Text seine politische Bedeutung verloren hatte, wurde er vergessen und so von der Forschung nicht wahrgenommen. Ihn wieder zugänglich zu machen, fand ich eine natürliche Aufgabe; mein damaliger Mitarbeiter Sönke Loebert war bereit, die Transkription und die Ausarbeitung eines kritischen Apparats zu übernehmen. Als Teil des Kasseler Verfassungsprojektes wurde der Entwurf mit anderen Texten zur dänischen Verfassungsgeschichte ediert, aber ohne Apparat (Thomas Riis & Sönke Loebert: Verfassungsentwurf für Dänemark, Schleswig und Holstein (1848), in: Constitutional Documents of Denmark, Norway and Sweden 1809-1849, München 2008, S. 33-56).

Für den Rechts- oder Politikwissenschaftler reicht diese Edition aus, aber für den Historiker, der die Entstehungsgeschichte dieses Textes kennen lernen möchte, ist der textkritische Apparat unumgänglich. Eine Edition, die ihn mit berücksichtigt, wäre so nicht überflüssig.

Nachdem die Transkription des Entwurfes abgeschlossen worden war, meldete sich Herr Okko Meiburg als Examenskandidat bei mir; als Thema für die Hausarbeit vereinbarten wir die Verfassungsfrage in der dänischen Monarchie der 1840er Jahre. In diesem Zusammenhang unternahm er den Vergleich zwischen dem Verfassungsentwurf und den Grundgesetzen für Schleswig-Holstein und Dänemark.

In dem vorliegenden Buch wird eine überarbeitete Fassung der Examensarbeit Herrn Meiburgs sowie die vier Verfassungstexte ediert, der Entwurf mit textkritischem Apparat, die anderen nach gedruckten Editionen. Ein auf einem Vortrag basierender Beitrag des Unterzeichneten dient als Einleitung in die Problematik.

Die Veröffentlichung wurde durch Zuschüsse einer dänischen und einer schleswig-holsteinischen Stiftung möglich; in großer Dankbarkeit erwähnen wir hier die

Hielmstierne-Rosencroneske Stiftelse, Kopenhagen, sowie die Christian-Albrechts-Stiftung, Kiel. Ohne ihre Hilfe wäre das Buch nicht zustande gekommen. Schließlich gebührt dem Peter Lang Verlag viel Dank für die gute und freundliche Zusammenarbeit.

Kiel, im Mai 2011 Thomas Riis

Vom Absolutismus zur konstitutionellen Monarchie in Dänemark und den Herzogtümern: März 1848 bis Juni 1849

von Thomas Riis

Grundsätzlich hatte die deutsche Bundesakte vom Jahre 1815 die Wünsche nach freien Verfassungen anerkannt, aber im besten Fall würden nur die Teile der dänischen Monarchie, die auch Mitglieder des Deutschen Bundes waren, sprich Holstein und Lauenburg, davon betroffen sein. Schleswig, das übrige Dänemark sowie die atlantischen Teile der Monarchie (Westindien, Färöer, Island, Grönland) brauchten auch eine moderne Konstitution, wie Norwegen sie im Jahre 1814 erhalten hatte. Die dänische Monarchie war aber ein Vielvölkerstaat, und deshalb bezog sich die Verfassungsfrage zum einen auf die politische Mitbestimmung (wie in anderen Ländern), zum anderen auf die Beziehungen zwischen den Teilen der Monarchie. Vorläufig blieb alles bei dem Gewohnten, König Friedrich VI. (+ 1839) soll sogar auf eine vorsichtige Frage nach Verfassungsreformen geantwortet haben: „Wir allein wissen, was dem Besten des Landes dient."

Jedoch wurde im Jahre 1830 die Verfassungsfrage auf die Tagesordnung gesetzt. Der Anlass war eine kleine Broschure mit dem Titel „Über das Verfassungswerk in Schleswigholstein", die von dem jungen Beamten Uwe Jens Lornsen verfasst worden war. Auf wenigen Seiten und in einer kristallklaren Sprache skizziert Lornsen eine Verfassung für die dänische Monarchie, die er in einen Bundesstaat mit Schleswig-Holstein und Dänemark als gleichberechtigten Partnern umwandeln möchte. Über die anderen Teile der Monarchie, die in 1830 noch Niederlassungen in Indien und im heutigen Ghana umfassten, schrieb Lornsen nichts. Es muss hervorgehoben werden, dass Lornsens Verfassungsentwurf einen Kompromissvorschlag bildete, der die Erhaltung der Monarchie ermöglichen sollte, obwohl Lornsen im Notfall zur Teilung Schleswigs bereit sei.[1]

Schon 1831 beschloss die Regierung grundsätzlich die Einrichtung von vier beratenden Ständeversammlungen, jeweils für die dänischen Inseln, Jütland, Schleswig und Holstein. Island war bis 1845, als das Alting wiedererrichtet wurde, in den Ständen der Inseln vertreten. Wohl um Komplikationen zu vermeiden, wurden gesonderte Ständeversammlungen für Schleswig und Holstein eingerichtet; Schleswig gehörte nicht zum Deutschen Bund, während Holstein und Lauenburg es taten und so Rücksicht auf die Gesetzgebung des Bundes nehmen mussten.

1 Johannes Jensen, Zwei „Sylter Riesen" im 19. Jahrhundert: Uwe Jens Lornsen und Schwen Hans Jensen, Bräist/Bredstedt 1998, S. 50-51.

Die Ständeversammlungen traten zum ersten Mal im Jahre 1834 zusammen, und obwohl sie keine beschließende Macht besaßen, führten sie zu einem Erlernen politischer Umgangsformen und zu einer Einführung in das politische Handwerk, was erheblich zur Arbeitsfähigkeit der späteren Schleswig-Holsteinischen Landesversammlung und des dänischen Reichstags beitrug. So lange Frederik VI. lebte (bis Dezember 1839) konnte keine demokratische Verfassung eingeführt werden – wusste er ja nicht, was dem Volk diente? Als sein Vetter ihm als Christian VIII. folgte, wurden die demokratischen Erwartungen stärker, denn der war es ja, der als Statthalter von Norwegen im Jahre 1814 den Norwegern eine freie Verfassung gegeben hatte, die Lornsen als Vorbild gedient hatte,[2] und die noch heute in Kraft ist.

Zu Lebzeiten Christians VIII. wurde keine freie Verfassung verabschiedet, aber im Sommer 1847 war man so weit gelangt, dass der König in einem Rundschreiben an die Mitglieder des Geheimen Staatsrates die Bildung eines zentralen politischen Gremiums für die ganze Monarchie vorschlug.[3] Bis zum Ende des Jahres reichten die Mitglieder des Geheimen Staatsrates ihre Bemerkungen zum Vorschlag ein.[4] Um Weihnachten war man so weit, dass ein detaillierter Vorschlag zur Einberufung einer Versammlung erfahrener Personen aus den Herzogtümern und Dänemark zur Erörterung der Verfassungsfrage formuliert werden konnte.[5] Wegen der Krankheit des Königs wurde diese Angelegenheit vertagt, und in seinem letzten Brief an den Sohn empfahl er ihm, den Herzogtümern und Dänemark eine freie Verfassung zu versprechen.[6]

Der neue König Friedrich VII. führte die Verfassungssache weiter und erließ am 28. Januar 1848 ein Reskript, das die Wahl von 52 erfahrenen Männern (jeweils die Hälfte aus den Herzogtümern und aus Dänemark) anordnete.[7] Im Februar und März fanden die Wahlen zu dieser Versammlung statt,[8] aber schon als am 25. März die Wahl der geistlichen Vertreter Jütlands stattfand, war die Schleswig-Holsteinische Erhebung eingeleitet worden.[9]

---

2 Dies geht vor allem aus den Bestimmungen hervor, die der Sachlage nach das Parlament als eine oder als zwei Kammern betrachtet.

3 Betænkninger fra Christian VIII's tid om styrelsen af det danske monarki, hrsg. Niels Petersen, Kopenhagen 1969, Nr. 14 vom 22. Juli 1847.

4 Ebda., Nr. 15-19 und 21.

5 Ebda., Nr. 26 vom 26.12.1847, Verfasser P.G.Bang.

6 Ebda., Nr. 29 vom 9. Januar 1848. Der König starb am 20. Januar.

7 Ebda., Nr. 31 (Entwurf), vgl. Hans-Georg Skambraks, Die Entstehung des Staatsgrundgesetzes für die Herzogtümer Schleswig-Holstein vom 15. September 1848, ZSHG LXXXIV, 1960, S. 123-124.

8 RAK. Ty.Kanc. I A Nr. 274 = C 93 Akter vedrørende forfatningsreskriptet 28.1.1848 (u.a. Wahl der Schleswig-Holsteinischen Ritterschaft 15. März 1848); Danske Kanc. G 79: Henlagte stændersager m.m. 1834-1848, pk. 232 (u.a. Wahlen der Inseln am 17. März 1848 und Jütlands 23.-25. März 1848).

9 Es soll in diesem Zusammenhang nicht auf die kritischen Tage im März vor der Erhebung eingegangen werden; nach der neueren Forschung scheint der eiderdänische Führer Orla Lehmann bewusst die Lage verschärft zu haben, um einen Bruch hervorzurufen, der die Nationalliberalen an die Macht bringen könnte, vgl. Hans Vammen, Die Casino-„Revolution“ in

Die geplante gemeinsame Verfassung konnte so nicht verabschiedet werden, und Schleswig-Holstein gab sich das Staatsgrundgesetz vom 15. September 1848,[10] während Dänemark eine Constituante einberief, deren Arbeit mit der Verabschiedung des Grundgesetzes vom 5. Juni 1849[11] beendet wurde. Es war mir schon klar, und eine erneute Lektüre der drei Texte bestätigte meine Hypothese, dass sie auf gemeinsame Ideen, vielleicht sogar auf einen gemeinsamen Text zurückgehen mussten. Vor allem die Zensurbestimmungen sind so radikal, dass man sie kaum in anderen zeitgenössischen Verfassungen finden würde. So heißt es im Staatsgrundgesetz § 23: „Jeder Schleswig-Holsteiner hat das Recht, durch Wort und Schrift seine Meinung frei zu äußern. Die Censur ist und bleibt aufgehoben..." und im dänischen Grundgesetz § 91: „Jeder darf im Druck seine Gedanken veröffentlichen, jedoch unter Verantwortung vor Gericht. Zensur oder andere vorbeugende Maßnahmen können niemals wieder eingeführt werden."[12] Man bemerkt, dass die Schleswig-Holsteinische Definition der Meinungsfreiheit nicht nur das geschriebene, sondern auch das gesprochene Wort umfasst, und dass nach dem dänischen Text die Wiedereinführung der Zensur automatisch als verfassungswidrig betrachtet wird.

Eine gezielte Nachforschung im Kopenhagener Reichsarchiv brachte das erwünschte Ergebnis. Neben dem undatierten Verfassungsentwurf, der noch nicht in Reinschrift vorliegt, und dem Anhang mit dem Entwurf zur Anordnung über die Aufrechterhaltung von deutscher und dänischer Sprache in Schleswig findet sich ein Brief vom 24. März 1848 vom ehemaligen Geheimestaatsminister Carl Moltke an einen anonymen Empfänger, wahrscheinlich seinen Nachfolger, den er als „Eure Hochwohlgeborne" anredet. In dem Brief teilt Carl Moltke mit, dass er dem König den Entwurf überreichen wollte, aber dass seine Entlassung ihn daran verhindert habe; ferner bitte er um Abholung der Dokumente, die er noch zu Hause habe.[13]

In diesem Verfassungsentwurf finden wir als § 39 die folgende Bestimmung: „Die Freiheit der Presse soll nur durch das Gesetz beschränkt, die Censur soll niemals eingeführt werden." Es ist einleuchtend, dass diese sehr weitgehende Bestimmung die Quelle der entsprechenden Bestimmungen im Staatsgrundgesetz von September 1848, im Lauenburgischen Grundgesetz von Mai 1849 und im dänischen

Kopenhagen 1848, ZSHG CXXIII, 1998, S. 57-90. Lehmanns Plan gelang, aber der Preis war ein Bürgerkrieg.

10 Gedruckt in: Die Staatsgrundgesetze 1848/49 in Schleswig-Holstein und Lauenburg (Veröffentlichungen des Schleswig-Holsteinischen Landesarchivs 63, Schleswig 1998), S. 17-24.

11 Gedruckt z.B. in: Den danske Rigsdag 1849-1949 I, Kopenhagen 1949, S. 343-359.

12 Meine Übersetzung aus dem dänischen Original: „Enhver er berettiget til ved Trykken at offentliggjøre sine Tanker, dog under Ansvar for Domstolene. Censur og andre forebyggende Forholdsregler kunne ingensinde paany indføres."

13 RAK. Ty. Kanc. C 87: Politiske Aktstykker 1842-1848. Carl Moltke wurde am 21. Januar 1848 zum Geheimestaatsminister ernannt und musste am 21. März zurücktreten. Der Verfassungsentwurf wäre nach Harald Jørgensen um den 20. März fertig geworden, was ich zu präzise finde, vgl. Dansk Biografisk Leksikon, 3. Aufl., X, Kopenhagen 1982, S. 21-22. Die Überlieferung des Textes als Entwurf mit Korrekturen und nicht als Reinschrift zeigt deutlich, dass die Arbeit an der Verfassung nicht abgeschlossen wurde.

Grundgesetz vom Juni 1849 gewesen sein muss. So dürfen wir den neu gefundenen Entwurf als vollgültigen Ausdruck für die Verfassungsgedanken des ausgehenden Absolutismus betrachten. Eigenartig ist es, dass der Entwurf mit einem Ständereichstag und nicht mit einem eigentlichen Parlament rechnet; der Grund ist wohl, dass man die Provinzialstände beibehalten und nur mit dem Überbau für ganz Dänemark und Schleswig-Holstein ergänzen wollte.[14]

Die Bestimmungen in Bezug auf den König überlassen ihm viele Rechte, aber er muss am Tag seines Regierungsantritts schriftlich versprechen, die Verfassung einzuhalten (§ 9), ferner soll er innerhalb eines Jahres von seinem Antritt gekrönt (nicht wie unter dem Absolutismus gesalbt) werden (§ 10). Wenn die Stände nicht versammelt sind, hat der König ferner das Recht, im Notfall Gesetze außer Kraft zu setzen; aber diese Maßnahme muss von dem Ständereichstag in seiner nächsten Versammlung genehmigt werden. Die betreffende Behörde ist für die Dringlichkeit der Maßnahme verantwortlich (§§ 15-16), wodurch schon der Grundsatz der Ministerverantwortlichkeit angedeutet wird. Ein Relikt aus der Vergangenheit ist die Prinzessinnensteuer zur Ausstattung einer heiratenden Prinzessin; hierfür bedarf es keine ständische Bewilligung, wenn der Betrag unverändert bleibt (§ 27).

Kapitel III handelt von den Rechten der Untertanen. Die Religionsfreiheit gilt für alle (§ 29), nur der König muss Evangelisch-Lutherisch sein (§ 30). Die Angehörigen anderer christlichen Religionen haben dieselben Rechte wie die Lutheraner (§ 31), während die Gleichstellung von Juden und Christen der Gesetzgebung der einzelnen Landesteile überlassen wird (§ 32). In Dänemark genossen Juden seit 1814, in Westindien schon früher, alle bürgerlichen Rechte, in Schleswig und Holstein war es 1848 noch nicht der Fall. Die persönliche Freiheit wurde in der Form einer Habeas Corpus-Regel (Verbot gegen ungesetzmäßige Verhaftung) zugesichert (§ 33); zu den weiteren Rechten gehören ferner die Versammlungsfreiheit (§ 36), die Meinungsfreiheit (§§ 38-39) und die Sicherheit des Eigentums (§ 40).

Im Kapitel IV wird der Ständereichstag („die gemeinschaftlichen Stände") vorgestellt; sie sollen wechselweise in Kopenhagen und auf Schloss Gottorf zusammentreten (§ 45) – hatte nicht Uwe Jens Lornsen vorgeschlagen, dass der König die Hälfte des Jahres auf Gottorf, die andere Hälfte in Kopenhagen residieren solle?[15] Wählbar zum Ständereichstag sind nur Christen (§ 54), wohl weil die Gleichstellung der Juden in den Herzogtümern noch nicht erfolgt war.

Die erste Kammer soll aus jeweils 36 Mitgliedern aus Schleswig-Holstein und Dänemark bestehen (§ 57), wodurch die Herzogtümer mit etwa 40 % der Gesamtbevölkerung begünstigt wurden. In der ersten Kammer sollten vor allem Gutsbesitzer, die Präsidenten der Obersten Gerichtshöfe Dänemarks und der Herzogtümer, drei dänische Bischöfe und die drei Generalsuperintendenten sowie 24 von dem König ernannte Mitglieder, 12 aus Dänemark und 12 aus den Herzogtümern, ihren

---

14 Obwohl das Staatsgebiet in § 1 als Dänemark mit Island und den Färöern, Schleswig, Holstein, Lauenburg und den Kolonien definiert wird, sollte nach der Überschrift die Verfassung nur für Dänemark und die Herzogtümer gelten.

15 Ueber das Verfassungswerk in Schleswigholstein, Kiel 1830, S. 11-12.

Platz haben (§§ 58, 61-64 und 67-68). Die Zusammensetzung weist auf ein ehrwürdiges Vorbild, nämlich das britische Oberhaus hin, in dem auch Geistliche und Richter von Amts wegen vertreten sind.

Die zweite Kammer soll aus jeweils 73 Abgeordneten aus Dänemark und Schleswig-Holstein bestehen. Sie sollen die adligen Gutsbesitzer außerhalb der Ritterschaft, die Städte, die Bauern sowie die beiden Universitäten Kiel und Kopenhagen vertreten (§§ 76-79). Im Königreich sind Juden wahlberechtigt, in den Herzogtümern nicht (§ 85). Interessant ist es, dass ein Mitglied wegen Ungehorsams dem Kammerpräsidenten gegenüber befristet von der Teilnahme an den Versammlungen der Kammer ausgeschlossen werden kann (§ 102).

Dem Ständereichstag steht das Steuerbewilligungsrecht zu, insoweit es um Veränderungen der Erhebungsgrundlage geht (§§ 106-113). Die Steuerlast soll mit 5/8 auf Dänemark und 3/8 auf die Herzogtümer verteilt werden, was für letztere ein wenig günstiger als die Verteilung nach Bevölkerungsanteil gewesen wäre (§ 114).

Eigenartig sind (nach heutiger Auffassung) die Begrenzungen der Gebiete der Gesetzgebung. Der Ständereichstag soll neben dem Steuerbewilligungsrecht auch für andere Bereiche zuständig sein: Verträge mit fremden Mächten, die Beziehungen der Beamten zum Staat, die Rechtslage der christlichen Religionen, Naturalisationsfragen, Versammlungs- und Pressefreiheit, Wehrdienst und Münzwesen (§ 123). Dazu kommen noch Verfassungsänderungen; der Reichstag muss den Entwurf in zwei Versammlungen nacheinander annehmen (§ 199). Ausdrücklich ausgenommen vom Kompetenzgebiet des Reichstages waren die Zivil- und Strafrechtsgesetzgebung einschließlich der Prozessordnungen, Gesetze in Bezug auf das Unterrichtswesen, das Kommunalwesen, die Polizei, die bäuerlichen Verhältnisse und andere, nicht direkt erwähnte Gesetzgebungsbereiche (§ 124).

Die Gesetzesvorschläge dürfen nur von der Regierung kommen, „private" Vorschläge sind im Gegensatz zu heute nicht zulässig, höchstens kann der Ständereichstag in einer Petition um die Ausarbeitung eines Gesetzesvorschlags bitten (§ 125). Hier sehen wir eine sehr stringente Auffassung der Gewaltentrennung: So ist es Sache der Exekutive, die Gesetzesvorschläge auszuarbeiten, während die Legislative sie annimmt, verändert oder ablehnt. Gesetzesvorschläge können beliebig zuerst in jeder Kammer vorgelegt werden, nur Steuergesetze müssen zunächst in der zweiten Kammer vorgelegt werden (§§ 126 und 133).

An der Finanzverwaltung soll sich der Ständereichstag als Kontrollinstanz beteiligen, zunächst als Garant für die Staatsschuld (§§ 139 und 141-142); ferner sollen die Finanzrechnungen von einem gemeinsamen Ausschuss aus beiden Kammern geprüft werden (§ 156).

Kapitel V beschreibt die Regierungsbehörden, die aus acht Ministerien bestehen sollen: Für die ganze Monarchie die Außen-, Kriegs-, Handels- und Finanzministerien; dazu kommen noch jeweils für die Herzogtümer und Dänemark die Innen- sowie Justiz- und Polizeiministerien (§ 173), also ein gewisser Föderalismus, wie ihn schon Lornsen vorgeschlagen hatte. Die Minister sind Mitglieder des Geheimen Staatsrates (§ 177) und sind für ihre Tätigkeit dem Ständereichstag verantwortlich

(§ 178). Beide Kammern können die Amtsführung eines Ministers vor den Staatsgerichtshof bringen; dieser entscheidet die Schuldfrage in einziger Instanz. Hat der Minister neben der Amtsenthebung eine weitere Strafe verwirkt, muss diese Frage vor die üblichen Gerichte mit den normalen Berufungsmöglichkeiten gebracht werden (§§ 180-181).

Der Staatsgerichtshof soll aus einem Präsidenten und zwölf Mitgliedern bestehen, von denen vier Richter sein müssen. Die weiteren Mitglieder dürfen keine Abgeordneten des Ständereichstages sein (§§ 185-187 und 190), also nochmals ein Beispiel der scharfen Gewaltentrennung, hier zwischen der Legislative und der richterlichen Gewalt.

In einem Anhang werden Regeln über die Verwendung der deutschen und dänischen Sprachen im Herzogtum Schleswig formuliert. Amtliche Schreiben sollen in der Sprache verfasst werden, die am Ort Kirchen- und Schulsprache ist (§ 8.1). Die Ausfertigungen des Oberappellationsgerichtes sollen auf Deutsch geschrieben werden, aber mit einer beglaubigten dänischen Übersetzung (§ 8.4). Ferner wird festgelegt, dass man, um ein Amt zu bekommen, die am Ort herrschende Kirchen- und Schulsprache beherrschen muss (§§ 8.10-8.12).

Das Schleswig-Holsteinische Staatsgrundgesetz vom 15. September 1848

Die einzige politische Vertretung, die es in Schleswig-Holstein zu Beginn der Erhebung gab, war die Ständeversammlungen in Schleswig und Itzehoe. Deren Abgeordneten traten zu einer vereinigten Versammlung zusammen und konnten am 3. April die erste Sitzung in Rendsburg eröffnen.[16] Vor allem der linksliberale Hans Reimer Claussen fand, dass die vereinigte Ständeversammlung, die aus dem allgemeinen Wahlrecht nicht hervorgegangen sei, eines Mandates von dem ganzen Volk bedürfe. Die Versammlung stimmte Claussen zu und ließ ein Wahlgesetz ausarbeiten, das am 13. Juli verabschiedet wurde.[17] Die eigentliche Arbeit am Wahlgesetz wurde zwischen dem 15. Juni und dem 13. Juli geleistet.[18] Die Wahlen fanden am 27. und 28. Juli statt, wahlberechtigt war jeder männliche Schleswig-Holsteiner über 21.[19]

---

16 Skambraks, Entstehung des Staatsgrundgesetzes (wie Anm. 7), S. 145. Über die Tätigkeit der vereinigten Stände unmittelbar nach dem Anfang der Erhebung, siehe ebda., S. 180-200.

17 Skambraks, Entstehung des Staatsgrundgesetzes (wie Anm. 7), S. 200-208; Ernst-Erich Marhencke, Hans Reimer Claussen (1804-1894), Kämpfer für Freiheit und Recht in zwei Welten. Ein Beitrag zu Herkunft und Wirken der „Achtundvierziger", Kieler Werkstücke A 23, Frankfurt am Main 1999, S. 148-151.

18 Skambraks, Entstehung des Staatsgrundgesetzes (wie Anm. 7), ZSHG LXXXV-LXXXVI, 1961, S. 132-158.

19 Reimer Witt und Hans W. Schwarz, Einleitung, in: Die Staatsgrundgesetze 1848/49 in Schleswig-Holstein und Lauenburg. Reprint zeitgenössischer Drucktexte, Schleswig 1998, S. 13.

Schon ein paar Tage vor den Wahlen hatte die Provisorische Regierung einen fünfköpfigen Ausschuss mit der Ausarbeitung eines Verfassungsentwurfs beauftragt.[20] Hier darf nicht vergessen werden, dass Beseler, jetzt Leiter der Provisorischen Regierung, einer der „erfahrenen Männer“ gewesen war, die über den Verfassungsentwurf für die dänische Monarchie beraten sollten. So war ihm die Verfassungsdiskussion in Dänemark schon bekannt; ferner wechselten auch einige Beamte der zentralen Verwaltung zu den Schleswig-Holsteinern und müssen ebenso die Ideen hinter dem Verfassungsentwurf gekannt haben.[21]

Nach den Wahlen traten die Abgeordneten der neuen Landesversammlung am 15. August zusammen.[22] Diese wählte einen Verfassungsausschuss von fünfzehn Mitgliedern, die über den vom fünfköpfigen Ausschuss ausgearbeiteten Text beraten sollten.[23] Am 15. September 1848 konnte dann das Staatsgrundgesetz veröffentlicht werden.

Anfangs wird festgestellt, dass Schleswig-Holstein ein unteilbarer Staat, der Bestandteil des Deutschen Staatsverbandes ist (§§ 1 und 3). Die Habeas Corpus-Regel wird eingehend dargestellt; die Verhaftung darf ohne Richterbefehl höchstens 24 Stunden dauern (§ 16). Alle Staatsbürger haben dieselben Rechte und Pflichten unabhängig von der individuellen Religion (§ 14); diese Bestimmung muss die Gleichstellung der Juden bedeutet haben, die schon in Westindien und Dänemark seit mindestens einer Generation eine Realität war. Konsequent wurde der Herzog nicht gezwungen, einer bestimmten Religionsgemeinschaft anzuhören. Ferner heißt es in § 100, dass der Staat allen Kirchen- und religiösen Gemeinschaften denselben Schutz gewährt. Das Versammlungsrecht und die Meinungsfreiheit werden den Bürgern zugesagt (§§ 21-23) sowie das Recht auf Eigentum (§§ 26-27). Deutsch wird als Amtssprache anerkannt, aber für Landesteile mit dänischer Kirchen- und Schulsprache muss den Gesetzen eine dänische Übersetzung mitgegeben werden (§ 24), eine Bestimmung, die wir aus dem Anhang des Verfassungsentwurfes kennen.[24]

---

20 Skambraks, Entstehung des Staatsgrundgesetzes (wie Anm. 18), S. 170.

21 Weitere Quellen waren der Entwurf für eine deutsche Reichsverfassung sowie die norwegische und belgische Verfassungen, siehe Heiko Vosgerau, „Der...Verfassungsentwurf ist der demokratischste, der je in deutscher Sprache abgefasst worden.“ – Verfassung und Verfassungswirklichkeit während der schleswig-holsteinischen Erhebung, in: 150 Jahre Streben nach Demokratie. Vorträge zum Schleswig-Holstein-Tag 1998 in Elmshorn, hrsg. Martina Daniel und Willy Diercks, Kiel 1999, S. 67.

22 Skambraks, Entstehung des Staatsgrundgesetzes (wie Anm. 18), S. 173.

23 Ebda., S. 178. Noch am 15. August konnte Samwer den Entwurf an den Kieler Historiker Droysen schicken, ebda., S. 193-194.

24 Skambraks, der den dänischen Verfassungsentwurf nicht kannte, schreibt, dass „auf dänischer Seite war eine entsprechende Regelung dieses Problems weder gesetzlich noch in der Haltung des Eiderdänentums verankert oder auch nur vorgesehen“ (Entstehung des Staatsgrundgesetzes (wie Anm. 18), S. 216); Vosgerau (der auch nicht den Verfassungsentwurf kannte) sieht das Vorbild in einem Beschluss der Frankfurter Nationalversammlung, Verfassungsentwurf (wie Anm. 21), S. 68.

Vor seinem Regierungsantritt muss der Herzog schwören, die Verfassung, Gesetze und übrige Rechte einzuhalten (§ 34); nach dem Verfassungsentwurf hatte der angehende König einen ähnlichen Eid abzulegen. Interessant ist es, dass mehrere Bestimmungen davon ausgehen, dass der Herzog „Oberhaupt eines nicht deutschen Staates“ werden könnte (§§ 46-54). In diesem Fall muss die Landesversammlung zustimmen, jedoch „schon begründete agnatische Rechte sind vorbehalten“ (§ 45). Mit 18 Jahren wird der Herzog mündig (§ 58); er muss aus dem Oldenburgischen Fürstenhaus stammen „nach dem Rechte der Erstgeburt und der agnatischen Linealfolge“ (§ 55). Diese Erbfolge würde die Sukzession nach den Regeln des Königsgesetzes (der absolutischen Verfassung von 1665) ausschließen, die nur die Nachkommen König Friedrichs III. (1648-1670) berücksichtigten, und so wäre Herzog Christian August von Augustenburg, der vom König Christian III. (1534/36-1559) abstammte, der nächste Erbe. Die Artikel, die dem Herzog ermöglichen, Staatsoberhaupt in einem nicht-deutschen Land – Dänemark ist wohl gemeint – werden zu können, weisen auf die Ziele des Augustenburgers hin. Könnte man auch in Dänemark die Anwendung der Erbregeln des Königsgesetzes verhindern, wäre er ja der nächste Erbe nach dem kinderlosen Frederik VII.

Wie im Entwurf sind die Minister verantwortlich, und die Landesversammlung kann beschließen, gegen sie ein Strafverfahren einleiten zu lassen (§§ 67-69). Die Landesversammlung hat nur eine Kammer; eigenartig ist es, dass die Hälfte der Abgeordneten durch direkte Wahlen mit allgemeinem Wahlrecht gewählt wird, während bei der anderen Hälfte ein Zensuswahlrecht angewendet werden soll. Die Wählbarkeit ist durch den Zensus nicht bedingt (§ 76).

Die Gerichte sollen unabhängig sein (§ 105), und die Trennung der Rechtspflege von der Verwaltung soll überall und auf allen Ebenen durchgeführt werden (§ 114). Diese Forderung war schon 1830 von Uwe Jens Lornsen formuliert worden[25] und war schon zum Teil umgesetzt worden.[26] Entschieden fortschrittlich war die Einführung von Schwurgerichten und vom Anklageprozess (§§ 118-119); in Dänemark geschah dies erst mit der Rechtspflegereform von 1919.

Wie der Ständereichstag muss selbstverständlich auch die Landesversammlung den Staatshaushaltsentwurf verabschieden und die Staatsrechnung überprüfen (§§ 139 und 141).

Wohl enthält das Staatsgrundgesetz die Möglichkeit, dass der Herzog auch König von Dänemark sein könnte, aber rechtliche Bande zu Dänemark würden kaum noch bestehen. Nur Schleswig-Holsteiner und Deutsche könnten Beamte werden (§ 121) und Urteile deutscher (aber nicht dänischer) Gerichte wären wie diejenigen der Eigenen vollziehbar (§ 120); ferner könnten nur Schleswig-Holsteiner und Deutsche im Militär der Herzogtümer dienen (§ 127). Die Beziehungen zu Dänemark im Falle einer Personalunion würden wohl wie diejenigen Großbritanniens zu

25 Ueber das Verfassungswerk (wie Anm. 15), S. 9.

26 Mit der Einrichtung des Oberappellationsgerichtes für alle drei Herzogtümer im Jahre 1834, Schleswig-Holstein Lexikon hrsg. Klaus-Joachim Lorenzen-Schmidt und Ortwin Pelc, Neumünster 2000, S. 168.

Kanada oder Australien aussehen, aber nicht ganz, weil deutsche Verfassungsbestimmungen für wichtiger als die Eigenen angesehen wurden (§ 158); eine solche Bindung an ein anderes Land kennt weder Australien noch Kanada. Sollte die Verfassung geändert werden, müsste der Gesetzesentwurf mit zwei Drittel Mehrheit verabschiedet werden (§ 154).

Das Staatsgrundgesetz wurde zu Recht von Friedrich Engels als die fortschrittlichste Verfassung in deutscher Sprache gelobt, was wohl – aber nicht nur – mit dem absoluten Zensurverbot zusammenhängt. Dieses war aber, wie wir jetzt wissen, ein Nachlass des Absolutismus.

Das Lauenburgische Grundgesetz vom 14. Mai 1849

Im Gegensatz zu Dänemark, Schleswig und Holstein hatte Lauenburg eine lange Tradition politischer Mitbestimmung. Im Jahre 1585 ging der Herzog die „Ewige Union" mit der Ritter- und Landschaft ein, die die politische Teilnahme der Stände sicherte. Bis zum Jahre 1876, als das Herzogtum Preußen einverleibt wurde, bildete die Ritter- und Landschaft die Ständeversammlung für Lauenburg, die vor allem in Verfassungs- und Verwaltungsfragen politische Bedeutung hatte.[27] Aus diesem Grund hatte die Holsteiner Ständeversammlung nur Abgeordnete aus diesem Herzogtum.[28] Für Island, das bis 1845 in der Ständeversammlung der dänischen Inseln vertreten gewesen war, wurde in diesem Jahr das Althing wieder errichtet, und die Insel bekam so innerhalb der Monarchie eine Stellung, die derjenigen Lauenburgs ähnelte.

Da die Erhebung anfangs von Ständeabgeordneten Schleswigs und Holsteins getragen wurde, schien Lauenburg vorläufig von der Bewegung nicht getroffen zu sein; im Gegenteil, man erklärte sich neutral. Vor diesem Hintergrund muss das Versprechen des Königs-Herzogs (Frederik VII.) vom 3./5. April 1848 verstanden werden, als er Lauenburg eine Verfassungsreform auf breiten Grundlagen zusicherte;[29] wahrscheinlich hoffte die Regierung durch diese Reform die Loyalität Lauenburgs zu bewahren. Am 12. April erkannte der Bundestag die provisorische Regierung Schleswig-Holsteins an und beschloss, die Räumung Schleswigs von dänischen Truppen zu erzwingen.[30] Hierdurch befanden sich der Deutsche Bund und Dänemark im Krieg miteinander. Mehrere deutsche Staaten beteiligten sich an der Bundesexekution, vor allem Preußen, das nach britisch-russischem Druck gezwungen wurde, den Malmöer Waffenstillstand mit Dänemark einzugehen (26. August 1848).[31] Dieser würde im April 1849 auslaufen. Zwar wurden die Feindseligkeiten

27 Ebda., S. 313 und 483.
28 Anordnung wegen der Einführung von Provinzial-Ständeversammlungen in Schleswig und Holstein, 28. Mai 1831.
29 Grundgesetz Lauenburg, Präambel.
30 Lorenz Rerup, Slesvig og Holsten efter 1830, Kopenhagen 1982, S. 126.
31 Ebda., S. 127.

im April 1849 wieder aufgenommen, aber kein deutscher Staat beteiligte sich daran, obwohl mehrere die Teilnahme von Freiwilligen auf der Schleswig-Holsteinischen Seite erlaubten. Im Herbst 1849 schlossen Dänemark, der Deutsche Bund und Preußen den Frieden. Inzwischen war Ende März 1849 der Text der deutschen Reichsverfassung fertig geworden, obwohl sie niemals in Kraft trat.

Wohl um den Bürgerkrieg auf dem eigenen Territorium zu vermeiden, hatte Lauenburg auf eigenen Wunsch im Jahre 1848 einen Kommissar des Deutschen Bundes, den Freiherrn von Wintzingerode, erhalten, der eine Administrationskommission (Statthalterschaft) einsetzen ließ. Die Vollmacht und Instruktion für die drei Statthalter L. Kielmansegge, E. F. Walter und A. Höchstädt wurde am 22. April 1849 von der Frankfurter Reichsregierung ausgestellt.[32]

Die Ritter- und Landschaft trat am 19. April zusammen, u.a. um eine Verfassung zu verabschieden. Aber vorher hatte eine Kommissionsarbeit stattgefunden, die die Tätigkeit der Landesversammlung erleichtern sollte. Tatsächlich konnte am 11. Mai 1849 die Landesversammlung die Verfassung verabschieden und dem Reichskommissar zur Bestätigung übermitteln. Zwei Tage später genehmigte dieser die Verfassung, jedoch mit Vorbehalt der Rechte des Königs-Herzogs. Am folgenden Tag setzte die Statthalterschaft die Verfassung in Kraft.[33]

Der Lauenburger Text ist im Großen und Ganzen wie das Schleswig-Holsteinische Grundgesetz aufgebaut; auch die Lauenburger Verfassung stellt fest, dass das Herzogtum ein Teil des Deutschen Reiches ist (§§ 1-4).

Wie in der Schleswig-Holsteinischen Verfassung steht in Lauenburg die Regierung neutral gegenüber den religiösen Gemeinschaften (§§ 105-108). In Lauenburg ging man jedoch einen Schritt weiter als in Schleswig-Holstein, als man nur der zivilen Trauung juristische Gültigkeit verlieh (§ 8); in der Tat weist § 109 auf die künftige Trennung von Staat und Kirche hin. Alle Staatsbürger haben – unabhängig von der individuellen Religion – dieselben Rechte und Pflichten (§ 5), was die Gleichstellung der Juden bedeutet haben muss. Auch der Herzog musste keiner bestimmten Religionsgemeinschaft anhören.

Neben der Glaubensfreiheit (§§ 5-6) finden wir andere klassische Grundrechte wie das Habeas Corpus; die Verhaftung ohne Richterbefehl darf höchstens 24 Stunden dauern (§ 17). Das Recht auf Eigentum (§§ 26-27) wird den Bürgern zugesichert, ebenso das Versammlungsrecht (§§ 22-23) und die Meinungsfreiheit. Auch in der Lauenburgischen Verfassung finden wir die radikale Bestimmung, dass Zensur und ähnliche vorbeugende Maßnahmen niemals angewendet werden dürfen (§ 24); diese Bestimmung scheint auf dem entsprechenden Artikel 23 des Schleswig-Holsteinischen Staatsgrundgesetzes zu basieren, obwohl sie letzten Endes auf den Verfassungsentwurf hinweist.

Vor seinem Regierungsantritt muss der Herzog die Einhaltung der Deutschen Reichsverfassung und der Lauenburger Verfassung schwören (§ 39). Mehrere Be-

---

32 Schleswig-Holstein Lexikon (wie Anm. 26), S. 313; Grundgesetz Lauenburg Präambel.

33 Ebda., Präambel und Schluss.

stimmungen (§§ 48-49) ermöglichen es dem Herzog, Staatsoberhaupt eines anderen Staates zu sein. Gehört dieser nicht zum Deutschen Reich, darf keine gemeinsame Regierung für ihn und Lauenburg gebildet werden, sondern es darf sich nur um eine Personalunion handeln. Mit einem nicht-deutschen Staate war nach aller Wahrscheinlichkeit Dänemark gemeint. Als Landesherr steht der Herzog (§ 38), mit 21 Jahren wird er mündig (§ 60) gegen 18 Jahren in Schleswig-Holstein. Die Herzogswürde wurde im Mannesstamm nach dem Rechte der Erstgeburt vererbt, und vorläufig würde der Herzog aus der Oldenburger Dynastie stammen (§ 57).

Wie im Entwurf und in der Schleswig-Holsteinischen Verfassung sind die Minister verantwortlich; sie müssen deutsche Staatsbürger sein. Ferner kann die Landesversammlung ein Strafverfahren wegen ihrer Amtsführung gegen sie einleiten (§§ 64-65 und 68-69).

Die Trennung von Exekutive und Legislative wird in § 66 festgeschrieben, ebenso wie die Trennung von Verwaltung und Justiz (§ 129), eine Forderung, die schon Lornsen formuliert hatte. Die Unabhängigkeit der Gerichte wird durch Ernennungen der Richter auf Lebenszeit und durch deren Sicherheit im Amt gewährleistet (§§ 122-124). Da die Gerichtsbarkeit vom Staate ausgeht, sollen die Privatjurisdiktionen, vor allem der Güter, abgeschafft werden (§ 118, vgl. § 31). Die Anwendung des Anklageprozesses und der Schwurgerichte (§§ 133-134) sind moderne Züge, die wir in der Schleswig-Holsteinischen Verfassung wiederfinden, aber die Abschaffung der Todesstrafe mit der Ausnahme vom Kriegsrecht (§ 135) ist in der Lauenburger Verfassung sehr fortschrittlich, auch im europäischen Vergleich. Ein weiterer moderner Zug ist der Grundsatz des kostenlosen Unterrichts in Grundschulen und niederen Gewerbeschulen; für Unbemittelte soll überall der Unterricht frei sein (§ 113).

Die Verfassung kann nur mit einer Zweidrittelmehrheit in der Landesversammlung und der Bestätigung des Herzogs geändert werden (§ 156), was mit der entsprechenden Bestimmung für Schleswig-Holstein identisch ist.

Viele Artikel beziehen sich auf Verhältnisse, die durch spätere Gesetzgebung zu regeln wären,[34] aber hierin unterscheidet die Lauenburger Verfassung sich kaum von den Schleswig-Holsteinischen und dänischen Grundgesetzen.

In vielen Hinsichten basiert das Lauenburger Grundgesetz auf der Schleswig-Holsteinischen Verfassung, was kaum verwundern darf; seit einer Generation wurden die drei Herzogtümer von derselben Regierung verwaltet; dafür war die deutsche Reichsverfassung nicht in Kraft getreten (obwohl der Text vorlag) und kommt wohl so als Vorbild weniger in Betracht.

34 Vgl. die Auflistung im Erlass des Freiherrn von Wintzingerode vom 13. Mai 1849 (Präambel).

Das dänische Grundgesetz vom 5. Juni 1849

In Dänemark wurde es nicht versucht, mit Ausgangspunkt in den Ständeversammlungen, das politische Leben neu zu gestalten. Ihre wichtigste Aufgabe wurde es, ein Wahlgesetz mit Hinblick auf eine Constituante auszuarbeiten. Die Wahlen zu dieser wurden am 5. Oktober 1848 abgehalten, die bis zum Frühjahr 1849 einen Verfassungsentwurf formulierte. Am 5. Juni konnte der Text vom König unterschrieben werden.

Die Verfassung gilt für das Reich Dänemark, aber die Präambel deutet die Möglichkeit deren Ausdehnung auf Schleswig an. So heißt es, „jedoch mit dem Vorbehalt dass die Ordnung von Allem in Bezug auf die Stellung des Herzogtums Schleswig den Friedensschluss abwarten muss" (meine Übersetzung vom Dänischen „dog med Forbehold af at Ordningen af alt, hvad der vedkommer Hertugdømmet Slesvigs Stilling, beroer indtil Freden er afsluttet"). Der König wird mit 18 Jahren mündig und soll den Eid leisten, das Grundgesetz einhalten zu wollen (§§ 7-8); die Erbfolge des Königsgesetzes wurde beibehalten, aber konnte nach Vorschlag des Königs vom Reichstag mit Dreiviertelmehrheit verändert werden (§ 4). War dies ein Versuch, die Augustenburger für die dänische Politik zu gewinnen?

Wie im Verfassungsentwurf wurde ein Sondergericht zur Überprüfung der Amtsführung von Ministern eingeführt (§§ 20 und 72-73); der Grundsatz der Ministerverantwortlichkeit wird hervorgehoben (§§ 18-19). Dies war auch im Schleswig-Holsteinischen Staatsgrundgesetz der Fall, obwohl man den zuständigen Gerichtshof durch spätere Gesetzgebung definieren wollte (§ 68). Im Gegensatz zum Staatsgrundgesetz, aber in Anlehnung an den Verfassungsentwurf kann der König im Notfall vorläufige Gesetze ausstellen, die aber vom Reichstag bestätigt werden müssen (§ 30).

Wählbar zur zweiten Kammer (dem „Folketing") waren alle unbescholtenen Männer über 25, wahlberechtigt waren alle über 30, die einen eigenen Haushalt hatten (§§ 35-36); durch diese Regeln wurde das Gesinde vom Wahlrecht ausgeschlossen. Wahlberechtigt zur ersten Kammer (dem „Landsting") war dieselbe Gruppe wie zur zweiten Kammer; wählbar waren Männer über 40 mit einem gewissen Mindesteinkommen (§§ 39-40).

Beide Kammern können Gesetze vorschlagen und verabschieden (§ 48), nur muss der Vorschlag zum Haushaltsgesetz zunächst in der zweiten Kammer vorgelegt werden (§ 52), was wir vom Verfassungsentwurf kennen. Die Staatsrechnungen werden vom Reichstag überprüft (§ 53), und diesem steht das Steuerbewilligungsrecht zu (§ 52).

Die alte Forderung Lornsens in Bezug auf die Trennung von Verwaltung und Justiz wurde als Versprechen in der Verfassung festgeschrieben (§ 76); Schwurgerichte sollten in Kriminalprozessen und politischen Prozessen eingeführt werden (§ 79), was aber erst 1919 stattfand. Wie im Schleswig-Holsteinischen Staatsgrundgesetz werden die bürgerlichen Rechte und Pflichten von der Konfession unabhängig gemacht (§ 84).

Die Verfassung listet weitere Freiheiten auf: Persönliche Freiheit („habeas corpus“, § 85), Sicherung des Eigentums (§ 87), Meinungs- und Versammlungsfreiheit (§§ 91-93), und als neue Grundsätze das Recht auf Armenunterstützung (§ 89) und auf freien Schulunterricht (§ 90). Eine entsprechende Bestimmung finden wir im Lauenburgischen Grundgesetz § 113, aber schon im Jahre 1814 hatte die Kopenhagener Regierung für Dänemark und Schleswig-Holstein die Unterrichtspflicht eingeführt.

Das Procedere bei einer Verfassungsänderung wird genau beschrieben: Zunächst muss der neue Text verabschiedet werden, dann muss er unverändert vom nächsten Reichstag und schließlich unverändert vom neu gewählten Reichstag verabschiedet und vom König bestätigt werden (§ 100). Schließlich stellt die Verfassung die Aufhebung des Königsgesetzes von 1665 fest mit Ausnahme dessen erbrechtlichen Bestimmungen.

Ausblick

Innerhalb von anderthalb Jahren fand der Übergang vom Absolutismus zur konstitutionellen Monarchie statt. Der Entwurf zur Einführung eines Ständereichstags hatte in vielen Hinsichten den Boden bereitet. Eigenartig ist die Beschränkung der Ressorts unter parlamentarischer Kontrolle, denn wichtige Bereiche gehörten nicht zum Zuständigkeitsgebiet des Ständereichstags. Ein solches Parlament mutet im Jahre 1848 altmodisch an, war aber im Einklang mit der deutschen Bundesakte, die den Mitgliedern des Deutschen Bundes, also z.B. Holstein, die Einführung von Ständeversammlungen versprochen hatte; ferner hatte ein demokratisches Land wie Schweden bis 1866 einen Ständereichstag, und schließlich ließ sich der Ständereichstag als Oberbau auf den Provinzialständen verstehen.

Welche Quellen für die vier Verfassungstexte herangezogen wurden, bleibt noch zu untersuchen; eine erste Hilfe bietet das Sachregister zu den Texten, das von dem Kassler Verfassungsprojekt unter der Leitung von Herrn Professor Dr. Horst Dippel ausgearbeitet wurde. Unmittelbar würde man mit der norwegischen Verfassung von 1814 und derjenigen Belgiens von 1831 rechnen; für das Schleswig-Holsteinische Staatsgrundgesetz und das Lauenburgische Grundgesetz kommt natürlich auch der Entwurf zur deutschen Reichsverfassung in Betracht.

Das radikale Zensurverbot, ja sogar Verbot für alle Zukunft gegen die Wiedereinführung von Zensur, das wir in unseren vier Texten finden, zeigt ganz eindeutig die Abhängigkeit der späteren Texte vom Verfassungsentwurf. Es ist aber ein Zeugnis von der Liberalität der Beamten in den letzten Tagen des Absolutismus und so ein würdiges Monument über das alte Regierungssystem.

Die Verfassungsfrage der dänischen Monarchie: 1840er Jahre

von Okko Meiburg

Inhaltsverzeichnis

1 Einleitung

Die vorliegende Arbeit stellt mit dem dänischen Verfassungsentwurf von Anfang 1848, dem Schleswig-Holsteinischen Staatsgrundgesetz vom 15.9.1848 und dem dänischen Grundlov vom 5.6.1849 drei Verfassungstexte aus der Mitte des 19. Jahrhunderts gegenüber. Jede dieser drei Quellen ist vor dem Hintergrund der nationalen Gegensätze zwischen dem dänisch- und dem deutschsprachigen Bevölkerungsteil des Herzogtums Schleswig entstanden. Es soll der formale und inhaltliche Verwandtheitsgrad dieser Texte untersucht werden.

Dieses Vorhaben ist deshalb von großem Interesse, weil der dänische Verfassungsentwurf von der Forschung bisher nahezu vollständig ignoriert wurde. Es kann davon ausgegangen werden, dass dieser Entwurf als wichtige Vorlage bei der Entstehung sowohl des Staatsgrundgesetzes als auch des Grundlovs fungiert hat. Die Gültigkeit dieser These zu verifizieren oder zu falsifizieren ist Hauptaufgabe dieser Arbeit. Um diese Frage zu untersuchen, werden mehrere zentrale inhaltliche Themenbereiche herausgegriffen und deren konkrete Umsetzung innerhalb der drei Verfassungstexte einander gegenübergestellt. Die Rechte und Pflichten des Staatsoberhauptes und des Parlaments bilden dabei die beiden umfangreichsten Abschnitte. Weitere Passagen befassen sich mit der Gesetzgebung, dem Wahlrecht, den Bürgerrechten sowie mit den Kompetenzen in Bezug auf Budget bzw. Finanzen und auf das Militär und schließlich mit dem Status der Minister. Da sich einige Abschnitte inhaltlich überschneiden, sind Wiederholungen mitunter nicht zu vermeiden. So hat beispielsweise die Gesetzgebung einen so fundamentalen Stellenwert bezüglich der Kompetenzverteilung innerhalb einer Verfassung, dass es nötig ist, dieser Thematik einen eigenen Abschnitt zu widmen. Zudem ist freilich die Erwähnung der gesetzgeberischen Kompetenzen in den Abschnitten zum Staatsoberhaupt und zum Parlament gleichfalls unabdingbar.

Um die Gegenüberstellung der drei untersuchten Texte zu erleichtern, findet sich im Anhang dieser Arbeit eine Synopse der einander entsprechenden Abschnitte aus den drei Quellen. Dafür hat mir Herr Prof. Riis dankenswerter Weise eine noch unveröffentlichte Version der von Sönke Loebert edierten Fassung des dänischen Verfassungsentwurfes, welcher bis dahin lediglich in handschriftlicher Form vorlag, zur Verfügung gestellt. Die Erstellung der vorliegenden Arbeit wurde dadurch erheblich erleichtert. Die von mir überarbeiteten Anmerkungen Loeberts bezüglich des Verfassungsentwurfes wurden in die Synopse mit eingefügt.

Die Forschungslage ist insgesamt als recht dürftig zu bezeichnen. Zwar gibt es einige Werke, die sich mit dem Schleswig-Holsteinischen Staatsgrundgesetz befassen – hier sind in erster Linie die Arbeiten Joachim Krechs und Georg-Christoph von Unruhs zu nennen – doch eine Gegenüberstellung auch nur von zwei der drei behandelten Texte findet sich in der Forschungsliteratur bislang nicht. Zum dänischen Grundlov ist in der deutschsprachigen Literatur bisher ebenfalls keine umfassende Analyse vorhanden.

Für die kurze Darstellung des historischen Hintergrunds, vor welchem die drei untersuchten Gesetzestexte entstanden sind, wurden die Arbeiten von Gerd Stolz sowie Ulrich Lange herangezogen; zu bestimmten Spezialaspekten wurden noch weitere Artikel und Werke zu Rate gezogen. Bezüglich der rechtlichen Zugehörigkeit des Herzogtums Schleswig war der Aufsatz von Thomas Riis hilfreich, der Aspekt des Offiziersmangels in der Schleswig-Holsteinischen Armee nach dem Abzug der preußischen Truppen wird in der Dissertation Jan Schlürmanns besonders deutlich.

Die Arbeit beginnt mit einer kurzen Einführung in den historischen Kontext, in dem die Verfassungstexte entstanden sind. In diesem Zusammenhang wird zunächst ein Blick auf die historische Staatszugehörigkeit der Herzogtümer Schleswig und Holstein geworfen, ehe die politische Entwicklung in den Herzogtümern und im Gesamtstaat von 1830 bis zum Ende der Schleswig-Holsteinischen Erhebung 1848-51 betrachtet wird.

Im Hauptteil werden zentrale Aspekte der Verfassungen einander gegenübergestellt und die in den einzelnen Texten verankerten Regelungen miteinander verglichen. Jeder Themenbereich wird am Ende des entsprechenden Kapitels kommentiert und die Gemeinsamkeiten und Unterschiede, welche die drei Quellen bezüglich der behandelten Teilaspekte aufweisen, werden erläutert und bewertet.

Am Schluss der Arbeit findet sich eine themenübergreifende Bewertung des im Hauptteil ermittelten Verwandtschaftsgrades der untersuchten Quellen.

2 Historischer Kontext

2.1 Die Herzogtümer Schleswig und Holstein und ihre staatsrechtliche Zugehörigkeit

Die Frage der staatlichen Zugehörigkeit der Herzogtümer Schleswig und Holstein zum dänischen Königreich oder zum Deutschen Bund wurde im Zuge des Aufkommens der nationalen Ideen der ersten Hälfte des 19. Jahrhunderts zur Kardinalfrage sowohl der schleswig-holsteinischen als auch der dänischen Geschichte. Dabei beanspruchten sowohl die Dänen als auch die Schleswig-Holsteiner das ganze Herzogtum Schleswig für sich und begründeten ihre Forderungen mit verschiedenen Aspekten des historisch gewachsenen Rechts. Vor diesem Hintergrund war auch die Erbfolgefrage von entscheidender Bedeutung.

Während im Deutschen Reich, also auch in Holstein, die agnatische Erbfolge galt, fand im Königreich Dänemark die agnatisch-kognatische Sukzessionsregelung Anwendung, nach der neben der männlichen auch die weibliche Linie des Königshauses Erbrecht besaß. Dieses Thema rückte in der Mitte des 19. Jahrhunderts in den Fokus des öffentlichen Interesses, da ein Aussterben der männlichen Linie des dänischen Königshauses wahrscheinlich wurde. Die zweite Ehe des Thronfolgers und späteren Königs Friedrich VII. war 1846 kinderlos gescheitert. Seit 1850 führte er eine morganatische Ehe mit der Balletttänzerin Demoiselle Louise Rasmussen. Möglicher Nachwuchs aus dieser Verbindung war von der Erbfolge ausgeschlossen.

Im Zuge der aufkeimenden nationalen Frage machte sich daher das Geschlecht der Schleswig-Holstein-Sonderburg-Augustenburger, der nächsten männlichen Seitenlinie des dänischen Königshauses, Hoffnung auf das Erbe der Herzogtümer Schleswig und Holstein im Falle des Todes Friedrichs. Da die Augustenburger lediglich nach deutschem Erbrecht nachfolgeberechtigt waren, verschrieben sie sich den Einigungsbestrebungen des Deutschen Bundes und erfuhren auf Grund dessen großen Rückhalt im deutschgesinnten Teil der Bevölkerung Schleswig-Holsteins.

Die Augustenburger argumentierten mit dem Vertrag von Ripen, in welchem der dänische König Christian I. im Jahre 1460 zum Einen die Zusammengehörigkeit der Herzogtümer Schleswig und Holstein bestätigt und den Ständen zum Anderen das Recht zuerkannt hatte, ihren Landesherrn aus dem Kreis der Erbberechtigten zu wählen. Durch die Tatsache, dass Christian I. die Herzogtümer nach deutschem Lehnsrecht erhalten hatte, hatte auch das deutsche, also das agnatische, Erbrecht Anwendung zu finden.[35]

---

35 Johannsen-Reichert, Jörg. Der Erbfolgestreit um die Herzogtümer Schleswig und Holstein im 19. Jahrhundert. Eine Untersuchung zu den Sukzessionsansprüchen der Herzöge von Sonderburg-Augustenburg auf Schleswig und Holstein. Aachen, 1999, S. 1f.

Nach dänischer Lesart war das seit 1665 in der „Lex Regia“ verankerte agnatisch-kognatische Sukzessionsrecht des Königreiches mit der Inkorporation Schleswigs 1721 auch auf das Herzogtum übergegangen. Dadurch sei Schleswig zum festen Bestandteil des Gesamtstaates und seine Verbindung zu Holstein gelockert worden.[36] Zudem galt nun auch in Schleswig die agnatisch-kognatische Thronfolge, wodurch die Augustenburger in diesem Herzogtum nicht erbberechtigt waren.

Zwar wären die Augustenburger auch nach der agnatisch-kognatischen Erbfolgeregelung nicht grundsätzlich von der Thronfolge ausgeschlossen, doch rechnete die dänische Seite in dieser Frage nach dem Königsgesetz von Friedrich III. an. Da die augustenburgische Linie nach dieser Rechnung nicht Nachkommen Friedrichs III. sondern Christians III. waren, war ihre Thronfolge nach der „Lex Regia“ ausgeschlossen.

Die Rechtslage war derartig kompliziert, dass beide Seiten gute Belege für Ihre Argumentation anführen konnten, die allerdings jeweils sehr weit in die Vergangenheit zurückreichten und die seither gewachsene politische und kulturelle Lage außer Acht ließen.[37] Insgesamt war es sowohl den dänischen als auch den deutschen Nationalliberalen bei dem Rechtsstreit in erster Linie darum zu tun, das ganze Herzogtum Schleswig in ihr Staatswesen einzugliedern.

Die konkreten rechtlichen Gegebenheiten hat Johannsen-Reichert in seiner Dissertation von 1991 untersucht. Er kommt zu dem Schluss, dass die Herzogtümer Schleswig und Holstein nach historischem Recht als deutsches Lehen zu betrachten waren und in ihnen somit die agnatische Erbfolge galt.[38] Dieses Ergebnis ist zwar für Holstein korrekt, in Schleswig galt indes seit der Lex Regia und der Inkorporation des Herzogtums de facto die agnatisch-kognatische Erbfolge. Dies wurde auch von der internationalen Politik so interpretiert, die seit Beginn der 1850er Jahre die Weichen in Richtung der von dänischer Seite gewünschten Lösung stellte. So wurde am 8. Mai 1852 von Preußen, Österreich, Großbritannien, Schweden, Dänemark und Frankreich das Londoner Protokoll beschlossen, nach welchem die agnatisch-kognatische Erbfolge auch in den Herzogtümern ihre Anwendung finden sollte. Damit wurde im Fall des Ablebens Friedrichs VII. die Nachfolge Prinz Christians von Schleswig-Holstein-Glücksburg für den dänischen Gesamtstaat inklusive Schleswigs und Holsteins festgeschrieben.[39]

---

36 Johannsen-Reichert 1999, S. 1.

37 Vom britischen Premierminister Lord Palmerston wurde einmal behauptet, er hätte 1864, auf die schleswig-holsteinische Frage angesprochen, geantwortet, diese hätten nur drei Männer jemals wirklich verstanden. Einer von ihnen sei der inzwischen verstorbene Prinz Albert, der Gatte Königin Viktorias, gewesen, der Zweite ein dänischer Minister, der über die Frage verrückt geworden sei. Lord Palmerston selber habe als dritter Fachmann inzwischen alles wieder vergessen und wolle sich mit der Frage kein weiteres Mal beschäftigen. Von Unruh, Georg-Christoph. Das schleswig-holsteinische Staatsgrundgesetz von 1848. Entstehung und verfassungsrechtliche Bedeutung. Husum 1981, S. 7.

38 Johannsen-Reichert 1999, S. 154.

39 Stolz, Gerd. Die schleswig-holsteinische Erhebung. Die nationale Auseinandersetzung in und um Schleswig-Holstein von 1848/51. Husum 1996, S. 179 f.

Zu Beginn des 19. Jahrhunderts war die rechtliche Lage der Zugehörigkeit der Herzogtümer indes noch weitestgehend ungeklärt. Der aufkeimende Nationalismus begann insbesondere das Herzogtum Schleswig, in dem Deutsche und Dänen zuvor jahrhundertelang in Eintracht gelebt hatten, zunehmend zu spalten.

2.2 Die politische Entwicklung von 1830 – 1848

Die im Laufe der Jahrhunderte entstandene Lage brachte den dänischen König in eine schwierige Situation. In seiner Funktion als Herzog von Lauenburg und Holstein war er Mitglied des Deutschen Bundes und hatte somit die Rückwirkungen seiner Politik auf die anderen Bundesstaaten zu berücksichtigen. Eine zentralistische Ordnung des dänischen Gesamtstaates war daher praktisch nicht durchführbar.[40] Zudem war die Verfassungsfrage 1830 noch nicht gelöst. In Artikel 13 der Bundesakte war den Gliedstaaten des Deutschen Bundes von 1815 die Errichtung einer landständischen Verfassung zugesagt worden. Da das Herzogtum Schleswig nicht Teil des Bundes war, galt diese Verpflichtung lediglich für Lauenburg und Holstein. Durch die über die Jahrhunderte gewachsene gemeinsame Entwicklung Schleswigs und Holsteins, die eine Sonderstellung innerhalb des Gesamtstaates innehatten, steckte somit in der Verfassungsfrage erhebliches Konfliktpotential. Die dänische Regierung hatte sich von 1816 – 1819 bereits mit einem Verfassungsentwurf und von 1823 – 1827 mit einer Justiz- und Verwaltungsreform für Holstein beschäftigt, 1830 waren diese Arbeiten über den Status von Entwürfen allerdings noch nicht hinausgekommen.[41]

Es waren die europäischen Ereignisse dieses Jahres, welche die schleswig-holsteinische Verfassungsproblematik wieder auf die Tagesordnung brachten. Durch die Julirevolution in Paris wurde die französische Dynastie der Bourbonen gestürzt und durch ein liberales Königtum unter dem „Bürgerkönig“ Louis Philippe ersetzt. Diese Ereignisse hatten Auswirkungen auf ganz Europa. So erlangten die Belgier ihre ersehnte Unabhängigkeit vom niederländischen Königreich und die Polen rebellierten gegen die russische Fremdherrschaft. Von diesen Geschehnissen blieben die deutschen Staaten und die Herzogtümer nicht unberührt, wenn es hier auch nicht zu nennenswerten Ausschreitungen kam.[42]

Ursache der Auseinandersetzungen, die ebenfalls in der Schweiz, in Großbritannien und im Februar 1831 auch in Italien ausbrachen, war der Konflikt zwischen den aufstrebenden liberalen Kräften, die auf eine demokratische Entwicklung abzielten, und der monarchischen Restauration, welche die Idee des absolutistischen Fürstenstaates stärken wollte. Diese europäischen Ereignisse verschafften auch der

40 Stolz 1996, S. 22.

41 Stolz 1996, S. 22f.

42 Hansen, Hans Schultz. Demokratie oder Nationalismus – Politische Geschichte Schleswig-Holsteins 1830 – 1918. In: Lange, Ulrich. Geschichte Schleswig-Holsteins. Von den Anfängen bis zur Gegenwart. Neumünster ^{2}2003, S. 427.

Verfassungsfrage in den Herzogtümern eine ganz neue Aktualität. Die dänische Regierung, von den revolutionären Vorkommnissen gewarnt, gab nach einer schlechten Ernte die Roggeneinfuhr frei, um Unruhen zu verhindern, konnte kritische Stimmen allerdings nicht vollends zum Schweigen bringen.[43]

Anfang November 1830 nämlich gab der königliche Landvogt auf Sylt, Uwe Jens Lornsen, unter dem Titel „Ueber das Verfassungswerk in Schleswigholstein" eine kleine Flugschrift heraus. Hierin forderte er eine für die Herzogtümer Schleswig und Holstein gemeinsame Repräsentativverfassung, eine umfassende Verwaltungsreform und die Verlegung der wichtigsten Behörden von Kopenhagen in die Herzogtümer. Sein Ziel war die vollständige administrative Abtrennung Schleswigs und Holsteins vom Gesamtstaat und die Errichtung einer Doppelmonarchie. Dies wollte er nicht durch Revolution, sondern durch Petitionen erreichen. Seine Hoffnung, die Bevölkerung würde den König mit Gesuchen bestürmen, erfüllte sich allerdings nicht. Lornsen wurde am 23. November festgenommen und später zu einem Jahr Festungshaft, die er in Friedrichsort und Rendsburg absaß, verurteilt.

Obwohl die Initiative Lornsens nicht den erhofften Petitionssturm auslöste, reagierte die dänische Regierung im Mai 1831 mit der Ankündigung der Einrichtung von vier Ständeversammlungen für die Teile des Gesamtstaats: die dänischen Inseln, Jütland, Holstein und Schleswig. Der absolutistische Charakter der Monarchie erlitt dadurch allerdings keine Einschränkungen, da die Versammlungen lediglich eine beratende Funktion ausüben sollten. Durch die Einberufung von getrennten Ständeversammlungen für die Herzogtümer konnte zunächst ein näheres Zusammengehen von Schleswig und Holstein vermieden werden. Die 1834 bekannt gegebene Verfassung sah zudem eine gemeinsame Provinzialregierung in Schleswig und ein Oberappellationsgericht mit Sitz in Kiel vor; auf diese Weise wurden einige von Lornsens Vorschlägen in die Tat umgesetzt.

Die Ständeversammlung des Herzogtums Schleswig wurde nach Schleswig einberufen, die Holsteiner Abgeordneten fanden sich in Itzehoe zusammen. Einige der Mandatsträger wurden vom König ernannt, die Mehrzahl allerdings in direkter, offener Wahl, der ein strenger Zensus zu Grunde gelegt wurde, bestimmt. Dieses Wahlrecht ermöglichte zwar nur etwa 2% der Bevölkerung die Stimmabgabe, die Wahlberechtigung lag allerdings in England nur knapp über diesem Wert, in Frankreich und Preußen lag sie sogar noch darunter.[44]

Die ersten Ständeversammlungen wurden 1835/36 für Holstein sowie 1836 für Schleswig einberufen. Sie sollten unter Anwesenheit eines den König vertretenden Kommissars und unter Vorsitz eines aus dem Plenum gewählten Präsidenten in einem zweijährigen Turnus tagen. Die Sitzungen der Versammlungen fanden nicht öffentlich statt, ihre Ergebnisse wurden allerdings in der Ständezeitung in zensierter Form publiziert.

---

43 Hansen 2003, S. 428.

44 Hansen 2003, S. 429 ff.

Obwohl sie mit erheblichen Hemmungen durch die eingeschränkte Presse- und Versammlungsfreiheit zu kämpfen hatten, gelang es den Liberalen in den 1830er Jahren, ihre Position in der politischen Öffentlichkeit zu stärken. Trotz strenger Zensur wurden liberale Zeitungen gedruckt, durch welche der Bevölkerung die aktuellen politischen Fragen näher gebracht werden konnten. Hier ist unter anderem das „Kieler Correspondenz-Blatt" des liberalen Advokaten Theodor Olshausen zu nennen. Weder die Versammlungs- noch die Vereinsfreiheit war der Bevölkerung seitens der Regierung garantiert, es wurden aber sowohl politische Versammlungen als auch die Gründung von Bürgervereinen toleriert. Die Staatsgewalt begann aber wieder härter durchzugreifen, als die Linksliberalen anlässlich der Ständeversammlung von 1838 mit mehreren Versammlungen der Petitionsbewegung Vorschub leisten wollten. Alle Petitionen, die eine Änderung der Verfassung oder der Regierung forderten, wurden verboten.[45]

Ab der Mitte der 30er Jahre wurde eine weitere Frage aktuell, welche die Spannungen zwischen der dänischen und der deutschen Bevölkerungsgruppe weiter steigerte. Es handelte sich dabei um die Abkehr vom Gedanken, die Bevölkerung würde von ihrer Herrscherdynastie zusammengehalten. Der Philosoph Johann Gottfried Herder hatte nach der Französischen Revolution die These aufgestellt, dass ein Volk eben nicht durch sein staatliches Oberhaupt, sondern durch seine gemeinsame Sprache, Kultur und Lebensweise verbunden sei. Als deutscher Pfarrer in Riga sprach er aus eigener Erfahrung. Damit hatte er den nationalen Ideen, die sich in den 1830er Jahren auch in den Herzogtümern verstärkt bemerkbar machten, den philosophischen Unterbau geliefert. Da sich die Bevölkerung des Herzogtums Schleswig aus mehreren Sprachgruppen – der dänischen, der deutschen und der friesischen – zusammensetzte, wurde der öffentliche Gebrauch der Sprache, also der Verwaltungs-, Schul- und Kirchensprache, zum Kernpunkt der Auseinandersetzungen der verschiedenen Volksgruppen. Der Kieler Rechtsprofessor Christian Paulsen kritisierte sowohl Lornsens Vorschläge, der die deutsche Sprache im gesamten Herzogtum als alleinige Justiz- und Verwaltungssprache vorschlug, als auch die Situation in Mittelschleswig, wo das Südjütische von großen Teilen der Bevölkerung gesprochen wurde, das Deutsche allerdings Kirchen- und Schulsprache war.[46]

Diese Thematik fand auch in der schleswigschen Ständeversammlung Widerhall. Der nordschleswigsche Hofbesitzer und Abgeordnete Nis Lorenzen forderte in den Versammlungen von 1836 und 1838 vehement, den Petitionen aus der Bevölkerung zu entsprechen und Dänisch in Nordschleswig zur Justiz- und Verwaltungssprache zu machen. Der Antrag wurde 1838 mit sehr knapper Mehrheit angenommen. 1840 trat das Sprachreskript in Kraft und die dänische Sprache wurde in denjenigen nordschleswigschen Landbezirken zur Rechts- und Verwaltungssprache, in denen sie bereits Schul- und Kirchensprache war. Weder die dänische noch die deutsche Seite war von der neuen Situation angetan. Den Dänen ging der königliche Erlass nicht

45 Hansen 2003, S. 433.
46 Hansen 2003, S. 434 f.

weit genug, während die Deutschen eine dänische Propaganda fürchteten, die die Annäherung Schleswigs an das Königreich vorantreiben sollte. Zudem fand die von der Bevölkerung gesprochene Sprache als Ausdruck nationaler Identität in der neuen Verordnung keine Berücksichtigung, was wiederum keine der Seiten befriedigte. Im Endeffekt wurden die nationalen Spannungen durch den Spracherlass noch weiter verstärkt.[47]

Die multinationale Zusammensetzung der Bevölkerung des Herzogtums prägte von nun an das politische Leben in Schleswig wie keine andere Frage und spaltete die Liberalen in der Ständeversammlung in eine dänische und eine deutsche Gruppe. Beide Seiten waren sich in vielen Punkten, beispielsweise in der Forderung nach einer liberalen Verfassung mit garantierter Presse- und Versammlungsfreiheit, einig, die nationale Zugehörigkeit des Herzogtums Schleswig stand ab 1838 allerdings derartig im Vordergrund, dass eine Zusammenarbeit zur Erreichung der gemeinsamen Ziele unmöglich wurde. Die Dänen unter dem führenden Nationalliberalen Orla Lehmann sahen die Zukunft des Reiches in einem Nationalstaat unter Einbeziehung des Herzogtums Schleswig und unter Abtrennung Holsteins und Lauenburgs. Nach dem schleswig-holsteinischen Grenzfluss wurden diese Kräfte auch „Eiderdänen" genannt. Die deutschnationalen Ideen wurden auf der schleswigschen Ständeversammlung von 1842 von dem Advokaten Wilhelm Hartwig Beseler formuliert. Dieser machte sich für den Eintritt des Herzogtums Schleswig in den Deutschen Bund stark und schlug einen Gebietsaustausch zwischen den reichsdänischen Teilen der Inseln Sylt und Föhr auf der einen und dem Kreis Hadersleben auf der anderen Seite vor. Die Nordgrenze des Deutschen Bundes sollte nach diesen Vorstellungen an der Königsau liegen.[48]

Sowohl die Dänen als auch die Deutschen beanspruchten folglich das gesamte Gebiet des Herzogtums Schleswig für ihre Seite, wobei diese nationalistischen Forderungen nicht als isoliertes schleswig-holsteinisches Phänomen, sondern als Ausdruck des in Europa damals vorherrschenden Zeitgeistes zu sehen sind. Eine ähnliche Entwicklung war Anfang der 1840er Jahre auch an der deutsch-französischen Grenze zu beobachten, wo von französischer Seite Ansprüche auf das – ebenfalls sprachlich gemischt bevölkerte – Elsass-Lothringen geltend gemacht und Forderungen nach dem Rhein als „natürlicher Grenze", wie bereits Ludwig XIV. es vorgeschlagen hatte, innerhalb der Bevölkerung immer lauter wurden.

Zum nationalen Bruch auf der schleswigschen Ständeversammlung kam es im Jahr 1842. Auf der einen Seite forderte der Advokat Gülich, die Brandmarke „Dänisches Eigentum" von den Schiffen der Herzogtümer entfernen zu lassen, andererseits begann Peter Hiort Lorenzen, auf der Ständeversammlung dänisch zu sprechen. Die meisten liberalen Abgeordneten vertraten in der Folge entweder dänisch oder deutsch gesinnte nationalliberale Positionen. Die schleswig-holsteinische „Landespartei" unter Wilhelm Hartwig Beseler kooperierte fortan mit der Ritter-

---

47 Stolz 1996, S. 23 f.

48 Stolz 1996, S. 24 f.

schaft sowie ab 1846 mit dem Herzog von Augustenburg und dessen Bruder, dem Prinzen Friedrich zu Noer, beide Vertreter der erzkonservativen Richtung.[49]

Da der dänische Thronfolger, der spätere König Friedrich VII., bislang kinderlos geblieben war – und auch bleiben sollte – war das Aussterben der Königslinie im Mannesstamme mit dem Tode Friedrichs absehbar. Die Augustenburger verfolgten durch ihre Allianz mit der „Landespartei" das Ziel, sich hinsichtlich der Erbfolge der Herzogtümer Schleswig und Holstein im Falle des Aussterbens der männlichen Linie des dänischen Königshauses die Unterstützung der deutschsprachigen Bevölkerung zu sichern. Die Agitation der Augustenburger erfreute sich im deutsch gesinnten Teil der schleswig-holsteinischen Bevölkerung großer Beliebtheit, da der angestrebte Wechsel der Thronfolge als Garant für einen Anschluss des Herzogtums Schleswig an den Deutschen Bund galt.

Es kristallisierte sich also heraus, dass die beiden nationalliberalen Lager zwar ähnliche politische Ziele verfolgten, gleichzeitig aber jeweils das gesamte Herzogtum für sich beanspruchten. Dabei wurden beiderseits lang zurückliegende historische Ereignisse herangezogen, um die eigenen Ansprüche zu untermauern. So beriefen sich die Dänen auf den Erbhuldigungseid von 1721, während sich die deutsch gesinnten Schleswig-Holsteiner auf den Vertrag von Ripen und die Tapfere Verbesserung aus dem Jahre 1460 stützten.[50] Beide Seiten versuchten in der Folge, so viele Schleswig-Holsteiner wie möglich auf die eigene Seite zu ziehen. Die bis dahin unpolitische Presse der Herzogtümer schlug sich im Großen und Ganzen auf die den Anschluss Schleswigs an den Deutschen Bund fordernde Seite. Das dänische Zeitungswesen in den Herzogtümern bestand lediglich aus zwei bis drei Gazetten.

Die Art der Propaganda beider Lager unterschied sich dabei nur wenig. Beide arbeiteten mit nationalen und historischen Symbolen. Die schleswig-holsteinische Sache wurde durch eine aus einer Wurzel entspringende, zweistämmige Doppeleiche dargestellt, die sich in einer gemeinsamen Baumkrone wieder vereint, das dänische Symbol war das noch aus der Zeit der Wikinger stammende Danewerk, der südliche Grenzwall des mittelalterlichen Reiches. Zudem wurde der Chorgesang als einendes Element zu Agitationszwecken genutzt. Die Bedeutung sowohl der schleswig-holsteinischen „Liedertafeln" als auch der von beiden Seiten initiierten Volks- und Sängerfeste zur Verbreitung der nationalen Ideen in der Bevölkerung war in den 1840er Jahren nicht zu unterschätzen. Die Dänen begingen im Mai 1843 auf der Skamlingsbanke, der höchsten Erhebung Südjütlands, das erste Volksfest.

---

49 Hansen 2003, S. 436 f.

50 Stolz 1996, S. 25. Bei der Ripener Urkunde handelt es sich um eine Wahlkapitulation, die ausschließlich für die Zeit der Regentschaft des unterzeichnenden Königs Gültigkeit hatte. Ein dauerhafter Zusammenschluss der beiden Herzogtümer wäre nur gefolgt, hätten alle auf Christian I. folgenden Landesherren die Bestimmungen bestätigt. Da dies nicht erfolgt ist, haben die Regelungen des Ripener Vertrages seit dem 16. Jahrhundert keine Gültigkeit mehr gehabt. Riis, Thomas. „Up ewig ungedeelt" – Ein Schlagwort und sein Hintergrund. In: Stamm-Kuhlmann, Thomas et al. (Hgg.). Geschichtsbilder: Festschrift für Michael Salewski zum 65. Geburtstag. Stuttgart 2003, S. 159 f.

Mehr als 6000 Menschen, meist nordschleswigsche Bauern, traten für die Gleichberechtigung der dänischen Sprache und für die eiderdänischen Ideen ein. Diese dänische Bewegung wuchs stetig weiter. So versammelten sich im folgenden Jahr an gleicher Stelle 12000 Teilnehmer, darunter 4000 von den Inseln angereiste Dänen.[51]

Das schleswig-holsteinische Pendant dieses Volksfestes waren die in den Herzogtümern organisierten Sängerfeste, zu denen sich ebenfalls mehrere tausend Menschen versammelten. Das im Juli 1844 in Schleswig abgehaltene Fest nahm eine besondere Stellung ein. 12000 Teilnehmer trafen sich in der Stadt an der Schlei und machten sich für den Anschluss des Herzogtums Schleswig an den Deutschen Bund stark. Zu dieser Gelegenheit wurde nicht nur die von Matthäus Friedrich Chemnitz gedichtete und von Carl Gottlieb Bellmann vertonte heutige Schleswig-Holstein-Hymne „Wanke nicht mein Vaterland“ vorgestellt. Auch die blau-weiß-rote Trikolore wurde hier erstmals öffentlich gezeigt. Sowohl die Hymne als auch die Flagge wurden von der schleswig-holsteinischen Bevölkerung rasch angenommen und symbolisierten auch in anderen deutschen Staaten den deutschen Einigungsgedanken. Die Flagge entwickelte offenbar eine enorm starke Anziehungskraft, denn sie wurde kaum ein Jahr später, am 1. Juli 1845, von der Regierung verboten.[52]

Die Stimmung verschärfte sich zusehends, als der dänische König Christian VIII. die Erbfolgefrage endgültig zu lösen trachtete. Am 8. Juli 1846 erließ er den „Offenen Brief“, in dem er für den wahrscheinlichen Fall des Aussterbens der männlichen Linie des dänischen Königshauses die weibliche Thronfolge für den Gesamtstaat und für die Herzogtümer festlegte. Damit folgte er der Linie der Lex Regia, die durch die Inkorporation Schleswigs 1721 ebenfalls für dieses Herzogtum Gültigkeit hatte. In der deutschgesinnten Bevölkerung Schleswigs und Holsteins löste der „Offene Brief“ einen Sturm der Entrüstung aus, war man doch der Ansicht, die Herzogtümer fielen nach dem Erlöschen der direkten männlichen Linie an den nächsten männlichen Verwandten des Königs. Hierbei handelte es sich um den bereits erwähnten Herzog Christian August von Schleswig-Holstein-Sonderburg-Augustenburg, der sich 1848 der schleswig-holsteinischen Sache verschreiben sollte. In den Herzogtümern brach ein Sturm von Petitionen und Streitschriften los, die Volksseele machte sich auf Massenversammlungen Luft. Die Reaktionen waren so heftig, dass die Regierung gewalttätige Ausschreitungen befürchtete und im September 1846 sowohl politische Vereinigungen, Volksfeste und Volksversammlungen verbot als auch die Pressezensur in den Herzogtümern verschärfte. Prinz Friedrich von Noer, der Bruder des Augustenburgers, trat aus Protest gegen den „Offenen Brief“ des dänischen Königs von seinem Amt als Statthalter und kommandierender General in den Herzogtümern zurück; die Ständeversammlungen von Itzehoe und Schleswig lösten sich 1846 ebenfalls aus Protest auf.[53]

---

51 Stolz 1996, S. 26.

52 Hansen 2003, S. 437 f. Über die schleswig-holsteinischen Sängerfeste, siehe vor allem Henning Unverhau 2000.

53 Stolz 1996, S. 29 f.

2.3 Die wirtschaftliche Lage des dänischen Gesamtstaats in der Mitte des 19. Jahrhunderts

Die Industrialisierung des dänischen Gesamtstaates war in den 1830er und 1840er Jahren noch nicht sehr weit fortgeschritten. Die wichtigsten Handelsgüter bildeten nach wie vor die landwirtschaftlichen Erzeugnisse, die nicht nur den dänischen Außenhandel dominierten, sondern zugleich Grundpfeiler der gesamten Wirtschaft waren. Das Herzogtum Holstein bildete das industrielle Kerngebiet des Königreiches. Hier gab es Eisenfabriken in Kiel sowie Wollfabriken in Neumünster. Außerhalb Holsteins war der industrielle Fortschritt des Gesamtstaates bis zu diesem Zeitpunkt lediglich in Kopenhagen, Flensburg und Rendsburg zu spüren. Auch der Ausbau der Infrastruktur ging nur zögerlich vonstatten. Das letzte große Projekt des Gesamtstaates war der von 1777 – 1784 erbaute Eider-Kanal, welcher der Seeschifffahrt eine sichere Passage zwischen Nord- und Ostsee unter Umgehung des gefährlichen Skagerraks ermöglichte. Der Ausbau von Chausseen und Eisenbahnlinien ging ungeplant und langsam voran. Für die kommenden Auseinandersetzungen fielen vor allem den Eisenbahnlinien Altona – Kiel und Neumünster – Rendsburg, 1844 bzw. 1845 eröffnet, sowie der 1846 komplettierten Chaussee zwischen Schleswig und Flensburg besondere Bedeutung zu. Diese neuen Wege sicherten den zügigen Nachschub insbesondere für die schleswig-holsteinischen Truppen und die Kräfte des Deutschen Bundes.

Trotz der wenig fortgeschrittenen Industrialisierung war die soziale Lage der Bevölkerung schlecht. Unterhalb des Bürgertums entwickelte sich eine immer größer werdende Schicht, deren materielle Situation immer prekärer wurde. Der Anteil von Arbeitern, Insten und Tagelöhnern an der Gesamtbevölkerung der Herzogtümer lag Ende der 1840er Jahre bereits bei etwa 30%. Ungefähr 250000 Menschen lebten hier also am Existenzminimum und hatten, auch wenn sie sich redlich bemühten, kaum Entwicklungsmöglichkeiten. Ob diese Bevölkerungsschicht bereits Träger oder Befürworter radikaler Reformen war, ist zwar unklar, jedenfalls aber wohnte dieser Gruppe ein großes Unruhepotential inne.[54]

2.4 Die politische „Großwetterlage" im Jahre 1848

Zu Beginn des Jahres 1848 übernahm Friedrich VII. nach dem Tod seines Vaters Christian VIII. am 20. Januar die Regierungsgeschäfte. Gleich zu Beginn seiner Amtszeit gab er zu verstehen, dass er zu Reformen bereit war, wodurch die Hoffnung der Liberalen auf eine freiheitliche Verfassung aufs Neue genährt wurde. Trotz der schwelenden Konflikte in den Herzogtümern bedurfte es allerdings, wie bereits im Jahre 1830, eines Impulses von außerhalb, um die Geschehnisse in den

54 Stolz 1996, S. 36 f.

Herzogtümern zu forcieren. Diesmal wurde der Grundstein der folgenden gesamteuropäischen Ereignisse im Sizilianischen Palermo gelegt, wo im Januar 1848 ein Aufstand gegen das reaktionäre Regime Ferdinands II. ausbrach. Im folgenden Monat kam es in Paris zur Erhebung der französischen Unterschichten, die das allgemeine Wahlrecht forderten und gegen die Privilegien der Bourgeoisie protestierten. Im Zuge dieses Aufstandes musste der „Bürgerkönig" Louis Philippe abdanken und nach Großbritannien fliehen. Am 24. Februar 1848 wurde die Zweite Französische Republik ausgerufen. Wegen der überall in Europa herrschenden sozialen Konflikte griffen die Massenerhebungen bald auf andere Staaten über. So wurde am 13. März in Österreich der Fürst von Metternich zur Flucht nach London gezwungen. Von Aufständen in Ungarn und Italien, welche die Abtrennung von der Donaumonarchie zum Ziel hatten, ging zudem eine massive Bedrohung für den Bestand des Vielvölkerstaates aus. Die Aufstände machten auch vor anderen Staaten des Deutschen Bundes nicht halt: es kam unter Anderem zu Auseinandersetzungen in Baden und Bayern sowie zu Straßenschlachten in der preußischen Hauptstadt Berlin, denen über 180 Menschen zum Opfer fielen.[55]

In Schleswig-Holstein versammelten sich am 18. März Vertreter beider Ständeversammlungen in Rendsburg, wo sie eine gemeinsame Verfassung für die Herzogtümer, die Aufnahme Schleswigs in den Deutschen Bund, Presse- und Versammlungsfreiheit sowie Volksbewaffnung forderten. Sie sandten eine Abordnung von radikalen Demokraten – unter anderen Theodor Olshausen und Hans Reimer Claussen – nach Kopenhagen, die dem König diese Forderungen vorlegen sollte. Noch bevor die Gesandtschaft am 21. März in Kiel einschiffte, reagierten die dänischen Nationalliberalen auf die Rendsburger Ereignisse. In der Annahme, in den Herzogtümern wäre eine Revolution ausgebrochen, versammelten sich die Eiderdänen am 20. März in Kopenhagen. Sie gaben ihrer Forderung nach einer dänisch-schleswigschen Verfassung Nachdruck und verlangten die sofortige Absetzung der Regierung. Am folgenden Tag versammelten sich in Kopenhagen 15000 – 20000 Menschen, die einen Protestzug zum Schloss Christiansborg veranstalteten, um dort eine neue Regierung zu fordern. Am 22. März gab Friedrich VII. dem Druck der Bevölkerung schließlich nach und berief ein neues Kabinett auf liberaler und eiderdänischer Grundlage.

Die schleswig-holsteinische Delegation traf am selben Tag in Kopenhagen ein und sprach am 23. März auf Christiansborg vor. Zu ihrer Überraschung wurden sie von dem neuen eiderdänisch gesinnten Minister Orla Lehmann, der die Stimmung in Kopenhagen in den vorangegangenen Tagen bewusst verschärft und somit entscheidend zum Regierungswechsel beigetragen hatte, empfangen.[56] Bei diesem Treffen wurde die Teilung des Herzogtums Schleswig entlang der Sprachgrenzen diskutiert.[57]

---

55 Stolz 1996, S. 38.

56 Vammen, Hans. Die Casino-„Revolution" in Kopenhagen 1848. In: ZSHG 123 (1998), S. 62 – 67.

57 Stolz 1996, S. 44 f.

Als die Nachricht von der Umbildung des Kopenhagener Ministeriums am 23. März 1848 Kiel erreichte, brach man dort in aufgeregte Betriebsamkeit aus. Da wenige Tage zuvor in Berlin, Wien und anderen Städten Revolutionen ausgebrochen waren, wurden die Kopenhagener Ereignisse in Kiel in dieser Weise interpretiert. Der Kieler Stadtkommandant Oberst von Hoegh trat nach Aufforderung Wilhelm Hartwig Beselers von seinen Ämtern zurück und es wurde eine gemeinsame provisorische Regierung für die Herzogtümer gebildet. Die Mitglieder dieser Regierung spiegelten das gesamte Spektrum der schleswig-holsteinischen „Landespartei" wider. Neben den Nationalliberalen Jürgen Bremer und Wilhelm Hartwig Beseler, der die Präsidentschaft innehatte, gehörten der Provisorischen Regierung die Konservativen Friedrich Graf von Reventlou und Prinz Friedrich von Schleswig-Holstein-Sonderburg-Augustenburg-Noer sowie die beiden linksliberalen Martin Schmidt und Theodor Olshausen an.[58]

Am Tag nach ihrer Bildung wandte sich die Provisorische Regierung an die schleswig-holsteinische Bevölkerung und proklamierte ihre Ziele. Zu denen zählte zwar die Vereinigung der Herzogtümer, nicht aber die Abkehr von der Personalunion mit Dänemark. In diesen gemäßigten Forderungen ist die Handschrift Friedrich Graf Reventlous zu erkennen, der die Proklamation in groben Zügen entworfen und gegen den Widerstand der Liberalen durchgesetzt hatte. Um sich des revolutionären Beigeschmacks der schleswig-holsteinischen Erhebung zu entledigen, betonte die Provisorische Regierung, im Namen des Landesherrn zu regieren, dessen Wille als „unfrei" zu betrachten sei, da ihn der Kopenhagener Volksprotest zu einer feindlichen Haltung gegenüber den Herzogtümern gezwungen habe. Durch ihr gemäßigtes Regierungsprogramm behielt die Provisorische Regierung Handlungsspielraum in alle Richtungen. Zwar wurde der Anschluss Schleswigs an den Deutschen Bund explizit angestrebt, aber eine Wiederannäherung an Dänemark war nicht völlig ausgeschlossen. In dem deutschgesinnten Teil der Bevölkerung Schleswigs und Holsteins fand die Provisorische Regierung jedenfalls großen Rückhalt.[59]

2.5 Die militärischen Auseinandersetzungen des Jahres 1848

Auf schleswig-holsteinischer Seite war man sich der Tatsache bewusst, dass die dänische Regierung auf die Ereignisse in den Herzogtümern mit Waffengewalt reagieren könnte. So wurde der Aufbau eigener Streitkräfte zu einer der wichtigsten Aufgaben der Provisorischen Regierung. Prinz Friedrich zu Noer wurde mit dieser Angelegenheit betraut und konnte bereits am 24. März einen ersten Erfolg feiern. Mit 250 Angehörigen des 5. Jägerkorps, 50 Kieler Studenten und 60 unbewaffneten Segeberger Freiwilligen fuhr er mit der Bahn direkt in die Festung Rendsburg und überraschte die 1500 Mann starke Besatzung, die durch einen falschen Feueralarm

58 Hansen 2003, S. 441 f.

59 Stolz 1996, S. 49.

unbewaffnet zusammengerufen worden war. Dadurch erreichte der Prinz zu Noer nicht nur die Übergabe der Festung. Vielmehr verschaffte er der schleswig-holsteinischen Armee auch eine erste Machtbasis. Zudem fielen den Truppen auch die mit 2,5 Mio. Reichsbanktalern gut gefüllte Hauptkasse der in den Herzogtümern stationierten dänischen Truppen und deren Waffenarsenal mit 13000 Gewehren, Säbeln und Pistolen sowie Feld- und Festungsgeschütze in die Hände. Zwar waren die erbeuteten Waffen größtenteils veraltet, doch konnten die im Aufbau befindlichen schleswig-holsteinischen Einheiten zunächst wenigstens notdürftig bewaffnet werden. Mit der Einnahme der Festung Rendsburg war an eine Verhandlungslösung zwischen der dänischen und der Provisorischen Regierung endgültig nicht mehr zu denken und eine militärische Auseinandersetzung unausweichlich geworden.[60]

Die schleswig-holsteinische Seite war sich zwar zunächst uneins über das weitere Vorgehen, doch einigte man sich bald auf eine offensive Strategie. Diese sah vor, mit der Streitmacht nach Norden vorzurücken und die dänischen Truppen in Bau bei Flensburg zu besiegen, um auf diese Weise das umstrittene Herzogtum Schleswig zu besetzen. Die schleswig-holsteinischen Streitkräfte waren allerdings sowohl schlecht ausgerüstet als auch unzureichend trainiert. Die aus allen Teilen Deutschlands herbeigeeilten Freikorpssoldaten konnten die Niederlage bei Bau am 9. April nicht verhindern.[61] Schwerer als der militärische Misserfolg wog dabei die Tatsache, dass über 900 Schleswig-Holsteiner, darunter nahezu alle beteiligten Studenten und Turner, in dänische Gefangenschaft gerieten. Dadurch war den Streitkräften der Herzogtümer, die von vornherein an einem Mangel an Offizieren gelitten hatten, die Möglichkeit genommen, Führungskräfte aus der eigenen akademischen Elite heranzubilden.[62] Die dänischen Truppen, die vermutlich keine Kenntnis vom desolaten Zustand der gegnerischen Armee und von deren kopflosem Rückzug hatten, nahmen nicht die Verfolgung der Schleswig-Holsteiner auf, sondern besetzten ihre Stellungen am Danewerk.

Noch im April 1848 machten sich Einheiten aus Preußen und nahezu allen anderen Staaten des Deutschen Bundes zur Unterstützung der schleswig-holsteinischen Truppen nach Norden auf. Somit wandelten sich die militärischen Kräfteverhältnisse in den Herzogtümern bald zu Ungunsten der dänischen Streitkräfte. Am 23. April kam es zum Aufeinandertreffen der Kontingente beider Seiten bei Schleswig mit siegreichem Ausgang für die Schleswig-Holsteiner. Mit Ausnahme der Inseln Ärö und Alsen besetzten deutsche Truppen in der Folge das gesamte Herzogtum Schleswig. Unter britischer und schwedischer Vermittlung kam am 26. August 1848 der Waffenstillstand von Malmö zustande, welcher den Rückzug der verfeindeten Streitmächte aus dem umstrittenen Gebiet, die Einsetzung einer preußisch-dänischen Regierung sowie eine 7-monatige Waffenruhe vorsah.[63]

60 Stolz 1996, S. 50 f.
61 Hansen 2003, S. 443.
62 Stolz 1996, S. 69 f.
63 Hansen 2003, S. 443.

Da der Malmöer Waffenstillstand zwischen Dänemark und dem von der Frankfurter Zentralgewalt bevollmächtigten Preußen, welches einen Großteil der Bundestruppen nach Schleswig-Holstein gesandt hatte, geschlossen worden war, ohne dass die Provisorische Regierung involviert gewesen wäre, war man in Schleswig-Holstein mit dem Abkommen nicht einverstanden. Theodor Olshausen, der sich für einen scharfen Protest der Provisorischen Regierung gegen den Waffenstillstand stark gemacht hatte, scheiterte durch eine Intervention des Reichsministeriums in der Abstimmung und trat enttäuscht von seinen Ämtern zurück. Die Frankfurter Nationalversammlung, welche sich eine Ratifizierung des Vertrages vorbehalten hatte, stimmte am 4. September 1848 nach einer leidenschaftlichen Rede Friedrich Dahlmanns mit 238 : 221 Stimmen gegen den Vertrag von Malmö. Da eine Fortführung des Krieges ohne preußische Unterstützung undenkbar war und die Zentralgewalt nicht über die nötigen Machtmittel verfügte, die schleswig-holsteinischen Truppen zu unterstützen, votierte die Nationalversammlung in einer zweiten Abstimmung am 16. September 1848 mit 257 : 236 für den Waffenstillstand, der damit in Kraft trat.[64]

2.6 Die Arbeit der Provisorischen Regierung

Nach der Proklamation vom 24. März legte die Provisorische Regierung der Herzogtümer eine eifrige Geschäftigkeit an den Tag. Eine der ersten getroffenen Anordnungen garantierte der Bevölkerung Versammlungsfreiheit. Am 24. Mai 1848 wurde zudem in einem Gesetz über die Pressefreiheit die Aufhebung der Pressezensur festgelegt. Obwohl in den Herzogtümern bereits eine reiche Presselandschaft vorhanden war, kam es zu zahlreichen Zeitungsneugründungen, wodurch die interessierte Öffentlichkeit umfassend über die politischen Ereignisse informiert werden konnte. Am 13. Juli wurde dann gemeinsam mit der vereinigten Ständeversammlung das Wahlgesetz für eine verfassungsgebende Versammlung, deren hauptsächliche Aufgabe in der Ausarbeitung einer Staatsverfassung für die Herzogtümer liegen sollte, verabschiedet. Es war die einzige der zahlreichen 1848 in den Staaten des Deutschen Bundes initiierten verfassungsgebenden Versammlungen, die nicht von einem Staatsoberhaupt einberufen wurde.[65]

Das Wahlgesetz zur verfassunggebenden Versammlung hatte ein äußerst liberales Antlitz. Das Wahlrecht stand jedem männlichen Schleswig-Holsteiner zu, der das 21. Lebensjahr vollendet hatte und keine Armenunterstützung erhielt. Für das passive Wahlrecht galten dieselben Voraussetzungen, allerdings war ein Mindestalter von 25 Jahren vorgegeben. Die Religionszugehörigkeit schränkte das Wahlrecht nicht ein, somit genoss der jüdische Bevölkerungsteil erstmals gleiche Rech-

64 Stolz 1996, S. 88 ff.
65 Stolz 1996, S. 91 ff.

te.[66] Da die knappe Vorbereitungszeit keinen wirklichen Wahlkampf zuließ, lag die Wahlbeteiligung landesweit bei durchschnittlich 15%. Die Wahlen erfolgten mündlich und direkt. Weil die Wahlen nicht geheim waren, verweigerten viele Wahlberechtigte – insbesondere die Bewohner der ländlichen Regionen, die zudem noch mit Erntearbeiten beschäftigt waren – den Wahlgang. In den überwiegend dänisch bevölkerten Regionen Nordschleswigs verweigerten große Bevölkerungsteile den Wahlgang vollständig.[67]

Die verfassunggebende Versammlung, die am 15. August 1848 erstmals zusammentrat, bestand aus 105 Abgeordneten, von denen der größte Teil aus Akademikerkreisen kam. Insgesamt war die Zusammensetzung der Konstituante gemäßigt liberaler Natur. Die Hauptaufgabe der verfassunggebenden Versammlung bestand in der Prüfung und Verbesserung des von der Provisorischen Regierung ausgearbeiteten Verfassungsentwurfes. Das Plenum wählte aus seiner Mitte einen 15köpfigen Ausschuss, der speziell mit diesen Aufgaben betraut wurde. Seine Arbeit geriet mit dem zwischen Preußen und Dänemark geschlossenen Waffenstillstand von Malmö, der die Ablösung der Provisorischen Regierung vorsah, unter enormen Zeitdruck. Am 15. September 1848, also nach lediglich einmonatiger Diskussion, wurde das schleswig-holsteinische Staatsgrundgesetz von der Provisorischen Regierung in Kraft gesetzt. Es handelte sich um eine Verfassung derart liberaler Natur, wie sie bisher in keinem deutschen Staat in Kraft gewesen war. Die konkreten Inhalte des Staatsgrundgesetzes werden im Hauptteil der vorliegenden Arbeit näher beleuchtet.

2.7 Die Gemeinsame Regierung und die Zeit des Waffenstillstands von Malmö

Um den Bedingungen des Malmöer Waffenstillstandes Folge zu leisten, war die Provisorische Regierung im Oktober 1848[68], also nach Inkrafttreten des Staatsgrundgesetzes, zurückgetreten. An ihre Stelle trat eine „Gemeinsame Regierung" für die Herzogtümer, die sich aus konservativen Schleswig-Holsteinern zusammensetzte. Die Position dieser neuen Regierung war nicht einfach. Um in Schleswig-Holstein anerkannt zu werden, musste sie die Erhebung und die Arbeit der Provisorischen Regierung bestätigen und weiterführen, wollte sie in Dänemark Anerkennung finden, durfte sie genau das nicht tun.

Weder die dänisch gesinnten Nordschleswiger noch die dänische Regierung konnten sich mit dieser neuen Regierung anfreunden, obwohl deren Mitglieder ge-

---

66 Jessen-Klingenberg, Manfred. Standpunkte zur neueren Geschichte Schleswig-Holsteins. Malente 1998, S. 63.

67 Jessen-Klingenberg, Manfred. Die schleswig-holsteinische Landesversammlung und das Staatsgrundgesetz vom 15. September 1848. In: Wewer, Göttrik (Hg.). Demokratie in Schleswig-Holstein. Historische Aspekte und aktuelle Fragen. Opladen 1998, S. 102.

68 Nach Hansen war es der 22.10.1848, nach Stolz der 17.10.1848.

meinsam von preußischer und von dänischer Seite eingesetzt worden waren. Für die Dänen handelte es sich nicht um eine souveräne Regierung, sondern eher um eine autonome Verwaltung der Herzogtümer.[69]

Die Gemeinsame Regierung entschloss sich, um Anerkennung auf schleswig-holsteinischer Seite zu ringen und erkannte bald nach ihrem Amtsantritt das Staatsgrundgesetz und nahezu alle von der Provisorischen Regierung erlassenen Gesetze an. Gemäß dem Malmöer Vertrag, der vorsah, dass die Gesetzgebung unter der Gemeinsamen Regierung ruhen sollte, wurde die Behörde in legislativer Hinsicht während ihrer Amtszeit nicht weiter tätig. Wie schwierig die Schleswig-Holstein-Frage war, zeigt die Tatsache, dass die Frankfurter Nationalversammlung in der Paulskirchenverfassung die Zugehörigkeit des Herzogtums Schleswig zum Deutschen Bund offen ließ und damit die Lösung dieser in nationalen Kreisen sehr emotional diskutierten Frage auf einen unbestimmten, späteren Zeitpunkt verschob. Die Abgeordneten mussten der Tatsache Rechnung tragen, dass die Frankfurter Zentralgewalt keine exekutiven Möglichkeiten hatte, die Zugehörigkeit Schleswigs zum Deutschen Bund durchzusetzen.[70]

Auch in Dänemark beeinflusste der Status des Herzogtums die Innen- und die Außenpolitik. Das eiderdänisch gesinnte Kopenhagener März-Ministerium hatte sich zudem der Aufgabe verschrieben, eine liberale Verfassung zu erarbeiten. Bereits am 24. März 1848, also nur wenige Tage nach dem Machtantritt der neuen Regierung, erging ein Gesetz, welches die Pressefreiheit im Gesamtstaat garantierte. Die Wahlbestimmungen zur verfassunggebenden Versammlung in Dänemark stellten indes einen Kompromiss zwischen den Liberalen und den Konservativen dar. 75% der Abgeordneten sollten durch allgemeine Wahlen, die übrigen 25% direkt durch den König bestimmt werden. Die auf Grundlage dieses Wahlgesetzes gebildete Versammlung debattierte über eine auf dem Prinzip der konstitutionellen Monarchie basierende Verfassung mit allgemeinem Wahlrecht, welche am 25. Mai 1849 mit überwältigender Mehrheit von der Reichsversammlung angenommen wurde.[71] Die einzelnen Bestimmungen des liberalen „Grundlov" (Grundgesetz) werden im Hauptteil näher betrachtet.

Da die für die Dauer des Malmöer Waffenstillstands festgelegte Gemeinsame Regierung für die Herzogtümer Schleswig und Holstein von dänischer Seite nicht, von deutscher Seite aber schon als eine autonome Regierung der Herzogtümer angesehen wurde und die Frage der staatlichen Zugehörigkeit Schleswigs immer noch einer Lösung bedurfte, war es für beide Seiten offensichtlich, dass es mit Ablauf des Abkommens wieder zu Kampfhandlungen kommen würde. Die schleswig-holsteinische Seite nutzte die siebenmonatige Waffenruhe, die Streitkräfte für die anstehenden Auseinandersetzungen zu verstärken. Den Oberbefehl über die Truppen hatte der preußische Generalleutnant Eduard von Bonin übernommen. Unter seiner Führung wurden die Soldaten neu uniformiert und mit modernen Waffen ausgestattet.

69 Stolz 1996, S. 101.
70 Stolz 1996, S. 102.
71 Stolz 1996, S. 105.

Bonin nutzte die Zeit des Waffenstillstandes auch zur Neugliederung der Einheiten und zur Verbesserung der Ausbildung der Truppen. So wurden unter Bonin Reserveeinheiten zusammengestellt und ausgebildet, unterstützende Einheiten geschaffen und die Stärke der Artillerieeinheiten vergrößert.[72]

Zudem war der Gemeinsamen Regierung sehr daran gelegen, eine schlagkräftige schleswig-holsteinische Marine aufzubauen, der in der folgenden Auseinandersetzung allerdings keine nennenswerte Bedeutung zukommen sollte.[73]

Eine besondere Entwicklung nahm das militärische Sanitätswesen der schleswig-holsteinischen Streitkräfte, welches durch seinen äußerst hohen Standard in Bezug auf Organisation, Hygiene und medizinische Versorgung von vielen europäischen Staaten als beispielhaft angesehen wurde. Das Lazarettwesen nach schleswig-holsteinischem Vorbild wurde ab der Mitte des 19. Jahrhunderts von vielen anderen europäischen Armeen übernommen.[74]

2.8 Das Ende des Malmöer Waffenstillstands und die kriegerischen Auseinandersetzungen des Jahres 1849

Der Waffenstillstand von Malmö hatte die Frage der staatlichen Zugehörigkeit des Herzogtums Schleswigs nicht gelöst, sondern lediglich auf einen unbestimmten späteren Zeitpunkt verschoben. Der unvereinbare Anspruch sowohl der dänischen als auch der schleswig-holsteinischen Seite auf das gesamte Gebiet des Herzogtums bildete nach wie vor den Kern des Konfliktes, der auf diplomatischer Ebene kaum zu lösen war. Der Waffenstillstand wurde somit folgerichtig am 25. Februar 1849 fristgerecht zum 26. März 1849 von dänischer Seite, die durch militärische Besetzung des Herzogtums Tatsachen zu Gunsten ihres Standpunktes schaffen wollte, gekündigt.[75]

Am 26. März 1849 wurde die Gemeinsame Regierung der Herzogtümer durch eine von der Frankfurter Zentralgewalt eingesetzte Statthalterschaft, bestehend aus Friedrich Graf von Reventlou und Wilhelm Hartwig Beseler, die beide bereits der Provisorischen Regierung angehört hatten, ersetzt. Sie hätten eigentlich ein drittes Mitglied wählen sollen, da sie sich aber nicht auf einen Kandidaten einigen konnten, wurde die Statthalterschaft nicht ausgeweitet.[76]

Nach der Kündigung des Waffenstillstandes verfügte die Bundesversammlung die Aufstellung eines Bundesheeres unter dem preußischen Generalleutnant Karl Ludwig Wilhelm Ernst von Prittwitz zur Unterstützung der schleswig-holsteinischen Streitkräfte. Noch vor Ablauf des Waffenstillstandes wurden die schleswig-holsteinischen Truppen nach Norden beordert, wo sie am 13. März Flensburg be-

---

72 Schlürmann, Jan. Die Schleswig-Holsteinische Armee 1848 – 1851. Tönning 2004, S. 111 f.

73 Stolz 1996, S. 109 - 113.

74 Stolz 1996, S. 110 f.

75 Stolz 1996, S. 114.

76 Stolz 1996, S. 115 f.

setzten. Die Bundestruppen wurden zunächst an der Eiderlinie aufgestellt. Diese Machtdemonstration sollte die dänische Seite dazu bewegen, von Feindseligkeiten abzusehen.[77]

Die Wiederaufnahme der Kampfhandlungen war allerdings nicht aufzuhalten. Die dänische Regierung wollte mit einer aus sieben Schiffen bestehenden Flotte bei Eckernförde anlanden, die dort Landungstruppen absetzen sollte, um einen Teil der schleswig-holsteinischen Truppen zu binden. Die Schiffe fuhren am 4. April 1849 in die Eckernförder Bucht ein. Tags darauf kam es zu Kampfhandlungen zwischen ihnen und den zum Schutz Eckernfördes angelegten Küstenbatterien. Ungünstige Windverhältnisse verwehrten es den dänischen Schiffen, die Gefahrenzone zu verlassen, so dass sie unablässig von den schleswig-holsteinischen Geschützen beschossen wurden. Am Ende des Tages mussten mit der „Gefion“ und der „Christian VIII.“ zwei der stolzesten Schiffe der dänischen Marine die Flaggen streichen. Später explodierte die „Christian VIII.“, nachdem die Pulverkammer Feuer gefangen hatte. Am Ende dieses 5. April 1849 waren 105 dänische Soldaten gefallen und über 900 Mann in Gefangenschaft geraten.[78]

Für die folgenden kriegerischen Auseinandersetzungen kam dem Gefecht von Eckernförde keine besondere Bedeutung zu. Die uneingeschränkte dänische Seeherrschaft in Nord- und Ostsee war nicht beeinträchtigt worden, der Schaden war lediglich moralischer Natur. Die Entscheidung des militärischen Konfliktes würde zu Lande fallen. Hier lag die bessere Ausgangsposition auf Seiten der schleswig-holsteinischen und der bundesdeutschen Truppen. Ohne besondere Gegenwehr der dänischen Streitkräfte besetzten sie noch im April 1849 das Herzogtum Schleswig und rückten – entgegen den Anweisungen des Oberbefehlshabers von Prittwitz – sogar über die Grenze nach Jütland vor. Am 20. April 1849 besetzten schleswig-holsteinische Einheiten Kolding, das sie drei Tage später gegen einen dänischen Entsatzungsversuch halten konnten. Unter völliger Verkennung der tatsächlichen politischen und militärischen Lage übten Bundesregierung und Nationalversammlung Druck auf den preußischen König aus, den Krieg endgültig zu entscheiden und so weit wie möglich nach Jütland vorzudringen.[79]

Diese Maßnahme, die im Mai 1849 umgesetzt wurde, schwächte die relative Stärke der schleswig-holsteinischen und bundesdeutschen Stellungen, da die Front durch sie verlängert wurde und sich die verfügbaren Truppen auf eine erheblich längere Linie zu verteilen hatten. Die Besetzung von Teilen Jütlands durch die schleswig-holsteinischen und bundesdeutschen Truppen eröffnete der dänischen Seite somit mehr taktische Möglichkeiten, da sie die gegnerischen Truppen an mehr und an schwächeren Stellungen attackieren konnte. Die dänischen Streitkräfte hatten sich inzwischen auf die Flankenstellungen auf der Insel Alsen, der Halbinsel Helgenäs, nach Fünen und in die Festung Fredericia zurückgezogen. Die Festung wurde von den numerisch überlegenen schleswig-holsteinischen und deutschen

77 Stolz 1996, S. 117 – 120.
78 Stolz 1996, S. 121 f.
79 Stolz 1996, S. 129 ff.

Kontingenten unter General von Bonin von der Landseite her bald völlig eingeschlossen.[80]

Es gelang dem General jedoch nicht, den beständigen Schiffsverkehr zwischen Fredericia und Fünen zu unterbrechen, da ihm weder genügend Soldaten noch eine ausreichende Artillerie zur Verfügung standen. Das erlaubte dem dänischen General Bülow, der die Truppen in der Festung kommandierte, Fredericia instand zu setzen und genügend Proviant und Munition einzulagern, um einen Ausfall gegen die Belagerungstruppen durchführen zu können. Andere dänische Truppenteile hatten sich zuvor nach Helgenäs zurückgezogen und wurden von dort in die belagerte Festung eingeschifft. Diese Vorbereitungen waren in der ersten Juliwoche abgeschlossen und die dänischen Streitkräfte begannen in der Nacht auf den 6. Juli 1849 die Belagerer zu attackieren. Da die deutschen und schleswig-holsteinischen Einheiten durch die lange Frontlinie sehr weit auseinander lagen, hatten sie der punktuellen dänischen Übermacht nicht die notwendige Truppenstärke entgegen zu setzen. Sie zogen sich noch im Laufe des Tages gen Süden zurück.[81]

Die dänischen Streitkräfte hatten allerdings keine Gelegenheit mehr, diesen Erfolg militärisch auszunutzen, da der Konflikt seine Wende von diplomatischer Seite erhalten sollte. Unter massivem außenpolitischem Druck – insbesondere Russlands, dem daran gelegen war, dass die Meerengen der Ostsee nicht von konkurrierenden Großmächten kontrolliert werden konnten – und unter dem Eindruck des Machtverlustes der Frankfurter Zentralgewalt unterzeichnete die preußische Regierung am 10. Juli 1849 das Waffenstillstandsabkommen von Berlin. Dieses Abkommen sah die Ernennung einer „Landesverwaltung" für Schleswig und die militärische Trennung des Herzogtums an einer Linie zwischen Flensburg und Tondern vor. Die nördliche Hälfte sollte von 2000 schwedischen, also neutralen Soldaten, die südliche durch ein 6000 Mann starkes preußisches Kontingent besetzt werden. Ein geheimer Zusatz zum Berliner Abkommen sah für den Fall der Widersetzung der Schleswig-Holsteiner einen kompletten Abzug aller vom Dienst in ihrer Heimatarmee beurlaubten preußischen Offiziere vor.[82]

2.9 Das Ende der Schleswig-Holsteinischen Erhebung

Als Preußen am 9. April 1850 seine Truppen und Offiziere tatsächlich aus den Herzogtümern abberief, war der Anfang vom Ende der schleswig-holsteinischen Erhebung eingeläutet. Die militärische Unterstützung des Deutschen Bundes fehlte bei den folgenden Auseinandersetzungen mit den dänischen Truppen. Schwerer wog indes der eklatante Mangel an fähigen Offizieren innerhalb der Schleswig-Holsteinischen Armee. Bis dato waren die meisten Führungskräfte – insbesondere die höheren Ranges – zur Unterstützung der Schleswig-Holsteiner vom Dienst in den

80 Stolz 1996, S. 131 ff.
81 Stolz 1996, S. 136 f.
82 Stolz 1996, S. 139 f.

preußischen Streitkräften beurlaubt worden.[83] Die Rückberufung dieser Offiziere hinterließ ein Defizit, welches die Schleswig-Holsteinische Armee nicht auszugleichen vermochte. Gegen die inzwischen besser aufgestellten dänischen Truppen verloren die Streitkräfte der Herzogtümer am 25. Juli 1850 die Schlacht bei Idstedt. Zwei Monate später scheiterten sie bei der versuchten Entsetzung Friedrichstadts. Militärisch hatte die dänische Seite damit den endgültigen Sieg davongetragen, auf diplomatischer Ebene wurde die Statthalterschaft seitens des Deutschen Bundes unter Druck gesetzt, die Feindseligkeiten zu beenden und den Berliner Frieden zu akzeptieren. Andernfalls drohte der Bund mit der Entsendung einer 50000 Mann starken Exekutionsarmee zur Durchsetzung der Forderungen.[84]

Die schleswig-holsteinische Landesversammlung gab dem Druck der Frankfurter Zentralgewalt, die wieder von reaktionären Kräften übernommen worden war, nach und löste sich in der Nacht auf den 11. Januar 1851 selbst auf. Hartwig Beseler, der sich für eine Weiterführung des Kampfes eingesetzt hatte, trat von seinem Amt als Statthalter zurück. Graf Reventlou legte sein Amt am 1. Februar ebenfalls nieder und übergab seine Befugnisse an die Kommissare des Bundes. Noch im selben Monat besetzten dänische Truppen das Herzogtum Schleswig und österreichische Einheiten Holstein. Am 2. Februar 1851 wurde das Schleswig-Holsteinische Staatsgrundgesetz vom 15. September 1848 außer Kraft gesetzt. Damit war der endgültige Sieg der dänischen Seite besiegelt.[85]

Die Entscheidung der Schleswig-Holstein-Frage war damit allerdings erneut lediglich vertagt worden. Die noch heute gültige Regelung mit der Teilung des Herzogtums Schleswig entlang der Sprachgrenze erfolgte erst knapp sieben Jahrzehnte später mit der Abstimmung nach dem Versailler Friedensvertrag.

83 Schlürmann 2004, S. 379 – 387.

84 Stolz 1996, S. 169.

85 Stolz 1996, S. 174 f.

3 Synoptische Analyse der Quellen

Im folgenden Abschnitt werden die wichtigsten Themenbereiche der drei zu behandelnden Quellen einem Vergleich unterzogen. Dabei werden für die einzelnen Bereiche diejenigen Bestimmungen der drei Texte gegenübergestellt, welche sich mit vergleichbaren Themen befassen. Nach dieser Gegenüberstellung folgen kommentierende Anmerkungen. Um die Nachvollziehbarkeit dieser Untersuchung zu erleichtern, ist im Anhang dieser Arbeit eine synoptische Gegenüberstellung der entsprechenden Textpassagen angefügt.

3.1 Das Parlament betreffende Bestimmungen

Dieser Abschnitt ist derart umfangreich, dass eine Unterteilung in mehrere Unterkapitel ratsam erscheint. In diesen Unterkapiteln werden gleichzeitig sowohl die Gemeinsamkeiten als auch die Unterschiede betrachtet. Am Ende des Kapitels findet sich ein Kommentar, der sich auf den gesamten Abschnitt bezieht.

3.1.1 Die Zusammensetzung der Volkskammer[86]

Das Staatsgrundgesetz legt fest, dass die Hälfte der 100 Abgeordneten der Landesversammlung in 50 festgelegten Wahlbezirken, welche jeweils einen Parlamentarier stellen, in unmittelbarer Wahl bestimmt wird. Das aktive und passive Wahlrecht genießt jeder mündige und unbescholtene Bürger, der im Jahr vor dem Wahlgang keine Armenunterstützung genossen hat und nicht wegen eines entehrenden Verbrechens angeklagt oder verurteilt ist. Die Legislaturperiode beträgt vier Jahre.[87]

Auch nach dem Grundlov werden die Abgeordneten der Volkskammer in Wahlbezirken gewählt, und zwar dergestalt, dass auf etwa 14000 Einwohner ein Abgeordneter kommt. Die Bestimmungen zu Wahlberechtigung und Wählbarkeit sind denen des Staatsgrundgesetzes vergleichbar, allerdings sieht das Grundlov für das

86 Der Begriff der Volkskammer entstammt dem Grundlov. Er bezieht sich in dieser Betrachtung allerdings zusätzlich auf die zweite Kammer nach dem Verfassungsentwurf sowie auf diejenigen 50 Abgeordneten der Landesversammlung des Staatsgrundgesetzes, welche in allgemeiner Wahl bestimmt werden.

87 Staatsgrundgesetz für die Herzogthümer Schleswig-Holstein. In: Krech, Joachim. Das schleswig-holsteinische Staatsgrundgesetz vom 15. September 1848. Entstehung und verfassungsrechtliche Einordnung unter Berücksichtigung des monarchischen Prinzips und der Volkssouveränität. Frankfurt 1985, S. 303 – 342, Art. 74, 75, 76, 79. Im Folgenden zitiert als *S.*

passive Wahlrecht ein Mindestalter von 25 Jahren, für das aktive Wahlrecht von 30 Jahren vor. Die Abgeordneten der Volkskammer werden für drei Jahre gewählt.[88]

Der Verfassungsentwurf regelt die Zusammensetzung der zweiten Kammer weitaus detaillierter als die beiden anderen Quellen. Die Kammer besteht demnach aus 146 Abgeordneten, von denen 73 aus dem Königreich, 36 aus dem Herzogtum Schleswig und 37 aus dem Herzogtum Holstein stammen. Es folgen genaue Regelungen, wie viele der Parlamentarier in städtischen, wie viele in ländlichen Wahlbezirken und wie viele Abgeordnete von den Besitzern „adelicher und anderer großer Güter" gewählt werden. Weiterhin wird ein Mandat des Königreiches von der Kopenhagener Universität und ein Mandat Holsteins von der Kieler Universität besetzt. Die Legislaturperiode dauert sechs Jahre.[89]

Wahlberechtigt ist, vergleichbar mit den Regelungen der anderen Quellen, jeder volljährige und nicht verschuldete Untertan mit gutem Leumund. Der jüdischen Bevölkerung steht im Königreich das aktive Wahlrecht zu, ihre bürgerliche Gleichstellung wird ansonsten der Gesetzgebung der einzelnen Landesteile überlassen.[90] Das passive Wahlrecht genießen die Einwohner jüdischen Glaubens indes nicht, müssen sich die Mitglieder beider Kammern doch zur christlichen Religion bekennen.[91] Die weiteren Voraussetzungen für das passive Wahlrecht werden im Verfassungsentwurf, welcher auf Anhänge verweist, die wahrscheinlich nicht ausgearbeitet wurden, nicht näher geregelt.[92]

Im Verfassungsentwurf handelt es sich bei der Bestimmung der Parlamentarier der zweiten Kammer um eine mittelbare Wahl, da die Wahlberechtigten für Wahlmänner votieren, welche den Abgeordneten eines jeweiligen Bezirkes bestimmen.[93]

Im Unterschied zu den beiden anderen Quellen schreibt der Verfassungsentwurf die Wahl von Stellvertretern für die Abgeordneten vor. Er enthält zudem explizite Regelungen für den Einsatz dieser Stellvertreter und schreibt Neuwahlen für den Fall vor, dass weder ein Abgeordneter noch sein Ersatzmann an den Sitzungen der gemeinschaftlichen Stände teilnehmen kann.[94] Das Staatsgrundgesetz hingegen sieht zwar nicht die Wahl von Stellvertretern vor, fordert allerdings ebenfalls Neuwahlen, sollte die Stelle eines Abgeordneten vakant wird. Das Grundlov trifft keine vergleichbaren Regelungen.

Alle drei Quellen enthalten Bestimmungen, wie zu verfahren ist, wenn ein Beamter zum Abgeordneten gewählt wird oder ein bereits gewählter Parlamentarier

88 Staatsgrundgesetz für das Königreich Dänemark. Kiel 1849, §§ 35, 36, 37, 38. Im Folgenden zitiert als *G*.

89 Verfassungsentwurf für Dänemark (1848). Als Faksimile veröffentlicht unter: http://www.modern-constitutions.de (9.7.2007), art. 76, 77, 78, 79. Im Folgenden zitiert als *V*.

90 V art. 32, 85.

91 V art. 54.

92 Das passive Wahlrecht steht jedem zu, „welcher die zu einem Mitgliede der gemeinschaftlichen Stände erforderlichen Eigenschaften, und innerhalb des betreffenden Wahldistricts seinen regelmäßigen Wohnsitz hat." V art. 88, 89.

93 V art. 86, 87.

94 V art. 80, 83, 84; S Art. 80, 81.

ein besoldetes Staatsamt antritt.[95] Diese Regelungen werden im Abschnitt zum Wahlrecht näher beleuchtet.

3.1.2 Die Zusammensetzung der Landeskammer[96]

Die Bestimmungen, welche die dieser Arbeit zu Grunde liegenden Quellen in Bezug auf die Zusammensetzung der Landeskammer treffen, unterscheiden sich erheblich voneinander. Gemein ist ihnen lediglich, dass entweder für das passive, für das aktive oder für beide Wahlrechte ein gewisses Mindesteinkommen gegeben sein muss.

Das Grundlov gewährt jedem Bürger das aktive Wahlrecht zur Landeskammer, der auch bei den Wahlen zur Volkskammer Stimmrecht hat.[97] Das passive Wahlrecht steht nur denjenigen Bürgern zu, welche ein Mindestalter von 40 Jahren und zudem entweder ein jährliches Einkommen von mindestens 1200 Reichsbanktalern haben oder im Jahr vor der Wahl direkte Steuern in Höhe von wenigstens 200 Reichsbanktalern abgeführt haben. Sollten in einem Wahlbezirk nicht genügend Bürger leben, welchen diesen Vorschriften gemäß das passive Wahlrecht zusteht, werden die Bürger der nächst höchsten Steuerklasse wählbar. Das Grundlov sieht bei den Wahlen zur Landeskammer zum einen größere Wahlbezirke als bei den Wahlen zur Volkskammer und zum anderen einen mittelbaren Wahlgang vor. Bei der Abstimmung zur Landeskammer werden nämlich Wahlmänner gewählt, welche für die Kandidaten des entsprechenden Wahlkreises votieren. Die Landeskammer hat etwa halb so viele Mitglieder wie die Volkskammer. Die Legislaturperiode liegt bei acht Jahren, wobei alle vier Jahre die Hälfte der Abgeordneten neu gewählt wird.

Das Staatsgrundgesetz trifft bezüglich der Voraussetzungen für das aktive und passive Wahlrecht im Hinblick auf diejenigen 50 Abgeordneten, welche nicht durch allgemeine Wahlen bestimmt werden, gegenteilige Bestimmungen zu denen des Grundlovs.[98] So ist im Staatsgrundgesetz das passive Wahlrecht nicht an ein bestimmtes Einkommen oder an einen bestimmten Grundbesitz geknüpft; es ist also nicht auf den Teil der Landesversammlung begrenzt, der durch allgemeine Wahlen bestimmt wird. Wählbar ist also jeder, der auch das passive Wahlrecht zu dem Teil der Abgeordneten genießt, welche in allgemeiner Wahl bestimmt werden. Das aktive Wahlrecht beschränkt sich allerdings auf drei Gruppen. Zunächst werden in städtischen Wahlbezirken von denjenigen Bürgern, die entweder einen Grundbesitz zum Brandkassenwert von mindestens 600 Reichstalern oder ein Einkommen in

95 V art. 90, 92; S Art. 83, 84; G §§ 60, 62.

96 Parallel zum Begriff der Volkskammer entspringt auch der der Landeskammer dem Grundlov. Er steht hier stellvertretend für die erste Kammer nach dem Verfassungsentwurf und für den Teil der Abgeordneten, welcher laut Staatsgrundgesetz nach Zensuswahlrecht bestimmt wird.

97 G §§ 39 – 44.

98 S Art. 76, 79, 80, 81.

Höhe von mindestens 150 Reichstalern nachweisen können, 20 Abgeordnete bestimmt. Parallel dazu wählen in den ländlichen Wahlbezirken diejenigen Bürger, welche ein den entsprechenden Bewohnern der städtischen Bezirke vergleichbaren Grundbesitz bzw. vergleichbares Einkommen haben, ebenfalls 20 Abgeordnete. Die dritte Gruppe ist die der besonders begüterten Landbesitzer mit einem Grundbesitz zum Brandkassenwert von mehr als 30000 Reichstalern. Diese Gutsbesitzer wählen in einem gemeinsamen Wahlbezirk weitere 10 Abgeordnete.

Die übrigen Regelungen in diesem Zusammenhang, die Wahlperiode und Neuwahlen betreffend, unterscheiden sich nicht von denjenigen, die sich auf die Abgeordneten beziehen, welche durch allgemeine Wahlen bestimmt werden.

Die Zusammensetzung der ersten Kammer, wie sie im Verfassungsentwurf vorgesehen ist, differiert grundsätzlich von den oben beschriebenen Bestimmungen. Insgesamt besteht die erste Kammer aus 72 Mitgliedern, von denen die Hälfte aus dem Königreich, die andere Hälfte aus den Herzogtümern stammt.[99] Nach dem Verfassungsentwurf unterliegt das aktive wie das passive Wahlrecht einem Zensus, zudem hat der König das Recht, insgesamt 24 Mitglieder dieser Kammer auf Lebenszeit zu benennen.[100] Die Hälfte dieser Abgeordneten entstammt dem Königreich, jeweils sechs weitere den Herzogtümern Schleswig und Holstein. Im Königreich wählen die Lehns- und Stammhausbesitzer gemeinsam mit den Besitzern der großen Güter 20 weitere Abgeordnete. Dabei sind die Besitzer der Lehns- und Stammhäuser Mitglieder der ersten Kammer auf Lebenszeit, die großen Gutsbesitzer, solange sie sich im Besitz eines „wirklich vollständigen großen Guts“ befinden.[101] Zudem sind der Justitiarius des Obersten Gerichts, der Bischof von Seeland und die beiden ältesten Bischöfe des Königreiches Mitglieder der ersten Kammer für die Dauer ihrer Amtszeit.[102] Als Vorbild für diese Regelung sind die Bestimmungen des britischen House of Lords zu sehen, nach welchen ebenfalls Bischöfe von Amtswegen Mitglieder der Kammer sind.

Die Verteilung der Mandate der Herzogtümer erfolgt auf ähnliche Weise. Die Prälaten der vier adeligen Klöster sind Mitglieder der ersten Kammer für die Dauer ihrer Amtsführung. Gemeinsam mit der Ritterschaft der Herzogtümer erwählen sie aus deren Kreise 16 Abgeordnete auf Lebenszeit.[103] Verliert allerdings ein bereits gewähltes dieser 16 Mitglieder sein adeliges Gut, hört es auf, Abgeordneter der ersten Kammer zu sein und es wird ein neues Mitglied gewählt. Für die Dauer ihrer Amtszeit sind der Präsident des Schleswig-Holstein-Lauenburgischen Oberappellationsgerichtes und die drei Generalsuperintendenten Mitglieder der ersten Kammer.[104]

---

99 V art. 57.

100 V art. 62, 68.

101 V art. 58, 59, 60.

102 V art. 61.

103 V art. 63, 64, 65.

104 V art. 67.

Der König erwählt aus dem Kreise der Abgeordneten der ersten Kammer den Präsidenten und zwei Vizepräsidenten. Ihre Sekretäre wählt die Kammer für die Dauer einer jeden Verhandlung selbst.[105]

Der Verfassungsentwurf enthält zusätzlich sehr detaillierte Bestimmungen zu Stellvertreterregelungen der einzelnen Abgeordnetengruppen.[106] Eine genaue Betrachtung dieser Regelungen erscheint hier nicht notwendig.

3.1.3 Allgemeine Bestimmungen bezüglich der Parlamente und des Status' der Abgeordneten

Die drei bearbeiteten Quellen enthalten jeweils Bestimmungen darüber, wann und unter welchen Voraussetzungen die Parlamente zusammentreten.[107] Dabei treffen Staatsgrundgesetz und Grundlov vergleichbare Regelungen, die sich allerdings in einem wesentlichen Punkt unterscheiden. Die Landesversammlung in der Version des Staatsgrundgesetzes tritt alljährlich am 1. oder 2. November ohne besondere Berufung zum ordentlichen Landtag zusammen. Im Grundlov ist die Einberufung durch den König nötig, und zwar spätestens zum ersten Montag im Oktober. Der Verfassungsentwurf schlägt zwar vor, die gemeinschaftlichen Stände jeweils im Laufe des März einzuberufen, verpflichtet den König aber – anders als das Grundlov – nicht dazu. Es ist dem Parlament laut Verfassungsentwurf ausdrücklich untersagt, ohne Zusammenberufung des Königs zusammenzutreten.

Die jeweiligen Versammlungsorte der Parlamente sind ebenfalls festgelegt.[108] Nach dem Entwurf sollten die gemeinschaftlichen Stände abwechselnd in Kopenhagen und auf Schloss Gottorf zusammentreten, während sowohl im Staatsgrundgesetz wie im Grundlov der entsprechende Regierungssitz als Versammlungsort der Parlamente vorgesehen ist. Die beiden letztgenannten Texte gewähren dem Staatsoberhaupt zudem das Recht, die Parlamente zu außerordentlichen Sitzungen zu berufen.[109]

Der König oder Herzog hat nach allen Quellen das Recht, die Versammlungen zu schließen, zu vertagen oder die Abgeordnetenhäuser aufzulösen.[110] Die konkreten Regelungen, welche die Texte auf diesem Gebiet vorschreiben, unterscheiden sich jedoch voneinander. Der Verfassungsentwurf erlaubt dem König, die Versammlung zu vertagen, verpflichtet ihn aber gleichzeitig zur erneuten Einberufung im selben Kalenderjahr. Dem König wird zudem das Recht gewährt, die zweite,

---

105 V art. 73, 75.

106 V art. 69 – 72.

107 V art. 46; S Art. 85; G §§ 24, 45.

108 V art. 45; S Art. 88; G § 46.

109 S Art. 85; G § 25. In der Regelung des Verfassungsentwurfes ist ein deutliches Echo der Forderungen Uwe Jens Lornsens zu erkennen, der die wechselnden Versammlungsorte in seiner Schrift „Ueber das Verfassungswerk in Schleswigholstein" vorgeschlagen hatte.

110 V art. 50, 51, 52; S Art. 86, 87; G §§ 26, 27.

nicht aber die erste Kammer aufzulösen. In einem solchen Fall haben beide Kammern ihre Versammlungen zu schließen. Spätestens einen Monat nach Abschluss der Neuwahlen, wobei nicht geregelt wird, in welchem Zeitrahmen diese stattzufinden haben, treten die beiden Kammern wieder zusammen.

Das Staatsgrundgesetz sieht eine Mindestversammlungsdauer des ordentlichen Landtages von 30 Tagen vor, vor deren Ablauf die Landesversammlung ohne ihre Zustimmung nicht geschlossen oder vertagt werden kann. Entscheidet sich der Herzog für die Auflösung der Landesversammlung, muss deren Neuwahl nach spätestens 30 Tagen abgeschlossen sein und die neu gewählte Landesversammlung innerhalb weiterer 30 Tage einberufen werden. Das Staatsgrundgesetz verbietet allerdings die Vertagung oder Auflösung der konstituierenden Landesversammlung ohne deren Zustimmung.

Nach dem Grundlov darf der König die Sitzungen des Reichstags einmal pro Jahr für maximal zwei Monate vertagen. Ein längerer Aufschub bedarf der Zustimmung des Parlaments. Dem König ist gestattet, jede der beiden Kammern einzeln oder auch beide Kammern gleichzeitig aufzulösen. Sollte nur eine Kammer aufgelöst werden, so werden die Sitzungen der anderen Kammer vertagt, bis der gesamte Reichstag wieder zusammentreten kann. Dies muss spätestens zwei Monate nach der Auflösung der Fall sein.

Der Verfassungsentwurf und das Grundlov legen die ordentliche Dauer der Versammlungen des Parlamentes auf zwei Monate fest.[111] Der Entwurf sieht vor, dass den gemeinschaftlichen Ständen auf einen entsprechenden Antrag hin vom König die Verlängerung des Sitzungszeitraumes um einen weiteren Monat gewährt wird. Über darüber hinausgehende Verlängerungen kann der König frei entscheiden. Generell tagen die gemeinschaftlichen Stände so lange, bis der König deren Schließung oder Vertagung verfügt. Das Grundlov sieht ebenfalls die Möglichkeit der Verlängerung des Tagungszeitraumes auf Antrag vor, hier liegt allerdings bereits die Entscheidung über die erste Verlängerung im Ermessensbereich des Königs. Das Staatsgrundgesetz schreibt keine maximale Tagungsdauer der Landesversammlung vor.

Die Sitzungen der Parlamente werden vom jeweiligen Präsidenten geleitet. Während die Vorsitzenden der Kammern nach Staatsgrundgesetz und Grundlov von den Mitgliedern der Kammer selbst gewählt werden, wie dies auch in der zweiten Kammer nach dem Verfassungsentwurf der Fall ist, werden Präsident und Vizepräsidenten der ersten Kammer vom König bestimmt.[112]

In allen drei Quellen wird den Abgeordnetenhäusern das Recht eingeräumt, selbst zu entscheiden, ob deren gewählte Mitglieder die jeweiligen Voraussetzungen erfüllen.[113]

---

111 V art. 49, 50; G § 24.
112 V art. 73, 93, 97; S Art. 89; G § 64.
113 V art. 54, 96; S Art. 89; G § 58.

Ebenso bestimmen alle Quellen, dass die Versammlungen der Parlamente in der Regel öffentlich stattfinden.[114] Das Staatsgrundgesetz und das Grundlov sehen indes vor, dass der Präsident oder eine bestimmte Anzahl Abgeordneter eine geheime Sitzung beantragen kann. Über diesen Antrag hat die jeweilige Kammer selbst zu befinden. Der Verfassungsentwurf verweist in dieser Frage auf die Geschäftsordnung der jeweiligen Kammer.

Die Parlamentarier genießen nach allen drei untersuchten Verfassungstexten Immunität.[115] So kann gemäß Staatsgrundgesetz und Grundlov kein Abgeordneter während der Sitzungsperiode der Kammern ohne Zustimmung derselben verhaftet oder angeklagt werden, es sei denn, er wäre auf frischer Tat ergriffen worden. Der Verfassungsentwurf lässt Verhaftung oder Anklage eines Abgeordneten zwar zu, überlässt allerdings der jeweiligen Kammer die Entscheidung, ob das Verfahren fortgesetzt oder bis zum Ende der Sitzungsperiode vertagt wird. Der Verfassungsentwurf erlaubt es einem Abgeordneten, der sich von einem anderen Parlamentarier innerhalb der Sitzungen beleidigt fühlt, nach dem Ende der Versammlung vor einem ordentlichen Gericht Anklage gegen diesen zu erheben. Die anderen beiden Texte schließen eine solche Möglichkeit aus. Nach Staatsgrundgesetz und Grundlov kann kein Abgeordneter wegen seiner Äußerungen während der Parlamentssitzungen vor ein ordentliches Gericht gestellt werden.

Diese beiden Quellen schreiben des Weiteren den Abstimmungsmodus in den Kammern fest.[116] Demnach sind diese dann beschlussfähig, wenn wenigstens die Hälfte ihrer Abgeordneten anwesend ist. Treten die beiden vom Grundlov vorgesehenen Kammern zum vereinigten Reichstag zusammen, müssen mehr als die Hälfte der Mitglieder einer jeden Kammer an der Abstimmung teilnehmen, damit diese gültig ist. Das Staatsgrundgesetz bestimmt darüber hinaus, unter welchen Voraussetzungen die relative, die absolute oder eine andere Mehrheit über den Ausgang einer Abstimmung entscheidet. Eine vergleichbare Regelung bieten die detaillierten Bestimmungen des Verfassungsentwurfes nicht. Ebenso wenig äußert sich der Entwurf zur Entscheidungsfreiheit der Abgeordneten. Das Grundlov wie das Staatsgrundgesetz legen dagegen fest, dass ein Abgeordneter das gesamte Volk und nicht nur den eigenen Wahlkreis vertritt.[117] Ebenfalls schreiben diese beiden Quellen die Ablegung eines Eides eines jeden Abgeordneten vor.[118] Während die Parlamentarier des Grundlovs einen Treueid auf die Verfassung schwören, beinhaltet der vom Staatsgrundgesetz vorgeschriebene Eid zusätzlich einen Treueschwur auf den Herzog.

Alle drei Quellen sehen die Auszahlung von Diäten an die Abgeordneten der Kammern vor[119] und enthalten Bestimmungen, wie zu verfahren ist, wenn ein Be-

---

114 V art. 56; S Art. 93; G § 69.

115 V art. 103, 104; S Art. 95, 96; G § 61.

116 S Art. 91, 92; G §§ 65, 71.

117 S Art. 82; G § 60.

118 S Art. 153; G § 59.

119 V art. 94; S Art. 99; G §§ 38, 43.

amter zum Abgeordneten gewählt wird oder ein Parlamentarier in den Staatsdienst tritt.[120] Diese Regelungen werden einander im Abschnitt zum Wahlrecht gegenübergestellt.

Jeder der Verfassungstexte enthält in Hinsicht auf die allgemeinen Bestimmungen und Ordnungen der Parlamente Regelungen, die in der Form in den beiden anderen Quellen nicht enthalten sind.

Nach dem Staatsgrundgesetz untersteht die Polizei im Versammlungshaus dem Präsidenten der Landesversammlung.[121]

Das Grundlov und der Verfassungsentwurf legen den Verlust des Mandats eines Abgeordneten fest, der im Laufe der Legislaturperiode die Voraussetzungen für das passive Wahlrecht einbüßt.[122] Verzieht ein Parlamentarier allerdings in einen anderen Wahlkreis, behält er sein Mandat. Ferner erklärt das Grundlov den Reichstag für unverletzlich.[123] Wer die Sicherheit oder Freiheit des Parlaments antastet, ist demnach des Hochverrats schuldig.

Der Verfassungsentwurf enthält auch in Bezug auf die allgemeinen Bestimmungen zu den Ordnungen der Parlamente die detailliertesten Regelungen. So wird erklärt, dass sich die Sitzungen beider Kammern im Rahmen der jeweiligen Geschäftsordnungen zu bewegen haben.[124] Zugleich werden Sanktionen für Verstöße gegen diese Ordnungen geregelt. In weiteren Bestimmungen regelt der Verfassungsentwurf die Zuständigkeiten der gemeinschaftlichen Stände und die Verfahrensweise für den Fall, dass Uneinigkeit darüber herrscht, ob ein bestimmtes Thema zu ihrem Kompetenzbereich gehört oder nicht.[125] Die abschließende Entscheidung über die Zuständigkeiten des Parlaments liegt demnach beim Staatsgerichtshof.

Schließlich gewährt der Entwurf den gemeinschaftlichen Ständen das Recht, sich mit Petitionen an den König zu wenden.[126] Detaillierte Bestimmungen regeln die Form sowie die möglichen Gegenstände einer solchen Petition und fixieren den Ablauf, unter dessen Einhaltung eine solche eingereicht werden kann.

3.1.4 Die Beteiligung des Parlaments an Gesetzgebung und Verfassungsänderungen

Alle drei Verfassungstexte sehen – in unterschiedlichem Umfang – eine Beteiligung der Abgeordnetenhäuser an der Gesetzgebung vor. Dabei unterscheiden sich die Bestimmungen von Staatsgrundgesetz und Grundlov sowohl inhaltlich als auch formell von denen des Verfassungsentwurfes. Vom formalen Aspekt her betrachtet, lesen sich die Regelungen des Entwurfes zwar detaillierter, sie haben andererseits ei-

---

120 V art. 90, 92; S Art. 83, 84; G §§ 60, 62.
121 S Art. 90.
122 V art. 60, 65; G § 62.
123 G § 47.
124 V art. 100, 101, 102.
125 V art. 105, 122, 123, 124.
126 V art. 166–170.

nen weniger grundsätzlichen Charakter als die der beiden anderen Texte. Inhaltlich stehen den gemeinschaftlichen Ständen weniger Rechte zu, als den Parlamenten durch Grundlov und Staatsgrundgesetz eingeräumt werden. So liegt die Gesetzesinitiative in den beiden letztgenannten Quellen sowohl beim Staatsoberhaupt als auch bei den Abgeordnetenhäusern.[127] Der Verfassungsentwurf gewährt dieses Recht ausschließlich dem König. Alle untersuchten Texte stimmen allerdings darin überein, dass eine gewisse Übereinstimmung zwischen Staatsoberhaupt und Parlament gegeben sein muss, damit ein Gesetzesvorschlag rechtsgültig werden kann. Das Staatsgrundgesetz trifft besondere Bestimmungen, die in dem Fall zur Anwendung kommen, dass der Herzog zugleich Oberhaupt eines anderen, nicht deutschen, Staates ist. In einem solchen Fall ist der Herzog verpflichtet, ein Gesetz anzuerkennen, welches von der Landesversammlung auf drei verschiedenen Sitzungen jeweils mit 2/3-Mehrheit angenommen worden ist.[128]

Naturgemäß unterscheiden sich die Bestimmungen des Staatsgrundgesetzes, dessen Parlament lediglich aus einer Kammer besteht, von denen der beiden anderen Texte, die von einem Zwei-Kammer-System ausgehen. Der Verfassungsentwurf und das Grundlov regeln also die Zusammenarbeit und Kompetenzen der jeweiligen beiden Kammern. Können die Volks- und Landeskammer laut Grundlov über einen Gesetzesvorschlag keine Einigung erzielen, wird ein Schlichtungsausschuss gebildet, der sich aus Mitgliedern beider Kammern zusammensetzt. Dieser Ausschuss erarbeitet ein Gutachten, vor dessen Hintergrund die Kammern über den Gesetzesantrag abschließend entscheiden.[129]

Der Verfassungsentwurf sieht eine vergleichbare, aber weitergehende Regelung vor.[130] Sollten sich die beiden Kammern auch nach Zusammentreten eines Vermittlungsausschusses nicht über einen Gesetzesentwurf einigen, kann das Gesetz nicht erlassen werden. Wenn ein von der Regierung eingebrachter Gesetzesentwurf auf drei Versammlungen der gemeinschaftlichen Stände zwar von der zweiten, nicht aber von der ersten Kammer angenommen wurde und der Vermittlungsausschuss keine Einigung hat herbeiführen können, hat die Regierung das Recht, das Zusammentreten beider Kammern zu verlangen. Es wird dann in gemeinschaftlicher Abstimmung über den Gesetzesantrag entschieden.

Alle drei Quellen regeln die Voraussetzungen, welche für die Gültigkeit einer etwaigen Verfassungsänderung zu erfüllen sind.[131] Der Verfassungsentwurf setzt für einen solchen Fall einen Gesetzesvorschlag seitens der Regierung voraus, der allerdings auch einer früheren Petition der gemeinschaftlichen Stände entspringen kann. Dieser Gesetzesentwurf muss in beiden Kammern in zwei aufeinander folgenden Sitzungen verhandelt und angenommen werden, wobei in der ersten Sitzung eine einfache Majorität ausreicht, in der zweiten aber eine 2/3-Mehrheit notwendig ist.

---

127 V art. 125; S Art. 71; G §§ 28, 48.
128 S Art. 70.
129 G § 57.
130 V art. 134, 135, 136.
131 V art. 198 – 201; S Art. 154, 159; G § 100.

Das Grundlov schreibt für eine Verfassungsänderung die Übereinstimmung von König und Reichstag vor. Ein Vorschlag zur Verfassungsänderung muss bei drei einander folgenden Sitzungen beider Kammern angenommen werden. Nach dem zweiten Votum zu Gunsten des Vorschlags werden beide Kammern aufgelöst und Neuwahlen ausgeschrieben. Votieren auch die neu gewählten Kammern für die Verfassungsänderung, bestätigt der König diese und der angenommene Vorschlag wird Grundgesetz.

Das Staatsgrundgesetz schreibt für eine Änderung der Verfassung ebenfalls die Übereinkunft zwischen Herzog und Landesversammlung vor. Eine ordentliche Verfassungsänderung bedarf der Zustimmung von zwei Dritteln der gesetzlich bestimmten Mitglieder des Parlaments. Nach einer Übergangsregelung wird mit der ersten Revision nach Inkrafttreten des Staatsgrundgesetzes jedoch die einfache Majorität ausreichen.

3.1.5 Die Mitwirkung des Parlaments in Finanz- und Steuerfragen

Alle untersuchten Quellen weisen den Parlamenten die Prüfung des Staatsbudgets zu.[132] Die Vorprüfung der Unterlagen und Quittungen kann dabei durch einen Ausschuss erfolgen, welcher einen Bericht erstellt, unter Vorlage dessen das Parlament über die Rechtsgültigkeit des Staatshaushaltes befindet. Dabei berechtigen Staatsgrundgesetz und Grundlov die Ausschüsse oder Parlamente, sich bei Ministern und Behörden, welche zur Zusammenarbeit verpflichtet sind, nach relevanten Aktenstücken und Quittungen zu erkundigen. Der Verfassungsentwurf verweist in diesem Punkt auf eine nicht ausgearbeitete Anlage.

Zudem werden den Parlamenten alljährlich Haushaltsentwürfe vorgelegt, die einen Überschlag der im folgenden Jahr zu erwartenden Einnahmen und Ausgaben enthalten.[133] Die Kammern entscheiden über diese Finanzgesetze. Ausgaben, die durch diese Gesetze nicht gedeckt sind, bedürfen laut Verfassungsentwurf und Staatsgrundgesetz der nachträglichen Zustimmung der Parlamente. Im Grundlov wird diese Frage weitaus strikter geregelt. Wenn der Reichstag dem Finanzgesetz nicht zustimmt, können weder Steuern erhoben noch Ausgaben getätigt werden.

Alle drei Quellen regeln die Erhebung von Steuern für den Fall, dass die anderen Staatseinnahmen nicht zur Deckung des Budgets ausreichen.[134] Diesen Bestimmungen ist gemein, dass die Erhebung allgemeiner Steuern im Finanzgesetz enthalten sein muss und zu ihrer Einziehung die Zustimmung des Parlamentes notwendig ist. Der Verfassungsentwurf unterscheidet zwischen Steuern, welche in den verschiedenen Landesteilen zu erheben sind, und Steuern, welche im Gesamtstaat nach gleichen Grundsätzen erhoben werden. Nur bei letzteren haben die gemeinschaftlichen Stände Mitspracherecht. Bei den in den verschiedenen Landesteilen nach unter-

132 V art. 55; S Art. 73, 85, 89; G § 53.
133 V art. 144; S Art. 139; G § 52.
134 V art. 106, 107, 108; S Art. 140; G § 51.

schiedlichen Maßgaben einzuziehenden Steuern, welche bereits vor Inkrafttreten der Verfassung Gültigkeit hatten, hat der König das Recht, allein über Fortdauer und Ermäßigungen dieser Steuern zu befinden.

Der Verfassungsentwurf, der die Steuergesetzgebung sehr viel detaillierter behandelt als dies die beiden anderen Quellen tun, trifft umfangreiche Regelungen zum genauen Ablauf, der bei der Erhebung von neuen Steuern einzuhalten ist:[135] Der König bringt einen Gesetzesentwurf ein, nachdem er Gutachten der Provinzialständeversammlungen eingezogen hat, und legt diesen zunächst der zweiten Kammer vor. Es folgen weitere Bestimmungen hinsichtlich der Verfahrensweise, die befolgt werden soll, falls eine der Kammern den Gesetzesentwurf ablehnt.

Für den Fall eines Haushaltsüberschusses, trifft der Verfassungsentwurf weitere Regelungen zu dessen Verteilung und Verwendung.[136] Die gemeinschaftlichen Stände sind allerdings lediglich für die Hälfte des Überschusses mitspracheberechtigt, deren Verwendung für allgemeine Staatszwecke vorgesehen ist. Über die Verwendung der anderen, den verschiedenen Landesteilen zukommenden Hälfte, entscheiden die Provinzialständeversammlungen auf Vorschlag des Königs.

Weitere Artikel des Verfassungsentwurfes beziehen sich auf die Aufgaben und die Vorgehensweise des aus Mitgliedern der gemeinschaftlichen Stände zusammengesetzten Finanzausschusses.[137] Diesem achtköpfigen Ausschuss, dessen Mitglieder jeweils zur Hälfte der ersten und der zweiten Kammer entstammen, obliegt die Vorprüfung der staatlichen Finanzrechnung, ehe diese dem Parlament vorgelegt wird. Die Behörden und Minister sind zur Unterstützung des Ausschusses bei der Beantwortung von finanzrelevanten Fragen verpflichtet und haben dem Ausschuss die erforderlichen Unterlagen zur Verfügung zu stellen. Weitere Regelungen des Verfassungsentwurfes legen fest, welche Prüfungen der Finanzausschuss konkret vorzunehmen hat. Da dem Parlament und damit dessen Finanzausschuss immer die Finanzrechnung aus dem vorletzten abgeschlossenen Haushaltsjahr vorzulegen ist, sieht der Verfassungsentwurf ein weiteres Gremium vor, welches eine Prüfung der Rechnung des letzten Haushaltsjahres vornimmt. Dieses Gremium setzt sich aus Mitgliedern des Staatsgerichtshofes zusammen. Schließlich regelt der Entwurf die Vorgehensweise, nach der gehandelt wird, sollten die gemeinschaftlichen Stände der Ansicht sein, einzelne Ausgabeposten seien durch das verabschiedete Staatsbudget des betreffenden Jahres nicht gedeckt. Eine solche Frage wird vom Staatsgerichtshof abschließend beurteilt.

Der Verfassungsentwurf und das Staatsgrundgesetz formulieren Regelungen zu Staatsanleihen und Staatsschulden.[138] So wird der Staat nach dem Staatsgrundgesetz nur dann durch Anleihen oder Garantien verpflichtet, wenn diese von der Landesversammlung genehmigt werden. Nach dem Verfassungsentwurf haben die gemeinschaftlichen Stände über die Verzinsung und Tilgung der Staatsschulden zu wachen.

135 V art. 109 – 113, 126 – 132.
136 V art. 153.
137 V art. 156 – 165.
138 V art. 139, 141, 142, 147; S Art. 142.

Eine weitere Staatsverschuldung sowie der Verkauf oder die Verpfändung von Staatsdomänen oder deren Ertrag ist nur unter parlamentarischer Mitwirkung möglich. Das Grundlov enthält keine Bestimmungen zu Staatsschulden und Staatsanleihen.

Alle drei Quellen treffen Regelungen zum Staatsvermögen und zur königlichen bzw. herzoglichen Zivilliste.[139] Diese Bestimmungen werden im Kapitel zum Budget und zu den Finanzen ausführlich beschrieben.

3.1.6 Das Verhältnis des Parlaments zum Staatsoberhaupt

Nach allen untersuchten Quellen hat das Staatsoberhaupt vor seinem Regierungsantritt die jeweilige Verfassungsurkunde öffentlich anzuerkennen.[140] Nach Staatsgrundgesetz und Grundlov erfolgt dies in Form eines vor dem Parlament geleisteten Eides. Der Verfassungsentwurf sieht die Veröffentlichung von Patenten in den verschiedenen Landesteilen vor. Mit diesen Schriftstücken anerkennt der König die Gültigkeit der Verfassung. Eine vom König eigenhändig unterzeichnete Ausfertigung dieses Patents lässt er der nächsten Versammlung der gemeinschaftlichen Stände überreichen.

Der Verfassungsentwurf gesteht dem König das Recht zu, den Präsidenten und die Vizepräsidenten der ersten Kammer zu bestimmen und Kommissare zu ernennen, welche die Sitzungen beider Kammern für eröffnet erklären.[141] Vergleichbare Bestimmungen enthalten Staatsgrundgesetz und Grundlov nicht. Deren Kammern wählen sich ihre Präsidenten und Vizepräsidenten selbst und die Sitzungen der Parlamente werden jeweils vom Alterspräsidenten eröffnet.

Eine weitere Bestimmung, die sich ausschließlich im Verfassungsentwurf findet, ist das Petitionsrecht der gemeinschaftlichen Stände.[142] Demnach haben beide Kammern die Befugnis, dem König Petitionen zu Fragen vorzulegen, die entweder in ihrer Zuständigkeit liegen oder die Interessen der gesamten Monarchie unmittelbar berühren. Eine solche Petition muss von beiden Kammern angenommen worden sein, ehe sie dem König vorgelegt wird. Das Staatsgrundgesetz und das Grundlov enthalten solche Bestimmungen nicht, da deren Parlamenten ohnehin das weiterreichende Recht der Gesetzesinitiative gewährt wird.

Alle drei Texte statten das Staatsoberhaupt mit der Befugnis aus, Verträge mit anderen Staaten auszuhandeln.[143] Werden durch diese Abkommen allerdings dem Staat oder einzelnen Bürgern Lasten auferlegt, ist die Zustimmung durch das jeweilige Parlament notwendig. Das Staatsgrundgesetz sieht zudem für den Fall, dass der Herzog zugleich Oberhaupt eines nicht deutschen Staates ist, vor, dass Verträge mit

139 V art. 147; S Art. 60, 61, 136; G §§ 16, 17, § 1 der transitorischen Bestimmungen.
140 V art. 9; S Art. 34; G § 8.
141 V art. 73, 95.
142 V art. 166 – 170.
143 V art. 4, 5; S Art. 41, 54; G § 23.

diesem Staat nur unter Mitarbeit von Bevollmächtigten der Landesversammlung und vorbehaltlich der Ratifikation des Parlamentes ausgehandelt werden können.

Für den Fall eines Regierungswechsels treffen ebenfalls alle drei Quellen explizite Regelungen.[144] So versammeln sich die Parlamente laut Staatsgrundgesetz und laut Grundlov innerhalb kurzer Zeit nach dem Tode des Königs ohne besondere Einberufung. Der Verfassungsentwurf sieht die Einberufung der gemeinschaftlichen Stände innerhalb eines Monats nach dem Regierungswechsel vor. Wer diese Einberufung vorzunehmen hat, ist hier zwar nicht explizit erwähnt, es kann sich allerdings nur um den neuen König handeln, da es keine Stellvertreterregelung gibt und der König allein das Recht hat, das Parlament zusammenzurufen.

Die Passagen der Verfassungstexte, die sich mit der Mitwirkung der Parlamente an einer etwaigen Statthalterschaft oder Vormundschaft befassen, werden im Kapitel zum Staatsoberhaupt behandelt.

3.1.7 Das Verhältnis des Parlaments zu Ministern und Behörden

Alle untersuchten Quellen gewähren den Ministern das Rederecht in den Sitzungen der einzelnen Kammern.[145] Nur nach dem Verfassungsentwurf kann sich ein Behördenleiter durch einen höheren Beamten seines Ministeriums vertreten lassen. Staatsgrundgesetz und Grundlov verleihen ihren Parlamentariern das Recht, Aufschlüsse von den Ministern zu verlangen.[146]

Die drei Quellen stimmen wiederum darin überein, dass sie den Parlamenten die Bildung von Untersuchungsausschüssen zugestehen, welchen die Mitarbeit der Behörden garantiert ist.[147] Der Verfassungsentwurf beschränkt dieses Recht allerdings auf den Finanzausschuss und sieht keine Bildung weiterer Untersuchungsausschüsse vor.

Weiterhin haben die Parlamente laut allen drei Quellen die Befugnis, gegen einen Minister Anklage zu erheben, wenn sie der Ansicht sind, er habe in seiner Amtsführung seine Kompetenzen übertreten oder die Verfassung verletzt.[148] In einem solchen Fall bedarf die Ausübung des sonst allein dem König zustehenden Begnadigungsrechts nach Staatsgrundgesetz und Grundlov der Zustimmung des Parlaments. Der Verfassungsentwurf schließt die Begnadigung in einer Sache, die vor dem Staatsgerichtshof verhandelt wird, generell aus.

Das Grundlov gesteht dem Reichstag das Recht zu, eine an ihn gerichtete Petition an das zuständige Ministerium zu verweisen, wenn er keine Veranlassung sieht, über diesen Antrag selbst zu beschließen. Das Staatsgrundgesetz lässt dagegen keine an die Landesversammlung gerichteten Petitionen zu. Daher kann das Parlament

144 V art. 47; S Art. 57; G §§ 4, 13, 14, 15.
145 V art. 99; S Art. 66; G § 63.
146 S Art. 98; G § 66.
147 V art. 161; S Art. 73; G § 50.
148 V art. 13, 179; S Art. 42, 68; G §§ 20, 31, 73.

in diesem Fall die an es gestellten Bittschriften ebenfalls an die Minister weiterleiten. Diese sind in einem solchen Fall verpflichtet, der Landesversammlung Auskünfte über den Inhalt der entsprechenden Petition zu erteilen.[149]

Im Grundlov wie im Verfassungsentwurf werden auch die Beziehungen des Parlaments zum für politische Vergehen zuständigen Gerichtshof („Rigsret", bzw. „Staats-Gerichtshof" festgelegt.[150] Letzterer setzt sich im Verständnis der jüngsten der untersuchten Quellen aus 16 Mitgliedern, welche auf vier Jahre gewählt werden, zusammen. Die eine Hälfte der Mitglieder des Reichsgerichts („Rigsretten") wird von der Landeskammer, die andere Hälfte von den Mitgliedern der höchsten Gerichtshöfe des Landes bestimmt. Der Staatsgerichtshof besteht nach dem Verfassungsentwurf aus zwölf Mitgliedern, von denen vier durch die gemeinschaftlichen Stände bestimmt werden, und einem Präsidenten. Im Staatsgrundgesetz ist die Institution eines Sondergerichtshofes für politische Vergehen nicht vorgesehen.

3.1.8 Weitere Rechte und Pflichten des Parlaments

Die untersuchten Quellen regeln noch weitere Rechte und Pflichten ihrer jeweiligen Parlamente. So stimmen Staatsgrundgesetz und Grundlov darin überein, dass das Staatsoberhaupt ohne die Zustimmung des Parlaments nicht zugleich Oberhaupt eines anderen Staates sein kann.[151] Im Schleswig-Holsteinischen Staatsgrundgesetz werden allerdings bereits begründete agnatische Rechte von dieser Bestimmung ausgeschlossen. Nach allen drei Texten wiederum hat der Herzog oder König die Befugnis, Krieg und Frieden zu erklären sowie Verträge mit anderen Staaten auszuhandeln.[152] Sollten dem Staat oder einzelnen Bürgern durch ein solches Abkommen aber Lasten auferlegt werden, ist eine parlamentarische Zustimmung erforderlich. Nach dem Staatsgrundgesetz ist, sollte der Herzog zugleich Oberhaupt eines anderen nicht deutschen Staates sein, bei der Unterhandlung von Verträgen mit diesem Staat die Hinzuziehung von Bevollmächtigten der Landesversammlung erforderlich. Ein solcher Vertrag ist nur nach Ratifikation durch das Parlament gültig.

Das Schleswig-Holsteinische Staatsgrundgesetz trifft zudem Regelungen bezüglich der Mitbestimmung der Landesversammlung in militärischen Angelegenheiten.[153] So bedarf es des Einverständnisses des Parlaments, möchte ein schleswig-holsteinischer Staatsbürger in der bewaffneten Macht eines nicht deutschen Staates dienen. Zur Übertretung der Grenzen des deutschen Staatsgebietes durch schleswig-holsteinische Truppen ist entweder die Zustimmung der Landesversammlung oder eine Verfügung der deutschen Zentralgewalt notwendig. Das Staatsgrundgesetz legt zudem fest, dass die Betretung des Staatsgebietes durch nicht deutsche Truppen

149 S Art. 97; G § 68.
150 V art. 187, 190, 191, 192; G § 72.
151 S Art. 45; G § 23.
152 V art. 5; S Art. 41, 54; G § 23.
153 S Art. 131 – 135.

ebenfalls nur mit Einverständnis der Landesversammlung gestattet werden kann. Die beiden anderen Texte sehen keine parlamentarische Mitwirkung bei militärischen Entscheidungen vor.

3.1.9 Kommentar

Der erste und auffälligste Unterschied, den die drei untersuchten Quellen in ihren Bestimmungen bezüglich ihrer Parlamente aufweisen, ist die Tatsache, dass der Verfassungsentwurf und das Grundlov ein Zwei-Kammer-System vorsehen, das Staatsgrundgesetz indes ein Ein-Kammer-Parlament installiert. Joachim Krech vertritt in seiner Dissertation die Meinung, die Gründungsväter des Schleswig-Holsteinischen Staatsgrundgesetzes hätten sich in dieser Frage an die norwegische Verfassung von 1814 gelehnt.[154]

Für die praktische Gesetzgebung ist der vorgenannte Unterschied zwischen Grundlov und Verfassungsentwurf einerseits und Staatsgrundgesetz andererseits nicht besonders relevant. In der synoptischen Übersicht der drei Texte finden sich daher naturgemäß differierende Bestimmungen.

Weitaus schwerer wiegt allerdings die unterschiedliche Zusammensetzung der jeweiligen Landeskammer. Hier ähneln sich die Regelungen in Staatsgrundgesetz und Grundlov, wird doch in beiden Fällen von einem einfachen Zensuswahlrecht ausgegangen, durch welches entweder das aktive oder das passive Wahlrecht eingeschränkt wird. Der Verfassungsentwurf unterscheidet sich in dieser Frage deutlich von den beiden anderen Quellen. Nicht nur wird in ihm ein doppelter Zensus vorgeschrieben, also dass dementsprechend sowohl für Wählbarkeit als auch Wahlrecht ein bestimmtes Mindesteinkommen erforderlich ist, auch hat der König das Recht, 24 Mitglieder der Kammer auf Lebenszeit zu ernennen. Dies ist ein Indiz dafür, dass der Entwurf insgesamt einen weniger liberalen Charakter aufweist als die beiden anderen Quellen.

Für diese Hypothese sprechen ebenfalls diejenigen Regelungen, welche sich mit der Einberufung der Parlamente befassen. Während das Staatsgrundgesetz das alljährliche Zusammentreten der Landesversammlung ohne besondere Einberufung festschreibt, verpflichtet das Grundlov den König zu einer solchen jährlichen Einberufung. Diese beiden Texte unterscheiden sich folglich de facto nicht voneinander. Der Verfassungsentwurf schlägt dem König eine jährliche Einberufung der gemeinschaftlichen Stände lediglich vor, verpflichtet ihn aber nicht dazu. Zudem hat der König das Recht, die Versammlung sofort nach ihrem Zusammentreten zu vertagen oder aufzulösen. Die Landesversammlung kann nach dem Staatsgrundgesetz ohne ihre Zustimmung frühestens nach 30 Tagen geschlossen oder vertagt werden. Grundlov und Staatsgrundgesetz treffen zudem explizite Regelungen für den Fall,

154 Krech 1983, S. 96 f.

dass das Staatsoberhaupt das Parlament vertagt oder auflöst; es tritt in beiden Fällen spätestens zwei Monate nach einer solchen Maßnahme wieder zusammen.

Alle drei Quellen sehen eine gewisse Immunität ihrer Abgeordneten vor. So darf nach Grundlov und Staatsgrundgesetz kein Parlamentarier während der Sitzungen ohne die Zustimmung der Kammer, welcher er angehört, angeklagt oder verhaftet werden, es sei denn, er wäre auf frischer Tat ertappt worden. Der Verfassungsentwurf erlaubt im Gegensatz dazu die Verhaftung oder Anklage eines Abgeordneten. Die jeweilige Kammer, welcher dieser angehört, kann über den Fortgang dieses Verfahrens entscheiden.

Ein Parlamentarier, der sich von einem anderen Abgeordneten während der Sitzungen der gemeinschaftlichen Stände beleidigt fühlt, kann nach dem Ende der Sitzungen vor ein ordentliches Gericht ziehen. Weder das Staatsgrundgesetz noch das Grundlov erlauben eine solche Maßnahme.

Auch in Bezug auf die Gesetzgebung treffen die beiden jüngeren Quellen liberalere Regelungen als der Verfassungsentwurf. Nach letzterem liegt die Gesetzesinitiative ausschließlich beim König, Staatsgrundgesetz und Grundlov gewähren dieses Recht sowohl dem Staatsoberhaupt als auch dem Parlament. Zudem hat der König laut Verfassungsentwurf das ausdrückliche Recht, Gesetzesentwürfe wieder zurückzuziehen, wenn diese noch nicht von beiden Kammern angenommen worden sind. Er darf außerdem frei darüber entscheiden, ob ein Vorschlag Gesetz wird, wenn das Parlament diesen nur mit Veränderungen angenommen hat. Erzielen die beiden Kammern über einen Gesetzesentwurf keine Einigung, kann der König nach den Bestimmungen des Verfassungsentwurfes die Zusammenlegung der beiden Kammern und eine gemeinsame Entschlussfindung fordern. Interessant ist in diesem Zusammenhang die Ungleichgewichtung der beiden parlamentarischen Kammern. Eine gemeinsame Sitzung beider Häuser kann ausdrücklich nur verlangt werden, wenn die zweite Kammer einem Entwurf zustimmt und die erste diesen ablehnt, nicht aber, wenn umgekehrte Vota erfolgen. Dies hat vermutlich pragmatische Gründe. Sollte die erste Kammer einem Vorschlag zustimmen, den die zweite Kammer ablehnt und die Regierung dann die Zusammenlegung fordern, hätte der Vorschlag kaum eine Chance auf die Zustimmung der vereinigten Kammern. Diese stimmen nämlich gemeinschaftlich, also ohne Rücksicht auf die Kammerzugehörigkeit der einzelnen Mitglieder ab. Da nun die zweite Kammer aus 146, die erste aber nur aus 72 Mitgliedern besteht, wäre ein Gesetzesantrag, den die zweite Kammer zuvor abgelehnt hat, kaum mehrheitsfähig.

Die Bestimmungen, welche die drei untersuchten Quellen in Bezug auf das Verhältnis zwischen Parlament und Ministern oder Behörden treffen, sind weitestgehend vergleichbar, wobei die beiden jüngeren Quellen einen liberaleren Charakter aufweisen als der Verfassungsentwurf, da sie den Abgeordnetenhäusern mehr Rechte einräumen. Nach allen drei Texten hat ein Minister Rederecht in den parlamentarischen Versammlungen, aber nur nach dem Staatsgrundgesetz und dem Grundlov steht den Abgeordneten das Recht zu, Aufschlüsse von den Ministern zu verlangen. Die von den Parlamenten zu bildenden Untersuchungsausschüsse können nach allen drei Quellen die Mitarbeit der Behörden einfordern, wobei der Verfassungsentwurf lediglich die Bildung eines Finanzausschusses vorsieht, die beiden jüngeren Quellen aber auch andere Fragen betreffende Ausschüsse zulassen.

Alle drei Texte erlauben es den Abgeordnetenhäusern, einen Minister anzuklagen, wenn die Mehrheit der Parlamentarier der Meinung ist, er habe in seiner Amtsführung seine Kompetenzen übertreten oder die Verfassung verletzt.

3.2 Staatsoberhaupt und Regierung

Die Bestimmungen zu den Rechten und Pflichten des Staatsoberhauptes stellen sich in den drei Quellen sehr vielfältig dar. Daher scheint es der Übersichtlichkeit halber angebracht, diesen Abschnitt in zusammenhängende Unterkapitel zu teilen. Wie in den anderen Passagen dieser Arbeit werden auch in diesem Fall die Gemeinsamkeiten und Unterschiede zwischen den verglichenen Textabschnitten beleuchtet. Ein Kommentar erfolgt allerdings erst am Ende und für alle Unterkapitel gemeinsam.

3.2.1 Allgemeine Bestimmungen und Kompetenzen des Staatsoberhauptes

3.2.1.1 Gemeinsamkeiten

Der erste Paragraph des Grundlovs bescheinigt dessen eingeschränkt monarchischen Charakter und die Erblichkeit der königlichen Gewalt.[155] So explizit befassen sich die anderen beiden Texte zwar nicht mit ihrem juristischen Charakter, jedoch kann dieser Passus der jüngsten Quelle auch auf den Verfassungsentwurf und das Staatsgrundgesetz übertragen werden. Bei allen drei Texten handelt es sich um erbliche Monarchien einschränkende Verfassungen. In der konkret festgeschriebenen Erbfolge, zu der sich der Entwurf überhaupt nicht äußert, unterscheiden sich die anderen beiden Texte voneinander.[156] Während das Staatsgrundgesetz die agnatische Linealfolge im Oldenburgischen Fürstenhaus vorschreibt, folgt das Grundlov dem Königsgesetz und der darin fixierten agnatisch-kognatischen Erbfolge. Das Staatsoberhaupt wird wiederum in allen untersuchten Texten mit der Vollendung des 18. Lebensjahres mündig und regierungsfähig.[157]

In allen drei Quellen liegt die Exekutive beim Staatsoberhaupt, welches die Legislative gemeinsam mit dem Parlament ausübt.[158] Auch steht dem Herzog oder

155 G § 1.
156 S Art. 55; G § 4.
157 V art. 8; S Art. 58; G § 7.
158 V art. 3; S Art. 33, 147; G § 2. Der angegebene Artikel des Verfassungsentwurfes bezieht sich zwar explizit lediglich auf die ausführende Gewalt, die Tatsache, dass die gesetzgebende Gewalt von König und Parlament gemeinschaftlich ausgeübt wird, ergibt sich allerdings aus den Passagen zur Gesetzgebung.

König das Recht zu, sowohl die Minister als auch die Beamten zu ernennen und zu entlassen.[159] Der Verfassungsentwurf gewährt dem König weitere Kompetenzen. So ernennt dieser auch Kommissare, welche die erste Sitzung nach Versammlung der neu gewählten Kammer im Namen des Königs für eröffnet erklären. Während das Grundlov die Sitzungseröffnung der neu gewählten Kammern nicht thematisiert, gewährt das Staatsgrundgesetz dem Alterspräsidenten der Landesversammlung das Recht, die Sitzung zu eröffnen.[160]

Den Quellen ist gemein, dass der Sitz der Regierung innerhalb der Landesgrenzen zu liegen hat.[161] Die entsprechenden Bestimmungen des Verfassungsentwurfes und des Staatsgrundgesetzes schreiben diese Vorschrift ausdrücklich fest. Im Grundlov hingegen ist diese Regelung lediglich in der Bestimmung zum Versammlungsort des Reichstages impliziert.

Alle drei Texte sehen vor Antritt der Regierung eines neuen Staatsoberhauptes dessen Anerkennung der Verfassung vor.[162] Nach Staatsgrundgesetz und Grundlov geschieht dies in Form eines vor dem Parlament abzulegenden Eides, der Entwurf sieht ein „Patent“ vor, welches der König am Tag seines Regierungsantrittes in allen Teilen der Monarchie veröffentlicht. Dieses „Patent“, von welchem eine vom König unterzeichnete Ausfertigung der gemeinschaftlichen Ständeversammlung überreicht wird, beinhaltet die Bestätigung der Verfassungsurkunde.

Eine weitere in den vorliegenden Quellen einander entsprechend geregelte Frage ist die der Ministerverantwortlichkeit.[163] In den entsprechenden Abschnitten wird die Unverletzlichkeit des Staatsoberhauptes garantiert, denn jedes erlassene Gesetz wird nur durch die Unterschrift des Herzogs bzw. des Königs und eines Staatsministers gültig. Der unterzeichnende Minister übernimmt durch die Unterschrift die Verantwortung für das entsprechende Gesetz. Die Fragen der Ministerverantwortlichkeit und der Funktion des Staatsrates werden in einem eigenen Kapitel dieser Arbeit näher betrachtet.

Die drei untersuchten Quellen gewähren dem Staatsoberhaupt allesamt das Recht der Begnadigung.[164] Die Texte sind sich darüber hinaus einig, dass die Begnadigung eines Ministers durch Herzog oder König nicht erfolgen kann. Der Verfassungsentwurf verbietet die Begnadigung generell in Rechtssachen, die vom Staatsgerichtshof beurteilt werden, während Staatsgrundgesetz und Grundlov bezüglich der Ministerbegnadigung parlamentarisches Einverständnis vorschreiben.

159 V art. 6; S Art. 38, 40; G §§ 19, 22.

160 V art. 95; S Art. 89. Diese lediglich im Staatsgrundgesetz expressis verbis verankerte Regelung wurde bereits vor 1848 praktiziert. Daher wird sie weder im Verfassungsentwurf noch im Grundlov erwähnt.

161 V art. 7; S Art. 147; G § 46.

162 V art. 9; S Art. 34; G § 8.

163 V art. 182; S Art. 35, 36; G §§ 18, 19.

164 V art. 13; S Art. 42; G §§ 31, 73.

Übereinstimmend wiederum liegt der Oberbefehl über die Streitkräfte zu Lande und zu Wasser nach allen drei Quellen beim Staatsoberhaupt.[165] Zudem steht ihm jeweils das Recht zu, Verträge mit anderen Mächten zu schließen. Werden dem Staat oder einzelnen Bürgern indes durch diese Abkommen Lasten auferlegt, bedürfen entsprechende Verträge der Zustimmung des jeweiligen Parlaments. Das Schleswig-Holsteinische Staatsgrundgesetz legt für den Fall, dass der Herzog zugleich Oberhaupt eines nicht deutschen Staates ist, fest, dass Verträge mit diesem Staat nur unter Zustimmung Bevollmächtigter der Landesversammlung vorbehaltlich der Ratifikation durch das Parlament zu schließen sind.[166]

3.2.1.2 Unterschiede

In einigen Punkten, die Kompetenzen und Pflichten des Staatsoberhauptes betreffend, formulieren die untersuchten Quellen unterschiedliche Bestimmungen. So sehen der Verfassungsentwurf und das Grundlov vor, dass sich der König der Staatskirche, und damit der evangelisch-lutherischen Konfession, als zugehörig zu bekennen hat.[167]

Staatsgrundgesetz und Grundlov stimmen darin überein, dass es der Zustimmung der Parlamente bedarf, möchte der Herzog oder König zugleich Oberhaupt eines anderen Staates werden.[168] Das Staatsgrundgesetz schreibt für einen solchen Fall eine 2/3-Mehrheit der Landesversammlung vor, schließt aber eine Vorbehaltsregelung bei bereits begründeten agnatischen Rechten mit ein. Es folgen noch weitere Einschränkungen für den Fall, dass der Herzog zugleich Oberhaupt eines anderen Staates ist.[169]

Zwar enthalten alle drei Quellen Passagen, in denen die Differenzierung zwischen Staatsvermögen und Zivilliste festgelegt werden, die jeweilige Handhabung stellt sich allerdings sehr unterschiedlich dar.[170] Die radikalste Regelung bietet dabei das Staatsgrundgesetz, welches der regierenden Linie jegliches Privat- oder Familienvermögen innerhalb der Herzogtümer abspricht und dieses zu Staatseigentum erklärt. Teile des Staatsvermögens, wie Schlösser oder Gärten, können dem Herzog und seiner Familie allerdings zur Nutzung übergeben werden. Um welche Immobilien es sich dabei genau handelt, wird zum Anfang jeder Regierungszeit per Gesetz geregelt. Des Weiteren wird die Auszahlung von Apanagen oder Wittümern für die herzogliche Familie an den Gesetzgeber verwiesen.

Nicht unähnlich, wenn auch weitaus gemäßigter und nüchterner lesen sich die Abschnitte im Grundlov, welche sich mit der Zivilliste befassen. Diese wird, wie es auch im Staatsgrundgesetz geregelt ist, am Anfang jeder Regierungszeit durch ein

---

165 V art. 4, 5; S Art. 39, 41; G § 23.

166 S Art. 54.

167 V art. 30; G § 6.

168 S Art. 45; G § 5.

169 S Art. 54.

170 V art. 17 – 28; S 60, 61, 136; G §§ 16, 17, § 1 der transitorischen Bestimmungen.

Gesetz bestimmt. Auf gleichem Wege gewährte Apanagen dürfen nicht außerhalb des Landes verzehrt werden. Die transitorischen Bestimmungen setzen alle die Zivilliste betreffenden Regelungen allerdings für die Amtszeit Friedrichs VII. außer Kraft.

Im krassen Gegensatz zum Schleswig-Holsteinischen Staatsgrundgesetz geht der Verfassungsentwurf in Bezug auf die Zivilliste des Königs davon aus, dass das Kronvermögen beim König bleibt. Das Staatsvermögen besteht aus denjenigen Teilen des Kronvermögens, auf die der König freiwillig verzichtet sowie aus den Domänen und Forsten in Schleswig und Holstein. Für die Überlassung dieser Domänen und Forsten der Herzogtümer erhält der König im Gegenzug aus der staatlichen Finanzkasse jährlich den festgelegten Betrag von 600000 Reichsbanktalern. Die Apanagen der Mitglieder des Königshauses werden ebenfalls aus der Staatskasse bezahlt. Der König hat zudem das Recht, ohne Beteiligung der Stände eine Prinzessinnensteuer auszuschreiben, um die Ausstattung einer Königstochter für den Eintritt in den Ehestand zu finanzieren. Die Höhe der Apanagen, die nach dem Verfassungsentwurf nicht nur den Mitgliedern des Königshauses, sondern auch „anderen Fürstlichen Personen“[171] zustehen, bleibt bei Inkrafttreten der Verfassung unverändert. Künftige Apanagen können hingegen nur mit Zustimmung der gemeinschaftlichen Stände gewährt werden. Des Weiteren steht dem König nur im Verfassungsentwurf das Recht zu, Hausgesetze über die Verhältnisse der Mitglieder der königlichen Familie zu erlassen. Sofern diese im Einklang mit der Verfassung stehen, müssen sie nicht veröffentlicht oder von den gemeinschaftlichen Ständen ratifiziert werden.[172]

Staatsgrundgesetz und Grundlov gewähren dem König das Recht, mit Rücksicht auf ein entsprechendes Gesetz, Geld prägen zu lassen.[173] Einen vergleichbaren Abschnitt beinhaltet der Verfassungsentwurf indes nicht. In Übereinstimmung mit dem Staatsgrundgesetz räumt die älteste der Quellen den Bürgern das Recht ein, sich mit Bitten und Beschwerden direkt an das Staatsoberhaupt zu wenden.[174] Diese Befugnis steht den Bürgern laut Grundlov hingegen nicht zu.

Der Verfassungsentwurf gewährt dem König das Recht, Standeserhöhungen auszusprechen sowie Orden und Auszeichnungen zu verleihen.[175] Das Staatsgrundgesetz schließt dagegen die Vergabe von Adels- und persönlichen Titeln aus, ermächtigt den Herzog allerdings, Orden und Ehrenzeichen an Angehörige des Militärs zu verleihen.

---

171 V art. 28.
172 V art. 11.
173 S Art. 43; G § 33.
174 V art. 37; S Art. 20.
175 V art. 12; S Art. 44.

3.2.2 Das Verhältnis des Staatsoberhauptes zum Parlament

Die in den Verfassungstexten festgelegten Kompetenzen des Staatsoberhauptes in Bezug auf die Zusammenarbeit mit dem Parlament bergen erheblich mehr Unterschiede als Gemeinsamkeiten. Daher wird dieses Kapitel nicht wie die anderen Abschnitte der vorliegenden Arbeit in zwei Unterabschnitte unterteilt.

3.2.2.1 Einberufung des Parlaments

Die Frage der Einberufung der Parlamente wird in den Texten unterschiedlich geregelt.[176] Der Verfassungsentwurf untersagt das Zusammentreten der gemeinschaftlichen Stände ohne Einberufung durch den König und legt die Dauer der Versammlung auf zwei Monate fest. Auf Antrag des Parlaments kann der König diese Dauer nach eigenem Ermessen um einen Monat verlängern. Die gemeinschaftlichen Stände bleiben so lange versammelt, bis der König die Schließung oder Vertagung ihrer Zusammenkünfte verfügt. Zudem steht dem Staatsoberhaupt das Recht zu, Kommissare zu ernennen, welche die Versammlungen für eröffnet erklären. Der Verfassungsentwurf enthält keine ausdrückliche Verpflichtung des Königs, die Versammlungen der gemeinschaftlichen Stände regelmäßig einzuberufen. Er schlägt dem Staatsoberhaupt lediglich vor, die Sitzungen alljährlich abhalten zu lassen und jeweils im Monat März zu eröffnen. Dadurch ist eine regelmäßige Zusammenkunft der gemeinschaftlichen Stände nach dem Verfassungsentwurf nicht garantiert und es liegt im Ermessen des Königs, ob er das Parlament regelmäßig zusammenruft.

Das Grundlov hingegen erlegt dem König die Pflicht auf, den ordentlichen Reichstag einmal jährlich einzuberufen, und zwar dergestalt, dass das Parlament spätestens am ersten Montag im Oktober zusammentritt. Es bedarf der Genehmigung des Königs, sollte der Reichstag länger als zwei Monate tagen wollen. Das Staatsoberhaupt hat zudem das Recht, das Parlament außerordentlich einzuberufen.

Das Staatsgrundgesetz bietet die liberalste Regelung der Zusammenarbeit zwischen Staatsoberhaupt und Parlament. Die ordentliche Landesversammlung tritt nämlich – auch ohne herzogliche Einberufung – regelmäßig Anfang November zusammen. Der Herzog hat indes auch nach dieser Verfassung das Recht, die Landesversammlung nach seinem Ermessen außerordentlich zu berufen. Die Versammlungsdauer des Parlaments ist im Staatsgrundgesetz nicht ausdrücklich geregelt, allerdings darf die Landesversammlung ohne ihre Zustimmung nicht vor Ablauf von 30 Tagen vertagt oder geschlossen werden.

---

176 V art. 46, 48, 49; S Art. 85; G §§ 24, 25, 45.

3.2.2.2 Auflösung oder Vertagung des Parlaments

Jede der bearbeiteten Quellen gewährt dem König oder Herzog das Recht, die Sitzungen des Parlaments zu vertagen oder einzelne Kammern aufzulösen.[177] Die Ausgestaltung dieses Rechts ist aber ebenfalls sehr unterschiedlich geregelt.

Im Grundlov steht dem König die Vertagung nur einmal jährlich zu. Möchte er die Sitzungen des Reichstags für einen längeren Zeitraum als zwei Monate aussetzen, ist die Zustimmung des Parlaments erforderlich. Das Staatsoberhaupt hat ebenso das Recht, eine oder beide Kammern aufzulösen, allerdings muss der gesamte Reichstag nach spätestens zwei Monaten wieder zusammentreten können.

Ähnlich lesen sich die Regelungen des Staatsgrundgesetzes. Dem Herzog steht das Recht zu, die Landesversammlung zu vertagen oder zu schließen, allerdings ohne Zustimmung der Versammlung nicht vor Ablauf von 30 Tagen nach der ersten Sitzung. Löst der Herzog die Landesversammlung auf, müssen in der Auflösungsakte Neuwahlen terminiert werden. Dies hat so zu geschehen, dass die Wahlen einen Monat nach der Auflösung abgeschlossen sein können und die neu gewählte Landesversammlung nach spätestens einem weiteren Monat zusammentreten kann.

Der Verfassungsentwurf gewährt dem König in diesem Punkt umfangreichere Rechte, als es die beiden anderen Quellen tun. Wie in Staatsgrundgesetz und Grundlov steht es dem Staatsoberhaupt zu, die Sitzungen des Parlaments zu vertagen. Der Entwurf sieht vor, dass die Wiederberufung vor Ablauf des betreffenden Jahres zu erfolgen hat, allerdings ist nicht, wie im Staatsgrundgesetz, eine minimale Versammlungsdauer des Parlaments festgelegt. Laut Verfassungsentwurf darf der König lediglich die zweite Kammer auflösen, in welchem Falle innerhalb dreier Monate eine Neuwahl stattzufinden hat. Wird die zweite Kammer aufgelöst, hat auch die erste Kammer ihre Verhandlungen sofort zu schließen. Beide Häuser treten spätestens einen Monat nach Beendigung der Neuwahlen zur zweiten Kammer wieder zusammen.

3.2.2.3 Die Zusammensetzung der ersten Kammer nach dem Verfassungsentwurf

Im Verfassungsentwurf von 1848 wird dem König zudem das Recht gewährt, einen Teil der Abgeordneten der ersten Kammer selbst und auf Lebenszeit zu ernennen. Von den 76 Vertretern dieses Hauses ernennt das Staatsoberhaupt zwölf Männer aus dem Königreich und jeweils sechs aus Schleswig und sechs aus Holstein. Weitere Abgeordnete der ersten Kammer bestimmt er indirekt, wie im Abschnitt zu den Bestimmungen der Parlamente ausführlich behandelt wird. Der König bestimmt aus der Mitte der Abgeordneten deren Präsidenten und zwei Vizepräsidenten, ein Recht, welches weder Staatsgrundgesetz noch Grundlov vorsehen. Der Verfassungsentwurf enthält eine Reihe weiterer Artikel, welche etwa die Frage nach den Stellvertretern der Abgeordneten sowie etwaige Neuwahlen regeln.

177 V art. 51, 52, 91; S Art. 86, 87; G §§ 26, 27.

3.2.2.4 Die Kompetenzen des Staatsoberhauptes bezüglich der Gesetzgebung

Bezüglich der Kompetenzen des Staatsoberhauptes hinsichtlich der Gesetzgebung treffen wiederum Staatsgrundgesetz und Grundlov ähnliche Regelungen. Das Recht der Gesetzesinitiative liegt in beiden Fällen sowohl auf Seiten des Herzogs bzw. Königs als auch auf Seiten des Parlaments.[178] Der Verfassungsentwurf spricht dieses Recht lediglich dem König zu. Allen drei Texten ist wiederum gemein, dass die Gesetzgebung in Übereinstimmung des Regenten mit dem Parlament erfolgt.[179] Das Staatsgrundgesetz gewährt dem Parlament weiterführende Rechte, sollte der Herzog zugleich Staatsoberhaupt eines anderen, und zwar nicht deutschen Staates, sein. Stimmt nämlich die Landesversammlung unter den gegebenen Voraussetzungen auf drei verschiedenen Landtagen mit jeweils 2/3-Mehrheit für einen Gesetzesentwurf, ist der Herzog verpflichtet, diesem zuzustimmen und ihn als Gesetz zu verkünden.[180]

Im Gegensatz dazu gesteht der Verfassungsentwurf wiederum dem König besondere Rechte zu, welche in den beiden anderen Texten keine Erwähnung finden.[181] Sind sich die beiden Kammern über einen Gesetzesentwurf nach drei auf einander folgenden Versammlungen uneins, darf der König den Zusammenschluss und die gemeinsame Abstimmung der beiden Häuser fordern. Er kann zudem einen Gesetzesvorschlag, der noch nicht von beiden Kammern abschließend verhandelt worden ist, jederzeit wieder zurückziehen. Explizit erwähnt der Entwurf auch das Recht des Königs, zu entscheiden, ob er einen von den gemeinschaftlichen Ständen geänderten Entwurf zum Gesetz erklärt oder nicht.

3.2.2.5 Das Aussetzen von Gesetzen

Im Hinblick auf das Recht des Staatsoberhauptes, Ausnahmen von gültigen Gesetzen zu gestatten, differieren die Quellen wiederum erheblich.[182] Das Staatsgrundgesetz schließt eine solche Möglichkeit explizit aus, wobei dem Gesetzgeber Ausnahmeregelungen vorbehalten sind. Andererseits berechtigt diese Verfassung den Herzog, bestimmte Grundrechte in Zeiten von Krieg oder Aufruhr außer Kraft zu setzen.[183] Das Grundlov gestattet dem König, in kritischen Phasen verfassungskonforme vorläufige Gesetze zu erlassen, wenn der Reichstag zum entsprechenden Zeitpunkt nicht versammelt sein sollte. Das Parlament entscheidet während seiner nächsten Versammlung über die weitere Gültigkeit solcher Gesetze. In einer Übergangs-

178 V art. 125; S Art. 71; G §§ 28, 29.

179 S Art. 70; G § 2. Im Verfassungsentwurf wird dies nicht ausdrücklich erwähnt, gemäß den Bestimmungen zur Gesetzgebung allerdings den Regelungen der beiden anderen Texte vergleichbar gehandhabt.

180 S Art. 70.

181 V art. 135, 137, 138.

182 V art. 14, 15, 16; S Art. 37, 152; G §§ 30, 32.

183 Ausführlicher wird diese Thematik im Abschnitt über die Grundrechte behandelt.

regelung wird dem König das Recht eingeräumt, Ausnahmen von bereits bestehenden Gesetzen in dem Maße zu erlassen, zu dem er auch vor Inkrafttreten der Verfassung befugt war. Der Verfassungsentwurf enthält eine vergleichbare Bestimmung. In dieser Quelle wird dem König hingegen nicht das Recht eingeräumt, provisorische Gesetze zu erlassen. Dafür darf er, wenn das Allgemeinwohl dies erfordert, Gesetze außer Kraft setzen, wenn das Parlament nicht versammelt ist. Auch hier befinden die gemeinschaftlichen Stände in ihrer nächsten Sitzung über den Fortbestand derartiger Ausnahmeregelungen.

3.2.2.6 Verfassungsänderungen

Die drei vorliegenden Quellen enthalten allesamt Bestimmungen zu möglichen künftigen Verfassungsänderungen.[184] Der Entwurf sieht für eine solche Änderung die Form eines Gesetzesentwurfes, welcher den Ständen von der Regierung vorgelegt wird, vor. Ein solcher Entwurf kann entweder von der Regierung selber initiiert werden oder einer ihm vorausgehenden Petition der gemeinschaftlichen Stände entspringen. Möchte das Parlament einer Änderung der Verfassung zustimmen, bedarf es der Annahme des Entwurfes in beiden Kammern bei zwei aufeinander folgenden Versammlungen mit einfacher Mehrheit. Das Staatsgrundgesetz legt für eine Verfassungsänderung die Übereinstimmung von Herzog und Landesversammlung, welche mit zwei Dritteln der gesetzlichen Anzahl ihrer Mitglieder stimmen muss, fest. Es ist nicht näher bestimmt, wer das Initiativrecht hat, es ist aber anzunehmen, dass dieses, wie es bei der ordentlichen Gesetzgebung auch der Fall ist, sowohl beim Herzog wie auch beim Parlament liegt, weil keine gegenteilige Bestimmung enthalten ist. Das Staatsgrundgesetz schreibt in einer Übergangsregelung für eine Verfassungsänderung bei der ersten Revision nach Inkrafttreten lediglich eine einfache Mehrheit der Landesversammlung vor.

Nach dem Grundlov ist eine Verfassungsänderung an andere Bestimmungen gebunden. Hier werden Vorschläge zu einer solchen Änderung dem ordentlichen Reichstag vorgelegt. Stimmt der Reichstag dem Antrag in zwei aufeinander folgenden Sitzungen mit einfacher Mehrheit zu, wird das Parlament aufgelöst und es werden Neuwahlen angestrengt. Votiert auch der neu gewählte Reichstag mehrheitlich für die Verfassungsänderung, ist sie – vorbehaltlich der Zustimmung des Königs – gültig.

3.2.2.7 Kompetenzen des Staatsoberhauptes die Steuern und Finanzen betreffend

Bezüglich der Steuern und Finanzen werden dem Staatsoberhaupt im Staatsgrundgesetz und im Grundlov keine Rechte eingeräumt, die über das normale Gesetzgebungsverfahren hinausgehen. In den umfangreichen die Steuern und Finanzen betreffenden Regelungen des Verfassungsentwurfes werden dem König hingegen

184 V art. 198, 199, 201; S Art. 154, 159; G § 100.

weitere Kompetenzen gewährt.[185] Ihm steht, im Rahmen der geltenden Steuerregelung, das Recht zu, ohne die Mitarbeit der gemeinschaftlichen Stände über etwaige Steuerermäßigungen zu befinden. In einer großen Anzahl weiterer Bestimmungen des Entwurfes werden die Voraussetzungen zur Einziehung von Steuern in einem Maße behandelt, welche den grundsätzlichen Rahmen einer Verfassung sprengt. Der Inhalt dieser Artikel wird im Abschnitt zum Budget und Finanzen genauer betrachtet.

3.2.2.8 Die Bestimmungen zu Thronfolge, Vormundschaft und Statthalterschaft

In diesen Punkten lassen die untersuchten Quellen nur wenige Gemeinsamkeiten erkennen. Besonders auffällig ist, dass der Verfassungsentwurf, der viele andere Fragen sehr detailliert regelt, in diesem Zusammenhang die konkreten Bestimmungen dem Gesetzgeber überlässt.[186] Auf Grund des historischen Kontexts darf indes davon ausgegangen werden, dass die Thronfolge, analog zu der im Grundlov vorgesehenen, in diesem Gesetz getreu dem Königsgesetz von 1665 festgelegt werden sollte, nach welchem eine agnatisch-kognatische Erbfolge vorgesehen war.[187] Im Gegensatz dazu schreibt das Staatsgrundgesetz die agnatische Linealfolge im Mannesstamme des Oldenburgischen Fürstenhauses vor.[188] Diese Verfassung regelt die Frage der Thronfolge recht ausführlich.[189] Nach dem Tode des Herzogs versammelt sich die Landesversammlung ohne besondere Zusammenberufung. Bis zur Ablegung des Verfassungseides des Nachfolgers oder des Regenten obliegt die Regelung der Staatsgeschäfte dem Ministerrat. Im Grundlov finden sich ähnliche Bestimmungen.[190] Zwar wird hier keine Übergangsregierung, doch aber die Versammlung des Reichstags ohne Zusammenberufung festgeschrieben.

Diese beiden jüngeren Quellen enthalten, im Gegensatz zum Verfassungsentwurf, der die Regelung dieser Frage dem Gesetzgeber überlässt, Bestimmungen, welche eine Regentschaft oder Vormundschaft für den Fall vorsehen, dass das Staatsoberhaupt unmündig ist oder sich nicht in der Lage befindet, die Regierung zu übernehmen.[191] Nach dem Staatsgrundgesetz werden die Regierungsgeschäfte in einem solchen Fall vom nächsten regierungsfähigen Agnaten geführt. Ob die Voraussetzungen für eine solche Regentschaft bestehen oder noch bestehen, entscheidet das Staatsministerium nach Möglichkeit gemeinsam mit den sich im Lande befindlichen mündigen Agnaten, notfalls aber allein. Im Grundlov beurteilt der vom Staatsrat einberufene Reichstag, ob die Voraussetzungen für eine Regentschaft oder eine Vormundschaft erfüllt sind. Sollte Grund zur Annahme bestehen, dass der

185 V art. 106, 109 – 112, 117, 118, 153, 154, 155.
186 V art 8.
187 G § 4.
188 S Art. 55.
189 S Art. 55, 56, 57.
190 G §§ 13, 14.
191 S Art. 59, 60; G §§ 10, 11.

Thronfolger zum Zeitpunkt des Todes des Königs nicht mündig oder regierungsfähig ist, bestimmt der Gesetzgeber einen Reichsvorstand, und der König ordnet eine Vormundschaft an. Bei Abwesenheit von Thronfolger oder Reichsvorstand legt das Parlament einen Termin für die Rückkehr fest. Sollte der Thronfolger unmündig oder nicht regierungsfähig sein, ist der Reichstag ermächtigt, die Regelungen für die Einsetzung von Reichsvorstand und Vormundschaft zu treffen. Zudem wählt das Parlament einen neuen König und legt die weitere Thronfolge fest, falls kein Thronfolger vorhanden ist.[192]

Das Grundlov gewährt dem König ferner das Recht, im Falle einer Reise oder sonstiger Regierungsunfähigkeit, in Kooperation mit dem Reichstag einen Reichsvorstand zu ernennen.[193] Auch im Staatsgrundgesetz wird die Übernahme der Regierungsgeschäfte durch einen Statthalter bei Abwesenheit des Herzogs, sollte dieser zugleich Oberhaupt eines anderen – nicht deutschen – Staates sein, reguliert.[194] Dieser Statthalter muss Mitglied eines deutschen Fürstenhauses oder aber schleswig-holsteinischer Staatsbürger sein. Er übt die Rechte des Herzogs selbstständig aus und kann durch Befehle und Instruktionen desselben nicht in der Ausführung seines Amtes eingeschränkt werden. Die Ernennung des Statthalters erfolgt durch den Herzog, sie erfordert zu ihrer Gültigkeit indes mindestens zwei Ministerunterschriften. Der Statthalter leistet vor Amtsantritt einen Eid auf die Verfassung; es ist ihm untersagt, sich innerhalb eines Jahres länger als drei Monate außerhalb der Herzogtümer aufzuhalten.

Die Bestimmungen zur Statthalterschaft werden im Verfassungsentwurf, gleich den Regelungen zur Vormundschaft und Thronfolge, dem Gesetzgeber überlassen.

3.2.3 Kommentar

Ein Vergleich der die Kompetenzen des Staatsoberhauptes betreffenden Passagen in den drei behandelten Quellen beweist einen hohen Verwandtheitsgrad zwischen dem Staatsgrundgesetz und dem Grundlov in diesem Punkt, während der Verfassungsentwurf in dieser Hinsicht weniger Gemeinsamkeiten mit den beiden anderen Texten aufweist. Zwar verfassen alle drei Quellen eine eingeschränkte Monarchie, der Verfassungsentwurf von 1848 gesteht dem Staatsoberhaupt jedoch umfangreichere Kompetenzen zu, als dies Staatsgrundgesetz und Grundlov tun. Insbesondere in der Gesetzgebung und dem Verhältnis des Königs zum Parlament wird dies augenfällig. Im Entwurf hat lediglich das Staatsoberhaupt das Recht der Gesetzesinitiative und ist darüber hinaus befugt, einen Gesetzesantrag auch jederzeit zurückzuziehen, wenn dieser noch nicht von beiden Kammern angenommen wurde. Nimmt das Parlament einen Gesetzesentwurf mit Veränderungen an, liegt es in der freien Entscheidung des Königs, ob die veränderte Fassung Gesetz wird oder nicht.

192 G § 15.
193 G § 9.
194 S Art. 46 – 53, 56.

Der Verfassungsentwurf gesteht dem König auch in Bezug auf die Zusammensetzung der ersten Kammer weitgehende Rechte zu. So darf er 24 der 72 Mitglieder dieser Kammer selbst und direkt auf Lebenszeit zu Abgeordneten ernennen. Weitere kann er indirekt bestimmen. Näheres hierzu wird im Abschnitt über Zusammensetzung, Rechte und Pflichten des Parlaments erläutert.

Die gemeinschaftlichen Stände dürfen sich nur dann versammeln, wenn sie vom König einberufen werden, wobei dieser nicht zu regelmäßiger Einberufung verpflichtet ist. Das ist ein eklatanter Unterschied zu den Bestimmungen des Staatsgrundgesetzes, nach dem die ordentliche Landesversammlung ohne Einberufung des Herzogs jährlich im November zusammentritt.

Ein starker Kontrast zwischen dem Verfassungsentwurf und dem Staatsgrundgesetz besteht zudem im Verhältnis zwischen Staatsvermögen und Zivilliste. Während das Staatsgrundgesetz der herzoglichen Familie keinen Privatbesitz in den Herzogtümern zuerkennt, besteht das Staatsvermögen des Verfassungsentwurfes lediglich aus denjenigen Teilen des Kronvermögens, auf die der König freiwillig verzichtet. Das Grundlov bestimmt in diesem Punkt einzig, dass die Zivilliste am Anfang einer jeden Regierungszeit per Gesetz geregelt wird. Der Unterschied zwischen Staatsvermögen und Zivilliste kommt hier gar nicht zur Sprache.

Bezüglich der Thronfolge ist es im historischen Kontext folgerichtig, dass die Bestimmungen des Staatsgrundgesetzes, in dem die agnatische Thronfolge festgeschrieben ist, von denen der anderen beiden Quellen differieren. Im Grundlov ist explizit die Gültigkeit des Königsgesetzes von 1665 welches die agnatisch-kognatische Thronfolge vorschreibt, fixiert, der Verfassungsentwurf lässt die Erbfolgefrage vom Gesetzgeber regeln. Es kann kein Zweifel bestehen, dass sich das Thronfolgegesetz, wäre der Entwurf in dieser Form jemals in Kraft getreten, ebenfalls auf das Königsgesetz berufen hätte, wird durch dieses doch das Herzogtum Schleswig an die dänische Krone gebunden.

Das Staatsgrundgesetz bietet einige besondere Bestimmungen, die ebenfalls nicht vom zeitgeschichtlichen Hintergrund der 1840er Jahre zu trennen sind. Dies betrifft zum einen die Erbfolgefrage, welche schon allein deshalb eine agnatische Linealfolge sein musste, um der Forderung der Trennung der Herzogtümer Schleswig und Holstein von Dänemark Nachdruck zu verleihen. Andernfalls hätten sowohl die Provisorische Regierung als auch die Landesversammlung die Zustimmung der Bevölkerung verloren. Zum anderen weist das Staatsgrundgesetz auch in den Bestimmungen zur Gesetzgebung tagesaktuelle Regelungen auf. So kann der Herzog, sollte er zugleich Oberhaupt eines nichtdeutschen Staates sein, ein Gesetz nicht verhindern, welches von drei verschiedenen Landtagen mit 2/3-Mehrheit verabschiedet worden ist.

Unabhängig von diesen tagesaktuellen Bestimmungen stimmt das Staatsgrundgesetz bezüglich der Rechte des Staatsoberhauptes in vielen Punkten mit dem Grundlov überein. Der Verfassungsentwurf hingegen räumt dem König mehr Rechte ein, als es die beiden anderen Quellen tun und weist daher zu diesen einen geringeren Verwandtschaftsgrad auf.

3.3 Die Bürgerrechte

3.3.1 Gemeinsamkeiten

In allen drei Quellen wird den Bürgern eine Reihe von Grundrechten gewährt, die sich hinsichtlich der in den Texten formulierten Bestimmungen mehr oder weniger stark unterscheiden. Jeder der Texte sieht beispielsweise einen gewissen Gleichheitsgrundsatz vor, der die Besetzung der Staatsämter unabhängig von Stand oder Geburt der betreffenden Personen macht.[195] Gleichermaßen werden auch die Bürgerpflichten, wie die Steuerlast, allen Einwohnern gleichmäßig auferlegt.[196] Dabei gehen das Staatsgrundgesetz und das Grundlov weiter als der Verfassungsentwurf von 1848. Zum einen erwähnen sie den Gleichheitsgrundsatz in Bezug auf Wehrpflicht und Konfessionszugehörigkeit explizit, zum anderen – und diese Passage fällt schwerer ins Gewicht – werden bis dahin an Adel, Titel oder Rang geknüpfte Privilegien ausdrücklich abgeschafft. Alle drei Texte verbieten, solche Vorrechte jemals wieder einzuführen.

Als weiteres Grundrecht räumen die Quellen den Bürgern die Religionsfreiheit ein.[197] Das Staatsgrundgesetz und das Grundlov verbieten jegliche Einschränkung der Bürgerrechte auf Grund der Konfessionszugehörigkeit. Eine Schmälerung der Rechte der jüdischen Bewohner, welche in den beiden anderen Quellen nicht explizit erwähnt werden, findet sich im Verfassungsentwurf.[198] Zum einen wird das passive Wahlrecht zum Parlament auf Anhänger der christlichen Religion beschränkt, zum anderen wird in Bezug auf die bürgerliche Gleichstellung von Juden und Christen auf die Gesetzgebung der Landesteile verwiesen. Sowohl im Entwurf als auch im Grundlov wird die evangelisch-lutherische Kirche als Staatskirche festgelegt, zu welcher sich der König zu bekennen hat.[199]

Die sich auf Meinungs- und Pressefreiheit beziehenden Passagen der behandelten Quellen sind eng miteinander verwandt.[200] Besonders die explizite Abschaffung der Zensur, die bis dato keine europäische Verfassung beinhaltet hat, ist bemerkenswert. Alle Texte gewähren somit absolute Meinungs- und Pressefreiheit und verbieten auch eine zukünftige Wiedereinführung der Zensur. Während der Entwurf insbesondere den ungehinderten Gebrauch der Muttersprache, eines der brisantesten Themen der Zeit, mit Verweis auf die umfangreiche Anlage garantiert, gewährt das Staatsgrundgesetz die Postbeförderung für alle Zeitungen und Zeitschriften unter gleichen Bedingungen.

195 V art. 42; S Art. 11, 12, 14; G §§ 84, 88.
196 V art. 44; S Art. 13, 32, 144; G § 95.
197 V art. 29; S Art. 14; G § 84.
198 V art. 31, 32, 54.
199 V art. 30, G §§ 3, 6.
200 V art. 38, 39; S Art. 23; G § 91.

Wiederum alle Quellen räumen den Bürgern das Recht ein, sich zu gesetzlichen Zwecken zu vereinigen.[201] Das Staatsgrundgesetz sieht hier keine weitere Regulierung vor, im Grundlov und im Verfassungsentwurf hingegen werden rechtsstaatliche Einschränkungen festgelegt. Diese werden im Grundlov direkt geregelt, während der Entwurf auf die Gesetzgebung verweist.

Miteinander vergleichbare Passagen weisen die Quellen ebenfalls in Bezug auf die persönliche Freiheit auf.[202] Nur in gesetzlicher Form und in den gesetzlich vorgeschriebenen Fällen darf ein Bürger festgenommen werden. Ist ein Staatsbürger inhaftiert worden, hat er den gesetzlichen Anspruch auf ein zeitnahes Verfahren.[203] Das Staatsgrundgesetz sieht zudem die Entschädigung einer unberechtigten oder unnötig langen Inhaftierung vor.

Sowohl der Verfassungsentwurf als auch das Schleswig-Holsteinische Staatsgrundgesetz räumen den Staatsbürgern die Freiheit ein, auszuwandern, ohne dass Abzugsgelder oder besondere Gebühren einzuziehen sind. Die Freizügigkeit, den Wohnsitz innerhalb der Staatsgrenzen frei wählen zu dürfen, wird lediglich im Entwurf ausdrücklich erwähnt, doch darf davon ausgegangen werden, dass auch das Staatsgrundgesetz und das Grundlov dieses Recht implizit gewährleisten.[204]

Das Recht auf persönliches Eigentum wird den Bürgern ebenfalls nach allen zu Grunde liegenden Texten gewährt.[205] Dabei werden Enteignungen grundsätzlich ausgeschlossen. Sollte das Gemeinwohl eine solche Maßnahme aber erfordern, ist eine Konfiskation von Grundbesitz hingegen zulässig. Jedem Enteigneten steht eine vollständige Entschädigung zu. Explizit schaffen der Verfassungsentwurf sowie das Staatsgrundgesetz die Strafe der Vermögenskonfiskation ab.

Die Unverletzlichkeit der Wohnung sowie das Verbot der Untersuchung und Beschlagnahmung von Privatpapieren ohne richterliche Verfügung werden den Bürgern sowohl im Staatsgrundgesetz als auch im Grundlov ebenso garantiert wie das Briefgeheimnis.[206] Nach dem Verfassungsentwurf sind diese Rechte nicht vorgesehen.

Jedem, der die in den verschiedenen Texten verankerten Bürgerrechte genießt, werden gewisse Pflichten auferlegt. Die Beteiligung an der allgemeinen Steuerlast wird zwar nur im Entwurf erwähnt, in den anderen beiden Quellen aber impliziert. Die Wehrpflicht findet hingegen nur im Staatsgrundgesetz und im Grundlov, nicht aber im Verfassungsentwurf Erwähnung.[207]

---

201 V art. 36; S Art. 21; G § 92.

202 V art. 33; S Art. 16; G § 85.

203 Nach Staatsgrundgesetz (Art. 16) und Grundlov (§ 85) muss das Verfahren innerhalb von 24 Stunden eingeleitet werden, der Verfassungsentwurf (art. 33) gibt – etwas vager – einen „unverzüglichen" Verfahrensbeginn vor. Dadurch wird den Behörden in letzterem Falle ein größerer Spielraum eingeräumt.

204 V art. 35, 43; S Art. 25.

205 V art. 40, 41, 43; S Art. 25, 26, 27; G § 87.

206 S Art. 17, 18, 19; G § 86.

207 V art. 44; S Art. 13, 28; G § 95.

3.3.2 Unterschiede

Nachdem nun diejenigen Bürgerrechte genannt worden sind, die in den vorliegenden Quellen vergleichsweise ähnlich behandelt werden, folgt nun eine kurze Zusammenstellung derjenigen Rechte, die entweder nur in zweien oder aber nur in einem der Texte festgelegt sind.

Dabei sind zunächst die Bestimmungen zu nennen, nach denen einem Einwohner die Bürgerrechte überhaupt zustehen.[208] Das Grundlov schweigt sich zu diesem Punkt weitestgehend aus, erwähnt in Bezug auf das Wahlrecht lediglich ein nicht näher definiertes Indigenatsrecht,[209] welches vermutlich nicht nur die Stimmabgabe, sondern darüber hinaus die Bürgerrechte als gegeben festschreibt. Ausdrücklicher äußert sich in diesem Punkt der Verfassungsentwurf, nach dem jeder, welcher innerhalb der Grenzen der Monarchie oder seiner Kolonien geboren wurde, beziehungsweise direkter Nachkomme eines Untertans oder einer Untertanin ist, sich wiederum selber Untertan nennen und die Bürgerrechte genießen darf. Vergleichbar ist die entsprechende Passage des Staatsgrundgesetzes, in welchem jedoch zusätzlich die Bedingungen fixiert werden, unter denen das Bürgerrecht künftig erworben werden kann.

Bei weiteren Grundrechten, die in den Texten von 1848, nicht aber im 1849 verabschiedeten Grundlov verankert sind, handelt es sich um Bestimmungen zum Sprachgebrauch,[210] zum Petitionsrecht[211] und zum Recht auf Klage und Gerichtsverhandlung[212]. Das Staatsgrundgesetz garantiert seinen Bürgern den ungehinderten Gebrauch der Sprache in Kirche, Schule, Rechtspflege und Verwaltung. Es sichert den dänischen Muttersprachlern eine beglaubigte Übersetzung der Gesetzestexte zu. Ähnlich, wenn auch bedeutend ausführlicher, wird der Sprachgebrauch im Verfassungsentwurf behandelt, der dieser Frage eine umfangreiche Anlage widmet. Das in den beiden älteren Quellen verankerte Recht auf eine ordentliche Gerichtsverhandlung dient der Gewaltenteilung. Es verbietet den Behörden, den jeweiligen Angeklagten seinem ordentlichen Richter zu entziehen. Im Staatsgrundgesetz wird den Bürgern zudem das Recht auf eine Gerichtsverhandlung, wenn diese sich von einer Handlung der Staatsgewalt in ihren Rechten verletzt sehen, zugesprochen. Eine letzte Gemeinsamkeit zwischen dem Verfassungsentwurf und dem Staatsgrundgesetz besteht in dem Beschwerderecht. Die Bürger dürfen sich mit Bitten und Beschwerden direkt an das Staatsoberhaupt wenden. Das Schleswig-Holsteinische Staatsgrundgesetz sieht zudem noch ein Petitionsrecht der Bürger gegenüber der Landesversammlung und den Behörden vor.

---

208 V art. 35; S Art. 6 – 10.
209 G §§ 35, 36, 39, 40.
210 V art. 38; S Art. 24.
211 V art. 37; S Art. 20.
212 V art. 34; S Art. 15, 115.

Das Recht der Versammlungsfreiheit ist den beiden jüngeren Quellen gemein.[213] Dadurch wird den Bürgern eingeräumt, sich friedlich und ohne Waffen versammeln zu dürfen. Sowohl das Staatsgrundgesetz als auch das Grundlov sehen indes die mögliche Auflösung einer solchen Versammlung im Falle drohender Gefahr vor.

Beide Gesetzestexte lassen zudem im Gegensatz zum Verfassungsentwurf unter bestimmten Voraussetzungen eine Aussetzung bestimmter Bürgerrechte zu.[214] Während das Grundlov es dem Militärgesetzbuch überlässt, Einschränkungen in Bezug auf die persönliche Freiheit, die Versammlungs- und Vereinsfreiheit der Soldaten vorzunehmen, sieht das Staatsgrundgesetz einen regelrechten Notstandsparagraphen vor. Im Falle eines Krieges oder Aufruhrs können verschiedene Grundrechte, wie das Recht der persönlichen Freiheit, die Waffen- und Versammlungsfreiheit und das Briefgeheimnis eingeschränkt werden. Sollte die Landesversammlung unter den genannten Voraussetzungen nicht beisammen sein, kann der Herzog diese Rechte – unter Mitwirkung aller Minister – suspendieren. Vergleichbare Abschnitte finden sich weder im Entwurf noch im Grundlov.

Ein in den beiden anderen Quellen nicht erwähntes Recht ist das im Staatsgrundgesetz versicherte Jagdrecht auf eigenem Grund.[215] Eine verfassungsmäßige Armenunterstützung ist indes ausschließlich im Grundlov vorgesehen.[216] Das Wahlrecht des Staatsgrundgesetzes bietet allerdings einen Hinweis darauf, dass eine dem Grundlov vergleichbare Armenunterstützung auf Gesetzesebene vorgesehen war. Nur denjenigen Bürgern steht nämlich das aktive und passive Wahlrecht zur Landesversammlung zu, die im vorangegangenen Jahr keine Armenunterstützung genossen haben.[217]

3.3.3 Kommentar

Alle drei Quellen räumen den Bürgern für ihre Entstehungszeit ausgesprochen umfangreiche Grundrechtekataloge ein, die sich wenn auch nicht in allen, so doch in den meisten Punkten decken. Die Antwort auf die Frage, wem diese Rechte zustehen, wird zwar im Grundlov nur angedeutet, ist allerdings als den expliziteren Regelungen im Verfassungsentwurf sowie im Grundgesetz vergleichbar zu interpretieren.[218]

Gemeinsam sind allen Texten der Gleichheitsgrundsatz und die Religionsfreiheit der Staatsbürger. In Bezug auf den Gleichheitsgrundsatz geht das Staatsgrundgesetz

213 S Art. 22; G §§ 93, 94.
214 S Art. 152; G § 99.
215 S Art. 30.
216 G §§ 89, 90.
217 S Art. 76.
218 Das im Wahlrecht des Grundlov erwähnte Indigenatsrecht richtet sich zwar nicht ausdrücklich auf die Grundrechte der Bürger, stellt aber de facto eine den anderen beiden Quellen gleichzusetzende Regelung dar.

allerdings weiter als die beiden anderen Texte, indem es bestehende Vorrechte wie Benachteilungen explizit abschafft.[219] Das Grundlov überlässt die entsprechende Frage des Übergangs der Lehen und Stammhäuser zu freiem Eigentum der Regelung durch den Gesetzgeber, während sich im Verfassungsentwurf keine vergleichbare Passage findet.

Gemeinsam ist den Quellen ein in dieser radikalen Form in der Mitte des 19. Jahrhunderts ungewöhnliches Recht auf Meinungs- und Pressefreiheit, welches die Zensur jeweils schnörkellos abschafft und ihre erneute Einführung auf alle Zeit verbietet. Auch weitere wesentliche Grundrechte, wie die Vereinigungsfreiheit, das Recht auf persönliche Freiheit und das Recht auf Eigentum verbinden die drei untersuchten Quellen. Die grundlegenden Unterschiede, also Rechte, die nicht von allen Verfassungstexten vorgesehen sind, beschränken sich auf das Petitionsrecht, das Recht auf Klage und Gerichtsverhandlung sowie auf die Versammlungsfreiheit und die Unverletzlichkeit der Wohnung.

Somit sind die Grundrechtekataloge, welche die Quellen den Bürgern einräumen, zwar nicht identisch, doch entsprechen sie einander in vielen wichtigen Punkten.

3.4 Das Wahlrecht

3.4.1 Gemeinsamkeiten

In allen drei behandelten Quellen sind die Erfordernisse für das aktive und das passive Wahlrecht festgelegt. Sowohl der Verfassungsentwurf von 1848 als auch das Grundlov von 1849 legen dabei ein Zwei-Kammer-System zugrunde, wobei sich die Voraussetzungen für das aktive und das passive Wahlrecht für die Abgeordneten der beiden Kammern jeweils unterscheiden. Bei der im Schleswig-Holsteinischen Staatsgrundgesetz verankerten Landesversammlung handelt es sich hingegen um lediglich eine Kammer. Von den 100 Abgeordneten der Landesversammlung wird allerdings lediglich die Hälfte durch „allgemeine Wahlen[220]“, die anderen 50 Parlamentarier werden durch ein Zensuswahlrecht bestimmt. Das gemischte Wahlrecht ist also allen drei behandelten Quellen gemein, wenn sich auch das parlamentarische System unterschiedlich darstellt.

In jedem der drei Schriftstücke sind bestimmte Voraussetzungen festgelegt, die einen Bürger zur Volkskammerwahl[221] berechtigen. Hier spielt jeweils sowohl das Alter bzw. die Mündigkeit des Betreffenden eine Rolle als auch seine Schuldenfrei-

219 S Art. 29, 31, 116, 144; G § 98.

220 S Art. 76.

221 Der Begriff „Volkskammer“ entstammt den Bestimmungen des Grundlov. Er schließt hier stellvertretend die „Zweite Kammer“ des Entwurfes und den Teil der Abgeordneten der Landesversammlung des Staatsgrundgesetzes mit ein, der nach allgemeinem Wahlrecht bestimmt wird.

heit und sein Leumund sowie seine Staatszugehörigkeit.[222] Während das Grundlov in Bezug auf das Wahlalter das vollendete 30. Lebensjahr festlegt, setzt der Verfassungsentwurf Volljährigkeit und das Staatsgrundgesetz Mündigkeit voraus.

3.4.2 Unterschiede

Die übrigen Bestimmungen bezüglich des Wahlrechts unterscheiden sich teilweise wesentlich voneinander. Geringe Differenzen weisen die Quellen zunächst in Bezug auf die Wählbarkeit zur Volkskammer auf.[223] Während sich die Voraussetzungen zum passiven Wahlrecht nach dem Schleswig-Holsteinischen Staatsgrundgesetz nicht von denen zum aktiven Wahlrecht unterscheiden, ist nach dem Grundlov zwar grundsätzlich jeder Bürger wählbar, der auch wahlberechtigt ist, allerdings liegt in Bezug auf das passive Wahlrecht das Mindestalter bei 25 Jahren. Der Verfassungsentwurf verweist in diesem Zusammenhang auf geplante Anlagen, die nicht ausgearbeitet wurden.

Bei Betrachtung der Passagen zum Wahlrecht zur Landeskammer[224] fallen größere Unterschiede auf.[225] So wird im Staatsgrundgesetz bezüglich der Wählbarkeit nicht zwischen denjenigen Abgeordneten, die durch allgemeines Wahlrecht bestimmt werden, und jenen unterschieden, bei denen dies nicht der Fall ist. Das aktive Wahlrecht steht allerdings lediglich Bürgern mit einem genau definierten Grundbesitz oder Einkommen zu. Im Gegensatz dazu differenziert das Grundlov in Bezug auf das aktive Wahlrecht nicht zwischen Volkskammer- und Landeskammerwahl. Hier ist es das passive Wahlrecht, welches einem Zensus unterworfen ist. Im Verfassungsentwurf haben die – nicht näher spezifizierten – Voraussetzungen zur Landeskammerwahl sowohl auf das aktive als auch auf das passive Wahlrecht einschränkende Wirkung.[226]

Im Schleswig-Holsteinischen Staatsgrundgesetz sind zudem allgemeine Bestimmungen zum Wahlrecht festgelegt, nach denen die Wahl eine unmittelbare ist und die Wahlhandlung öffentlich, mündlich und persönlich stattzufinden hat.[227] Ähnliche, die Wahlhandlung betreffende Passagen, finden sich weder im Verfassungsentwurf noch im Grundlov. Beide Texte gehen aber nur teilweise von einer unmittelbaren Wahl aus. So wird im Entwurf bei der Stimmabgabe zur Zweiten Kammer für Wahlmänner votiert, welche die Abgeordneten bestimmen. Das

222 V art. 85; S Art. 76; G § 35.

223 V art. 88, 89; S Art. 76; G § 36.

224 Parallel zum Begriff „Volkskammer“ entspringt auch der der „Landeskammer“ dem Grundlov. Er bezieht sich hier sowohl auf die „Erste Kammer“ des Entwurfes als auch auf diejenigen Abgeordneten, die nach dem Staatsgrundgesetz nicht durch allgemeine Wahl zur Landesversammlung gewählt werden.

225 V art. 58 – 60, 64, 66, 70, 72; S Art. 76; G §§ 39, 40, 41.

226 Im Entwurf wird auf Anlagen verwiesen (art. 66), die nicht ausgearbeitet wurden.

227 S Art. 75, 77, 78.

Grundlov sieht hingegen bei der Wahl zur Landeskammer Wahlmänner und damit eine indirekte Wahl vor.

Das Wahlrecht für Juden wird im Verfassungsentwurf, wenn auch nur für diejenigen unter ihnen, welche im Königreich leben, explizit erwähnt. Im Staatsgrundgesetz und im Grundlov erfolgt zwar keine ausdrückliche Erwähnung dieses Bevölkerungsteils, durch die entsprechenden Bestimmungen zur Religionsfreiheit, steht der jüdischen Bevölkerung aber auch nach diesen beiden Texten das Wahlrecht zu.

Die Behandlung von Beamten im Falle einer Wahl zum Abgeordneten wird in den Quellen unterschiedlich gehandhabt.[228] Weder das Staatsgrundgesetz noch das Grundlov sehen eine Sonderbehandlung bei der Wahl von Beamten vor. Der Verfassungsentwurf hingegen verlangt eine königliche Erlaubnis, möchte ein gewählter Beamter sein Mandat antreten. Für den Fall, dass ein Abgeordneter ein besoldetes Staatsamt antritt, verliert er nach dem Staatsgrundgesetz seinen Parlamentarier-Status, kann allerdings umgehend wiedergewählt werden. Der Entwurf sieht vor, dass sich ein solcher Abgeordneter einer Neuwahl stellen muss, ohne dass er das Parlament zu verlassen hat. Das Grundlov wirft die Frage, was in einer solchen Situation zu tun ist, zwar auf, überlässt die entsprechende Regelung allerdings dem Gesetzgeber.

3.4.3 Kommentar

Die Voraussetzungen für das aktive Wahlrecht zur Volkskammer hinsichtlich der 50 Abgeordneten, die laut Staatsgrundgesetz durch allgemeine Wahlen bestimmt werden, stellen sich in den untersuchten Quellen vergleichsweise ähnlich dar. Relevant in diesem Zusammenhang sind jeweils die Staatszugehörigkeit, Volljährigkeit, ein guter Leumund und finanzielle Unabhängigkeit. Ähnlich verhält es sich mit den jeweiligen Voraussetzungen für das passive Wahlrecht zur Volkskammer. Allerdings unterliegt die Durchführung der Wahl unterschiedlichen Maßgaben. Während das Staatsgrundgesetz explizit eine unmittelbare Wahl mit öffentlichem, mündlichem und persönlichem Wahlakt voraussetzt, bestimmt der Verfassungsentwurf eine indirekte Wahl. Im Grundlov wird die Art des Wahlvorgangs nicht näher beschrieben.

Weitaus erheblicher unterscheiden sich in den drei Quellen die Voraussetzungen zur Wahl der Landeskammer.[229] Zwar liegt jedem der Wahlrechte eine Spielart des Zensuswahlrechts zu Grunde, die jeweiligen Ausführungen sind aber sehr unterschiedlich festgelegt. Im Staatsgrundgesetz beschränkt sich der Zensus auf das aktive, im Grundlov auf das passive Wahlrecht. Der Verfassungsentwurf sieht den Zensus hingegen sowohl für das aktive als auch für das passive Wahlrecht vor.

---

228 V art. 90, 92; S Art. 83, 84; G §§ 60, 62.

229 Die Zusammensetzungen der Kammern, insbesondere die der ersten Kammer des Verfassungsentwurfes, werden im Abschnitt über die Bestimmungen bezüglich der Parlamente näher betrachtet.

Auch in diesem Zusammenhang sind die Bestimmungen sowohl des Staatsgrundgesetzes wie auch des Grundlovs deutlich grundsätzlicher gehalten als die des Verfassungsentwurfes. In letztgenanntem Text werden beispielsweise Stellvertreterregelungen getroffen, welche sich in den beiden jüngeren Quellen nicht finden.

Einig sind sich wiederum alle Texte, dass es besonderer Regelungen bedarf, sollte ein Beamter ins Parlament gewählt werden oder ein Abgeordneter, der sein Mandat bereits angetreten hat, ein Staatsamt annehmen. In letzterem Falle stimmen die beiden älteren Quellen darin überein, dass eine außerordentliche Wahl notwendig wird, wenn ein Abgeordneter ein besoldetes Staatsamt annimmt. Das Grundlov überlässt die Regelung dieser Frage der Gesetzgebung. Wird ein Beamter zum Parlamentarier, sieht der Verfassungsentwurf im Gegensatz zu den anderen beiden Texten eine königliche Erlaubnis vor.

3.5 Budget und Finanzen

Die den Staatshaushalt betreffenden Bestimmungen des Staatsgrundgesetzes und des Grundlovs sind sehr ähnlich gehalten.[230] So legen diese beiden Texte fest, dass dem ordentlich zusammengerufenen Parlament bei der ersten Versammlung der Entwurf zum Staatshaushalt zur Entscheidung vorgelegt wird. Eventuelle Abweichungen von diesem genehmigten Entwurf erfordern die nachträgliche parlamentarische Zustimmung. Das Grundlov verbietet sowohl die Einziehung jeglicher Steuern als auch jegliche Staatsausgaben, die nicht durch das Finanzgesetz gestützt werden.

Der Verfassungsentwurf verfolgt ein anderes Finanzkonzept.[231] So legt er für die Staatseinnahmen und -ausgaben ein Normalreglement zu Grunde, welches sich an den letzten drei Finanzrechnungen vor Inkrafttreten der Verfassung orientiert. Der Entwurf verweist bezüglich dieses Reglements auf einen geplanten, nicht ausgearbeiteten Anhang. Unabhängig von der Installation dieses Normalreglements wird auch nach dem Verfassungsentwurf der ersten Versammlung der gemeinschaftlichen Stände der Finanzhaushalt für das folgende Jahr zur Prüfung vorgelegt. Jede Abweichung des Ausgabenbudgets vom Normalreglement bedarf der parlamentarischen Zustimmung. Weitere Bestimmungen legen den Aufbau des Finanzgesetzes detailliert fest, bedürfen aber hier keiner näheren Betrachtung.

Zur Prüfung der jährlichen Staatsrechnung erwählen die Kammern nach dem Verfassungsentwurf und die Landesversammlung laut Staatsgrundgesetz Ausschüsse.[232] Das Grundlov sieht die Benennung jeweils zweier besoldeter Revisoren durch jede der beiden Kammern zur Prüfung der Staatsrechnung vor. Diese Revisoren müssen im Gegensatz zu den Ausschussmitgliedern nach den beiden anderen Texten nicht unbedingt den Kammern angehören. Sowohl die Ausschüsse als auch das

230 S Art. 85, 139; G § 52.
231 V art. 143 – 150.
232 V art. 55, 156 – 165; S Art. 141; G § 53.

Revisorengremium haben das Recht, von den Behörden und Ministerien Aufklärung in Form von Aktenstücken hinsichtlich der einzelnen aufgeführten Posten zu verlangen.

Der Verfassungsentwurf regelt die Finanzprüfung erheblich detaillierter, als dies die beiden anderen Quellen tun. Da die ordentlichen Sitzungen der gemeinschaftlichen Stände bereits im März stattfinden, wird von den beiden Kammern nicht die Finanzrechnung des abgelaufenen, sondern die des diesem vorangehenden Jahres geprüft. Der Verfassungsentwurf enthält explizite Regelungen dazu, was der Finanzausschuss genau zu prüfen hat. Zudem ist die Vorprüfung der letzten Finanzrechnung durch eine vierköpfige Kommission des Staatsgerichtshofes vorgesehen.

Im Entwurf wird ebenfalls geregelt, was mit einem etwaigen Haushaltsüberschuss zu geschehen hat.[233] Der erste Teil des Überschusses wird zur Verzinsung der Staatsschulden verwandt, dann erfolgt die Tilgung von einem Prozent dieser Schulden. Wenn dann immer noch ein Haushaltsplus zu verzeichnen ist, wird die Hälfte dessen zu allgemeinen Staatszwecken verwandt, die andere Hälfte unter den Landesteilen aufgeteilt. Unter welchen Kriterien diese Verwendung stattfindet, wird ebenfalls sehr detailliert geregelt, eine genauere Betrachtung erscheint an dieser Stelle nicht erforderlich.

Die in den einzelnen Texten bezüglich der Zivilliste und des Staatsvermögens vorgesehenen Bestimmungen werden im Abschnitt zu den Rechten und Pflichten des Staatsoberhauptes untersucht.

Der Verfassungsentwurf und das Staatsgrundgesetz enthalten Regelungen zur Staatsverschuldung.[234] Beide Texte bestimmen, dass der Staat durch Anleihen und Garantien nur dann verpflichtet wird, wenn das jeweilige Parlament diesen zugestimmt hat. Der Verfassungsentwurf bestimmt zudem, dass die gemeinschaftlichen Stände für die Verzinsung und Tilgung der bei Inkrafttreten der Verfassung bereits bestehenden Schulden Sorge zu tragen haben. Das Grundlov formuliert keine die Staatsschulden betreffenden Regelungen.

Weitere Bestimmungen zu Budget und Finanzen finden sich jeweils in lediglich einer der untersuchten Quellen. So legt der Verfassungsentwurf fest, dass der König die den Ministerien zustehenden Gelder unter diesen nach ihren Bedürfnissen aufteilt.[235] Darüber hinaus ist keine Zustimmung der gemeinschaftlichen Stände erforderlich, sollten einzelne Verwaltungsbereiche anderen Ministerien unter damit einhergehender Umstrukturierung der Finanzen zugeordnet werden.

Das Staatsgrundgesetz äußert sich zur Prozedur bei der Erhebung von Steuern und Abgaben.[236] Dem jeweiligen Finanzhaushalt für das kommende Jahr haben Vorschläge beizuliegen, durch welche Steuern und Abgaben der zu erwartende Steuerbedarf zu decken ist. Über die tatsächliche Erhebung der Steuern entscheidet die Landesversammlung, welche die Abgaben für jeweils ein Jahr bewilligen kann.

233 V art. 151 – 155.

234 V art. 140, 141, 142; S Art. 142.

235 V art. 175, 176.

236 S Art. 137, 140, 143, 144, 183.

Das Staatsgrundgesetz schließt Bevorzugungen bezüglich neuer Steuern und Abgaben aus und bestimmt eine Revision der bestehenden Steuergesetzgebung. Die Beibehaltung, Einführung und Abschaffung von Regalien liegt in der Entscheidungsgewalt der Landesversammlung.

3.5.1 Kommentar

Unabhängig von der Institution des Normalreglements im Verfassungsentwurf überwiegen die Gemeinsamkeiten der Bestimmungen zu Steuer- und Finanzfragen in den drei untersuchten Texten. Die von den Regierungen vorgelegten Haushaltsentwürfe für das jeweils kommende Jahr bedürfen zu ihrer Gültigkeit der Zustimmung der Parlamente. Diese prüfen auch die vergangenen Staatshaushalte, wobei etwaige Änderungen in Bezug auf den Haushaltsentwurf eine nachträgliche parlamentarische Zustimmung erfordern.

In Bezug auf die Staatsschulden, deren Behandlung im Grundlov nicht geregelt wird, stimmen der Verfassungsentwurf und das Staatsgrundgesetz weitgehend überein. Der Staat wird durch Anleihen und Garantien nur dann verpflichtet, wenn das jeweilige Parlament diesen zuvor zugestimmt hat.

3.6 Die Gesetzgebung

3.6.1 Gemeinsamkeiten

Den Gesetzgebungsverfahren, welche die drei behandelten Verfassungstexte jeweils vorsehen, ist eine Zusammenarbeit zwischen dem Staatsoberhaupt und Parlament gemein. Dies ist allerdings bereits der einzige gemeinsame Nenner, den die Quellen aufweisen. Die konkreten Regelungen der Gesetzgebungsverfahren unterscheiden sich in so hohem Maße, dass deren Behandlung erst im kommenden Unterabschnitt betrachtet werden kann.

3.6.2 Unterschiede

Im Bereich der Gesetzesinitiative enthalten Staatsgrundgesetz und Grundlov einander sich ähnelnde Passagen.[237] In beiden wird dieses Recht sowohl dem Staatsoberhaupt als auch dem Parlament zugesprochen. Im Verfassungsentwurf steht das Recht der Gesetzesinitiative ausdrücklich nur dem König zu.[238] Der Entwurf gewährt dem König zudem das Recht, einen eingebrachten Gesetzesvorschlag wieder zurückzuziehen, solange dieser nicht von beiden Kammern angenommen worden

237 S Art. 71; G §§ 28, 48.
238 V art. 125.

ist. Auch steht dem Staatsoberhaupt die Entscheidung zu, ob er einem von den Kammern geänderten Vorschlag Gesetzeskraft verleiht oder nicht.[239] Derartige Kompetenzen sehen weder das Staatsgrundgesetz noch das Grundlov vor. Im Gegensatz dazu weist das Staatsgrundgesetz der Landesversammlung besondere Rechte für den Fall zu, dass der Herzog zugleich Oberhaupt eines nicht deutschen Staates ist. Wird nämlich in diesem Fall ein Gesetzesantrag auf drei verschiedenen Landtagen mit 2/3-Mehrheit von der Landesversammlung angenommen, muss der Herzog den Antrag als Gesetz verkünden.[240]

Da es sich bei der Landesversammlung in der im Staatsgrundgesetz vorgesehenen Lesart um ein Ein-Kammer-System handelt, der Verfassungsentwurf und das Grundlov im Gegensatz dazu ein Zwei-Kammer-System vorsehen, weisen letztere noch weitere Artikel und Paragraphen auf, die sich etwa mit der Schlichtung bei Uneinigkeiten zwischen den Kammern befassen.[241] Die Bestimmungen des Verfassungsentwurfes gehen so sehr ins Detail, dass ihnen aus formaler Sicht weniger Verfassungs- als vielmehr Gesetzescharakter attestiert werden muss.[242] Im Unterschied zu den Bestimmungen des Grundlovs sieht der Verfassungsentwurf eine Ungleichbehandlung der beiden Kammern zu Gunsten der zweiten Kammer vor.[243] Stimmt nämlich die zweite Kammer einem Gesetzesvorschlag bei drei auf einander folgenden Versammlungen der gemeinschaftlichen Stände zu, während die erste Kammer den genannten Vorschlag ablehnt, hat die Regierung das Recht, den Zusammenschluss beider Kammern und eine gemeinsame Abstimmung zu fordern. Im umgekehrten Fall, wenn also die erste Kammer einen Gesetzesentwurf annimmt, die zweite diesen aber ablehnt, greift eine solche Regelung nicht. Der Gesetzesvorschlag wäre gescheitert.

3.6.3 Kommentar

Abgesehen von der Tatsache, dass es sich bei der Landesversammlung des Staatsgrundgesetzes um ein Ein-Kammer-Parlament, beim Reichstag des Grundlovs hingegen um Zwei-Kammer-Systeme handelt, ähneln sich die die Gesetzgebung betreffenden Kompetenzen dieser beiden Quellen stark. Sowohl den Abgeordnetenhäusern als auch den Staatsoberhäuptern steht jeweils das Recht der Gesetzesinitiative zu. Dass das Staatsgrundgesetz jedem Gesetz die Erwähnung vorschreibt, es sei in Übereinstimmung mit dem Beschluss der Landesversammlung erlassen worden, das Grundlov aber umgekehrt explizit erwähnt, dass die Einwilligung des Königs notwendig ist, um einem Reichstagsbeschluss Gesetzeskraft zu verleihen, stellt nur

239 V art. 137, 138.
240 S Art. 70.
241 V art. 131, G § 57.
242 V art. 126 – 129, 132 – 136.
243 V art. 135.

oberflächlich eine unterschiedliche Gewichtung der Organe dar.[244] Beides sind Kehrseiten einer Medaille, der Tatsache nämlich, dass die Gesetzgebung in Übereinstimmung zwischen Parlament und Staatsoberhaupt zu erfolgen hat.

Deutlich weniger liberale Züge tragen indes die Bestimmungen zur Legislative im Verfassungsentwurf. Zwar ist auch hier eine grundsätzliche Einigung zwischen König und gemeinschaftlicher Ständeversammlung erforderlich, um einem Vorschlag Gesetzeskraft zu verleihen, doch werden hier dem Oberhaupt mehr, dem Parlament weniger Rechte erteilt als in den beiden anderen Quellen. Die Gesetzesinitiative liegt ausschließlich beim König, der zudem jeden Vorschlag, der noch nicht von beiden Kammern angenommen ist, jederzeit zurückziehen kann.

3.7 Bestimmungen zum Militär und hinsichtlich der Beziehungen zu anderen Staaten

3.7.1 Gemeinsamkeiten

Bezüglich der das Militär und dessen Befehlsstruktur betreffenden Abschnitte weisen die untersuchten Texte eine Reihe von Gemeinsamkeiten auf. So gewährt jede der Verfassungen dem Staatsoberhaupt den Oberbefehl über die Streitkräfte zu Wasser und zu Lande.[245] Dem König oder Herzog steht ebenfalls das Recht zu, Verträge mit anderen Staaten zu schließen. Sollte ein solcher Vertrag dem Staat oder einzelnen Bürgern besondere Verbindlichkeiten oder Lasten auferlegen, ist die Zustimmung des Parlaments erforderlich. Bezüglich des Aushandelns von Staatsverträgen enthält das Staatsgrundgesetz eine weitere Bestimmung. Sollte der Herzog zugleich Oberhaupt eines nicht deutschen Staates sein, kann er Verträge mit diesem Staat nur unter Hinzuziehung von Bevollmächtigten der Landesversammlung unter Vorbehalt der Ratifikation aushandeln.[246]

Alle drei Quellen sehen die Wehrpflicht vor.[247] Hier formulieren Staatsgrundgesetz und Grundlov allerdings konkrete Bestimmungen, während der Verfassungsentwurf keine solchen enthält. In ihm wird die Wehrpflicht lediglich in einem Artikel, der sich mit der Zuständigkeit der gemeinschaftlichen Stände befasst, am Rande erwähnt.

3.7.2 Unterschiede

Die Bestimmungen zu den Streitkräften in den verschiedenen Quellen weisen indes auch einige Unterschiede auf. So gewähren nur der Verfassungsentwurf und das

244 S Art. 149; G § 29.
245 V art. 4, 5; S Art. 39, 41; G § 23.
246 S Art. 54.
247 V art. 123; S Art. 13; G § 95.

Staatsgrundgesetz dem Staatsoberhaupt das Recht, Orden und Auszeichnungen zu verleihen.[248] Das Grundlov erwähnt ein solches Privileg nicht.

Eine Reihe von weiteren Bestimmungen ist lediglich im Staatsgrundgesetz festgehalten, welches in Bezug auf die Streitkräfte den umfangreichsten Regelkatalog bietet. So wird hier etwa vorgegeben, dass der Herzog alle Zivil- und Militär-Staatsämter vergibt.[249] Vergleichbare Abschnitte enthalten die beiden anderen Texte nicht.

Staatsgrundgesetz und Grundlov treffen Bestimmungen zum möglichen Einsatz der Streitkräfte gegen Staatsbürger.[250] Die Regelung des Staatsgrundgesetzes verweist auf ein Gesetz, welches diejenigen Fälle aufführt, in welchen ein solcher Einsatz der bewaffneten Macht zulässig ist. Nach dem Grundlov dürfen die Streitmächte, wenn sie nicht attackiert werden, etwaige Aufläufe erst dann auflösen, wenn sie die Menge vorher dreimal im Namen des Königs und des Gesetzes aufgefordert haben, auseinander zu gehen.

Das Staatsgrundgesetz legt fest, dass es der Zustimmung der Landesversammlung bedarf, ehe Truppen nichtdeutscher Staaten das Staatsgebiet betreten.[251] Zudem dürfen die schleswig-holsteinischen Truppen das deutsche Staatsgebiet nicht verlassen, es sei denn, es liegt das Einverständnis der Landesversammlung oder eine Verfügung der deutschen Zentralgewalt vor.[252] Der parlamentarischen Zustimmung bedarf es ebenfalls, möchte ein Staatsbürger in der Streitmacht eines nicht deutschen Staates dienen.[253] Zudem verpflichtet das Staatsgrundgesetz die Soldaten und Offiziere, einen Treueid auf die Verfassung und den Herzog zu schwören.[254] Weitere die Streitkräfte betreffenden Artikel verweisen auf die Gesetzgebung.[255]

Im Grundlov ist eine besondere Bestimmung enthalten, nach welcher das Militärgesetzbuch die persönliche Freiheit, die Versammlungs- sowie die Vereinsfreiheit der Soldaten beschränken kann.[256]

3.7.3 Kommentar

Trotz aller besonderen Bestimmungen des Staatsgrundgesetzes, welches sich sehr viel detaillierter mit den die Streitkräfte betreffenden Fragen befasst, als es die beiden anderen Quellen tun, überwiegen in diesem Punkt die Gemeinsamkeiten der Texte. In allen Quellen liegt der Oberbefehl beim Staatsoberhaupt, welches – gege-

248 V art. 12; S Art. 44.
249 S Art. 40.
250 S Art. 130; G § 94.
251 S Art. 134.
252 S Art. 132.
253 S Art. 131.
254 S Art. 153.
255 S Art. 128, 129, 133, 135.
256 G § 99.

benenfalls mit Zustimmung des Parlaments – Verträge mit anderen Staaten aushandelt. Die Wehrpflicht, wenn auch im Verfassungsentwurf nur am Rande erwähnt, ist ebenfalls allen drei Quellen gemein. Der einzige faktische Unterschied zwischen dem Staatsgrundgesetz und den beiden anderen Texten ist die Tatsache, dass es der Zustimmung der Landesversammlung oder einer Verfügung der deutschen Zentralgewalt bedarf, sollen die Streitkräfte die Grenzen des deutschen Staatsgebietes verlassen. Hierbei handelt es sich um eine deutliche Einschränkung der Kompetenzen des Oberbefehlshabers. Der König benötigt laut Verfassungsentwurf und Grundlov keine Zustimmung des Parlaments, wenn er den Streitkräften befehlen will, die Staatsgrenzen zu überschreiten.

3.8 Minister und Ministerien

3.8.1 Gemeinsamkeiten

Alle drei Quellen räumen dem Staatsoberhaupt das Recht ein, die Minister zu ernennen und zu entlassen.[257] Die Gesetzestexte sind sich einig auch in der Unverletzlichkeit des Staatsoberhauptes in Bezug auf die Regierungsgeschäfte und damit in der Verantwortlichkeit des das jeweilige Gesetz oder die jeweilige Anordnung unterzeichnenden Ministers.[258] Ohne die Unterschrift eines Ministers hat keine Anordnung des Staatsoberhauptes Gültigkeit. Hierbei sind die Bestimmungen des Staatsgrundgesetzes und des Grundlovs inhaltlich sehr eng miteinander verwandt und klarer formuliert als die Regelungen des Verfassungsentwurfes. Dieser sieht allerdings noch eine besondere, in den anderen beiden Vorlagen nicht erwähnte Art der Ministerverantwortlichkeit vor. Es wird dem König das Recht verliehen, ein Gesetz zu einem Zeitpunkt außer Kraft zu setzen, an dem die gemeinschaftlichen Stände nicht versammelt sind, wenn das Allgemeinwohl dies erfordert. Die Verantwortung für eine solche Maßnahme, welche der nächsten Ständeversammlung sofort nach deren Zusammenkunft zur Prüfung und Beschlussnahme vorzulegen ist, liegt bei der betreffenden Behörde. Eine vergleichbare Bestimmung ist auch im Staatsgrundgesetz enthalten. So ist hier der Herzog berechtigt, in Zeiten von Krieg oder Aufruhr gewisse Grundrechte außer Kraft zu setzen, wenn die Landesversammlung zum entsprechenden Zeitpunkt nicht versammelt ist. Eine solche Suspension bedarf zu ihrer Gültigkeit allerdings der Unterzeichnung aller Minister.[259]

Ferner regeln alle drei Texte die Verfahrensweise bei einer etwaigen Verfehlung eines Ministers. Bei Verdacht eines solchen Amtsvergehens obliegt es dem Parlament, die Anklage zu führen.[260] Nach dem Verfassungsentwurf und dem Grundlov

257 V art. 6; S Art. 35; G § 19.
258 V art. 182; S Art. 35, 36; G §§ 18, 19.
259 V art. 15, 16; S Art. 152.
260 Der Entwurf erlaubt es beiden Kammern, gegen einen Minister Anklage zu erheben (art. 179), im Grundlov steht dieses Recht lediglich der Volkskammer zu (§ 20); S Art. 68.

wird eine solche Klage an einem, für politische Vergehen zuständigen Gerichtshof, „Staats-Gerichtshof" bzw. „Rigsret" geführt . Eine solche Institution findet im Staatsgrundgesetz, welches in diesem Punkt auf die kommende Gesetzgebung verweist, hingegen keine Entsprechung. Alle Quellen wiederum verweigern dem Staatsoberhaupt im Falle einer Ministerklage das ihm ansonsten gewährte Recht auf Begnadigung.[261] Nach dem Verfassungsentwurf hat der König bei am Staats-Gerichtshof verhandelten Sachen generell kein Begnadigungsrecht. Das Staatsgrundgesetz und das Grundlov setzen für eine etwaige Begnadigung eines Ministers das Einverständnis des Parlaments voraus. Nur der Verfassungsentwurf und das Staatsgrundgesetz legen den Rücktritt eines Ministers, dessen Verfahren nicht mit einem Freispruch endet, verbindlich fest, wobei der Entwurf noch weiter geht und auch die künftige Anstellung eines verurteilten Ministers im Staatsdienst verbietet.[262]

Eine weitere Gemeinsamkeit aller untersuchten Quellen ist die Institution eines Staatsrates, dem alle Minister gemeinsam angehören.[263] Wiederum ähneln sich die Bestimmungen in Staatsgrundgesetz und Grundlov. Beide sehen vor, dass dieses Gremium über Gesetzesvorschläge und „wichtige Angelegenheiten" entscheidet. Der Entwurf gestattet dem König, zu bestimmen, worüber der Staatsrat berät. Die Ministerverantwortlichkeit im Staatsrat wird wiederum in allen Texten angesprochen, wobei das Grundlov diese Frage einer künftigen Gesetzesregelung überlässt, während der Entwurf und das Staatsgrundgesetz alle einen entsprechenden Entschluss unterzeichnenden Minister verantwortlich machen. Ein zu führendes Protokoll liefert den Nachweis über die im Staatsrat abgegebenen Vota.

Das Verhältnis der Minister und Behörden zum Parlament ist in den Texten jeweils ähnlich geregelt. So stehen jedem Minister die Teilnahme an den Verhandlungen der Abgeordnetenhäuser und ein Rederecht zu.[264] Im Gegenzug hat nach Staatsgrundgesetz und Grundlov jeder Parlamentarier das Recht, Erklärungen der Minister zu verlangen.[265] Nach dem Schleswig-Holsteinischen Staatsgrundgesetz sind die Minister darüber hinaus zum Erscheinen verpflichtet, wenn die Landesversammlung dieses verlangt.

Die Minister und Behörden sind nach allen drei Texten dem Parlament gegenüber verantwortlich.[266] Nach Staatsgrundgesetz und Grundlov dürfen die Abgeordnetenhäuser Untersuchungsausschüsse einrichten, die ihrerseits schriftliche und mündliche Aufklärungen von den Ministerien verlangen können. In Bezug auf die parlamentarisch genehmigten Budgets sind die Behörden wiederum nach allen drei Quellen den Versammlungen gegenüber zu Rechenschaft und Aufklärung ver-

261 V art. 13; S Art. 42; G § 31.
262 V art. 184; S Art. 69.
263 V art. 177, 183; S Art. 65; G § 21.
264 V art. 99; S Art. 66; G § 63.
265 S Art. 98; G § 66.
266 V art. 178; S Art. 73; G § 50.

pflichtet.[267] Im Verfassungsentwurf werden diesbezüglich weitere Bestimmungen festgelegt, die weniger verfassungsmäßigen, eher gesetzlichen Charakter aufweisen. In ihnen wird die Vorgehensweise fixiert, der zu folgen ist, wenn eine Behörde den ihr von den gemeinschaftlichen Ständen genehmigten Finanzrahmen in einem Haushaltsjahr überschreitet. Die anderen beiden Quellen wiederum erlauben dem jeweiligen Parlament, an es gerichtete Bittschriften und Anträge an die Ministerien zu verweisen.[268]

3.8.2 Unterschiede

Während das Staatsgrundgesetz und das Grundlov in Ausnahmefällen eine Statthalterschaft oder eine Vormundschaft vorsehen, beinhaltet der Verfassungsentwurf keine Passage, die auf eine mögliche Regierungsunfähigkeit des Staatsoberhauptes eingeht.[269] Die beiden jüngeren Quellen sehen nach dem Tode des Staatsoberhauptes die Übertragung der Regierungsgewalt an den Ministerrat vor, bis das Interregnum endgültig beendet ist. Nach dem Staatsgrundgesetz steht dem Staatsministerium in Verbindung mit den sich im Lande aufhaltenden Agnaten die Entscheidung über eine etwaige Regentschaft zu. Ebenso wird hier eine Übergangsregelung auf zweiter Ebene fixiert. Wenn nämlich der Statthalter – dessen genaue Funktionen und Kompetenzen im Abschnitt über das Staatsoberhaupt näher betrachtet werden – sein Amt nicht länger ausführen kann, wird die Regierungsgewalt bis zu dem Zeitpunkt, an dem wieder ein Statthalter zur Verfügung steht, vom ältesten Staatsminister ausgeübt. Staatsgrundgesetz und Grundlov sind sich auch in dem Punkt einig, dass die Ernennung zum Minister den vollen Genuss der Staatsbürgerrechte voraussetzt.[270]

Einige weitere die Minister und Ministerien betreffenden Regelungen sind lediglich in jeweils einer der Quellen genannt, ohne dass die beiden anderen vergleichbare Bestimmungen enthielten. So erlaubt das Staatsgrundgesetz die Führung mehrerer Behörden durch einen Minister nur außerordentlich und auf kurze Zeit.[271]

Der Verfassungsentwurf von 1848 enthält einige allgemeine Passagen, welche die Aufteilung von insgesamt acht Ministerien in vier gemeinschaftliche Ministerien und in vier Behörden, die sich in erster Linie mit den Belangen der verschiedenen Landesteile zu befassen haben, vorschreiben.[272] Diese Artikel haben allerdings eher den Charakter eines Gesetzes, weshalb sie weder im Staatsgrundgesetz noch im Grundlov Entsprechungen finden.

---

267 V art. 161, 164, 165; S Art. 141; G § 53.
268 S Art. 97; G § 68.
269 S Art. 48, 50, 56, 60; G §§ 10, 14.
270 S Art. 63; G § 22. Eine vergleichbare Regelung wird aller Wahrscheinlichkeit nach im geplanten Beamtengesetz des Verfassungsentwurfes (art. 6) vorgesehen gewesen sein.
271 S Art. 64.
272 V art. 171, 173 – 176.

3.8.3 Kommentar

Diejenigen Passagen der untersuchten Gesetzestexte, die sich mit den Ministern und den Ministerien befassen, weisen insgesamt mehr Gemeinsamkeiten als Unterschiede auf. Alle drei Quellen sehen die Verantwortlichkeit der Minister, die Ernennung und Entlassung derselben durch das Staatsoberhaupt sowie untereinander vergleichbare Rechtswege vor, sollte ein Minister die ihm gewährten Kompetenzen überschreiten. Zudem ist die Institution des Staatsrats in allen Texten auf die gleiche Weise konstruiert. Die jeweilige Zusammensetzung dieses Gremiums unterscheidet sich allerdings in nicht unerheblichem Maße. Während der Herzog laut Staatsgrundgesetz persönlich Mitglied des Staatsrates ist, ernennt der König nach dem Grundlov mit dem Premierminister lediglich den Vorsitzenden des Rates. Der Verfassungsentwurf sieht zwar keine direkte Beteiligung des Königs am Staatsrat vor, allerdings liegt es im Ermessen des Staatsoberhauptes, zu entscheiden, welche Themen in diesem Gremium zur Sprache kommen. Der Hintergrund ist, dass in der dänischen verfassungsrechtlichen Tradition der Staatsrat aus dem Staatsoberhaupt, den Ministern und gegebenenfalls dem Thronfolger besteht, im Gegensatz zum Ministerrat, an dem das Staatsoberhaupt nicht teilnimmt.

Die behandelten Quellen bieten in ihren Bestimmungen ein ähnliches Verhältnis zwischen dem Parlament und den Ministern. So wird den Ministern ein Rederecht in den Sitzungen der Kammern eingeräumt, gleichzeitig unterliegen die Behörden aber der Aufklärungspflicht, sollte ein Parlament oder ein parlamentarischer Ausschuss um Aufschlüsse bitten.

Die Unterschiede der sich mit den Ministern und Behörden befassenden Partien der drei Quellen sind marginal. Die in Grundlov und Staatsgrundgesetz gefassten Bestimmungen zur Reichsvormundschaft bzw. Statthalterschaft werden zwar im Verfassungsentwurf nicht erwähnt, es darf aber davon ausgegangen werden, dass eine vergleichbare Regelung per Gesetz bestimmt worden wäre.

Auffällig ist indes, dass der Verfassungsentwurf in Bezug auf andere Punkte, so die allgemeinen Bestimmungen und die Regelungen der Frage der Ministeranklage, sehr ins Detail geht und somit rein formal den Charakter einer Verfassung verliert und sich auf den Boden eines einfachen Gesetzes begibt.

4 Fazit

Die in dieser Arbeit untersuchten Verfassungstexte folgen jeweils unterschiedlichen juristischen Konzepten. Der Verfassungsentwurf von 1848 legte einen Bundesstaat mit dem Königreich auf der einen und den Herzogtümern auf der anderen Seite als gleichberechtigten Partnern zu Grunde. Weshalb Island in diesem Verfassungstext keine Erwähnung findet, bleibt rätselhaft, war es doch bereits seit 1380 fester Bestandteil des dänischen Gesamtstaates.

Das Staatsgrundgesetz vom 15.9.1848 verfasste hingegen einen Staat, der – obwohl eine Personalunion des dänischen Königs als Herzog von Schleswig-Holstein explizit nicht ausgeschlossen wurde – den Herzogtümern weitestgehende Autonomie gewährte. In einem nach diesem Konzept manifestierten Staat hätten Schleswig und Holstein etwa einen vergleichbaren Status genossen wie die heutigen Staaten Kanada und Australien. Diesen steht zwar die britische Königin als Staatsoberhaupt vor, de facto sind Kanada und Australien allerdings in Innen-, Außen-, Wirtschafts- und Verteidigungspolitik völlig autonom.

Im Grundlov ist im Gegensatz zu den beiden anderen Texten ein Nationalstaat vorgesehen, dessen Grenze unter Einbeziehung des Herzogtums Schleswig an der Eider gezogen werden sollte.

Die in dieser Arbeit erfolgte Gegenüberstellung der drei untersuchten Quellen hat nachgewiesen, dass ein hoher Verwandtschaftsgrad zwischen dem Schleswig-Holsteinischen Staatsgrundgesetz und dem dänischen Grundlov von 1849 besteht. Insbesondere die Bestimmungen, die sich mit dem Staatsoberhaupt, dem Parlament und der Gesetzgebung befassen, weisen in diesen beiden Texten eine große Schnittmenge auf. Die Gesetzgebung erfolgt in beiden Fällen in Übereinstimmung zwischen Parlament und Staatsoberhaupt, die beide auch das Recht der Gesetzesinitiative genießen. Dabei spielte es in der parlamentarischen Praxis nur eine untergeordnete Rolle, dass die Landesversammlung nur aus einer Kammer, der Reichstag aber aus zwei Kammern bestand.

Schwerer fallen die Unterschiede zwischen den beiden genannten Quellen und dem dänischen Verfassungsentwurf von 1848 hinsichtlich der Kompetenzen der einzelnen Institutionen bei der Gesetzgebung ins Gewicht. Der Entwurf räumt dem König mehr, den gemeinschaftlichen Ständen aber weniger Kompetenzen ein als die beiden anderen Texte. So liegt die Gesetzesinitiative laut Verfassungsentwurf ausschließlich beim König, der zudem das Recht hat, einen eingebrachten Gesetzesvorschlag vor der Annahme durch die beiden Kammern jederzeit wieder zurückzuziehen.

Auch in der Zusammensetzung der Parlamente sind gravierende Unterschiede zwischen dem Verfassungsentwurf auf der einen und dem Staatsgrundgesetz sowie dem Grundlov auf der anderen Seite festzustellen. Werden in den beiden letztgenannten Texten die Abgeordneten der Parlamente allesamt durch das Volk auf Zeit gewählt, wenn auch teilweise nach Zensus- und nicht nach allgemeinem Wahlrecht, so gestaltet sich die Zusammensetzung der ersten Kammer nach dem Verfassungsentwurf erheblich anders. Von den 72 Mitgliedern dieser Kammer bestimmt der König ein Drittel direkt auf Lebenszeit. 20 Mitglieder werden durch die Lehns- und Stammhausbesitzer des Königreiches ebenfalls auf Lebenszeit gewählt. Die 16 von der Ritterschaft in den Herzogtümern bestimmten Abgeordneten bleiben Mitglieder der ersten Kammer, so lange sie sich im Besitz eines entsprechenden Gutes befinden. Die übrigen zwölf Angehörigen der ersten Kammer, Bischöfe, Generalsuperintendenten, oberste Richter und Klosterprälaten, sind von Amts wegen Mitglieder der ersten Kammer.[273] Durch diese Zusammensetzung der ersten Kammer wird deutlich, dass sich der Verfassungsentwurf noch mehr am ständischen Verfassungskonzept orientiert als dies in den beiden anderen Quellen der Fall ist.

Die Funktionen und Aufgaben der Parlamente bezüglich des Staatshaushaltes sind in allen drei bearbeiteten Quellen sehr ähnlich geregelt. Die für das folgende Kalenderjahr geplanten Staatseinnahmen und –ausgaben werden den Abgeordnetenhäusern von der Regierung vorgelegt und bedürfen der parlamentarischen Zustimmung. Eine nachträgliche Änderung dieses Etats ist ebenfalls nur unter Mitwirkung der Häuser möglich. Zudem können nach allen drei Quellen nur dann Steuern erhoben werden, wenn das jeweilige Parlament die Zustimmung dazu gewährt hat.

Zudem sind alle Abgeordnetenhäuser in Form von Ausschüssen, beziehungsweise im Falle des Grundlovs in Form eines Revisorengremiums, zur Prüfung des Haushaltes berechtigt. Dabei können Aufschlüsse und Aufklärungen seitens der ministeriellen Behörden eingefordert werden.

Weitgehende Übereinstimmungen lassen sich zwischen allen drei Quellen in Bezug auf die in ihnen gewährten Grundrechte feststellen. Alle untersuchten Texte gewähren den Bürgern einen für die Mitte des 19. Jahrhunderts auffallend umfangreichen Grundrechtekatalog. Dabei fällt in erster Linie die radikale Abschaffung der Zensur ins Auge, die vom Verfassungsentwurf, vom Staatsgrundgesetz und vom Grundlov auf alle Zeit vorgesehen wird. In dieser fundamentalen Form findet sich in anderen Verfassungstexten dieser Zeit weltweit keine Entsprechung.

Über die Abschaffung der Zensur hinaus werden den Staatsbürgern weitere Grundrechte eingeräumt. So garantieren alle untersuchten Quellen den Bürgern Religionsfreiheit, Vereinsfreiheit, persönliche Freiheit und das Recht auf Eigentum. Darüber hinausgehende Grundrechte finden lediglich in jeweils zwei der drei Texte Berücksichtigung. So gewähren das Staatsgrundgesetz und das Grundlov Ver-

---

273 Laut Verfassungsentwurf ist das Herzogtum Lauenburg durch seinen Generalsuperintendenten und durch die Angehörigen der Ritterschaft in der ersten Kammer vertreten. Weder in der zweiten Kammer noch in den Parlamenten nach dem Staatsgrundgesetz und dem Grundlov wird das Herzogtum Lauenburg repräsentiert.
Eine genauere Betrachtung des Verhältnisses Lauenburgs zu Schleswig und Holstein einerseits und dem dänischen Gesamtstaat andererseits hätte den Rahmen dieser Arbeit gesprengt.

sammlungsfreiheit und garantieren die Unverletzlichkeit der Wohnung sowie das Briefgeheimnis. Das Recht auf Freizügigkeit und das Klagerecht genießen die Bürger sowohl laut Verfassungsentwurf als auch laut Staatsgrundgesetz.

Zu den weiteren in den drei Quellen parallel geregelten Bestimmungen zählen die Rechte des Staatsoberhauptes in Bezug auf militärische Fragen. Der Herzog oder König ist nach allen Texten Oberbefehlshaber der Streitkräfte. Er hat das Recht, Krieg und Frieden zu erklären und Verträge mit anderen Staaten zu schließen. Werden durch solche Verträge allerdings entweder das Staatsgebiet oder aber die Rechte einzelner Bürger gefährdet, ist die Zustimmung des jeweiligen Parlaments erforderlich. Das Staatsgrundgesetz enthält eine weitere Klausel für den Fall, dass der Herzog gleichzeitig Oberhaupt eines nicht deutschen Staates ist. Handelt er in seiner Funktion als Herzog Schleswig-Holsteins mit diesem anderen Staat Verträge aus, ist er verpflichtet, Bevollmächtigte der Landesversammlung hinzuzuziehen. Ein solches Abkommen bedarf zudem der Zustimmung des Parlaments.

Eine ähnliche Sonderregelung enthält das Staatsgrundgesetz auch in Bezug auf die Gesetzgebung. Ist der Herzog zugleich Oberhaupt eines anderen Staates, ist er verpflichtet, einem Gesetzesvorschlag zuzustimmen, den die Landesversammlung auf drei Sitzungen mit 2/3-Mehrheit verabschiedet hat. Durch diese Bestimmung soll eine mögliche Blockadehaltung des dänischen Königs in seiner Funktion als Herzog Schleswig-Holsteins ausgeschlossen werden.

In diesen Sonderregelungen spiegelt sich der historische Kontext, in dem das Staatsgrundgesetz entstanden ist, deutlich wider. Die Väter des Grundgesetzes waren sehr darauf bedacht, die Macht des Staatsoberhauptes einzuschränken, solange der Herzog in Personalunion auch dänischer König war.

Insgesamt lässt sich sagen, dass alle drei Texte einen gewissen Verwandtschaftsgrad zueinander aufweisen, der im Grundrechtekatalog und insbesondere in Bezug auf die Pressezensur deutlich wird. Auf der anderen Seite sind zwar viele Regelungen des Staatsgrundgesetzes und des Grundlovs sehr ähnlich konzipiert, so die Zusammensetzung des Parlamentes, das Wahlrecht und das Recht der Gesetzesinitiative. Der Verfassungsentwurf weicht in diesen Bereichen jedoch deutlich von den beiden anderen Quellen ab. Auch aus rein formaler Sicht wird dieser Unterschied zwischen dem Verfassungsentwurf auf der einen und dem Staatsgrundgesetz sowie dem Grundlov auf der anderen Seite deutlich erkennbar. Während der Entwurf über 200 Artikel und dazu umfangreiche Anhänge enthält, kommt das Staatsgrundgesetz mit 159 Artikeln, das Grundlov sogar mit nur 104 Paragraphen aus. In vielen Fällen sind die Regelungen der beiden letztgenannten Texte deutlicher und grundsätzlicher, während der Verfassungsentwurf häufig sehr ins Detail geht und Bestimmungen trifft, deren Regelung die beiden anderen Quellen der späteren Gesetzgebung überlassen. Dies trifft beispielsweise auf die Artikel, welche die Zusammensetzung der beiden Kammern betreffen sowie auf diejenigen, welche die Schlichtungsfrage für den Fall regeln, dass die beiden Kammern über einen Gesetzesentwurf keine Einigung erzielen können, zu.

Insbesondere die Bestimmungen bezüglich der Grundrechte, aber auch die Regelungen hinsichtlich der Kompetenzen des Staatsoberhauptes in der Kriegs- und Außenpolitik sowie des Status' der Minister, machen deutlich, dass der Verfassungsentwurf den Vätern sowohl des Staatsgrundgesetzes als auch des Grundlovs als Vorlage gedient hat.

Ob noch weitere Texte als Verfassungsmuster vorgelegen haben, etwa das norwegische Grundlov von 1814 oder die belgische Verfassung von 1831, konnte im Rahmen der vorliegenden Arbeit nicht untersucht werden. Die noch ausstehende Klärung dieser Frage ist ebenso interessant wie eine mögliche zukünftige Untersuchung der Sitzungsprotokolle der verfassungsgebenden Versammlungen 1848 in Schleswig-Holstein und 1849 in Dänemark, wiederum in Hinblick auf die Frage nach der Verwendung weiterer Verfassungsvorlagen.

5 Literaturverzeichnis

5.1 Quellen

Staatsgrundgesetz für die Herzogthümer Schleswig-Holstein. In: Krech, Joachim. Das schleswig-holsteinische Staatsgrundgesetz vom 15. September 1848. Entstehung und verfassungsrechtliche Einordnung unter Berücksichtigung des monarchischen Prinzips und der Volkssouveränität. Frankfurt 1985, S. 303 – 342.

Staatsgrundgesetz für das Königreich Dänemark. Kiel 1849.

Verfassungsentwurf für Dänemark (1848). Als Faksimile veröffentlicht unter: http://www.modern-constitutions.de (9.7.2007)[274]

5.2 Literatur

Hansen, Hans Schultz. Demokratie oder Nationalismus – Politische Geschichte Schleswig-Holsteins 1830 – 1918. In: Lange, Ulrich. Geschichte Schleswig-Holsteins. Von den Anfängen bis zur Gegenwart. Neumünster [2]2003.

Jessen-Klingenberg, Manfred. Standpunkte zur neueren Geschichte Schleswig-Holsteins. Malente 1998.

Jessen-Klingenberg, Manfred. Die schleswig-holsteinische Landesversammlung und das Staatsgrundgesetz vom 15. September 1848. In: Wewer, Göttrik (Hg.). Demokratie in Schleswig-Holstein. Historische Aspekte und aktuelle Fragen. Opladen 1998, S. 93 – 106.

Johannsen-Reichert, Jörg. Der Erbfolgestreit um die Herzogtümer Schleswig und Holstein im 19. Jahrhundert. Eine Untersuchung zu den Sukzessionsansprüchen der Herzöge von Sonderburg-Augustenburg auf Schleswig und Holstein. Aachen 1999.

Krech, Joachim. Das schleswig-holsteinische Staatsgrundgesetz vom 15. September 1848. Entstehung und verfassungsrechtliche Einordnung unter Berücksichtigung des monarchischen Prinzips und der Volkssouveränität. Frankfurt 1985.

Lange, Ulrich. Geschichte Schleswig-Holsteins. Von den Anfängen bis zur Gegenwart. Neumünster [2]2003.

Oberschmidt, Randolf. Russland und die schleswig-holsteinische Frage 1839 – 1853. Frankfurt 1997.

274 Der komplette Link lautet folgendermaßen: http://www.modern-constitutions.de/nbu.php?page_id=02a1b5a86ff139471c0b1c57f23ac196&show_doc=DK-00-1848-xx-xx-de&viewmode=thumbview

Riis, Thomas. „Up ewig ungedeelt“ – Ein Schlagwort und sein Hintergrund. In: Stamm-Kuhlmann, Thomas et al. (Hgg.). Geschichtsbilder: Festschrift für Michael Salewski zum 65. Geburtstag. Stuttgart 2003.

Scharff, Alexander. Schleswig-Holstein in der deutschen und nordeuropäischen Geschichte. Gesammelte Aufsätze. Herausgegeben von Manfred Jessen-Klingenberg. Stuttgart 1969.

Schlürmann, Jan. Die Schleswig-Holsteinische Armee 1848 – 1851. Tönning 2004.

Stolz, Gerd. Die schleswig-holsteinische Erhebung. Die nationale Auseinandersetzung in und um Schleswig-Holstein von 1848/51. Husum 1996.

Vammen, Hans. Die Casino-„Revolution“ in Kopenhagen 1848. In: ZSHG 123 (1998), S. 57 – 90.

Von Unruh, Georg-Christoph. Das schleswig-holsteinische Staatsgrundgesetz von 1848. Entstehung und verfassungsrechtliche Bedeutung. Husum 1981.

Von Unruh, Georg-Christoph. Schleswig-Holsteins demokratische Tradition. Kiel 1988.

Unverhau, Henning. Gesang, Feste und Politik. Deutsche Liedertafeln, Sängerfeste, Volksfeste und Festmähler und ihre Bedeutung für das Entstehen eines nationalen und politischen Bewusstseins in Schleswig-Holstein 1840-1848. Kieler Werkstücke A 25, Frankfurt am Main 2000.

Vosgerau, Heiko. Demokratische „Musterverfassung ohne Wert“ – das schleswig-holsteinische Staatsgrundgesetz von 1848. In: Wewer, Göttrik (Hg.). Demokratie in Schleswig-Holstein. Historische Aspekte und aktuelle Fragen. Opladen 1998, S. 107 – 129.

Wewer, Göttrik (Hg.). Demokratie in Schleswig-Holstein. Historische Aspekte und aktuelle Fragen. Opladen 1998.

Anhänge

Anhang 1: Parlament

	Verfassungsentwurf	Staatsgrundgesetz	Grundlov
Zusammensetzung der Volkskammer	**art. 76**. Die zweite Kammer der gemeinschaftlichen Stände besteht aus 146 Abgeordneten, 73 aus dem Königreiche Dänemark, 36 aus dem Herzogthum Schleswig und 37 aus dem Herzogthum Holstein, welche auf 6 Jahre erwählt werden. **art. 77**. Von den 73 Abgeordneten des Königreichs werden 12 aus der Haupt- und Residenzstadt Kopenhagen, 20 aus den übrigen Städten, 40[275] aus den Landdistricten und 1 von der Universität zu Kopenhagen erwählt. **art. 78**. Von den 36 Abgeordneten des Herzogthums Schleswig werden 5 von den nicht zur Ritterschaft gehörenden Besitzern adelicher und anderer größerer Güter in diesem Herzogthum, 12 aus den Städten und den übrigen Orten, welche vorzüglich bürgerliches Gewerbe treiben, 2 aus den gemischten Wahldistricten, und 17 aus den Landdistricten erwählt. **art. 79**. Von den 37 Abgeordneten des Herzogthums Holstein werden 5 von den nicht zur Ritterschaft gehörenden Besitzern adelicher und anderer größerer Güter in diesem Herzogthum, 15 aus den Städten und den übrigen Orten, welche vorzüglich bürgerliches Gewerbe treiben, 16 aus den Landdistricten und 1 von der Universität zu Kiel gewählt. **art. 80**. Für jeden Abgeordneten wird zugleich ein Stellvertreter gewählt. **art. 83**. Wird ein Abgeordneter vor oder während der Versammlung verhindert, an den Sitzungen Theil zu nehmen, so wird sein Stellvertreter für die Dauer dieser Versammlung einberufen, und der Abgeordne-	**Art. 74**. Die Landesversammlung besteht aus 100 gewählten Abgeordneten. **Art. 75**. Die Wahl der Abgeordneten ist eine unmittelbare. Die einfache Stimmenmehrheit entscheidet bei derselben. **Art. 76 – erster Abschnitt.** Von den 100 Abgeordneten werden 50 Abgeordnete durch allgemeine Wahlen gewählt. Zum Behuf dieser allgemeinen Wahlen wird das Land in 50 Wahldistricte getheilt, in denen je Ein Abgeordneter gewählt wird. Wahlberechtigt und wählbar in diesen Wahldistricten ist jeder mündige Schleswig-Holsteinische Staatsbürger, welcher nicht für seine Person oder sein Vermögen unter gerichtlicher Curatel steht, während des letzten Jahres, vom Wahltage angerechnet, keine Armenunterstützung genossen hat, und nicht wegen eines in der öffentlichen Meinung entehrenden Verbrechens oder Vergehens verurtheilt ist, oder sich wegen eines solchen in Untersuchung befindet. **Art. 79**. Die Wahlperiode umfaßt 4 Jahre und beginnt mit dem Tage der Eröffnung der neugewählten Landesversammlung.	**§ 35**. Das Wahlrecht zur Volkskammer hat jeder unbescholtene Mann mit Indigenatrecht, wenn er sein 30stes Jahr vollendet hat, wenn er nicht a) ohne eigenen Hausstand in Privatdiensten steht; b) irgend eine Unterstützung von der Armenverwaltung, die entweder nicht aufgegeben oder nicht zurückbezahlt ist, genießt oder genossen hat; c) über seine Wohnung nicht verfügen kann; d) kein festes Domicil ein Jahr lang in dem Wahlbezirke oder der Stadt gehabt hat, wo er sich zur Zeit der Wahl aufhält. **§ 36**. Wählbar zur Volkskammer ist, mit den in § 35 a, b. und c. genannten Ausnahmen, ein jeder unbescholtene Mann mit Indigenatrecht, der sein 25stes Jahr vollendet hat. **§ 37**. Die Anzahl der Mitglieder der Volkskammer soll sich ungefähr wie 1 auf 14000 Einwohner verhalten. Die Wahlen gehen in Wahlbezirken vor sich, deren Umfang das Wahlgesetz bestimmt. Ein jeder Wahlbezirk wählt einen von denen, die sich zur Wahl gemeldet haben. **§ 38**. Die Mitglieder der Volkskammer werden auf drei Jahre gewählt. Sie erhalten Diäten.

275 Korrigiert aus: 20.

Zusammensetzung der Volkskammer	te nimmt, wenn die Ursache seiner Verhinderung wegfällt, erst in der nächsten Versammlung seinen Platz wieder ein. Wird auch der Stellvertreter verhindert +[276], so ist so schleunig als möglich zu der außerordentlichen Wahl eines Abgeordneten und eines Stellvertreters für die noch übrige Dauer der betreffenden Wahl-Periode (art.)[277] zu schreiten. **art. 84**. Zu der Wahlklasse der großen Gutsbesitzer und in denjenigen städtischen Wahldistricten, welche mehrere Abgeordnete zur zweiten Kammer erwählen, werden die Stellvertreter nicht zum Ersatz einzelner bestimmter, sondern aller Abgeordneten erwählt, so daß eine außerordentliche neue Wahl erst bei einem nach dem Eintritte aller dieser Stellvertreter entstehenden Ausfalle erforderlich ist.[278] **art. 85**. Wahlberechtigt zur Wahl der Abgeordneten aus den Städten, aus den gemischten Wahldistricten oder aus den Landdistricten ist jeder volljährige Unterthan, welcher freie Dispositionsbefugniß über sein Vermögen, einen unbescholtenen Ruf hat und zur Zeit der Anfertigung der Wahllisten ein Communalamt bekleidet, oder ein Grundstück, welches die zur Wahlberechtigung erforderlichen Eigenschaften hat, eigenthümlich besitzt oder benutzt. [279]Jedoch sind[280] die Bekenner des mosaischen Glaubens[281] wahlberechtigt.[282]	**Art. 80**. Jede erledigte Stelle eines Abgeordneten wird sofort durch neue Wahl wieder ersetzt. Wenn ein Abgeordneter 14 Tage nach Eröffnung des Landtags, ohne von der Landesversammlung gebilligte Gründe angeführt zu haben, sich nicht eingefunden hat, so kann die Landesversammlung die Vornahme einer neuen Wahl beschließen. **Art. 81**. Für das bei den Wahlen der Abgeordneten zu beobachtende Verfahren werden die näheren Bestimmungen in einem besonderen Wahlgesetze festgesetzt.	

276 Kreuz verweist auf folgende Marginalie: und ist die Verhinderung des Ab- // geordneten nicht mittlerweile // gehoben,.

277 Folgt über der Zeile eingefügt: (art +). Kreuz verweist auf folgende Marginalie: (art 68).

278 Folgt gestrichen ein ganzer Artikel ohne Angabe: Die Abgeordneten und // Stellvertreter werden auf // sechs Jahre erwählt.

279 Folgt gestrichen: art. Im Königreiche sind auch.

280 Über der Zeile eingefügt.

281 Folgt über der Zeile eingesetzt: nur im Königreiche.

282 Folgt gestrichen: , wenn // sie die im nachstehenden art. // angegebenen Eigenschaften // besitzen.

Zusammensetzung der Volkskammer	**art. 86**. Die wahlberechtigten Unterthanen erwählen aus ihrer Mitte Wahlmänner, und die sämmtlichen gewählten Wahlmänner in einem jeden Wahldistrict erwählen, vereinigt mit denjenigen, welche wegen des innerhalb desselben von ihnen bekleideten Communalamts wahlberechtigt sind, die Abgeordneten und Stellvertreter für diesen District. **art. 87**. Die Wahlmänner werden nur für eine Wahl erwählt. **art. 88**. Wählbar zum Abgeordneten oder Stellvertreter ist jeder, welcher die zu einem Mitgliede der gemeinschaftlichen Stände erforderlichen Eigenschaften, und innerhalb des betreffenden Wahldistricts seinen regelmäßigen Wohnsitz hat. **art. 89**. Die näheren Bestimmungen über die Wahlberechtigung und das bei den Wahlen zu beobachtende Verfahren enthalten die Wahlordnungen, Anlage C. und D. **art. 90**. Wenn ein Abgeordneter[283] Königlicher[284] Beamter[285] wird[286], so ist eine außerordentliche Wahl vorzunehmen, bei welcher derselbe indessen wieder zum Abgeordneten erwählt werden kann. **art. 91**. Ebenso sind außerordentliche Wahlen im Königreiche und in den Herzogthümern vorzunehmen, wenn der König Sich bewogen findet, die zweite Kammer aufzulösen, und zwar spätestens innerhalb dreier Monate nach erfolgter Auflösung.		

283 Folgt gestrichen: in den.
284 Korrigiert aus: Königlichen.
285 Über der Zeile korrigiert aus gestrichen: Dienst.
286 Über der Zeile korrigiert aus gestrichen: tritt.

Zusammensetzung der Volks-kammer	**art. 92**. Jeder Königliche Beamte, sowie jeder, welcher zur Wahrnehmung öffentlicher Geschäfte mit einer Königlichen Bestallung oder Confirmation versehen ist, bedarf, um eine auf ihn gefallene Wahl zum Abgeordneten anzunehmen, der Königlichen Erlaubniß, welche indessen nur dann verweigert werden soll, wenn dieses mit Rücksicht auf die Dienstgeschäfte des Gewählten nothwendig erscheint.	**Art. 84**. Nimmt ein Abgeordneter ein besoldetes Staatsamt an, so hört er auf, Mitglied der Landesversammlung zu sein, kann indessen sofort wieder gewählt werden. **Art. 83**. Beamte, die zu Abgeordneten gewählt werden, bedürfen keines Urlaubs.	**§ 62**. [...] Ein Gesetz soll näher bestimmen, in welchen Fällen sich ein Reichstags-Mitglied, welches zu besoldeten Staatsämtern befördert wird, einer Neuwahl unterwerfen muß. **§ 60**. Die Reichstagsmitglieder sind nur an ihre Ueberzeugung, nicht an irgend eine Vorschrift ihrer Wähler gebunden. Beamte, die in den Reichstag gewählt werden, bedürfen keiner Regierungs-Erlaubniß zur Annahme der Wahl.
Zusammensetzung der Landeskammer	**art. 57**. Die erste Kammer der gemeinschaftlichen Stände besteht aus 72 Mitgliedern, 36 aus dem Königreiche Dänemark, und 36 aus den Herzogthümern Schleswig und Holstein. **art. 58**. Die Lehns- und Stammhausbesitzer und die Besitzer der wirklich vollständigen großen Güter im Königreiche +[287] erwählen aus ihrer Mitte Zwanzig zu Mitgliedern der ersten Kammer. **art. 59**. Die zu Mitgliedern der ersten Kammer erwählten Lehns- und Stammhaus-Besitzer sind Mitglieder der Kammer auf Lebenszeit. **art. 60**. Die übrigen zu Mitgliedern der ersten Kammer erwählten Gutsbesitzer bleiben es so lange, als sie sich in Besitz eines wirklich vollständigen großen Guts befinden. Wenn indessen ein gewähltes Mitglied sich drei Jahre nacheinander der Theilnahme an den Sitzungen der Kammer gänzlich enthalten sollte, so ist an die Stelle dieses Mitglieds ein Anderer zu erwählen. **art. 61**. Der Justitiarius des höchsten Gerichts, der Bischof von Seeland, und die beiden ältesten[288] Bischöfen[289] [sic!] des Königreichs sind Mitglieder der	**Art. 76 – zweiter Abschnitt.** Die anderen 50 Abgeordneten werden auf folgende Weise gewählt: 1) in den Städten und den Orten, die vorzugsweise städtisches Gewerbe treiben, von den Einwohnern, welche einen Grundbesitz zum Brandcassenwerth von mindestens 600 Rthlrn. besitzen, oder ein reines Einkommen von mehr als 150 Rthlr. jährlich haben, in 20 verschiedenen Wahldistricten 20 Abgeordnete; 2) in den ländlichen Districten von denjenigen Einwohnern, welche einen Grundbesitz zum Steuerwerth von nicht weniger als 600 Rthl. und nicht mehr als 30,000 Rthlr. besitzen, oder ein reines Einkommen von mehr als 150 Rthlr. jährlich haben, ebenfalls in 20 verschiedenen Wahldistricten 20 Abgeordnete; 3) von den größeren Landbesitzern, welche einen Grundbesitz zum Steuerwerth von mehr als 30,000 Rthlr. besitzen, in einem gemeinschaftlichen Wahldistricte 10 Abgeordnete.	**§ 39**. Das Wahlrecht zur Landeskammer hat ein jeder, der zufolge § 35 dasjenige zur Volkskammer hat. Die Wahlberechtigten wählen aus ihrer Mitte Wahlmänner nach den im Wahlgesetze angegebenen Bestimmungen. **§ 40**. Wählbar zur Landeskammer ist jeder unbescholtene Mann mit Indigenatsrecht [sic!], dessen Wohnung nicht unter Bankerott- oder Falliments-Behandlung ist, wenn er sein 40stes Jahr vollendet und im letzten Jahre entweder in directer Steuer dem Staate oder der Gemeinde 200 Rbthlr. gezahlt hat oder nachweist, daß er ein reines jährliches Einkommen von 1200 Rbthlr. besitzt. In den Wahlbezirken, wo die Anzahl der Wählbaren nach dieser Vorschrift nicht in dem vom Wahlgesetze bestimmten Verhältnisse zur Bevölkerung steht, wird die Anzahl der Wählbaren durch die Nächstbesteuerten im Wahlbezirke vergrößert, bis jenes Verhältniß erreicht ist.

287 Kreuz verweist auf folgende Marginalie: welche 25 Jahre alt sind, volle Dispositionsbefugniß // über ihr Vermögen, und einen unbescholtenen Ruf haben.

288 Folgt über der Zeile eingefügt: unter den übrigen.

289 Korrigiert aus: Bischöfe.

Zusammensetzung der Landeskammer	ersten Kammer von Amtswegen und für die Dauer ihrer Amtsführung. **art. 62**. Außerdem ernennt der König zwölf Männer aus dem Königreiche zu Mitgliedern der ersten Kammer auf Lebenszeit. **art. 63**. Die Prälaten der vier adelichen Klöster in den Herzogthümern sind Mitglieder der ersten Kammer von Amtswegen und für die Dauer ihrer Amtsführung. **art. 64**. Die Prälaten und possessionierte Ritterschaft in den Herzogthümern erwählen aus der Mitte der letzteren Sechzehn zu Mitgliedern der ersten Kammer auf Lebenszeit. Sind mehrere Prälaturen in Einer Person vereinigt, so wählt die possessionierte Ritterschaft aus ihrer Mitte einstweilen so viele mehr, als zur Ergänzung der Zahl von zwanzig ritterschaftlichen Mitgliedern, mit Inbegriff der Prälaten erforderlich sind. **art. 65**. Wenn eins dieser Mitglieder sich der Theilnahme an den Sitzungen der Kammer drei Jahre nach einander gänzlich enthält, oder wenn ein zum Mitgliede derselben gewähltes Mitglied der Ritterschaft aufhört, sich im Besitze eines adelichen Guts zu befinden, so ist an die Stelle eines solchen Mitgliedes ein Anderes zu erwählen. **art. 66**. Die näheren Bestimmungen über das bei den Wahlen der Mitglieder der ersten Kammer zu beobachtende Verfahren enthalten die Wahl-Ordnungen Anlagen D und E. **art. 67**. Der Präsident des Schleswig-Holstein-Lauenburgischen Oberappellationsgerichts und die drei Generalsuperintendenten in den Herzogthümern	Die Wählbarkeit ist auch in diesen städtischen und ländlichen Wahldistricten weder durch Grundbesitz, noch durch einen bestimmten Census bedingt. Dagegen müssen auch für diese Wahlen die oben angegebenen allgemeinen Erfordernisse der Wahlberechtigung und der Wählbarkeit vorhanden sein. Die näheren Bestimmungen über die Ausführung dieser Grundsätze werden im Wahlgesetze enthalten sein. **Art. 79**. Die Wahlperiode umfaßt 4 Jahre und beginnt mit dem Tage der Eröffnung der neugewählten Landesversammlung. **Art. 80**. Jede erledigte Stelle eines Abgeordneten wird sofort durch neue Wahl wieder ersetzt. Wenn ein Abgeordneter 14 Tage nach Eröffnung des Landtags, ohne von der Landesversammlung gebilligte Gründe angeführt zu haben, sich nicht eingefunden hat, so kann die Landesversammlung die Vornahme einer neuen Wahl beschließen. **Art. 81**. Für das bei den Wahlen der Abgeordneten zu beobachtende Verfahren werden die näheren Bestimmungen in einem besonderen Wahlgesetze festgesetzt.	**§ 41**. Die Wahlen zur Landeskammer finden in größeren Wahlbezirken statt, welche durch das Wahlgesetz bestimmt werden. Die Wahlmänner in jedem größeren Wahlbezirke treten zusammen und stimmen für so viele Männer, als für den Wahlbezirk gewählt werden sollen, in welchem mindestens drei Viertheile der Gewählten im letzten Jahre vor der Wahl festes Domicil haben müssen. Zu einer gültigen Wahl bedarf es mehr als der Hälfte der abgegebenen Stimmen. **§ 42**. Die Zahl der Mitglieder der Landeskammer soll immer ungefähr halb so groß sein, als die der Mitglieder der Volkskammer. **§ 43**. Die Mitglieder der Landeskammer werden auf 8 Jahre gewählt. Jedes 4te Jahr scheidet die Hälfte aus. Sie erhalten dieselben Diäten wie die Mitglieder der Volkskammer. **§ 44**. Wenn ein neues Communalgesetz gegeben ist, können die Landeskammer-Wahlen durch ein Gesetz auf die größeren communalen (Amts- oder Provinzial-) Räthe übergehen.

Zusammensetzung der Landeskammer	sind Mitglieder der ersten Kammer von Amtswegen, und für die Dauer ihrer Amtsführung. **art. 68**. Außerdem ernennt der König sechs Männer aus dem Herzogthum Schleswig und sechs aus dem Herzogthum Holstein zu Mitgliedern der ersten Kammer auf Lebenszeit. **art. 69**. Ist der Justitiarius des höchsten Gerichts oder der Präsident des Oberappellationsgerichts oder ein Bischof (art. [290]) oder ein Generalsuperintendent an den Sitzungen der Kammer Theil zu nehmen einstweilen verhindert, so tritt an dessen Stelle für die Dauer dieser Verhinderung das älteste Mitglied des betreffenden Gerichtshofes oder der älteste unter denjenigen Bischöfen, welche nicht Mitglieder der Kammer sind, oder der älteste Probst in dem betreffenden Sprengel. **art. 70**. Von den Lehns-, Stammhaus- und Gutsbesitzern im Königreiche (art. [291]) sowohl als von Prälaten und Ritterschaft in den Herzogthümern sind die Stellvertreter auf Lebenszeit oder für die Dauer ihres Besitzes (art. [292]) zu erwählen, welche in Fällen und für die Dauer einstweiliger Verhinderungen einzelner gewählter Mitglieder der ersten Kammer an die Stelle derselben treten. **art. 71**. Ebenso ernennt der König aus dem Königreiche vier, und aus jedem der beiden Herzogthümer zwei Stellvertreter der betreffenden Mitglieder der ersten Kammer.		

290 Angabe fehlt.
291 Angabe fehlt.
292 Angabe fehlt.

Zusammensetzung der Landeskammer	**art. 72**. Wird durch den Eintritt eines Mangels an den erforderlichen Eigenschaften, oder durch dreijährige Enthaltung von der Theilnahme an den Versammlungen, oder durch einen Todesfall ein Platz in der ersten Kammer erledigt, oder treten so viele einstweilige Verhinderungen einzelner Mitglieder ein, daß Stellvertreter nicht mehr vorhanden sind, so sind die erledigten Plätze der Mitglieder oder Stellvertreter innerhalb vier Wochen durch Wahl oder Ernennung wieder zu besetzen. In Fällen der erstgedachten+[293] Art wird der erledigte Platz bis zum Eintritte des neu erwählten oder ernannten Mitgliedes durch einen Stellvertreter besetzt. **art. 73**. Zur Leitung der Verhandlungen in der ersten Kammer ernennt der König aus der Mitte derselben einen Präsidenten und zwei Vicepräsidenten. Diese bleiben im Amte, so lange sie Mitglieder der Kammer sind. **art. 74**. Wird einer dieser Plätze erledigt, so soll derselbe, wenn der Fall während der Dauer der Versammlung eintritt, innerhalb dreier Tage, sonst aber gleichzeitig mit der Zusammenberufung der nächsten Versammlung wieder besetzt werden. **art. 75**. Die erste Kammer erwählt aus ihrer Mitte zwei Secretaire für die Dauer einer jeden Versammlung. **art. 67**.[294] [sic!] ~~Die Sitzungen der ersten Kammer sind in der Regel öffentlich. Das Nähere hierüber, sowie über den Geschäftsgang, ergiebt die Geschäfts-Ordnung~~[295]~~, Anlage B.~~		

293 Kreuz verweist auf folgende Marginalie: unleserlich.

294 Nachfolgender Artikel gestrichen; Angabe nachträglich eingetragen. Im Margen hinzugefügt: falder bort.

295 Folgt gestrichen: der er- // sten Kammer.

Allgemeine Bestimmungen	**art. 46**. Die Versammlungen der gemeinschaftlichen Stände sollen alljährlich gehalten, und regelmäßig im Laufe des März-Monats eines jeden Jahres eröffnet werden. **art. 45**. Die Versammlungen der gemeinschaftlichen Stände sollen abwechselnd in der Haupt- und Residenzstadt Kopenhagen und auf dem Schlosse Gottorf Statt finden. **art. 48**. Die gemeinschaftlichen Stände dürfen sich, ohne vom Könige einberufen zu sein, nicht versammeln. **art. 49**. Die regelmäßige Dauer der Versammlung der gemeinschaftlichen Stände beträgt zwei Monate. Wenn die vorliegenden Geschäfte in dieser Zeit nicht zu erledigen sind, wird auf den Wunsch der Versammlung eine Verlängerung ihrer Dauer um einen Monat vom Könige verfügt werden. Die Bestimmung einer ferneren Verlängerung hängt lediglich von dem Gutbefinden des Königs ab. **art. 50**. Die gemeinschaftlichen Stände bleiben so lange versammelt, bis der König ihre Vertagung oder Schließung verfügt.+[296] **art. 51**. Wenn der König Sich bewogen findet, die Versammlung der gemeinschaftlichen Stände zu vertagen, so sind die Verhandlungen derselben sofort zu schließen; ihre Wiederberufung erfolgt aber spätestens vor dem Ablaufe des betreffenden Jahres.	**Art 85**. Die Landesversammlung tritt Ein Mal im Jahre, und zwar am 1. November, und wenn dieser Tag auf einen Sonntag fällt, am folgenden Tage, auch ohne besondere Berufung, zu dem ordentlichen Landtage zusammen. Dem ordentlichen Landtage ist jedes Mal der jährliche Voranschlag zum Staatshaushalt vorzulegen. Außerordentlich wird die Landesversammlung vom Herzoge berufen, so oft er es für nöthig erachtet. **Art. 86**. Dem Herzoge steht die Befugniß zu, den Landtag zu vertagen, zu schließen und die Landesversammlung aufzulösen. Der ordentliche Landtag kann ohne die Zustimmung der Landesversammlung nicht vor Ablauf von 30 Tagen vertagt oder geschlossen werden. **Art. 87**. Zur Gültigkeit jeder Auflösung der Landesversammlung wird erfordert, daß die Auflösungsacte die Anordnung neuer Wahlen, so daß dieselben innerhalb 30 Tagen nach dem Auflösungstage beendigt sein können und die Berufung der neugewählten Landesversammlung, so daß dieselbe innerhalb fernerer 30 Tage zusammentrete, enthalte. **Art. 88**. Der Sitz der Regierung ist der regelmäßige Versammlungsort der Landesversammlung.	**§ 24**. Der König ruft jährlich einen ordentlichen Reichstag zusammen. Ohne Genehmigung des Königs kann derselbe nicht länger als zwei Monate sitzen. Umänderungen in diesen Bestimmungen können durch ein Gesetz geschehen. **§ 45**. Der jährliche Reichstag tritt am ersten Montage im October zusammen, wenn der König ihn nicht auf eine frühere Zeit einberufen hat. **§ 46**. Der Reichstag versammelt sich am Sitze der Regierung. In außerordentlichen Fällen kann der König ihn in eine andere Stadt des Reichs berufen. **§ 25**. Der König kann den Reichstag zu außerordentlichen Zusammenkünften einberufen, deren Dauer von seiner Bestimmung abhängt. **§ 26**. Der König kann die Zusammenkünfte eine Zeitlang vertagen, doch ohne Einwilligung des Reichstages nicht länger als auf zwei Monate und nicht mehr als einmal im Jahre bis zu dessen nächster ordentlicher Zusammenkunft. **§ 27**. Der König kann den ganzen Reichstag oder eine Abtheilung desselben auflösen; wird nur eine Kammer aufgelöst, so werden die Versammlungen der andern vertagt, bis der ganze Reichstag wieder zusammentreten kann. Dieses muß innerhalb zweier Monate nach der Auflösung stattfinden. **§ 47**. Der Reichstag ist unverletzlich. Wer dessen Sicherheit und Freiheit antastet oder einen dahin zielenden Befehl ausstellt oder befolgt, ist des Hochverraths schuldig. **§ 58**. Jede Kammer entscheidet selbst über die Gültigkeit der Wahlen ihrer Mitglieder.

296 Kreuz verweist auf folgende Marginalie, in der art. 51 und art. 52 aufgeführt werden.

Allgemeine Bestimmungen	**art. 52**. Ebenso haben beide Kammern ihre Verhandlungen sofort zu schließen, wenn der König Sich bewogen findet die zweite Kammer aufzulösen; die Zusammenberufung beider Kammern erfolgt spätestens einen Monat nach der Beendigung der außerordentlichen Wahlen zur zweiten Kammer. (art. [297]). **art. 53**. Die Versammlung der gemeinschaftlichen Stände besteht aus zwei Kammern. **art. 54**. Die Mitglieder beider Kammern müssen sich zur christlichen Religion bekennen, wenigstens 30 Jahre alt sein, freie Dispositionsbefugniß über ihr Vermögen und einen unbescholtenen Ruf haben. Entstehen Zweifel über diese Eigenschaften, so hat die betreffende Kammer darüber zu entscheiden. **art. 56**. Die Sitzungen beider Kammern sind in der Regel öffentlich, das Nähere hierüber, sowie über den Geschäftsgang in beiden[298] Kammern ergiebt die Geschäfts-Ordnung, Anlage C. **art. 93**. Zur Leitung der Verhandlungen in der zweiten Kammer erwählt dieselbe aus ihrer Mitte gleich nach der Eröffnung einer jeden Versammlung für die Dauer derselben einen Präsidenten und zwei Vice-Präsidenten sowie zur Protokollführung vier Secretaire. **art.**[299] ~~Wenn der König Sich bewogen findet, die zweite Kammer zu vertagen, so sind die Verhandlungen derselben sofort zu schließen, ihre Wiederberufung erfolgt aber spätestens vor dem Ablaufe des betreffenden Jahres.~~	**Art. 156**. Die constituirende Landesversammlung kann wider ihren Willen weder aufgelößt noch vertagt werden. Jede Veränderung in der bestehenden Landesregierung bedarf der Zustimmung der Landesversammlung. Alle seit dem 24. März 1848 von der provisorischen Regierung Schleswig-Holsteins erlassenen Gesetze können nur mit Zustimmung der Landesversammlung verändert oder aufgehoben werden. Ohne Zustimmung der Landesversammlung kann kein neues Gesetz erlassen und keine Steuer neu aufgelegt werden. Alle bestehenden Steuern und Abgaben, sowie andere Staatseinkünfte werden bis zum 31. December 1848 von der durch die Landesversammlung anerkannten Landesregierung forterhoben. **Art. 89**. Die Landesversammlung wird von dem Alterspräsidenten für eröffnet erklärt. Sie wählt ihren Präsidenten, ihre Vicepräsidenten und Schriftführer. Sie prüft die Legitimation ihrer Mitglieder und ordnet ihren Geschäftsgang durch eine Geschäftsordnung. Die Landesversammlung wählt am Anfang ihrer Legislaturperiode für die Dauer derselben einen Justizausschuß von 13 Mitgliedern und einen Finanzausschuß von 5 Mitgliedern. **Art. 90**. Dem Präsidenten der Landesversammlung steht während der Dauer des Landtags die Polizei im Versammlungshause zu.	**§ 59**. Jedes neue Mitglied legt, sobald die Gültigkeit seiner Wahl anerkannt ist, den Eid auf das Grundgesetz ab. **§ 60**. Die Reichstagsmitglieder sind nur an ihre Ueberzeugung, nicht an irgend eine Vorschrift ihrer Wähler gebunden. Beamte, die in den Reichstag gewählt werden, bedürfen keiner Regierungs-Erlaubniß zur Annahme der Wahl. **§ 61**. So lange der Reichstag sitzt, kann kein Mitglied desselben ohne Einwilligung der Kammer, welcher es angehört, für Schulden verhaftet, viel weniger gefangen genommen oder angeklagt werden, falls es nicht auf frischer That ergriffen wird. Kein Mitglied kann für seine Aeußerungen im Reichstage ohne Genehmigung der Kammer außerhalb derselben zur Verantwortung gezogen werden. **§ 62**. Geräth ein in gültiger Weise Gewählter in eine Lage, welche von der Wählbarkeit ausschließt, so verliert er das aus der Wahl entspringende Recht. Jedoch soll kein Mitglied den Sitz in der Kammer einbüßen, wenn es im Laufe der Zeit, auf welche es gewählt ist, in einen anderen Wahlbezirk verzieht. Ein Gesetz soll näher bestimmen, in welchen Fällen sich ein Reichstags-Mitglied, welches zu besoldeten Staatsämtern befördert wird, einer Neuwahl unterwerfen muß. **§ 64**. Jede Kammer wählt sich selbst ihren Präsidenten und Vicepräsidenten.

297 Angabe fehlt.
298 Korrigiert aus: den.
299 Angabe fehlt. Nachfolgender Artikel gestrichen.

Allgemeine Bestimmungen	**art.**[300] ~~Ebenso hat die Kammer ihre Verhandlungen sofort zu schließen, wenn der König Sich bewogen findet, sie aufzulösen; die Zusammenberufung der aufgelösten Kammern~~[301] ~~erfolgt spätestens einen Monat nach der Beendigung der außerordentlichen Wahlen (art.~~[302]~~)~~ **art. 94**. Die Mitglieder der zweiten Kammer erhalten während der Dauer der Versammlung, und auf ihren Reisen zu denselben und zurück 4 rbt täglich an Diäten und freie Beförderung von ihrem Wohnorte nach dem Versammlungsorte und zurück. [303]**art**. ~~87~~[304] ~~Die Sitzungen beider Kammern sind in der Regel öffentlich. Das Nähere hierüber, sowie über den Geschäftsgang in den Kammern ergiebt die Geschäfts-Ordnung, Anlage C.~~ **art. 96**. Gleich nach der Eröffnung der Sitzungen entscheidet jede der beiden Kammern über die hinsichtlich der Befähigung einzelner ihrer Mitglieder etwa erhobenen Zweifel (art[305]). **art. 97**. Demnächst schreitet die erste Kammer zur Wahl ihrer Secretaire (art.[306]) und die zweite Kammer unter der Leitung des ältesten Mitgliedes als Alters-Präsidenten zur Wahl ihres Präsidenten und sodann unter der Leitung des Letzteren zur Wahl ihrer[307] Vicepräsidenten und Secretaire.	**Art. 91**. Zu einer gültigen Beschlußnahme der Landesversammlung wird erfordert, daß von der gesetzlichen Anzahl ihrer Mitglieder die Mehrheit anwesend ist. **Art. 92**. Bei jeder Beschlußnahme der Versammlung entscheidet die absolute Stimmenmehrheit, soweit nicht das Grundgesetz Anderes bestimmt. Bei Wahlen entscheidet relative Stimmenmehrheit, ausgenommen bei den Wahlen des Präsidenten und der Vicepräsidenten, welche durch absolute Stimmenmehrheit erwählt werden. **Art. 153**. Die Mitglieder der Landesversammlung, alle Staatsbeamte und die bewaffnete Macht haben dem Herzoge und dem Staatsgrundgesetz Treue und Gehorsam zu schwören. **Art. 82**. Der gewählte Abgeordnete vertritt das gesammte Schleswig-Holsteinische Volk, nicht allein die Wähler seines Districts. **Art. 83**. Beamte, die zu Abgeordneten gewählt werden, bedürfen keines Urlaubs. **Art. 84**. Nimmt ein Abgeordneter ein besoldetes Staatsamt an, so hört er auf, Mitglied der Landesversammlung zu sein, kann indessen sofort wieder gewählt werden.	**§ 65**. Keine Kammer kann einen Beschluß fassen, wenn nicht über die Hälfte ihrer Mitglieder zugegen ist und an der Abstimmung Theil nimmt. **§ 67**. Kein Antrag kann einer Kammer anders als durch ein Mitglied überreicht werden. **§ 69**. Die Reichstagssitzungen sind öffentlich, doch kann der Präsident oder die in der Geschäftsordnung bestimmte Anzahl Mitglieder fordern, daß alle nicht Betheiligten entfernt werden, worauf die Kammer entscheidet, ob die Sache in geheimer oder öffentlicher Sitzung verhandelt werden solle. **§ 70**. Jede Kammer setzt die näheren Bestimmungen fest, welche das Geschäftsverfahren und die Aufrechterhaltung der Ordnung betreffen. **§ 71**. Der vereinigte Reichstag wird durch den Zusammentritt der Volks- und der Landeskammer gebildet. Zur Fassung eines Beschlusses bedarf es der Anwesenheit und Theilnahme an der Abstimmung von mehr als einer Hälfte der Mitglieder einer jeden Kammer. Er wählt sich selbst den Präsidenten und trifft die näheren Bestimmungen in Betreff der Geschäftsordnung.

300 Angabe fehlt. Nachfolgender Artikel gestrichen.
301 Korrigiert aus: Kammer.
302 Angabe fehlt.
303 Nachfolgender Artikel gestrichen.
304 Angabe nachträglich eingetragen und gestrichen.
305 Angabe fehlt.
306 Angabe fehlt.
307 Folgt gestrichen: Secretaire.

Allgemeine Bestimmungen	**art. 98**. Sobald jede der beiden Kammern über jene Zweifel entschieden und diese Wahlen getroffen hat, (art. [308]) erklärt der Präsident die Kammer für constituirt. Beide Kammern schreiten sofort und ohne vorgängige Einreichung von Adressen, zur Erörterung der von der Regierung ihnen zugestellten Vorlagen, deren Erledigung vorzugsweise vor sonstigen Anträgen auf die von dem Präsidenten für zweckmäßig erachtete Weise möglichst zu fördern ist. **art. 100**. Bei den Verhandlungen beider Kammern findet innerhalb der Gränzen der Geschäfts-Ordnung und des Anstandes die vollkommenste Freiheit der Meinungs-Aeußerung Statt, und der Präsident der betreffenden Kammer hat dafür Sorge zu tragen, daß kein Mitglied in dieser Freiheit beschränkt werde. **art. 101**. Jedes Mitglied hat den Anordnungen und Entscheidungen des Präsidenten in Betreff der Geschäftsordnung sowie über einen etwanigen Mißbrauch der Freiheit der Meinungs-Aeußerung unweigerlich Folge zu leisten. **art. 102**. Bei fortgesetztem Ungehorsam eines Mitgliedes gegen die Anordnungen des Präsidenten (art. [309]) ist dieser befugt, die Sitzung zu schließen. In diesem Falle, oder wenn ein Mitglied durch seine Aeußerungen die dem Könige schuldige Ehrerbietung verletzen, oder die Regierung, oder die Kammer, oder ein Mitglied derselben auf eine beleidigende Weise angreifen sollte, und der vierte Theil der Mit-	**Art. 93**. Die Sitzungen der Landesversammlung sind öffentlich. Auf Verlangen des Präsidenten oder einer Anzahl von 5 Mitgliedern kann die öffentliche Sitzung in eine geheime übergehen und es hängt dann von der Entscheidung der Versammlung ab, ob Grund vorhanden ist, in geheimer Sitzung zu berathen. **Art. 95**. Kein Abgeordneter kann wegen seiner Abstimmungen oder Aeußerungen in der Landesversammlung von Staatswegen gerichtlich verfolgt oder zur Rechenschaft gezogen werden. **Art. 96**. Nur mit Erlaubniß der Landesversammlung kann ein Mitglied derselben während des Landtages verhaftet oder einem Strafverfahren unterworfen werden, es sei denn, daß es bei einem Verbrechen auf offener That ergriffen wäre.	

308 Angabe fehlt.
309 Angabe fehlt.

Allgemeine Bestimmungen	glieder der betreffenden Kammer die Ausschließung desselben für die Dauer der betreffenden Versammlung der gemeinschaftlichen Stände verlangt, so hat der Präsident diese Frage in der nächsten Sitzung zur Entscheidung zu bringen, und wenn alsdann drei Viertheile der Mitglieder der Kammer für die Bejahung der Frage stimmen, so ist das fragliche Mitglied für die Dauer dieser Versammlung der gemeinschaftlichen Stände von der Theilnahme an den Versammlungen derselben auszuschließen. **art. 103**. Jedem, welcher sich durch eine in einer der beiden Kammern vorgebrachte Aeußerung eines Mitgliedes einer derselben für beleidigt hält, steht es frei, dieses Mitglied deshalb nach dem Schluße der betreffenden Versammlung der gemeinschaftlichen Stände gerichtlich zu belangen. **art. 104**. Sollte ein Mitglied der gemeinschaftlichen Stände während der Dauer ihrer Versammlung wegen eines Verbrechens oder Vergehens verhaftet werden, oder in Untersuchung gerathen, so hat die Behörde dieses sofort der betreffenden Kammer anzuzeigen, welche über die Fortdauer der Haft und der Untersuchung während der betreffenden Versammlung der gemeinschaftlichen Stände zu entscheiden hat. Erklärt die Kammer sich dafür, so ist das Mitglied, so lange es nicht durch richterliches Erkenntniß freigesprochen worden, von der Theilnahme an den Verhandlungen ausgeschlossen, erklärt sie sich dawider, so ist das Mitglied seiner Haft zu entlassen und zur Theilnahme an den Verhandlungen zuzulassen, und die Fortsetzung der Untersuchung bis zum Schluß der betreffenden Versammlung auszusetzen.		

Allgemeine Bestimmungen	**art. 105**. Wenn über die Frage, ob ein in einer der beiden Kammern zur Sprache gebrachter Gegenstand zur Wirksamkeit der gemeinschaftlichen Stände gehört, eine Meinungs-Verschiedenheit zwischen der Regierung und einer der beiden Kammern, oder zwischen den Mitgliedern einer der beiden Kammern sich Kund giebt, und wenn in letzterem Falle die Mehrzahl der einem Landestheile angehörenden Mitglieder der betreffenden Kammer sich dafür ausspricht, daß der fragliche Gegenstand nicht zur Wirksamkeit der gemeinschaftlichen Stände gehöre, so ist diese Frage von dem Staats-Gerichtshof zu entscheiden. **art. 166**. Die gemeinschaftlichen Stände sind befugt, unter Beobachtung des in der Geschäfts-Ordnung vorgeschriebenen Verfahrens Petitionen über verfassungsmäßig zu ihrem Wirkungskreise gehörende Gegenstände der Gesetzgebung und über andere, die Interessen der gesammten Monarchie unmittelbar berührende Gegenstände an den König einzureichen. **art. 167**. Dagegen sind die gemeinschaftlichen Stände zur Einreichung von Petitionen über Angelegenheiten einzelner Landestheile auch dann nicht befugt, wenn sich von denselben behaupten läßt, daß sie die Interessen der gesammten Monarchie mittelbar berühren. **art. 168**. Jede Petition kann in jeder der beiden Kammern zuerst zur Verhandlung gebracht, aber keine Petition kann an den König eingereicht werden, wenn sie nicht von beiden Kammern während der Dauer derselben Versammlung der gemeinschaftlichen Stände beschlossen worden ist.		

Allgemeine Bestimmungen	**art. 169**. Wenn die Regierung oder die Mehrzahl der einem Landestheile angehörenden Mitglieder der betreffenden Kammer der Ansicht ist, daß der Gegenstand einer beabsichtigten Petition außerhalb der verfassungsmäßigen Gränzen (art. [310]) des Petitionsrechts der gemeinschaftlichen Stände liege, so sind sie befugt, diese Frage zur Entscheidung des Staats-Gerichtshofs zu bringen, welche unverzüglich abzugeben ist. **art. 170**. Jede der beiden Kammern ist befugt, Anträge einzelner Unterthanen und anerkannter Corporationen nach vorgängiger vorschriftsmäßiger Behandlung und unter Beobachtung der verfassungsmäßigen Erfordernisse (art. [311]) sich anzueignen, und ein solcher Antrag gelangt nach vorgängiger Annahme von Seiten der anderen Kammer als eine Petition der gemeinschaftlichen Stände an den König.		
	art. 94. Die Mitglieder der zweiten Kammer erhalten während der Dauer der Versammlung, und auf ihren Reisen zu denselben und zurück 4 rbt täglich an Diäten und freie Beförderung von ihrem Wohnorte nach dem Versammlungsorte und zurück.	**Art. 99**. Jeder Abgeordnete erhält während des Landtags ein Tagegeld von 2 Species und als Ersatz der Reisekosten einen halben Species für jede Meile.	**§ 38**. Die Mitglieder der Volkskammer werden auf drei Jahre gewählt. Sie erhalten Diäten. **§ 43**. Die Mitglieder der Landeskammer werden auf 8 Jahre gewählt. Jedes 4te Jahr scheidet die Hälfte aus. Sie erhalten dieselben Diäten wie die Mitglieder der Volkskammer.

310 Angabe fehlt.
311 Angabe fehlt.

Mitwirkung an der Gesetzgebung	**art. 122**. Außer den im Vorstehenden (art. [312]-[313]) behandelten Theilen der Steuer-Gesetzgebung gehören zu der Wirksamkeit der gemeinschaftlichen Stände sowohl alle diejenigen Gegenstände der Gesetzgebung, worüber bereits gemeinschaftliche Gesetze vorhanden sind, als auch diejenigen für eine gemeinschaftliche Gesetzgebung geeigneten Gegenstände, über welche es zur Zeit an gesetzlichen Bestimmungen fehlt. **art. 123**. Demnach gehören zu der Wirksamkeit der gemeinschaftlichen Stände die denselben vorzulegenden Verträge mit auswärtigen Mächten, (art. [314]) die Gesetze über die Verhältnisse der Beamten zum Staate und über die Pensionierung derselben (art. [315]), über die Rechtsverhältnisse der christlichen Confessionen und Secten (art. [316]), über die Bedingungen, unter welchen Ausländer die öffentlichen Rechte der Unterthanen erwerben können (art. [317]), über das Recht der Unterthanen, sich zu erlaubten Zwecken zu vereinigen (art. [318]), über die Preßfreiheit[319] (art. [320]) über die Wehrpflicht und die Rechts-Verhältnisse der Wehrpflichtigen als solcher, in und außer dem Dienste, zu Wasser und zu Lande, und über das Münzwesen.	**Art. 33**. Dem Herzog steht als Oberhaupt des Staats die vollziehende Gewalt, in Gemeinschaft mit der Landesversammlung die gesetzgebende Gewalt mit Einschluß des Rechts der authentischen Gesetzauslegung zu; Er übt diese Gewalten in dem Umfange und in den Formen aus, wie durch dieses Grundgesetz bestimmt wird. Er befiehlt die Verkündigung der Gesetze und erläßt die zu deren Vollziehung nöthigen Verordnungen. **Art. 71**. Der Landesversammlung gebührt gleich dem Herzoge, das Recht des Gesetzesvorschlags. **Art. 70**. Die Landesversammlung übt in Gemeinschaft mit dem Herzoge die gesetzgebende Gewalt. Jedes Gesetz erfordert zu seiner Gültigkeit die Uebereinstimmung des Herzogs und der Landesversammlung. Wird, während der Herzog Oberhaupt eines andern, nicht deutschen Staates ist, ein Gesetzantrag auf drei verschiedenen Landtagen von der Landesversammlung mit einer Stimmenmehrheit von zwei Drittheilen unverändert angenommen, so kann der Herzog seine Zustimmung zu demselben nicht verweigern und verkündigt ihn als Gesetz.	**§ 2**. Die gesetzgebende Gewalt ist bei dem Könige und dem Reichstage in Gemeinschaft. **§ 28**. Der König kann dem Reichstage Gesetzesvorschläge und andere Beschlüsse vorlegen lassen. **§ 48**. Jede Kammer ist berechtigt, Gesetze vorzuschlagen und ihrerseits anzunehmen. **§ 29**. Die Einwilligung des Königs thut noth, um einem Reichstagsbeschlusse Gesetzeskraft zu verleihen. Der König befiehlt die Bekanntmachung und sorgt für dessen Vollstreckung. **§ 55**. Kein Gesetzesvorschlag kann angenommen werden, bevor er dreimal in der Kammer verhandelt worden ist. **§ 56**. Wenn ein Gesetzesvorschlag von einer Kammer verworfen worden ist, so kann er nicht von derselben Kammer in derselben Session wieder vorgenommen werden.

312 Angabe fehlt.
313 Angabe fehlt.
314 Angabe fehlt.
315 Angabe fehlt.
316 Angabe fehlt.
317 Angabe fehlt.
318 Angabe fehlt.
319 Folgt gestrichen: und die Bestrafung // ihres Mißbrauchs.
320 Angabe fehlt.

Mitwirkung an der Gesetzgebung	**art. 124**. Dagegen gehört die ganze Civil- und Criminal-Gesetzgebung, mit Inbegriff der Gesetze über die Rechtsverfolgung, die Gesetzgebung über das Unterrichtswesen, über das Communalwesen, über die verschiedenen Zweige der Policei, über die bäuerlichen Verhältnisse, über die den verschiedenen Landestheilen eigenthümlichen Anstalten und Einrichtungen, sowie überhaupt über alle diejenigen Gegenstände, welche nicht im Vorstehenden (art. [321]) den gemeinschaftlichen Ständen ausdrücklich zugewiesen sind, nicht zur Wirksamkeit dieser Stände. **art. 125**. Die gemeinschaftlichen Stände sind nicht befugt, der Regierung Gesetzes-Vorschläge vorzulegen, sondern über die von der Regierung vorgelegten Gesetzes-Vorschläge zu beschließen, und unter Beobachtung der Vorschriften über die Ausübung des Petitions-Rechts (art. [322]) den König um die Vorlegung von Gesetzes-Vorschlägen über Gegenstände, welche dem Vorstehenden nach zu ihrer Wirksamkeit gehören, zu bitten. **art. 133**. Gesetzes-Vorschläge, welche zur Wirksamkeit der gemeinschaftlichen Stände gehören und nicht das Steuerwesen betreffen, kann die Regierung nach ihrer Wahl einer der beiden Kammern zuerst vorlegen lassen.	**Art. 149**. In jedem Gesetze muß ausdrücklich erwähnt werden, daß es in Uebereinstimmung mit dem Beschluß der Landesversammlung erlassen wurde. **Art. 94**. Ueber jeden Gesetzesvorschlag sowie über alle Anträge, zu deren Annahme eine größere als die absolute Stimmenmehrheit erfordert wird, muß regelmäßig an 2 nicht unmittelbar auf einanderfolgenden Tagen berathen werden. Ausnahmen hiervon können nur mit einer Stimmenmehrheit von zwei Drittheilen der anwesenden Mitglieder beschlossen werden.	**§ 57**. Wenn ein Gesetzesvorschlag in einer Kammer angenommen ist, so wird er in der festgesetzten Form der anderen vorgelegt ; wird er in dieser verändert, so geht er an die erste zurück ; nimmt diese wieder Veränderungen vor, so geht der Vorschlag abermals an die andere Kammer. Wird dann noch keine Uebereinstimmung erzielt, so kann, auf Verlangen einer Kammer, jede Kammer eine gleiche Anzahl von Mitgliedern ernennen, um zu einem Ausschusse zusammenzutreten, welcher ein Gutachten über die Abweichungen abgiebt; mit Rücksicht auf den Bericht des Ausschusses findet dann in jeder Kammer für sich der Endbeschluß statt.

321 Angabe fehlt.
322 Angabe fehlt.

Mitwirkung an der Gesetzgebung	**art. 134**. Wenn diejenige Kammer, welcher der Gesetzes-Vorschlag zuerst vorgelegt ist, denselben ohne oder mit Abänderungen annimmt, die andere Kammer aber zu einem anderen Resultat gelangt, und eine Ausgleichung der abweichenden Ansichten durch das Zusammentreten von Mitgliedern beider Kammern (art. [323]) nicht gelingt, so kann das Gesetz nicht erlassen werden. **art. 135**. Hat aber die Regierung in drei auf einander folgenden Versammlungen der gemeinschaftlichen Stände einen Gesetzes-Vorschlag vorlegen lassen, welcher ohne oder mit Abänderungen von der zweiten Kammer angenommen, von der ersten aber verworfen ist, und ist eine Vereinigung der abweichenden Ansichten auf die vorgedachte Weise nicht zu bewirken gewesen, so hat die Regierung das Recht, zu verlangen, dass beide Kammern zusammentreten, den Vorschlag gemeinschaftlich behandeln, und durch Abstimmung sämmtlicher Mitglieder beider Kammern über denselben entscheiden. **art. 136**. Wird alsdann der Gesetzes-Vorschlag von den vereinigten Kammern verworfen, und legt die Regierung denselben nachher wieder vor, so ist er zu behandeln, als wäre er früher nicht vorgelegt gewesen. **art. 137**. Die Regierung ist befugt, jeden Gesetzes-Vorschlag zurückzunehmen, so lange derselbe nicht von beiden Kammern angenommen ist. **art. 138**. Ist ein Gesetzes-Vorschlag von den gemeinschaftlichen Ständen nur mit Abänderungen angenommen, so hat der König die Wahl, ob Er dem Vorschlage mit diesen Abänderungen Gesetzes-Kraft verleihen will, oder nicht.		

323 Angabe fehlt.

Mitwirkung an Verfassungsänderungen	**art. 198**. Eine Abänderung der Verfassung kann nur in Folge eines von der Regierung den gemeinschaftlichen Ständen vorgelegten Gesetzes-Entwurf [sic!] vorgenommen werden. **art. 199**. Ein solcher Gesetzes-Entwurf muß in zwei auf einander folgenden Versammlungen der gemeinschaftlichen Stände in beiden Kammern verhandelt und angenommen sein, derselbe möge nun von der Regierung aus eignem Antriebe vorgelegt, oder durch eine frühere Petition der gemeinschaftlichen Stände veranlaßt sein. **art. 200**. In der ersten Versammlung der gemeinschaftlichen Stände, in welcher ein solcher Gesetz-Entwurf zur Verhandlung kommt, ist einfache Stimmenmehrheit in jeder der beiden Kammern für den Entwurf, wie er vorliegt, hinlänglich; in der zweiten Versammlung aber muß eine Majorität von $^2/_3$ der Stimmen in jeder der beiden Kammern sich für den fraglichen Gesetzes-Entwurf, ohne Abänderungen erklären, damit die vorgeschlagene Abänderung der Verfassung angenommen werden könne. **art. 201**. Die vorstehenden Bestimmungen (art. [324]) finden auch auf etwanige Abänderungen der Beilagen der Verfassungs-Urkunde, mit Ausnahme der Geschäfts-Ordnung (Anhang [325]) Anwendung.	**Art. 154**. Eine Abänderung dieses Grundgesetzes erfordert zu ihrer Gültigkeit die Uebereinstimmung des Herzogs und der Landesversammlung, und zwar mit einer Stimmenmehrheit von zwei Drittheilen der gesetzlichen Anzahl ihrer Mitglieder. **Art. 159**. Bei der nächsten Revision des Staatsgrundgesetzes können Abänderungen in demselben durch einfache Majorität beschlossen werden.	**§ 100**. Vorschläge zu Veränderungen oder Zusätzen zu diesem Grundgesetze werden auf einem ordentlichen Reichstage vorgelegt. Wird der darüber gefaßte Beschluß in unveränderter Form vom nächsten ordentlichen Reichstage angenommen und vom Könige genehmigt, so werden beide Kammern aufgelöst und es finden allgemeine Wahlen für beide statt. Nimmt der neue Reichstag in einer ordentlichen oder außerordentlichen Session den Beschluß zum dritten Male an, und wird er nun vom Könige bestätigt, so ist er Grundgesetz.

324 Angabe fehlt.
325 Angabe fehlt.

Mitwirkung in Finanz- und Steuerfragen	**art. 55**. Zum Zwecke der Prüfung der Budgets- und Finanz-Rechnungen, sowie zum Zwecke der Verständigung über abweichende Beschlüsse treten beide Kammern, entweder in voller Versammlung, oder durch aus ihrer Mitte erwählte Ausschüsse zusammen+[326]. Das Nähere hierüber ergiebt[327] die Geschäfts-Ordnung[328], Anlage B[329].o[330] **art. 106**. Der König läßt diejenigen Steuern, welche in den verschiedenen Landestheilen nach Maaßgabe der zur Zeit geltenden Steuer-Gesetze zu entrichten sind, nach Maaßgabe dieser Gesetze erheben, und verfügt über die Fortdauer oder das Aufhören einstweiliger Ermäßigungen dieser Steuern, beides ohne vorgängige Zustimmung der gemeinschaftlichen Stände. **art. 107**. Hinsichtlich derjenigen Steuern, welche in den verschiedenen Landestheilen nach gleichen Vorschriften erhoben werden, ist jede Veränderung in der Steuer-Gesetzgebung durch die Zustimmung der gemeinschaftlichen Stände bedingt. **art. 108**. Die Summe der von sämmtlichen Landestheilen aufzubringenden Steuern soll ohne die Zustimmung der gemeinschaftlichen Stände nicht erhöht werden.	**Art. 73**. Die Landesversammlung kann in Ausführung der ihr in Betreff des Staatshaushalts und sonst zustehenden Befugnisse, Ausschüsse zur Untersuchung von Thatsachen ernennen und denselben das Recht verleihen, allein oder unter Zuziehung von richterlichen Beamten, Vernehmungen vorzunehmen und die Behörden zur Hülfe zu requiriren. **Art. 85**. Die Landesversammlung tritt Ein Mal im Jahre, und zwar am 1. November, und wenn dieser Tag auf einen Sonntag fällt, am folgenden Tage, auch ohne besondere Berufung, zu dem ordentlichen Landtage zusammen. Dem ordentlichen Landtage ist jedes Mal der jährliche Voranschlag zum Staatshaushalt vorzulegen. Außerordentlich wird die Landesversammlung vom Herzoge berufen, so oft er es für nöthig erachtet. **Art. 89**. Die Landesversammlung wird von dem Alterspräsidenten für eröffnet erklärt. Sie wählt ihren Präsidenten, ihre Vicepräsidenten und Schriftführer. Sie prüft die Legitimation ihrer Mitglieder und ordnet ihren Geschäftsgang durch eine Geschäftsordnung. Die Landesversammlung wählt am Anfang ihrer Legislaturperiode für die Dauer derselben einen Justizausschuß von 13 Mitgliedern und einen Finanzausschuß von 5 Mitgliedern.	**§ 51**. Keine Steuer kann anders als durch ein Gesetz aufgelegt, umgewandelt oder aufgehoben werden, ebenso kann ohne ein Gesetz keine Mannschaft ausgeschrieben, keine Staatsanleihe aufgenommen, keine Staatsdomaine verkauft werden. **§ 53**. Jede Kammer ernennt zwei besoldete Revisoren. Diese prüfen die jährliche Staats-Rechenschaft und sehen zu, ob sämmtliche Staats-Einnahmen darin aufgeführt sind und keine Ausgaben über das Finanzgesetz stattgefunden haben. Sie können die Mittheilung aller dazu nöthigen Aufklärungen und Actenstücke fordern. Die jährliche Rechenschafts-Ablage wird mit den Bemerkungen der Revisoren dem Reichstage vorgelegt, der, mit Rücksicht auf diese, einen Beschluß faßt. **§ 52**. Auf jedem ordentlichen Reichstage wird gleich nach seiner Zusammenkunft der Entwurf des Finanzgesetzes für das folgende Finanzjahr, welcher einen Ueberschlag der Staats-Einnahmen und Ausgaben enthält, vorgelegt werden. Die Finanzvorlage wird zuerst in der Volkskammer verhandelt. Ohne daß das Finanzgesetz angenommen ist, können keine Steuern erhoben werden. Keine Ausgabe kann geschehen, die nicht in diesem eine Gewähr hat.

326 Kreuz verweist auf folgende Marginalie: nach der im Folgenden [es folgt gestrichen: hierüber] gegebenen Regelung.
327 Über der Zeile korrigiert aus gestrichen: ergeben.
328 Korrigiert aus: Ge- // schäfts-Ordnungen.
329 Folgt gestrichen: und C.
330 Kreis verweist auf folgende Marginalie, in der art. 56. aufgeführt wird.

Mitwirkung in Finanz- und Steuerfragen	**art. 109**. Findet der König zur Bestreitung des öffentlichen Dienstes die Aufbringung einer größeren Summe, als die bisher entrichtete, von sämmtlichen Landestheilen erforderlich, so wird der zu diesem Zwecke ausgearbeitete Gesetzes-Vorschlag, nachdem über denselben zuvörderst die Gutachten sämmtlicher Provinzialstände-Versammlungen eingezogen sind, den gemeinschaftlichen Ständen vorgelegt. **art. 110**. Dieser Vorschlag muß eine Angabe der für erforderlich erachteten Summe und die Bestimmungen über die Aufbringung derselben enthalten, namentlich darüber, ob dieses durch die Einführung einer neuen, oder durch die Erhöhung einer bestehenden gemeinschaftlichen Steuer in sämmtlichen Landestheilen, oder durch die Einführung neuer, oder durch die Erhöhung bestehender besonderer Steuern in den einzelnen Landestheilen geschehen soll. **art. 111**. Die gemeinschaftlichen Stände haben immer über die allgemeine Frage zu entscheiden, ob die von der Regierung für erforderlich erachtete Summe überhaupt, und ob sie durch eine Steuer zu Wege gebracht werden soll. **art. 112**. Wenn in lätzterem [sic!] Falle die Regierung die Einführung einer neuen, oder die Erhöhung einer bestehenden gemeinschaftlichen Steuer vorschlägt, so ist auch dieses ein Gegenstand der Beschlußnahme der gemeinschaftlichen Stände.	**Art. 139**. Alljährlich wird der ordentlichen Landesversammlung ein Voranschlag über alle zu erwartenden Ausgaben des Staats, unter Nachweis ihrer Nothwendigkeit oder Nützlichkeit zur Genehmigung vorgelegt. Abweichungen von dem genehmigten Voranschlage im Ganzen oder in seinen einzelnen Positionen bedürfen der nachträglichen Genehmigung der Landesversammlung. **Art. 140**. Soweit der Ertrag des Staatsvermögens, der Regalien und die Gebühren nicht ausreichen, um die bewilligten Ausgaben zu decken, wird der Staatsbedarf durch Steuern und Abgaben bestritten. Der Voranschlag über die Ausgaben muß von Vorschlägen über die Behufs der Deckung des Staatsbedarfs erforderlichen Steuern und Abgaben begleitet sein, über deren Erhebung die Landesversammlung beschließt. Die Bewilligung der Steuern und Abgaben gilt nur für ein Jahr. Die bewilligten Steuern und Abgaben werden jährlich durch ein Steuergesetz ausgeschrieben. Keine Behörde ist berechtigt, Steuern und Abgaben zu erheben, wenn die Erhebung nicht durch das Gesetz angeordnet ist. **Art. 141**. Die jährliche Staatsrechnung über alle Statt gehabten Einnahmen und Ausgaben des Staats wird mit allen Belegen dem von der letzten ordentlichen Landesversammlung erwählten Finanzausschuß zwei Monate vor der Eröffnung der nächsten ordentlichen Landesversammlung zur Prüfung mitgetheilt. Derselbe hat das Recht, jede Art der Aufklärung von dem Ministerium zu verlangen. Die Staatsrechnung sammt ihren Belegen wird mit dem Berichte des Finanzausschusses der nächsten ordentlichen Landesversammlung bei ihrer ersten Sitzung vorgelegt.	

Mitwirkung in Finanz- und Steuerfragen	**art. 113**. Wenn die gemeinschaftlichen Stände die geforderte Summe oder einen Theil derselben und die Aufbringung derselben durch Steuern bewilligen, die Einführung einer neuen oder die Erhöhung einer bestehenden gemeinschaftlichen Steuer aber verweigern, so ist die als dann erforderliche Ausschreibung besonderer Steuern in den einzelnen Landestheilen von dem Könige, ohne fernere Mitwirkung der gemeinschaftlichen Stände, nach vorgängig eingezogenen Gutachten der Provinzialstände zu verfügen. **art. 117**. In einem solchen Falle (art. [331]) soll indessen die Herstellung des Steuer-Verhältnisses durch eine Erhöhung der bestehenden Steuern des Königreichs oder der Herzogthümer nicht ohne die Zustimmung der gemeinschaftlichen Stände bewirkt werden. Dagegen ist der König, ohne an die Zustimmung der gemeinschaftlichen Stände gebunden zu sein, befugt, und, wenn dieselben die Erhöhung der besonderen Steuern des betreffenden Landestheiles zu dem Zwecke der Ausgleichung verweigern, sogar verpflichtet, die dazu erforderliche Ermäßigung der Steuern des anderen Landestheiles zu verfügen. **art. 120**. Gemeinschaftliche Steuern und Abgaben sind diejenigen, hinsichtlich deren die betreffenden Steuer-Gesetze im Wesentlichen übereinstimmen, wie [+332] [333] Rangsteuer und [334] Steuern von Erbschaften und Eigenthums-Uebertragungen.	**Art. 142**. Der Staat wird durch Anleihen und Garantien nur dann verpflichtet, wenn dieselben von der Landesversammlung genehmigt sind. **Art. 137**. Die Beibehaltung, Einführung oder Abschaffung von Regalien hängt von dem Beschlusse der Landesversammlung ab, welche die Art ihrer Verwaltung bestimmt. **Art. 183** [sic!][335]. Die Erhebung von Gebühren für die Benutzung öffentlicher Anstalten, wie z. B. Chausseegelder, Fährgelder u.s.w. oder für Dienste der Staatsbeamten und für die Ausübung sogenannter Fiscirechte, wie Gerichtssporteln, Dispensationsgelder u.s.w. kann nur durch ein Gesetz angeordnet werden.	

331 Angabe fehlt.
332 Kreuz verweist auf folgende Marginalie: Ausfuhrzoll, Schiffsabga- // ben,.
333 Folgt gestrichen: die.
334 Folgt gestrichen: die.
335 eigentlich Art. 138.

Mitwirkung in Finanz- und Steuerfragen	**art. 121**. Wenn in Zukunft auf verfassungsmäßigem Wege diejenigen Sätze einer Steuer, z. B. des Einfuhrzolls[336], welche zur Zeit im Königreiche und in den Herzogthümern verschieden sind, gleichgestellt werden, so ist als dann diese Steuer, so lange die Gleichstellung der[337] Steuersätze dauert, eine gemeinschaftliche Steuer. In einem solchen Falle würde also der Zoll-Tarif ein gemeinschaftliches Steuer-Gesetz sein, und nicht ohne die Zustimmung der gemeinschaftlichen Stände verändert werden können. **art. 126**. Alle zur Wirksamkeit der gemeinschaftlichen Stände gehörende Steuer-Gesetze sind zuerst der zweiten Kammer vorzulegen. **art. 127**. Verwirft die zweite Kammer einen solchen Gesetzes-Vorschlag im Ganzen, so kann dieser während derselben Versammlung nicht wieder vorgelegt werden. **art. 128**. Billigt dagegen die zweite Kammer den Gesetzes-Vorschlag, wenn auch mit Abänderungen, so ist derselbe, wenn die Regierung sich nicht veranlaßt findet, ihn zurückzunehmen, während derselben Versammlung der ersten Kammer vorzulegen. **art. 129**. Ist die erste Kammer mit der zweiten einverstanden, und haben beide Kammern den Gesetzes-Vorschlag ohne Abänderungen angenommen, so verleiht der König demselben unverzüglich Gesetzes-Kraft. **art. 130**. Haben die Kammern Abänderungen des Gesetzes-Vorschlags beschlossen, so hat der König die Wahl, ob Er dem Vorschlage mit diesen Abänderungen Gesetzes-Kraft verleihen will, oder nicht.		

336 Über der Zeile korrigiert aus gestrichen: Zoll.

337 Über der Zeile korrigiert aus gestrichen: sämmtlicher.

Mitwirkung in Finanz- und Steuerfragen	**art. 131**. Verwirft die erste Kammer den von der zweiten angenommenen Gesetzes-Vorschlag, oder beschließt sie andere Abänderungen desselben, als die von der zweiten Kammer beschlossenen, so wählt jede Kammer aus ihrer Mitte einige Mitglieder, welche zusammentreten, um eine Vereinigung der verschiedenen Ansichten zu bewirken. **art. 132**. Gelingt dieses nicht, so treten beide Kammern zusammen, und die Frage über die Annahme oder Verwerfung des Gesetzes-Vorschlages, und über die Annahme desselben mit oder ohne Abänderungen ist alsdann von den vereinigten Kammern zu behandeln und durch die Abstimmung sämmtlicher Mitglieder beider Kammern zu entscheiden. **art. 144.** Der ersten Versammlung der gemeinschaftlichen Stände soll das Budget für das[338] folgende[339] Jahr[340] zur Prüfung und Beschlußnahme vorgelegt, und hiemit in jeder [341]Versammlung der gemeinschaftlichen Stände fortgefahren werden. +[342] **art. 150**. Jede Abweichung des Ausgabe-Budgets von dem Normal-Reglement bedarf der Zustimmung der gemeinschaftlichen Stände; wird diese verweigert, so ist die betreffende Summe des Normal-Reglements in das Budget aufzunehmen. +[343]		

338 Über der Zeile korrigiert aus gestrichen: jedes der beiden dar- // auf.

339 Korrigiert aus: folgenden.

340 Korrigiert aus: Jahre.

341 Folgt gestrichen: zweiten.

342 Kreuz verweist auf folgende Marginalie: NB. Ueber die Finanzen ein. besonder (Com überstr.) gemeinschaftliches Comite, wie Art. 156.

343 Kreuz verweist auf folgende Marginalie: Jedoch dürfen die zur Erfüllung // der Verpflichtungen des Kö- // nigs als Mitgliede des deut- // schen Bundes [über der Zeile eingefügt: für die Herzogthümer Holstein und Lauenburg] erforderlichen // Ausgaben von den gemein- // schaftlichen Ständen nicht verweigert werden.

Mitwirkung in Finanz- und Steuerfragen	**art. 153**. Hinsichtlich der Verwendung der zu allgemeinen Staatszwecken bestimmten Hälfte des Ueberschusses (art. [344]) ist die Regierung an die Zustimmung der gemeinschaftlichen Stände gebunden. Erfolgt diese nicht, so ist die fragliche Summe, wenn sie wirklich nach der Abhaltung sämmtlicher übrigen Budgets-Summen (art. [345]) vorhanden ist, bei dem Staats-Gerichtshofe so lange zu deponiren, bis ein von den gemeinschaftlichen Ständen angenommener Vorschlag über die Verwendung derselben vorliegt. **art. 156**. Gleich nach der Eröffnung einer jeden Versammlung der gemeinschaftlichen Stände, und sobald beide Kammern constituirt sind, wählt jede von ihnen aus ihrer Mitte vier Mitglieder, welche einen gemeinschaftlichen Ausschuß beider Kammern bilden, um die betreffende Finanz-Rechnung zu prüfen, bevor dieselbe der Kammer vorgelegt wird. **art. 157**. Jede Versammlung der gemeinschaftlichen Stände hat nicht die Finanz-Rechnung des vorhergehenden, sondern die des nächstvorhergehenden Jahres zu prüfen. **art. 158**. Die Revision der besonderen Rechnungen, welche die Grundlage der Finanz-Rechnung eines jeden Jahres bilden, muß, bevor die letztere dem gemeinschaftlichen Ausschuß (art. [346]) zugestellt wird, beendigt sein, und erstere müssen dem Ausschusse auf Verlangen nebst den betreffenden Acten mitgetheilt werden.		

344 Angabe fehlt.
345 Angabe fehlt.
346 Angabe fehlt.

Mitwirkung in Finanz- und Steuerfragen	**art. 159**. Außer diesen Rechnungen sind dem Ausschusse alle sonstigen Aufklärungen und Nachweisungen, welche derselbe für erforderlich erachten mögte, namentlich genaue Verzeichnisse der in dem betreffenden Jahre bewilligten Pensionen, Unterstützungen und Honorare mitzutheilen. **art. 160**. Der erste Gegenstand der Untersuchung des Ausschusses ist, ob alle Staats-Einnahmen in die Finanz-Rechnung aufgenommen, der zweite, ob einzelne Posten des Ausgabe-Budgets überschritten sind, oder ob der Belauf derselben zu anderen, als zu den im Budget angegebenen Zwecken verwandt ist. **art. 161**. Jede Behörde, welche eine Abweichung von dem Budget vorgenommen hat, muß die Gründe für dieselbe in einer schriftlichen Ausführung, welche mit der Finanz-Rechnung dem Ausschusse vorzulegen ist, entwickeln. Diese Ausführung, welche mit dem Antrage auf die Genehmigung der fraglichen Abweichung schließt, ist der Versammlung der gemeinschaftlichen Stände von dem Ausschuß zugleich mit der Finanz-Rechnung zur Beschlußnahme vorzulegen. **art. 162**. Der Ausschuß hat sich ferner davon zu vergewissern, daß die Staatsschuld in Uebereinstimmung mit der Verfassung (art.[347]) und dem Budget verzinset und vermindert worden ist, und daß sämmtliche Kassebehalte, Activen und der Reservefonds mit ihren in der Rechnung angegebenen Belaufe zur Zeit des Abschlusses derselben wirklich vorhanden gewesen sind.		

347 Angabe fehlt.

Mitwirkung in Finanz- und Steuerfragen	**art. 163**. Da die Finanz-Rechnung erst längere Zeit nach dem Ablaufe des Rechnungsjahres den gemeinschaftlichen Ständen vorgelegt werden kann (art. [348]) so soll der Staats-Gerichtshof vor dem 1sten October jeden Jahres eine Commission von vier Mitgliedern, von welchen zwei im Königreiche und eins in jedem der beiden Herzogthümer wohnhaft sein muß, ernennen; dieser Commission sind am Schlusse des Jahres alle im Laufe desselben eingelösten Staatsschuld-Documente, und Zinsenquitungen [sic!][349] die vorhandenen allgemeinen Staats-Activen, die Activen und der Behalt des Reservefonds, und die sonstigen Kassebehalte der verschiedenen Staats-Kassen vorzuzeigen. Die Commission hat hierüber ein von ihr zu unterzeichnendes förmliches Protocoll aufnehmen zu lassen, welches der betreffenden Finanz-Rechnung anzulegen ist. **art. 164**. Wenn der Ausschuß (art. [350]) die Finanz-Rechnung geprüft, und die erforderlichen Aufklärungen eingezogen hat, legt er beiden Kammern, welche zu diesem Zwecke zusammentreten, sein Bedenken zur Beschlußnahme darüber vor, ob die Decharge für diese Rechnung ohne Notaten zu ertheilen, oder ob und über welche Notaten bei der Ertheilung der Decharge die Verantwortlichkeit der betreffenden Behörde vorzubehalten ist.		

348 Angabe fehlt.

349 Über der Zeile eingefügt: die Zinsenquitungen.

350 Angabe fehlt.

Mitwirkung in Finanz- und Steuerfragen	**art. 165**. Jede Behörde, welche der Ansicht ist, daß ihr ein Notat zu der Finanz-Rechnung ohne hinreichenden Grund von den gemeinschaftlichen Ständen zur Last gelegt sei, hat das Recht, innerhalb dreier Monate nach dem betreffenden ständischen Beschlusse die Frage, ob dem Notat Folge zu geben sei, zur Entscheidung des Staats-Gerichtshofes zu bringen. **art. 139**. Die gemeinschaftlichen Stände übernehmen die Gewähr für den Gesammtbelauf der Staatsschuld zu demjenigen Zeitpunct, an welchem die gegenwärtige Verfassungs-Urkunde in Kraft tritt, und für die rechtzeitige Verzinsung und Tilgung derselben. **art. 141**. Ohne die Zustimmung der gemeinschaftlichen Stände soll keine Staats-Anleihe mittelbar oder unmittelbar abgeschlossen, also auch keine Bürgschaft für die Verzinsung oder Tilgung einer nicht von der Regierung contrahirten Schuld übernommen, und ebenso wenig eine Abänderung der hinsichtlich einer Staats-Anleihe getroffenen Bestimmungen vorgenommen werden. **art. 142**. Anleihen und Vorschüsse aus der Staatskasse sollen nur gegen gehörige Sicherheit und nur nach dazu vorgängig erlangter allgemeiner oder besonderer Zustimmung der gemeinschaftlichen Stände bewilligt werden. +[351]		

351 Kreuz verweist auf folgende überstrichene Marginalie: NB. at Sagen skal bevilges.

Mitwirkung in Finanz- und Steuerfragen	**art. 147**. Kein Theil der Staats-Domainen oder ihres Ertrags darf, ohne die allgemeine oder besondere Zustimmung der gemeinschaftlichen Stände veräußert oder verpfändet werden.	**Art. 136**. Alles bisher als landesherrlich bezeichnete Eigenthum und Vermögen jeder Art in den Herzogthümern ist, da die regierende Linie hier kein Privat- oder Familienvermögen besitzt, Staatseigenthum. Alles aus Staatsmitteln oder für den Staat Erworbene wird Theil des Staatsvermögens. Kriegscontributionen, Entschädigungsgelder und sonstige Erwerbungen, welche dem Landesherrn zufolge eines Staatsvertrages, Bündnisses oder Krieges zu Theil werden, sind daher ebenfalls Staatseigenthum. Ueber das gesamte Staatsvermögen, namentlich über die grundherrlichen Abgaben und Leistungen, welche die Staatskasse zu erheben berechtigt ist, sowie über die ausstehenden Forderungen werden genaue und vollständige Inventarien aufgenommen. Einzelne Theile des Staatsvermögens, wie z. B. gewisse Schlösser und Gärten, werden dem Herzoge bei Bestimmung seiner Civilliste oder den Mitgliedern der fürstlichen Familie bei Bestimmung ihrer Apanagen und Witthümer zur Benutzung übergeben. Alles übrige Staatsvermögen wird den einzelnen Abtheilungen der Staatsverwaltung zur Verwaltung und Verwendung überwiesen. Jede Abtheilung der Staatsverwaltung hat jährlich mit der Rechnungsablage einen genauen Nachweis über die Vermehrung oder Verminderung des ihr anvertrauten Staatsvermögens einzuliefern. Das unbewegliche Staatsvermögen soll in seinem wesentlichen Bestande erhalten werden und kann daher ohne Einwilligung der Landesversammlung weder durch Veräußerung vermindert, noch mit Schulden oder sonst mit einer bleibenden Last beschwert werden.	**§ 16**. Die Civilliste des Königs wird zu Anfang jeder Regierung durch ein Gesetz bestimmt. Dabei wird gleichzeitig festgestellt, welche Schlösser und anderweitiges Staatseigenthum zur Civilliste gehören sollen. Die Civilliste kann nicht mit Schulden belastet werden. **§ 17**. Für die Mitglieder des Königlichen Hauses können Apanagen durch ein Gesetz bestimmt werden. Ohne Genehmigung des Reichstages können keine Apanagen außerhalb Landes verzehrt werden. **§ 1. Transitorische Bestimmungen**. So wie die Vorschrift des § 16, daß die Civilliste durch ein Gesetz bestimmt wird, auf den jetzigen König keine Anwendung hat, so ist auch der § 17 kein Hinderniß, daß nicht Apanagen außerhalb Landes verzehrt werden, soweit solches mit schon bestehenden Contracten sich verträgt.

Verhältnis zum Staatsoberhaupt	**art. 9**. An dem Tage Seines Regierungs-Antritts verspricht der König in einem in allen Theilen der Monarchie zur öffentlichen Kunde zu bringenden Patente die Aufrechthaltung der Bestimmungen der gegenwärtigen Verfassungs-Urkunde, und läßt die von Ihm eigenhändig unterzeichnete Ausfertigung dieses Patents der ersten nach Seinem Regierungs-Antritte zusammentretenden Versammlung der gemeinschaftlichen Stände überreichen, um in dem ständischen Archive niedergelegt zu werden.	**Art. 34**. Vor dem Antritt der Regierung leistet der Herzog den folgenden Eid entweder schriftlich oder vor der Landesversammlung persönlich: „Ich gelobe und schwöre die Verfassung und die Gesetze der Herzogthümer Schleswig-Holstein zu beobachten und die Rechte des Volks aufrecht zu halten. So wahr mir Gott helfe und sein heiliges Wort". Die Urkunde über den geleisteten Eid wird in dem Archiv der Landesversammlung aufbewahrt. Bevor der Herzog den Eid geleistet hat, steht ihm keine Regierungsgewalt zu.	**§ 8**. Bevor der König die Regierung antritt, legt er vor dem vereinigten Reichstage folgenden Eid ab: „Ich gelobe und schwöre, das Dänische Staatsgrundgesetz zu halten, so helfe mir Gott und sein heiliges Wort." Sollte der Reichstag bei dem Thronwechsel nicht versammelt sein, so wird der Eid schriftlich im Staatsrathe niedergelegt und später vor dem vereinigten Reichstage wiederholt.
	art. 19. Ueber alle diese Gegenstände wird binnen Jahresfrist, nachdem die gegenwärtige Verfassungs-Urkunde in Kraft getreten ist, und gleichfalls bei dem Regierungsantritt eines jeden Königs ein vollständiges Verzeichnis aufgenommen, und eine Abschrift desselben in dem Archive der gemeinschaftlichen Stände niedergelegt. **art. 20**. Sollte der König die Benutzung einzelner Königlichen [sic!] Gebäude und Sammlungen nicht wünschen, so wird über diese, bevor die Verfassung in Kraft tritt, ein Verzeichnis aufgemacht; sie bilden von diesem Zeitpuncte an einen Theil des Staatsvermögens, welches ohne die allgemeine oder besondere Zustimmung der gemeinschaftlichen Stände weder ganz noch theilweise veräußert werden darf.	**Art. 136**. Alles bisher als landesherrlich bezeichnete Eigenthum und Vermögen jeder Art in den Herzogthümern ist, da die regierende Linie hier kein Privat- oder Familienvermögen besitzt, Staatseigenthum. Alles aus Staatsmitteln oder für den Staat Erworbene wird Theil des Staatsvermögens. Kriegscontributionen, Entschädigungsgelder und sonstige Erwerbungen, welche dem Landesherrn zufolge eines Staatsvertrages, Bündnisses oder Krieges zu Theil werden, sind daher ebenfalls Staatseigenthum. Ueber das gesamte Staatsvermögen, namentlich über die grundherrlichen Abgaben und Leistungen, welche die Staatskasse zu erheben berechtigt ist, sowie über die ausstehenden Forderungen werden genaue und vollständige Inventarien aufgenommen.	**§ 16**. Die Civilliste des Königs wird zu Anfang jeder Regierung durch ein Gesetz bestimmt. Dabei wird gleichzeitig festgestellt, welche Schlösser und anderweitiges Staatseigenthum zur Civilliste gehören sollen. Die Civilliste kann nicht mit Schulden belastet werden. **§ 17**. Für die Mitglieder des Königlichen Hauses können Apanagen durch ein Gesetz bestimmt werden. Ohne Genehmigung des Reichstages können keine Apanagen außerhalb Landes verzehrt werden.

Verhältnis zum Staatsoberhaupt	**art. 28**. Die einzelnen Mitgliedern des Königlichen Hauses und anderen Fürstlichen Personen zur Zeit beigelegten Apanagen bleiben unverändert. Künftig können Apanagen nur nach vorgängiger Zustimmung der gemeinschaftlichen Stände bewilligt werden.	Einzelne Theile des Staatsvermögens, wie z. B. gewisse Schlösser und Gärten, werden dem Herzoge bei Bestimmung seiner Civilliste oder den Mitgliedern der fürstlichen Familie bei Bestimmung ihrer Apanagen und Witthümer zur Benutzung übergeben. Alles übrige Staatsvermögen wird den einzelnen Abtheilungen der Staatsverwaltung zur Verwaltung und Verwendung überwiesen. Jede Abtheilung der Staats-	
	art. 73. Zur Leitung der Verhandlungen in der ersten Kammer ernennt der König aus der Mitte derselben einen Präsidenten und zwei Vicepräsidenten. Diese bleiben im Amte, so lange sie Mitglieder der Kammer sind. **art. 95**. Der König wird Commissarien ernennen, welche die Versammlungen der ersten und der zweiten Kammer an dem bei der Zusammenberufung der gemeinschaftlichen Stände bestimmten Tage im Namen des Königs in getrennter Sitzung, ohne weitere Bemerkungen für eröffnet erklären.	verwaltung hat jährlich mit der Rechnungsablage einen genauen Nachweis über die Vermehrung oder Verminderung des ihr anvertrauten Staatsvermögens einzuliefern. Das unbewegliche Staatsvermögen soll in seinem wesentlichen Bestande erhalten werden und kann daher ohne Einwilligung der Landesversammlung weder durch Veräußerung vermindert, noch mit Schulden oder sonst mit einer bleibenden Last beschwert werden. **Art. 61**. Die Civilliste des Herzogs wird zu Anfang jeder Regierung durch ein Gesetz bestimmt. **Art. 62**. Etwanige Apanagen, Ausstattungen und Witthümer des Herzoglichen Hauses bestimmt das Gesetz.	

Verhältnis zum Staatsoberhaupt	**art. 166**. Die gemeinschaftlichen Stände sind befugt, unter Beobachtung des in der Geschäfts-Ordnung vorgeschriebenen Verfahrens Petitionen über verfassungsmäßig zu ihrem Wirkungskreise gehörende Gegenstände der Gesetzgebung und über andere, die Interessen der gesammten Monarchie unmittelbar berührende Gegenstände an den König einzureichen. **art. 167**. Dagegen sind die gemeinschaftlichen Stände zur Einreichung von Petitionen über Angelegenheiten einzelner Landestheile auch dann nicht befugt, wenn sich von denselben behaupten läßt, daß sie die Interessen der gesammten Monarchie mittelbar berühren. **art. 168**. Jede Petition kann in jeder der beiden Kammern zuerst zur Verhandlung gebracht, aber keine Petition kann an den König eingereicht werden, wenn sie nicht von beiden Kammern während der Dauer derselben Versammlung der gemeinschaftlichen Stände beschlossen worden ist.		

Verhältnis zum Staatsoberhaupt	**art. 169**. Wenn die Regierung oder die Mehrzahl der einem Landestheile angehörenden Mitglieder der betreffenden Kammer der Ansicht ist, daß der Gegenstand einer beabsichtigten Petition außerhalb der verfassungsmäßigen Gränzen (art. [352]) des Petitionsrechts der gemeinschaftlichen Stände liege, so sind sie befugt, diese Frage zur Entscheidung des Staats-Gerichtshofs zu bringen, welche unverzüglich abzugeben ist. **art. 170**. Jede der beiden Kammern ist befugt, Anträge einzelner Unterthanen und anerkannter Corporationen nach vorgängiger vorschriftsmäßiger Behandlung und unter Beobachtung der verfassungsmäßigen Erfordernisse (art. [353]) sich anzueignen, und ein solcher Antrag gelangt nach vorgängiger Annahme von Seiten der anderen Kammer als eine Petition der gemeinschaftlichen Stände an den König.		**§ 9**. Sobald der König wegen einer Reise oder wegen Schwäche findet, daß ein Reichsvorstand zu ernennen ist, so ruft er den Reichstag zusammen und legt diesem einen Gesetzesvorschlag darüber vor. **§ 10**. Wenn der König sich außer Stande zu regieren befindet, so ruft der Staatsrath den Reichstag zusammen. Wenn der vereinigte Reichstag mit drei Viertheilen der abgegebenen Stimmen die Nothwendigkeit einräumt, so ernennt er einen Reichsvorstand, und ordnet, wenn es nöthig sein sollte, eine Vormundschaft an.

352 Angabe fehlt.

353 Angabe fehlt.

Verhältnis zum Staatsoberhaupt			**§ 11**. Ist Grund zur Besorgnis da, daß der Thronfolger zur Zeit des Todes des Königs unmündig oder aus anderen Gründen selbst zu regieren außer Stand ist, so wird ein Reichsvorstand durch das Gesetz bestimmt und eine Vormundschaft vom Könige angeordnet. Der Reichsvorstand kann nicht an der Vormundschaft Theil nehmen.
	art. 4. Der König verfügt unbeschränkt über die Kriegsmacht zu Wasser und zu Lande, und schließt Verträge mit auswärtigen Mächten. **art. 5**. Verträge, durch welche ein Theil des Staatsgebiets veräußert werden soll (art. 2[354]) oder in Folge deren Veränderungen in den geltenden gemeinschaftlichen Gesetzen vorgenommen, oder den Unterthanen neue Lasten auferlegt werden sollen, bedürfen der Zustimmung der gemeinschaftlichen Stände.	**Art. 41**. Der Herzog schließt Verträge mit anderen Staaten. Alle Verträge, welche den Herzogthümern Schleswig-Holstein oder einzelnen Staatsbürgern Verbindlichkeiten oder Lasten auferlegen, bedürfen zu ihrer Gültigkeit der Zustimmung der Landesversammlung. **Art. 54**. Wenn der Herzog zugleich Oberhaupt eines anderen Staats ist, so können Verträge mit diesem Staate nur unter Zustimmung von besonders Bevollmächtigten der Landesversammlung und unter Vorbehalt der Ratification unterhandelt werden. Die Ratification geschieht von dem Herzoge und der Landesversammlung.	**§ 23**. Der König hat den Oberbefehl über Land- und Seemacht, er erklärt Krieg und schließt Frieden, geht ein und hebt auf Bündnisse und Handelsverträge, doch kann er ohne Genehmigung des Reichstages keinen Theil des Landes abtreten, über Staatseinnahmen entscheiden oder dem Staate irgend eine belastende Verpflichtung aufladen.

354 Angabe nachträglich eingefügt.

Mitwirkung bei Regierungswechsel	**art. 47**. Sollte ein Regierungswechsel eintreten, während die gemeinschaftlichen Stände nicht versammelt sind, so sollen sie spätestens innerhalb eines Monats außerordentlich zusammenberufen werden.	**Art. 57**. Nach dem Tode des Herzogs versammelt sich sofort die Landesversammlung ohne Zusammenberufung. War dieselbe vorher aufgelöst, und fällt der Termin des Zusammentretens der neu berufenen Landesversammlung später, so tritt die aufgelöste Landesversammlung wieder in Wirksamkeit und bleibt bis zum Zusammentreten der in der Auflösungsacte zusammenberufenen vereinigt.	**§ 4**. Die im Königsgesetze bestimmte Erbfolge gilt auch ferner. Sie kann nur nach einem Vorschlage des Königs und mit Einwilligung des vereinigten Reichstages, wozu drei Viertheile der abgegebenen Stimmen nöthig sind, verändert werden. **§ 13**. Nach des Königs Tode versammelt sich innerhalb 14 Tagen der zuletzt gewählte Reichstag ohne Zusammenberufung. **§ 14**. Ist kein Thronfolger vorhanden, oder kann der Thronfolger oder der Reichsvorstand die Regierung nicht gleich antreten, so wird diese vom Staatsrathe geführt, bis der Reichstag die nothwendigen Bestimmungen getroffen hat.
			§ 15. Wenn der Thronfolger oder der Reichsvorstand abwesend ist, so bestimmt der vereinigte Reichstag, innerhalb welcher Zeit er zurückkehren müsse. Ist der Thronfolger unmündig oder aus anderen Gründen nicht im Stande zu regieren, ohne daß Reichsvorsteher und Vormundschaft eingesetzt sind, so ernennt der vereinigte Reichstag den Reichsvorstand und besorgt die Vormundschaft. Ist kein Thronfolger vorhanden, so wählt der vereinigte Reichstag einen König und setzt die fernere Erbfolge fest.

Verhältnis zu Ministern und Behörden	**art. 99**. Jeder Vorgesetzte einer unmittelbaren Behörde kann, so oft und so lange er es angemessen findet, den Sitzungen beider Kammern beiwohnen, und zu jeder Zeit in denselben das Wort nehmen, auch ist er befugt, sich in jeder der beiden Kammern nach seinem Ermessen durch einen der höheren, bei der betreffenden unmittelbaren Behörde angestellten Beamten vertreten zu lassen. **art. 178**. Die Minister haben die allgemeinen Gesetze und ihre allgemeinen Instructionen zu befolgen, und sind außerdem hinsichtlich ihrer amtlichen Thätigkeit den gemeinschaftlichen Ständen verantwortlich.	**Art. 66**. Die Minister haben freien Zutritt zu den Sitzungen der Landesversammlung und müssen auf ihr Verlangen gehört werden. Auf Verlangen der Landesversammlung sind die Minister verpflichtet in der Versammlung zu erscheinen. Die Minister können Mitglieder der Landesversammlung sein. **Art. 98**. Jeder Abgeordnete ist berechtigt, von den Ministern Aufschlüsse zu verlangen, wenn er seine Absicht, eine Frage zu stellen unter Bezeichnung des Gegenstandes derselben, in einer vorhergehenden Sitzung angekündigt hat.	**§ 63**. Die Minister haben zufolge ihres Amts Zutritt zum Reichstage und sind berechtigt, während der Verhandlungen, so oft sie wollen, das Wort zu verlangen, müssen jedoch im Uebrigen die Geschäftsordnung befolgen. Das Stimmrecht haben sie nur, wenn sie Reichstagsmitglieder sind. **§ 66**. Jedes Reichstagsmitglied kann in der Kammer, welcher es angehört, mit deren Genehmigung jedes öffentliche Anliegen zur Verhandlung bringen und darüber eine Erklärung der Minister verlangen.
	art. 161. Jede Behörde, welche eine Abweichung von dem Budget vorgenommen hat, muß die Gründe für dieselbe in einer schriftlichen Ausführung, welche mit der Finanz-Rechnung dem Ausschusse vorzulegen ist, entwickeln. Diese Ausführung, welche mit dem Antrage auf die Genehmigung der fraglichen Abweichung schließt, ist der Versammlung der gemeinschaftlichen Stände von dem Ausschuß zugleich mit der Finanz-Rechnung zur Beschlußnahme vorzulegen.	**Art. 73**. Die Landesversammlung kann in Ausführung der ihr in Betreff des Staatshaushalts und sonst zustehenden Befugnisse, Ausschüsse zur Untersuchung von Thatsachen ernennen und denselben das Recht verleihen, allein oder unter Zuziehung von richterlichen Beamten, Vernehmungen vorzunehmen und die Behörden zur Hülfe zu requiriren.	**§ 50**. Jede Kammer kann Commissionen ihrer Mitglieder zur Untersuchung allgemein wichtiger Gegenstände niedersetzen. Diese sind berechtigt, sowohl von Staatsbehörden als von Privaten mündliche oder schriftliche Aufklärungen zu fordern.

Verhältnis zu Ministern und Behörden	**art. 164**. Wenn der Ausschuß (art. [355]) die Finanz-Rechnung geprüft, und die erforderlichen Aufklärungen eingezogen hat, legt er beiden Kammern, welche zu diesem Zwecke zusammentreten, sein Bedenken zur Beschlußnahme darüber vor, ob die Decharge für diese Rechnung ohne Notaten zu ertheilen, oder ob und über welche Notaten bei der Ertheilung der Decharge die Verantwortlichkeit der betreffenden Behörde vorzubehalten ist. **art. 165**. Jede Behörde, welche der Ansicht ist, daß ihr ein Notat zu der Finanz-Rechnung ohne hinreichenden Grund von den gemeinschaftlichen Ständen zur Last gelegt sei, hat das Recht, innerhalb dreier Monate nach dem betreffenden ständischen Beschlusse die Frage, ob dem Notat Folge zu geben sei, zur Entscheidung des Staats-Gerichtshofes zu bringen.	**Art. 97**. Es ist untersagt, der Landesversammlung in Person oder durch Deputationen Bittschriften zu überreichen. Die Landesversammlung hat das Recht, die an sie gerichteten Bittschriften an die Minister zu überweisen. Die Minister sind verbunden über deren Inhalt Auskünfte zu ertheilen, wenn die Landesversammlung es verlangt. **Art. 65**. Die Minister vereinigen sich unter Vorsitz des Herzogs oder Statthalters zum Staatsrath. Der Staatsrath beräth über Gesetzvorlagen und über Anträge der Landesversammlung sowie über alle wichtigeren Angelegenheiten, und entscheidet über Zweifel hinsichtlich der Zuständigkeit der einzelnen Ministerien. Ueber die im Staatsrath gefaßten Beschlüsse wird ein Protocoll geführt, welches die Vota der einzelnen Mitglieder enthält. Dieses Protocoll nebst dessen Beilagen wird einem Ausschusse der Landesversammlung auf deren Verlangen zur Einsicht vorgelegt.	**§ 68**. Findet die Kammer keine Veranlassung über einen Antrag einen Beschluß zu fassen, so kann sie denselben an die Minister verweisen.
	art. 179. Findet eine der beiden Kammern, daß ein oder mehrere Minister die Bestimmungen der Verfassung übertreten, oder nicht berücksichtigt, oder sich auf Maaßregeln, welche die Integrität der Monarchie oder die gegenwärtigen staatsrechtlichen Verhältnisse der einzelnen Landestheile verletzen können, eingelassen, oder sich sonst einer untreuen oder gewissenlosen Verwaltung ihres Amts schuldig gemacht haben, so ist die betreffende Kammer befugt, diese Minister vor dem Staats-Gerichtshofe belangen zu lassen.	**Art. 68**. Nur Kraft eines Beschlusses der Landesversammlung kann gegen die Minister, wegen der Verwaltung ihres Amtes ein Strafverfahren eingeleitet werden. Das Gesetz bestimmt die Fälle, wegen welcher ein Strafverfahren Statt findet, die Strafen, das Gericht und die Art des Verfahrens. **Art. 42**. Der Herzog hat das Recht der Begnadigung. Ein wegen seiner Amtshandlungen verurtheilter Minister kann nur auf Antrag der Landesversammlung begnadigt werden.	**§ 20**. Die Minister können für ihre Amtsführung in Anklagestand versetzt werden. Die Volkskammer klagt an, das Reichsgericht richtet. **§ 73**. Das Reichsgericht erkennt über die von der Volkskammer gegen die Minister eingebrachten Klagen. Der König kann auch Andere für Verbrechen, die ihm besonders staatsgefährlich scheinen, mit Genehmigung der Volkskammer vor das Reichsgericht stellen. **§ 31**. Der König kann begnadigen und Amnestie ertheilen; die Minister kann er nur mit Einwilligung der Volkskammer von den ihnen durch das Reichsgericht zuerkannten Strafen befreien.

355 Angabe fehlt.

Beziehungen zu anderen Staaten	**art. 5**. Verträge, durch welche ein Theil des Staatsgebiets veräußert werden soll (art. 2[356]) oder in Folge deren Veränderungen in den geltenden gemeinschaftlichen Gesetzen vorgenommen, oder den Unterthanen neue Lasten auferlegt werden sollen, bedürfen der Zustimmung der gemeinschaftlichen Stände.	**Art. 45**. Der Herzog kann ohne Zustimmung der Landesversammlung nicht Oberhaupt eines andern Staates werden. Schon begründete agnatische Rechte sind vorbehalten. Die Zustimmung der Landesversammlung kann nur in der für Aenderungen des Grundgesetzes Artikel 154 festgesetzten Weise erfolgen. **Art. 41**. Der Herzog schließt Verträge mit anderen Staaten. Alle Verträge, welche den Herzogthümern Schleswig-Holstein oder einzelnen Staatsbürgern Verbindlichkeiten oder Lasten auferlegen, bedürfen zu ihrer Gültigkeit der Zustimmung der Landesversammlung. **Art. 54**. Wenn der Herzog zugleich Oberhaupt eines andern Staats ist, so können Verträge mit diesem Staate nur unter Zustimmung von besonders Bevollmächtigten der Landesversammlung und unter Vorbehalt der Ratification unterhandelt werden. Die Ratification geschieht von dem Herzoge und der Landesversammlung. **Art. 131**. Schleswig-Holsteinische Staatsbürger können nicht in der bewaffneten Macht eines nicht deutschen Staates dienen. Ausnahmen können nur mit Einwilligung der Landesversammlung Statt finden. **Art. 132**. Schleswig-Holsteinische Truppen können nur mit Einwilligung der Landesversammlung oder auf Verfügung der deutschen Centralgewalt die Grenzen des deutschen Staatsgebiets überschreiten. **Art. 134**. Es kann Truppen nicht deutscher Staaten nur mit Einwilligung der Landesversammlung die Betretung des Staatsgebiets gestattet werden.	**§ 5**. Der König kann ohne Einwilligung des Reichstages nicht Oberhaupt eines anderen Landes, als derer, die zur Dänischen Monarchie gehören, sein. **§ 23**. Der König hat den Oberbefehl über Land- und Seemacht, er erklärt Krieg und schließt Frieden, geht ein und hebt auf Bündnisse und Handelsverträge, doch kann er ohne Genehmigung des Reichstages keinen Theil des Landes abtreten, über Staatseinnahmen entscheiden oder dem Staate irgend eine belastende Verpflichtung aufladen.

356 Angabe nachträglich eingefügt.

Verhältnis zum Reichsgericht	**art. 187**. Sobald die erste Versammlung der gemeinschaftlichen Stände eröffnet ist, und die Kammern constituiert sind (art. [357]) treten beide Kammern zusammen, und wählen vier Mitglieder des Staats-Gerichtshofes, von welchen zwei im Königreiche, eins im Herzogthum Schleswig und eins im Herzogthum Holstein wohnhaft sein müssen. **art. 190**. Die Mitglieder des Staats-Gerichtshofs dürfen nicht Mitglieder der Versammlung der gemeinschaftlichen Stände sein, und kein administratives Staatsamt bekleiden. **art. 191**. Der Staats-Gerichtshof soll stets vollzählig gehalten, und bei dem Abgange eines Mitgliedes ein Anderes an dessen Stelle auf dieselbe Weise, wie der Abgegangene, erwählt oder ernannt werden. Bei einstweiligen Verhinderungen der aus dem Königreiche erwählten oder ernannten Mitglieder tritt der von dem höchsten Gerichte, bei Verhinderungen der Mitglieder aus den Herzogthümern der von dem Schleswig-Holstein-Lauenburgischen Oberappellationsgericht gewählte Stellvertreter ein. Treten gleichzeitig[358] einstweilige Verhinderungen mehrerer Mitglieder ein, so sind diese auf dieselbe Weise, wie die ursprünglich Erwählten und Ernannten, für die Dauer der betreffenden Versammlung der gemeinschaftlichen Stände zu[359] ersetzen.[360]		**§ 72**. Das Reichsgericht besteht aus 16 Mitgliedern, die auf 4 Jahre zur Hälfte von der Landeskammer, zur Hälfte von den höchsten Gerichtshöfen des Landes aus ihren eigenen Mitgliedern gewählt werden. Es wählt sich den Präsidenten aus seiner eigenen Mitte. Das Gerichtsverfahren wird durch ein Gesetz näher bestimmt.

357 Angabe fehlt.
358 Vor der Zeile.
359 Folgt gestrichen: erwählen oder zu er- // nennen.
360 Eingefügt.

Verhältnis zum Reichsgericht	**art. 192**. Die dem Staats-Gerichtshofe verfassungsmäßig zustehenden Entscheidungen hinsichtlich der zur Wirksamkeit der gemeinschaftlichen Stände gehörenden Gegenstände (art. [361]) sind von denselben in der Regel innerhalb acht Tagen, nachdem ihm die Protocolle über die betreffenden ständischen Verhandlungen in so vielen gedruckten Exemplaren, als der Gerichtshof Mitglieder zählt, von dem Präsidenten der betreffenden Kammer zugestellt worden, nach vorgängiger mündlichen [sic!] Abstimmung abzugeben[362].		
Mitwirkung bei militärischen Entscheidungen		**Art. 131**. Schleswig-Holsteinische Staatsbürger können nicht in der bewaffneten Macht eines nicht deutschen Staates dienen. Ausnahmen können nur mit Einwilligung der Landesversammlung Statt finden. **Art. 132**. Schleswig-Holsteinische Truppen können nur mit Einwilligung der Landesversammlung oder auf Verfügung der deutschen Centralgewalt die Grenzen des deutschen Staatsgebietes überschreiten. **Art. 133**. Die Seemacht hat ihre Stationen, Werften und Arsenäle in Schleswig-Holstein. Ausnahmen können nur mit Einwilligung der Landesversammlung Statt haben. **Art. 134**. Es kann Truppen nicht deutscher Staaten nur mit Einwilligung der Landesversammlung die Betretung des Staatsgebiets gestattet werden. **Art. 135**. Die Verhältnisse der Bürgerwehr werden durch ein besonderes Gesetz geordnet werden.	

361 Angabe fehlt.
362 Über der Zeile korrigiert aus gestrichen: zu entscheiden.

Anhang 2: Staatsoberhaupt

	Verfassungsentwurf	Staatsgrundgesetz	Grundlov
Allgemeine Bestimmungen	**art. 10**. Binnen Jahresfrist nach Seinem Regierungs-Antritte wird der König, wenn nicht besondere Hindernisse entgegentreten, Seine Krönung vornehmen lassen. **art. 3**. Der König vereinigt in Seiner Person die gesammte Regierungs-Gewalt, in soweit ihre Ausübung nicht durch den Inhalt der Verfassungs-Urkunde beschränkt wird. Seine Person ist heilig und unverletzlich. **art. 11**. Der König verfügt über die Verhältnisse der übrigen Mitglieder des Königlichen Hauses durch Hausgesetze, welche zu ihrer Gültigkeit weder der Publication, noch, insoweit sie mit der Verfassung im Einklange stehen, der Zustimmung der gemeinschaftlichen Stände bedürfen.	**Art. 55**. Die Herzogliche Gewalt vererbt im Mannesstamme des Oldenburgischen Fürstenhauses vermöge Abstammung aus rechtsgültiger Ehe nach dem Rechte der Erstgeburt und der agnatischen Linealfolge, ohne Rücksicht auf die Nähe des Grades. **Art. 33**. Dem Herzog steht als Oberhaupt des Staats die vollziehende Gewalt, in Gemeinschaft mit der Landesversammlung die gesetzgebende Gewalt mit Einschluß des Rechts der authentischen Gesetzauslegung zu; Er übt diese Gewalten in dem Umfange und in den Formen aus, wie durch dieses Grundgesetz bestimmt wird. Er befiehlt die Verkündigung der Gesetze und erläßt die zu deren Vollziehung nöthigen Verordnungen. **Art. 70**. Die Landesversammlung übt in Gemeinschaft mit dem Herzoge die gesetzgebende Gewalt. Jedes Gesetz erfordert zu seiner Gültigkeit die Uebereinstimmung des Herzogs und der Landesversammlung. Wird, während der Herzog Oberhaupt eines anderen, nicht deutschen Staates ist, ein Gesetzantrag auf drei verschiedenen Landtagen von der Landesversammlung mit einer Stimmenmehrheit von zwei Drittheilen unverändert angenommen, so kann der Herzog seine Zustimmung zu demselben nicht verweigern und verkündigt ihn als Gesetz.	**§ 1**. Die Regierungsform ist eingeschränkt monarchisch. Die Königliche Gewalt ist erblich. **§ 4**. Die im Königsgesetze bestimmte Erbfolge gilt auch ferner. Sie kann nur nach einem Vorschlage des Königs und mit Einwilligung des vereinigten Reichstages, wozu drei Viertheile der abgegebenen Stimmen nöthig sind, verändert werden. **§ 2**. Die gesetzgebende Gewalt ist bei dem Könige und dem Reichstage in Gemeinschaft. Die ausübende Gewalt ist bei dem Könige. Die richterliche Gewalt ist bei den Gerichtshöfen.
	art. 7. Der König ist verpflichtet, innerhalb des Staatsgebiets zu wohnen und Hof zu halten. Während eines einstweiligen Aufenthalts im Auslande verfügt Er über die Verwaltung der Regierungs-Geschäfte.	**Art. 147**. Der Sitz der Regierung kann nur innerhalb der Landesgrenzen sein und wird durch das Gesetz bestimmt.	**§ 46**. Der Reichstag versammelt sich am Sitze der Regierung. In außerordentlichen Fällen kann der König ihn in eine andere Stadt des Reichs berufen.

Allgemeine Bestimmungen		**Art. 45**. Der Herzog kann ohne Zustimmung der Landesversammlung nicht Oberhaupt eines anderen Staates werden. Schon begründete agnatische Rechte sind vorbehalten. Die Zustimmung der Landesversammlung kann nur in der für Aenderungen des Grundgesetzes Artikel 154 festgesetzten Weise erfolgen. **Art. 54**. Wenn der Herzog zugleich Oberhaupt eines anderen Staats ist, so können Verträge mit diesem Staate nur unter Zustimmung von besonders Bevollmächtigten der Landesversammlung und unter Vorbehalt der Ratification unterhandelt werden. Die Ratification geschieht von dem Herzoge und der Landesversammlung.	**§ 5**. Der König kann ohne Einwilligung des Reichstages nicht Oberhaupt eines anderen Landes, als derer, die zur Dänischen Monarchie gehören, sein.
	art. 30. Die Evangelisch-Lutherische Religion ist die Staatsreligion; zu ihr bekennt sich der König. Das Vermögen der lutherischen Kirche und deren Einkünfte sind unantastbar, und dürfen nur zu kirchlichen Zwecken dieser Kirche verwandt werden. Reichen sie+[363] zur Erfüllung der kirchlichen Zwecke nicht hin, so ist das Fehlende durch Beiträge aus Staatsmitteln zu decken.		**§ 6**. Der König muß der evangelisch-lutherischen Kirche angehören.
	art. 8. Der König wird volljährig mit dem vollendeten achtzehnten Jahre. Wie es mit der Verwaltung der Regierungs-Geschäfte während der Minderjährigkeit oder sonstiger Verhinderungen des Königs verhalten werden soll, wird durch ein besonderes, nach vorgängiger Zustimmung der gemeinschaftlichen Stände zu erlassendes Gesetz bestimmt werden.	**Art. 58**. Der Herzog wird mit Vollendung des Achtzehnten Lebensjahres mündig.	**§ 7**. Der König ist mündig, wenn er sein 18tes Jahr vollendet hat.

363 Kreuz verweist auf folgende Marginalie: und die von den Gemeinden // gesetzlich zu entrichtenden // außerordentlichen Beiträge.

Allgemeine Bestimmungen	**art. 9**. An dem Tage Seines Regierungs-Antritts verspricht der König in einem in allen Theilen der Monarchie zur öffentlichen Kunde zu bringenden Patente die Aufrechthaltung der Bestimmungen der gegenwärtigen Verfassungs-Urkunde, und läßt die von Ihm eigenhändig unterzeichnete Ausfertigung dieses Patents der ersten nach Seinem Regierungs-Antritte zusammentretenden Versammlung der gemeinschaftlichen Stände überreichen, um in dem ständischen Archive niedergelegt zu werden.	**Art. 34**. Vor dem Antritt der Regierung leistet der Herzog den folgenden Eid entweder schriftlich oder vor der Landesversammlung persönlich: „Ich gelobe und schwöre die Verfassung und die Gesetze der Herzogthümer Schleswig-Holstein zu beobachten und die Rechte des Volks aufrecht zu halten. So wahr mir Gott helfe und sein heiliges Wort". Die Urkunde über den geleisteten Eid wird in dem Archiv der Landesversammlung aufbewahrt. Bevor der Herzog den Eid geleistet hat, steht ihm keine Regierungsgewalt zu.	**§ 8**. Bevor der König die Regierung antritt, legt er vor dem vereinigten Reichstage folgenden Eid ab: „Ich gelobe und schwöre, das Dänische Staatsgrundgesetz zu halten, so helfe mir Gott und sein heiliges Wort." Sollte der Reichstag bei dem Thronwechsel nicht versammelt sein, so wird der Eid schriftlich im Staatsrathe niedergelegt und später vor dem vereinigten Reichstage wiederholt.
Zivilliste und Staatsvermögen	**art. 17**. Der König benutzt das gesammte bewegliche und unbewegliche Kron-Vermögen und die der Krone verfassungsmäßig zustehenden Einkünfte. **art. 18**. Das Kron-Vermögen besteht aus den Königlichen Schlössern[364], den darin befindlichen Regalien, Sammlungen und anderen beweglichen und unbeweglichen Gegenständen, und den dazu gehörigen Gärten, Hölzungen und sonstigen Zubehörungen. **art. 19**. Ueber alle diese Gegenstände wird binnen Jahresfrist, nachdem die gegenwärtige Verfassungs-Urkunde in Kraft getreten ist, und gleichfalls bei dem Regierungsantritt eines jeden Königs ein vollständiges Verzeichnis aufgenommen, und eine Abschrift desselben in dem Archive der gemeinschaftlichen Stände niedergelegt.	**Art. 136**. Alles bisher als landesherrlich bezeichnete Eigenthum und Vermögen jeder Art in den Herzogthümern ist, da die regierende Linie hier kein Privat- oder Familienvermögen besitzt, Staatseigenthum. Alles aus Staatsmitteln oder für den Staat Erworbene wird Theil des Staatsvermögens. Kriegscontributionen, Entschädigungsgelder und sonstige Erwerbungen, welche dem Landesherrn zufolge eines Staatsvertrages, Bündnisses oder Krieges zu Theil werden, sind daher ebenfalls Staatseigenthum. Ueber das gesammte Staatsvermögen, namentlich über die grundherrlichen Abgaben und Leistungen, welche die Staatscasse zu erheben berechtigt ist, sowie über die ausstehenden Forderungen werden genaue und vollständige Inventarien aufgenommen.	**§ 16**. Die Civilliste des Königs wird zu Anfang jeder Regierung durch ein Gesetz bestimmt. Dabei wird gleichzeitig festgestellt, welche Schlösser und anderweitiges Staatseigenthum zur Civilliste gehören sollen. Die Civilliste kann nicht mit Schulden belastet werden. **§ 17**. Für die Mitglieder des Königlichen Hauses können Apanagen durch ein Gesetz bestimmt werden. Ohne Genehmigung des Reichstages können keine Apanagen außerhalb Landes verzehrt werden. **§ 1. Transitorische Bestimmungen**. So wie die Vorschrift des § 16, daß die Civilliste durch ein Gesetz bestimmt wird, auf den jetzigen König keine Anwendung hat, so ist auch der § 17 kein Hinderniß, daß nicht Apanagen außerhalb Landes verzehrt werden, soweit solches mit schon bestehenden Contracten sich verträgt.

364 Über der Zeile eingefügt: und Gebäuden.

Zivilliste und Staatsvermögen	**art. 20**. Sollte der König die Benutzung einzelner Königlichen [sic!] Gebäude und Sammlungen nicht wünschen, so wird über diese, bevor die Verfassung in Kraft tritt, ein Verzeichnis aufgemacht; sie bilden von diesem Zeitpuncte an einen Theil des Staatsvermögens, welches ohne die allgemeine oder besondere Zustimmung der gemeinschaftlichen Stände weder ganz noch theilweise veräußert werden darf. **art. 21**. Das Kron-Vermögen besteht ferner aus dem Regalien-Fonds und den übrigen der Krone zuständigen, bisher nicht in die bekannt gemachten Finanz-Rechnungen aufgenommenen Capitalien; auch auf diese muß sich das vorgedachte Verzeichnis (art. [365]) erstrecken. **art. 22**. Endlich besteht das Kron-Vermögen aus sämmtlichen Königlichen Domainen und Forsten im Königreiche Dänemark, über welche gleichfalls binnen Jahresfrist ein genaues Verzeichnis aufzunehmen, und eine Abschrift desselben in dem Archive der gemeinschaftlichen Stände niederzulegen ist, mit allen dar auf heftenden Gerechtsamen und Verpflichtungen.[366] **art. 23**. Dagegen überläßt der König der Finanzverwaltung den Ertrag der sämmtlichen Domainen und Forsten in den Herzogthümern Schleswig und Holstein. Diese Domainen, Forsten und Domainen-Intraden werden hiedurch für Theile des Staatsvermögens erklärt.	Einzelne Theile des Staatsvermögens, wie z. B. gewisse Schlösser und Gärten, werden dem Herzoge bei Bestimmung seiner Civilliste oder den Mitgliedern der fürstlichen Familie bei Bestimmung ihrer Apanagen und Witthümer zur Benutzung übergeben. Alles übrige Staatsvermögen wird den einzelnen Abtheilungen der Staatsverwaltung zur Verwaltung und Verwendung überwiesen. Jede Abtheilung der Staatsverwaltung hat jährlich mit der Rechnungsablage einen genauen Nachweis über die Vermehrung oder Verminderung des ihr anvertrauten Staatsvermögens einzuliefern. Das unbewegliche Staatsvermögen soll in seinem wesentlichen Bestande erhalten werden und kann daher ohne Einwilligung der Landesversammlung weder durch Veräußerung vermindert, noch mit Schulden oder sonst mit einer bleibenden Last beschwert werden. **Art. 61**. Die Civilliste des Herzogs wird zu Anfang jeder Regierung durch ein Gesetz bestimmt. **Art. 62**. Etwanige Apanagen, Ausstattungen und Witthümer des Herzoglichen Hauses bestimmt das Gesetz.	

365 Angabe fehlt.

366 Folgt eingefügt: unter Letzteren ist die in den gedachten Domainen redicierte Capitalschuld mitbegriffen.

Zivilliste und Staatsvermögen	**art. 24**. Als Widerlage für die Benutzung der letztgedachten Domainen (art. 23[367]) bezieht der König aus der Finanz-Kasse 600,000 Rbtl jährlich, welche am 1sten Januar und 1. Julii jeden Jahres mit der Hälfte ausbezahlt werden, und übernimmt die Finanz-Verwaltung die Auszahlung der den Mitgliedern des Königlichen Hauses zukommenden Apanagen. **art. 25**. Aus den Einkünften der Krone sind sämmtliche Kosten der Hofhaltung, mit Inbegriff der Unterhaltung der[368] königlichen Schlösser,[369] und Gärten, sowie mit Inbegriff des Königlichen Theaters und der Königlichen Capelle abzuhalten. **art. 26**. Die Verwaltung des Kron-Vermögens ist durch keine[370] Art[371] der ständischen Mitwirkung beschränkt; doch darf kein Theil desselben veräußert werden, abgesehen von der Vererbpachtung des zu den Kron-Domainen gehörenden Bonderngguts, wofür die eingehende Kaufsumme dem unveräußerlichen Capitalvermögen der Krone (art.[372]) hinzuzufügen sind [sic]. **art. 27**. Zur Ausstattung einer in den Ehestand tretenden Königs-Tochter kann die Princessinnen-Steuer im Königreiche und in den Herzogthümern ohne vorgängige ständische Bewilligung mit ihrem bisherigen Belaufe ausgeschrieben werden.		

367 Angabe nachträglich eingefügt.
368 Über der Zeile eingefügt: zum Kronvermögen gehörenden.
369 Über der Zeile eingefügt: Gebäude.
370 Korrigiert aus: keinen.
371 Korrigiert aus: Act.
372 Angabe fehlt.

Zivilliste, Staatsvermögen	**art. 28**. Die einzelnen Mitgliedern des Königlichen Hauses und anderen Fürstlichen Personen zur Zeit beigelegten Apanagen bleiben unverändert. Künftig können Apanagen nur nach vorgängiger Zustimmung der gemeinschaftlichen Stände bewilligt werden.		
Verantwortlichkeit	**art. 3**. Der König vereinigt in Seiner Person die gesammte Regierungs-Gewalt, in soweit ihre Ausübung nicht durch den Inhalt der Verfassungs-Urkunde beschränkt wird. Seine Person ist heilig und unverletzlich. **art. 172**. Kein Beamter und keine Behörde darf einem Befehl des Königs Folge leisten, wenn er nicht von dem betreffenden Minister unterzeichnet ist. **art. 182**. Die eigene Unterschrift des Königs oder dessen Befehl befreit den betreffenden Minister nicht von der Verantwortlichkeit für eine Handlung, welche dem Staatsgerichtshofe als eine Verletzung der Amtspflicht erscheint.	**Art. 35**. Die Person des Herzogs ist unverletzlich. Seine Minister sind verantwortlich. **Art. 36**. Keine Anordnung des Herzogs in Regierungsangelegenheiten ist gültig, wenn die Urkunde über dieselbe nicht von einem Minister gegengezeichnet ist. Die Gegenzeichnung macht den Minister verantwortlich. **Art. 38**. Der Herzog ernennt und entläßt die Minister. **Art. 40**. Der Herzog besetzt alle Civil- und Militair-Staatsämter, soweit das Gesetz nicht eine andere Art der Besetzung bestimmt. **Art. 47**. Der Herzog ernennt und entläßt den Statthalter. Nur Mitglieder deutscher Fürstenhäuser oder Schleswig-Holsteinische Staatsbürger können zu Statthaltern ernannt werden.	**§ 18**. Der König ist unverantwortlich, seine Person ist heilig und unverletzlich. Die Minister sind für die Führung der Regierung verantwortlich. **§ 19**. Der König ernennt und entlässt seine Minister. Die Beschlüsse über Gesetzgebung und Regierung sind durch die Unterschrift des Königs gültig, wenn diese von der Unterschrift eines Ministers begleitet ist. Der Minister, welcher unterschrieben hat, ist für den Beschluß verantwortlich. **§ 21**. Die Minister in ihrer Gesammtheit bilden den Staatsrath, den Vorsitz in demselben führt der vom Könige ernannte Premierminister. Alle Gesetzesvorschläge und wichtigeren Regierungsmaaßregeln werden dem Staatsrathe vorgelegt. Die Ordnung desselben, so wie die Ministerverantwortlichkeit werden durch ein Gesetz bestimmt.

Verantwortlichkeit	**art. 174**. Der König vertheilt die verschiedenen Verwaltungsgeschäfte unter diese acht Ministerien (art. [373]) und nimmt mit dieser Vertheilung demnächst diejenigen Veränderungen vor, welche Ihm als zweckmäßig erscheinen; doch kann ein Verwaltungs-Zweig, welcher bisher von einer besonderen unmittelbaren Behörde für das Königreich oder[374] für die Herzogthümer besorgt, oder in Folge der Einrichtung von Ministerien einem besonderen Ministerium zugetheilt ist, niemals einem gemeinschaftlichen Ministerium übertragen werden. **art. 175**. Die Durchschnitts-Summe des Belaufs der Kosten sämmtlicher bisherigen unmittelbaren Collegien und Departements an Gehalten und Comptoir-Ausgaben für die letzten drei Jahre wird im Normal-Reglement als Ausgabe[375]-Posten für sämmtliche Ministerien aufgeführt, und vom Könige unter die einzelnen Ministerien nach den Bedürfnissen derselben vertheilt. **art. 176**. Wenn einzelne Verwaltungszweige von einem Ministerium an ein anderes übergehen, so sind die daraus folgenden Abänderungen des Verwaltungsreglements und Budgets nicht an die Zustimmung der gemeinschaftlichen Stände gebunden. **art. 177**. Die acht Minister haben Sitz und Stimme in dem Geheimen[376] Staatsrathe, und der König bestimmt, welche Sachen in[377] demselben[378] erledigt werden sollen.	**Art. 53**. Alle, die Unterschrift des Herzogs erfordernden Gesetze, Verordnungen und Befehle werden während der Abwesenheit des Herzogs vom Statthalter Namens desselben unterschrieben, und soweit dieses Grundgesetz vorschreibt, von den Ministern gegengezeichnet. **Art. 70**. Die Landesversammlung übt in Gemeinschaft mit dem Herzoge die gesetzgebende Gewalt. Jedes Gesetz erfordert zu seiner Gültigkeit die Uebereinstimmung des Herzogs und der Landesversammlung. Wird, während der Herzog Oberhaupt eines anderen, nicht deutschen Staates ist, ein Gesetzantrag auf drei verschiedenen Landtagen von der Landesversammlung mit einer Stimmenmehrheit von zwei Drittheilen unverändert angenommen, so kann der Herzog seine Zustimmung zu demselben nicht verweigern und verkündigt ihn als Gesetz. **Art. 67**. Durch keine Anordnung des Herzogs oder Statthalters können die Minister der ihnen wegen der Verwaltung ihres Amtes obliegenden Verantwortlichkeit enthoben werden.	**§ 22**. Der König besetzt alle Aemter in demselben Maaße wie bisher. Veränderungen darin können nur durch ein Gesetz geschehen. Niemand kann zum Beamten ernannt werden, der nicht das Indigenatrecht hat. Der König kann die von ihm angestellten Beamten entlassen. Die Pension derselben wird in Uebereinstimmung mit dem Pensionsgesetze festgestellt. Der König kann Beamte ohne ihre Einwilligung versetzen, doch so, daß sie dabei nicht an den Amtseinnahmen einbüßen, und daß ihnen zwischen solcher Versetzung und einer Verabschiedung mit Pension nach den allgemeinen Vorschriften die Wahl gelassen wird. Ausnahmen für gewisse Classen von Beamten, außer den im § 87 [sic ! richtiger 78] festgestellten, werden durch ein Gesetz bestimmt.

373 Angabe fehlt.
374 Über der Zeile korrigiert aus gestrichen: und.
375 Korrigiert aus: Ausgaben.
376 Über der Zeile korrigiert aus gestrichen: bilden den Ministerrath // oder.
377 Korrigiert aus: im.
378 Über der Zeile korrigiert aus gestrichen: Staatsrathe.

Verantwortlichkeit	**art. 6**. Der König ernennt und entläßt alle geistliche und weltliche Beamte, insoweit nicht deren Ernennung und Entlassung Anderen rechtsgültig übertragen ist, oder vom Könige den betreffenden Behörden überlassen wird. Ueber die Verhältnisse der Beamten wird ein Gesetz unter beschließender Mitwirkung der gemeinschaftlichen Stände erlassen werden. Mitglieder der höchsten Gerichtshöfe im Königreiche und in den Herzogthümern können als solche nur durch richterlichen Spruch ihres Amts verlustig erklärt werden. **art. 95**. Der König wird Commissarien ernennen, welche die Versammlungen der ersten und der zweiten Kammer an dem bei der Zusammenberufung der gemeinschaftlichen Stände bestimmten Tage im Namen des Königs in getrennter Sitzung, ohne weitere Bemerkungen für eröffnet erklären. **art. 186**. Sobald die Verfassung in Kraft getreten ist, und vor der ersten Versammlung der gemeinschaftlichen Stände erwählt das höchste Gericht aus seiner Mitte zwei Mitglieder des Staats-Gerichtshofs und einen Stellvertreter, das Schleswig-Holstein-Lauenburgische Oberappellationsgericht ebenfalls aus seiner Mitte zwei Mitglieder und einen Stellvertreter, und ernennt der König zwei im Königreiche wohnhafte Mitglieder, ein im Herzogthum Schleswig und ein im Herzogthum Holstein wohnhaftes Mitglied.		

Verhältnis zum Militär	**art. 4**. Der König verfügt unbeschränkt über die Kriegsmacht zu Wasser und zu Lande, und schließt Verträge mit auswärtigen Mächten. **art. 5**. Verträge, durch welche ein Theil des Staatsgebiets veräußert werden soll (art. 2[379]) oder in Folge deren Veränderungen in den geltenden gemeinschaftlichen Gesetzen vorgenommen, oder den Unterthanen neue Lasten auferlegt werden sollen, bedürfen der Zustimmung der gemeinschaftlichen Stände.	**Art. 39**. Der Herzog führt den Oberbefehl über die Land- und Seemacht. **Art. 41**. Der Herzog schließt Verträge mit anderen Staaten. Alle Verträge, welche den Herzogthümern Schleswig-Holstein oder einzelnen Staatsbürgern Verbindlichkeiten oder Lasten auferlegen, bedürfen zu ihrer Gültigkeit der Zustimmung der Landesversammlung. **Art. 54**. Wenn der Herzog zugleich Oberhaupt eines anderen Staats ist, so können Verträge mit diesem Staate nur unter Zuziehung von besonders Bevollmächtigten der Landesversammlung und unter Vorbehalt der Ratification unterhandelt werden. Die Ratification geschieht von dem Herzoge und der Landesversammlung.	**§ 23**. Der König hat den Oberbefehl über Land- und Seemacht, er erklärt Krieg und schließt Frieden, geht ein und hebt auf Bündnisse und Handelsverträge, doch kann er ohne Genehmigung des Reichstages keinen Theil des Landes abtreten, über Staatseinnahmen entscheiden oder dem Staate irgend eine belastende Verpflichtung aufladen.
	art. 12. Der König allein ist zu Standes-Erhöhungen, sowie zur Verleihung von Orden und anderen Auszeichnungen befugt, welche von sämmtlichen Unterthanen anerkannt werden sollen. Einmal verliehene Auszeichnungen dieser Art können nur durch richterlichen Spruch entzogen werden.	**Art. 44**. Der Herzog kann nur an Militairpersonen Orden und Ehrenzeichen ertheilen. Adel und persönliche Titel können vom Herzoge nicht verliehen werden.	
Verhältnis zum Parlament	**art. 48**. Die gemeinschaftlichen Stände dürfen sich, ohne vom Könige einberufen zu sein, nicht versammeln. **art. 49**. Die regelmäßige Dauer der Versammlung der gemeinschaftlichen Stände beträgt zwei Monate. Wenn die vorliegenden Geschäfte in dieser Zeit nicht zu erledigen sind, wird auf den Wunsch der Versammlung eine Verlängerung ihrer Dauer um einen Monat vom Könige verfügt werden. Die Bestimmung einer ferneren Verlängerung hängt lediglich von dem Gutbefinden des Königs ab.	**Art. 85**. Die Landesversammlung tritt Ein Mal im Jahre, und zwar am 1. November, und wenn dieser Tag auf einen Sonntag fällt, am folgenden Tage, auch ohne besondere Berufung, zu dem ordentlichen Landtage zusammen. Dem ordentlichen Landtage ist jedes Mal der jährliche Voranschlag zum Staatshaushalt vorzulegen. Außerordentlich wird die Landesversammlung vom Herzoge berufen, so oft er es für nöthig erachtet.	**§ 24**. Der König beruft jährlich einen ordentlichen Reichstag zusammen. Ohne Genehmigung des Königs kann derselbe nicht länger als zwei Monate sitzen. Umänderungen in diesen Bestimmungen können durch ein Gesetz geschehen. **§ 45**. Der jährliche Reichstag tritt am ersten Montage im October zusammen, wenn der König ihn nicht auf eine frühere Zeit einberufen hat.

379 Angabe nachträglich eingefügt.

Verhältnis zum Parlament	**art. 95**. Der König wird Commissarien ernennen, welche die Versammlungen der ersten und der zweiten Kammer an dem bei der Zusammenberufung der gemeinschaftlichen Stände bestimmten Tage im Namen des Königs in getrennter Sitzung, ohne weitere Bemerkungen für eröffnet erklären. **art. 50**. Die gemeinschaftlichen Stände bleiben so lange versammelt, bis der König ihre Vertagung oder Schließung verfügt.+[380] **art. 51**. Wenn der König Sich bewogen findet, die Versammlung der gemeinschaftlichen Stände zu vertagen, so sind die Verhandlungen derselben sofort zu schließen; ihre Wiederberufung erfolgt aber spätestens vor dem Ablaufe des betreffenden Jahres. **art. 52**. Ebenso haben beide Kammern ihre Verhandlungen sofort zu schließen, wenn der König Sich bewogen findet die zweite Kammer aufzulösen; die Zusammenberufung beider Kammern erfolgt spätestens einen Monat nach der Beendigung der außerordentlichen Wahlen zur zweiten Kammer (art. [381]). **art. 62**. Außerdem ernennt der König zwölf Männer aus dem Königreiche zu Mitgliedern der ersten Kammer auf Lebenszeit. **art. 68**. Außerdem ernennt der König sechs Männer aus dem Herzogthum Schleswig und sechs aus dem Herzogthum Holstein zu Mitgliedern der ersten Kammer auf Lebenszeit. **art. 71**. Ebenso ernennt der König aus dem Königreiche vier, und aus jedem der beiden Herzogthümer zwei Stellvertreter der betreffenden Mitglieder der ersten Kammer.	**Art. 86**. Dem Herzoge steht die Befugniß zu, den Landtag zu vertagen, zu schließen und die Landesversammlung aufzulösen. Der ordentliche Landtag kann ohne die Zustimmung der Landesversammlung nicht vor Ablauf von 30 Tagen vertagt oder geschlossen werden. **Art. 87**. Zur Gültigkeit jeder Auflösung der Landesversammlung wird erfordert, daß die Auflösungsacte die Anordnung neuer Wahlen, so daß dieselben innerhalb 30 Tagen nach dem Auflösungstage beendigt sein können und die Berufung der neugewählten Landesversammlung, so daß dieselbe innerhalb fernerer 30 Tage zusammentrete, enthalte. **Art. 88**. Der Sitz der Regierung ist der regelmäßige Versammlungsort der Landesversammlung.	§ **46**. Der Reichstag versammelt sich am Sitze der Regierung. In außerordentlichen Fällen kann der König ihn in eine andere Stadt des Reichs berufen. § **25**. Der König kann den Reichstag zu außerordentlichen Zusammenkünften einberufen, deren Dauer von seiner Bestimmung abhängt. § **26**. Der König kann die Zusammenkünfte eine Zeitlang vertagen, doch ohne Einwilligung des Reichstages nicht länger als auf zwei Monate und nicht mehr als einmal im Jahre bis zu dessen nächster ordentlicher Zusammenkunft. § **27**. Der König kann den ganzen Reichstag oder eine Abtheilung desselben auflösen; wird nur eine Kammer aufgelöst, so werden die Versammlungen der andern vertagt, biß der ganze Reichstag wieder zusammentreten kann. Dieses muß innerhalb zweier Monate nach der Auflösung stattfinden. § **49**. Jede Kammer kann Adressen an den König einreichen.

380 Kreuz verweist auf folgende Marginalie, in der art. 51 und art. 52 aufgeführt werden.
381 Angabe fehlt.

Verhältnis zum Parlament	**art. 72**. Wird durch den Eintritt eines Mangels an den erforderlichen Eigenschaften, oder durch dreijährige Enthaltung von der Theilnahme an den Versammlungen, oder durch einen Todesfall ein Platz in der ersten Kammer erledigt, oder treten viele einstweilige Verhinderungen einzelner Mitglieder ein, daß Stellvertreter nicht mehr vorhanden sind, so sind die erledigten Plätze der Mitglieder oder Stellvertreter innerhalb vier Wochen durch Wahl oder Ernennung wieder zu besetzen. In Fällen der erstgedachten[+382] Art wird der erledigte Platz bis zum Eintritte des neu erwählten oder ernannten Mitgliedes durch einen Stellvertreter besetzt. **art. 73**. Zur Leitung der Verhandlungen in der ersten Kammer ernennt der König aus der Mitte derselben einen Präsidenten und zwei Vicepräsidenten. Diese bleiben im Amte, so lange sie Mitglieder der Kammer sind. **art. 74**. Wird einer dieser Plätze erledigt, so soll derselbe, wenn der Fall während der Dauer der Versammlung eintritt, innerhalb dreier Tage, sonst aber gleichzeitig mit der Zusammenberufung der nächsten Versammlung wieder besetzt werden. **art. 91**. Ebenso sind außerordentliche Wahlen im Königreiche und in den Herzogthümern vorzunehmen, wenn der König Sich bewogen findet, die zweite Kammer aufzulösen, und zwar spätestens innerhalb dreier Monate nach erfolgter Auflösung.		

382 Kreuz verweist auf folgende Marginalie: unleserlich.

Verhältnis zum Parlament	**art. 92**. Jeder Königliche Beamte, sowie jeder, welcher zur Wahrnehmung öffentlicher Geschäfte mit einer Königlichen Bestallung oder Confirmation versehen ist, bedarf, um eine auf ihn gefallene Wahl zum Abgeordneten anzunehmen, der Königlichen Erlaubniß, welche indessen nur dann verweigert werden soll, wenn dieses mit Rücksicht auf die Dienstgeschäfte des Gewählten nothwendig erscheint. ~~art.~~[383] ~~Wenn der König Sich bewogen findet, die zweite Kammer zu vertagen, so sind die Verhandlungen derselben sofort zu schließen, ihre Wiederberufung erfolgt aber spätestens vor dem Ablaufe des betreffenden Jahres.~~ (gestrichener Artikel 93a) ~~art.~~[384] ~~Ebenso hat die Kammer ihre Verhandlungen sofort zu schließen, wenn der König Sich bewogen findet, sie aufzulösen; die Zusammenberufung beider~~[385] ~~Kammern~~[386] ~~erfolgt spätestens einen Monat nach der Beendigung der außerordentlichen Wahlen (art.~~[387]~~)~~ (gestrichener Artikel 93 b) **art. 166**. Die gemeinschaftlichen Stände sind befugt, unter Beobachtung des in der Geschäfts-Ordnung vorgeschriebenen Verfahrens Petitionen über verfassungsmäßig zu ihrem Wirkungskreise gehörende Gegenstände der Gesetzgebung und über andere, die Interessen der gesammten Monarchie unmittelbar berührende Gegenstände an den König einzureichen.		

383 Angabe fehlt. Nachfolgende Artikel gestrichen bis einschließlich Artikel 93 b.
384 Angabe fehlt.
385 Statt: der neugewählten (überstrichen), beider.
386 Korrigiert aus: Kammer.
387 Angabe fehlt.

Verhältnis zum Parlament	**art. 167**. Dagegen sind die gemeinschaftlichen Stände zur Einreichung von Petitionen über Angelegenheiten einzelner Landestheile auch dann nicht befugt, wenn sich von denselben behaupten läßt, daß sie die Interessen der gesammten Monarchie mittelbar berühren. **art. 168**. Jede Petition kann in jeder der beiden Kammern zuerst zur Verhandlung gebracht, aber keine Petition kann an den König eingereicht werden, wenn sie nicht von beiden Kammern während der Dauer derselben Versammlung der gemeinschaftlichen Stände beschlossen worden ist. **art. 169**. Wenn die Regierung oder die Mehrzahl der einem Landestheile angehörenden Mitglieder der betreffenden Kammer der Ansicht ist, daß der Gegenstand einer beabsichtigten Petition außerhalb der verfassungsmäßigen Gränzen (art. [388]) des Petitionsrechts der gemeinschaftlichen Stände liege, so sind sie befugt, diese Frage zur Entscheidung des Staats-Gerichtshofs zu bringen, welche unverzüglich abzugeben ist. **art. 170**. Jede der beiden Kammern ist befugt, Anträge einzelner Unterthanen und anerkannter Corporationen nach vorgängiger vorschriftsmäßiger Behandlung und unter Beobachtung der verfassungsmäßigen Erfordernisse (art. [389]) sich anzueignen, und ein solcher Antrag gelangt nach vorgängiger Annahme von Seiten der anderen Kammer als eine Petition der gemeinschaftlichen Stände an den König.		

388 Angabe fehlt.
389 Angabe fehlt.

Gesetzgebung	**art. 125**. Die gemeinschaftlichen Stände sind nicht befugt, der Regierung Gesetzes-Vorschläge vorzulegen, sondern über die von der Regierung vorgelegten Gesetzes-Vorschläge zu beschließen, und unter Beobachtung der Vorschriften über die Ausübung des Petitions-Rechts (art. [390]) den König um die Vorlegung von Gesetzes-Vorschlägen über Gegenstände, welche dem Vorstehenden nach zu ihrer Wirksamkeit gehören, zu bitten.	**Art. 71**. Der Landesversammlung gebührt gleich dem Herzoge, das Recht des Gesetzvorschlages.	**§ 28**. Der König kann dem Reichstage Gesetzesvorschläge und andere Beschlüsse vorlegen lassen. **§ 29**. Die Einwilligung des Königs thut noth, um einem Reichstagsbeschlusse Gesetzeskraft zu verleihen. Der König befiehlt die Bekanntmachung und sorgt für dessen Vollstreckung.
	art. 128. Billigt dagegen die zweite Kammer den Gesetzes-Vorschlag, wenn auch mit Abänderungen, so ist derselbe, wenn die Regierung sich nicht veranlaßt findet, ihn zurückzunehmen, während derselben Versammlung der ersten Kammer vorzulegen. **art. 129**. Ist die erste Kammer mit der zweiten einverstanden, und haben beide Kammern den Gesetzes-Vorschlag ohne Abänderungen angenommen, so verleiht der König demselben unverzüglich Gesetzes-Kraft. **art. 130**. Haben die Kammern Abänderungen des Gesetzes-Vorschlags beschlossen, so hat der König die Wahl, ob Er dem Vorschlage mit diesen Abänderungen Gesetzes-Kraft verleihen will, oder nicht. **art. 133**. Gesetzes-Vorschläge, welche zur Wirksamkeit der gemeinschaftlichen Stände gehören und nicht das Steuerwesen betreffen, kann die Regierung nach ihrer Wahl einer der beiden Kammern zuerst vorlegen lassen.	**Art. 70**. Die Landesversammlung übt in Gemeinschaft mit dem Herzoge die gesetzgebende Gewalt. Jedes Gesetz erfordert zu seiner Gültigkeit die Uebereinstimmung des Herzogs und der Landesversammlung. Wird, während der Herzog Oberhaupt eines anderen, nicht deutschen Staates ist, ein Gesetzantrag auf drei verschiedenen Landtagen von der Landesversammlung mit einer Stimmenmehrheit von zwei Dritttheilen unverändert angenommen, so kann der Herzog seine Zustimmung zu demselben nicht verweigern und verkündigt ihn als Gesetz.	

390 Angabe fehlt.

Gesetzgebung	**art. 135**. Hat aber die Regierung in drei auf einander folgenden Versammlungen der gemeinschaftlichen Stände einen Gesetzes-Vorschlag vorlegen lassen, welcher ohne oder mit Abänderungen von der zweiten Kammer angenommen, von der ersten aber verworfen ist, und ist eine Vereinigung der abweichenden Ansichten auf die vorgedachte Weise nicht zu bewirken gewesen, so hat die Regierung das Recht, zu verlangen, dass beide Kammern zusammentreten, den Vorschlag gemeinschaftlich behandeln, und durch Abstimmung sämmtlicher Mitglieder beider Kammern über denselben entscheiden. **art. 136**. Wird alsdann der Gesetzes-Vorschlag von den vereinigten Kammern verworfen, und legt die Regierung denselben nachher wieder vor, so ist er zu behandeln, als wäre er früher nicht vorgelegt gewesen. **art. 137**. Die Regierung ist befugt, jeden Gesetzes-Vorschlag zurückzunehmen, so lange derselbe nicht von beiden Kammern angenommen ist. **art. 138**. Ist ein Gesetzes-Vorschlag von den gemeinschaftlichen Ständen nur mit Abänderungen angenommen, so hat der König die Wahl, ob Er dem Vorschlage mit diesen Abänderungen Gesetzes-Kraft verleihen will, oder nicht. **art. 105**. Wenn über die Frage, ob ein in einer der beiden Kammern zur Sprache gebrachter Gegenstand zur Wirksamkeit der gemeinschaftlichen Stände gehört, eine Meinungs-Verschiedenheit zwischen der Regierung und einer der beiden Kammern, oder zwischen den Mitgliedern einer der beiden Kammern sich Kund giebt, und wenn in letzterem Falle die Mehrzahl der einem Landestheile angehörenden Mitglieder der betreffenden Kammer sich dafür		

Gesetzgebung	ausspricht, daß der fragliche Gegenstand nicht zur Wirksamkeit der gemeinschaftlichen Stände gehöre, so ist diese Frage von dem Staats-Gerichtshof zu entscheiden. **art. 14**. Der König hat das Recht, in einzelnen Fällen nach den bisher geltenden Grundsätzen Ausnahmen von den Bestimmungen der Gesetze zu gestatten, und einzelnen Steuerpflichtigen wegen eingetretener Unglücksfälle die directen Steuern des laufenden Jahres zu erlassen sowie auch den betreffenden unmittelbaren Behörden die Ausübung dieser Befugnisse zu übertragen. **art. 15**. Der König hat das Recht, wenn das allgemeine Wohl dieses dringend erfordert, ein Gesetz, welches zur Wirksamkeit der gemeinschaftlichen Stände gehört, wenn diese nicht versammelt sind, bis zu ihrer nächsten Versammlung außer Kraft zu setzen. **art. 16**. Eine solche Maaßregel ist aber der nächsten Versammlung der gemeinschaftlichen Stände gleich nach deren Eröffnung zur Prüfung und Beschlußnahme vorzulegen, und die betreffende unmittelbare Behörde ist außerdem für die Nothwendigkeit der einstweilen getroffenen Maaßregel verantwortlich. **art. 105**. Wenn über die Frage, ob ein in einer der beiden Kammern zur Sprache gebrachter Gegenstand zur Wirksamkeit der gemeinschaftlichen Stände gehört, eine Meinungs-Verschiedenheit zwischen der Regierung und einer der beiden Kammern, oder zwischen den Mitgliedern einer der beiden Kammern sich Kund giebt, und wenn in letzterem Falle die Mehrzahl der einem Landestheile angehörenden	**Art. 37**. Der Herzog kann eben so wenig von der Anwendung eines Gesetzes Ausnahmen machen, als ein Gesetz aufheben, vorbehältlich derjenigen Fälle, in denen die bestehenden Gesetze eine Dispensation ausdrücklich zulassen. **Art. 152**. Die Artikel 13, 16, 18, 19 und 22 können zur Zeit eines Krieges oder Aufruhrs für bestimmte Districte und auf bestimmte Zeit durch besonderes Gesetz außer Kraft gesetzt werden. Ist die Landesversammlung nicht versammelt, so kann die provisorische Suspension durch Anordnung des Herzogs unter Gegenzeichnung und Verantwortlichkeit aller Minister ausgesprochen werden. Eine solche Verfügung ist dem Justizausschuß der Landesversammlung unverzüglich mitzutheilen, und auf dessen etwaniges Verlangen ist die Landesversammlung sofort zu berufen. Mitglieder der betreffenden Kammer sich dafür ausspricht, daß der fragliche Gegenstand nicht zur Wirksamkeit der gemeinschaftlichen Stände gehöre, so ist diese Frage von dem Staats-Gerichtshof zu entscheiden. (noch art. 105 Verfassungsentwurf).	**§ 32**. Der König ertheilt theils unmittelbar, theils durch die betreffenden Regierungsbehörden diejenigen Bewilligungen und Ausnahmen von den jetzt geltenden Gesetzen, welche bisher geltenden Regeln zufolge gebräuchlich gewesen sind. **§ 30**. In sehr kritischen Fällen kann der König, wenn der Reichstag nicht versammelt sein sollte, vorläufige Gesetze erlassen, die jedoch dem Grundgesetze nicht zuwider sein dürfen und immer dem nächsten Reichstage vorgelegt werden müssen.

Verfassungsänderungen	**art. 198**. Eine Abänderung der Verfassung kann nur in Folge eines von der Regierung den gemeinschaftlichen Ständen vorgelegten Gesetzes-Entwurf [sic!] vorgenommen werden. **art. 199**. Ein solcher Gesetzes-Entwurf muß in zwei auf einander folgenden Versammlungen der gemeinschaftlichen Stände in beiden Kammern verhandelt und angenommen sein, derselbe möge nun von der Regierung aus eignem Antriebe vorgelegt, oder durch eine frühere Petition der gemeinschaftlichen Stände veranlaßt sein. **art. 201**. Die vorstehenden Bestimmungen (art. [391]) finden auch auf etwanige Abänderungen der Beilagen der Verfassungs-Urkunde, mit Ausnahme der Geschäfts-Ordnung (Anhang [392]) Anwendung.	**Art. 154**. Eine Abänderung dieses Grundgesetzes erfordert zu ihrer Gültigkeit die Uebereinstimmung des Herzogs und der Landesversammlung, und zwar mit einer Stimmenmehrheit von zwei Drittheilen der gesetzlichen Anzahl ihrer Mitglieder. **Art. 159**. Bei der nächsten Revision des Staatsgrundgesetzes können Abänderungen in demselben durch einfache Majorität beschlossen werden.	**§ 100**. Vorschläge zu Veränderungen oder Zusätzen zu diesem Grundgesetze werden auf einem ordentlichen Reichstage vorgelegt. Wird der darüber gefaßte Beschluß in unveränderter Form vom nächsten ordentlichen Reichstage angenommen und vom Könige genehmigt, so werden beide Kammern aufgelöst und es finden allgemeine Wahlen für beide statt. Nimmt der neue Reichstag in einer ordentlichen oder außerordentlichen Session den Beschluß zum dritten Male an, und wird er nun vom Könige bestätigt, so ist er Grundgesetz.
Steuern und Finanzen	**art. 106**. Der König läßt diejenigen Steuern, welche in den verschiedenen Landestheilen nach Maaßgabe der zur Zeit geltenden Steuer-Gesetze zu entrichten sind, nach Maaßgabe dieser Gesetze erheben, und verfügt über die Fortdauer oder das Aufhören einstweiliger Ermäßigungen dieser Steuern, beides ohne vorgängige Zustimmung der gemeinschaftlichen Stände. **art. 109**. Findet der König zur Bestreitung des öffentlichen Dienstes die Aufbringung einer größeren Summe, als die bisher entrichtete, von sämmtlichen Landestheilen erforderlich, so wird der zu diesem Zwecke ausgearbeitete Gesetzes-Vorschlag, nachdem über denselben zuvörderst die Gutachten säm̲tlicher Provinzialstände-Versammlungen eingezogen sind, den gemeinschaftlichen Ständen vorgelegt.		

391 Angabe fehlt.
392 Angabe fehlt.

Steuern und Finanzen	**art. 110**. Dieser Vorschlag muß eine Angabe der für erforderlich erachteten Summe und die Bestimmungen über die Aufbringung derselben enthalten, namentlich darüber, ob dieses durch die Einführung einer neuen, oder durch die Erhöhung einer bestehenden gemeinschaftlichen Steuer in sämmtlichen Landestheilen, oder durch die Einführung neuer, oder durch die Erhöhung bestehender besonderer Steuern in den einzelnen Landestheilen geschehen soll. **art. 111**. Die gemeinschaftlichen Stände haben immer über die allgemeine Frage zu entscheiden, ob die von der Regierung für erforderlich erachtete Summe überhaupt, und ob sie durch eine Steuer zu Wege gebracht werden soll. **art. 112**. Wenn in lätzterem [sic!] Falle die Regierung die Einführung einer neuen, oder Erhöhung einer bestehenden gemeinschaftlichen Steuer vorschlägt, so ist auch dieses ein Gegenstand der Beschlußnahme der gemeinschaftlichen Stände. **art. 117**. In einem solchen Falle (art. [393]) soll indessen die Herstellung des Steuer-Verhältnisses durch eine Erhöhung der bestehenden Steuern des Königreichs oder der Herzogthümer nicht ohne die Zustimmung der gemeinschaftlichen Stände bewirkt werden. Dagegen ist der König, ohne an die Zustimmung der gemeinschaftlichen Stände gebunden zu sein, befugt, und, wenn dieselben die Erhöhung der besonderen Steuern des betreffenden Landestheils zu dem Zwecke der Ausgleichung verweigern, sogar verpflichtet, die dazu erforderliche Ermäßigung der Steuern des anderen Landestheils zu verfügen.		

393 Angabe fehlt.

Steuern und Finanzen	**art. 118**. Die Erlassung der zum Zwecke der Ausgleichung (art. [394]) erforderlichen Verfügungen geschieht ohne die Mitwirkung der gemeinschaftlichen Stände, dagegen werden die Gutachten der betreffenden Provinzialstände eingezogen, ehe der König einen entscheidenden Beschluß über die Sache faßt. **art. 153**. Hinsichtlich der Verwendung der zu allgemeinen Staatszwecken bestimmten Hälfte des Ueberschusses (art. [395]) ist die Regierung an die Zustimmung der gemeinschaftlichen Stände gebunden. Erfolgt diese nicht, so ist die fragliche Summe, wenn sie wirklich nach der Abhaltung sämmtlicher übrigen Budgets-Summen (art. [396]) vorhanden ist, bei dem Staats-Gerichtshofe so lange zu deponiren, bis ein von den gemeinschaftlichen Ständen angenommener Vorschlag über die Verwendung derselben vorliegt. **art. 154**. Ueber die Verwendung des dem Königreiche zufallenden Theils des Ueberschusses (art. [397]) werden die Provincialstände-Versammlungen des Königreichs nach vorgängiger Königlicher Genehmigung, in Gemäßheit einer Verordnung, welche für das Königreich nach eingezogenem Gutachten der Provincialstände desselben erlassen werden wird, verfügen. **art. 155**. Der den Herzogthümern zufallende Theil des Ueberschusses (art. [398]) wird unter beide Herzogthümer zu gleichen Theilen vertheilt, und die		

394 Angabe fehlt.
395 Angabe fehlt.
396 Angabe fehlt.
397 Angabe fehlt.
398 Angabe fehlt.

Steuern und Finanzen	Verwendung der einem jeden Herzogthum zukommenden Hälfte ist der Beschlußnahme der betreffenden Provinzialstände-Versammlung, mit Vorbehalt der Königlichen Genehmigung überlassen.		
Weitere Rechte und Pflichten	**art. 13**. Der König allein hat das Recht der Begnadigung durch gänzliche Erlassung oder Milderung von Strafen, welche wegen begangener Verbrechen [399] und anderer Uebertretungen der Gesetze erkannt sind; ebenso hat der König das Recht, eingeleitete Untersuchungen und Processe in Betreff von Verbrechen, Vergehen oder anderer Uebertretungen der Gesetze niederzuschlagen; die Ausübung dieser[400] Rechte fällt aber weg bei denjenigen Sachen, welche von dem[401] Staats-Gerichtshofe[402] zu erledigen sind.	**Art. 42**. Der Herzog hat das Recht der Begnadigung. Ein wegen seiner Amtshandlungen verurtheilter Minister kann nur auf Antrag der Landesversammlung begnadigt werden.	**§ 31**. Der König kann begnadigen und Amnestie ertheilen; die Minister kann er nur mit Einwilligung der Volkskammer von den ihnen durch das Reichsgericht zuerkannten Strafen befreien. **§ 73**. Das Reichsgericht erkennt über die von der Volkskammer gegen die Minister eingebrachten Klagen. Der König kann auch Andere für Verbrechen, die ihm besonders staatsgefährlich scheinen, mit Genehmigung der Volkskammer vor das Reichsgericht stellen.
		Art. 43. Der König hat das Recht, Geld prägen zu lassen. Das Gesetz bestimmt den Münzfuß, die Münzeintheilung und das Gepräge.	**§ 33**. Der König hat das Recht, mit Rücksicht auf das Gesetz, Geld münzen zu lassen.
	art. 37. Sodann gehört zu den öffentlichen Rechten der Unterthanen die Befugniß, sich in eignem Namen mit Anträgen und Beschwerden in Betreff von Gegenständen des öffentlichen Wohls an den König zu wenden.	**Art. 20**. Jeder hat das Recht, sich mit Bitten und Beschwerden schriftlich an den Herzog, an die Landesversammlung und an die Behörden zu wenden. Dies Recht kann sowohl von Einzelnen als von Mehreren gemeinschaftlich ausgeübt werden. Bitten oder Beschwerden unter einem Gesammtnamen sind nur Behörden oder Corporationen gestattet.	

399 Folgt gestrichen: Vergehen.
400 Folgt gestrichen: beiden.
401 Korrigiert aus: den.
402 Korrigiert aus: Staats- // Gerichtshöfen.

Thronfolge		**Art. 55**. Die Herzogliche Gewalt vererbt im Mannesstamme des Oldenburgischen Fürstenhauses vermöge Abstammung aus rechtsgültiger Ehe nach dem Rechte der Erstgeburt und der agnatischen Linealfolge, ohne Rücksicht auf die Nähe des Grades. **Art. 57**. Nach dem Tode des Herzogs versammelt sich sofort die Landesversammlung ohne Zusammenberufung. War dieselbe vorher aufgelöst, und fällt der Termin des Zusammentretens der neu berufenen Landesversammlung später, so tritt die aufgelöste Landesversammlung wieder in Wirksamkeit und bleibt bis zum Zusammentreten der in der Auflösungsacte zusammenberufenen vereinigt. **Art. 56**. Vom Tode des Herzogs an, bis sein Nachfolger oder der Regent den verfassungsmäßigen Eid geleistet hat, wird die Herzogliche Gewalt durch den Ministerrath Namens des Herzogs verantwortlich ausgeübt. Dasselbe tritt in dem Falle ein, wenn beim Tode des Herzogs eine Statthalterschaft bestehen sollte. Die Statthalterschaft erlischt mit dem Tode des Herzogs. **Art. 59**. Wenn der Herzog unmündig ist, oder sich in der Unmöglichkeit zu regieren befindet, tritt eine Regentschaft ein. Dieselbe wird im Namen des Herzogs von dem nächsten regierungsfähigen Agnaten geführt. Der Regent leistet den im Art. 34 vorgeschriebenen Eid.	**§ 4**. Die im Königsgesetze bestimmte Erbfolge gilt auch ferner. Sie kann nur nach einem Vorschlage des Königs und mit Einwilligung des vereinigten Reichstages, wozu drei Viertheile der abgegebenen Stimmen nöthig sind, verändert werden. **§ 13**. Nach des Königs Tode versammelt sich innerhalb 14 Tagen der zuletzt gewählte Reichstag ohne Zusammenberufung. **§ 14**. Ist kein Thronfolger vorhanden, oder kann der Thronfolger oder der Reichsvorstand die Regierung nicht gleich antreten, so wird diese vom Staatsrathe geführt, bis der Reichstag die nothwendigen Bestimmungen getroffen hat. **§ 11**. Ist Grund zur Besorgnis da, daß der Thronfolger zur Zeit des Todes des Königs unmündig oder aus anderen Gründen selbst zu regieren außer Stand ist, so wird ein Reichsvorstand durch das Gesetz bestimmt und eine Vormundschaft vom Könige angeordnet. Der Reichsvorstand kann nicht an der Vormundschaft Theil nehmen. **§ 15**. Wenn der Thronfolger oder der Reichsvorstand abwesend ist, so bestimmt der vereinigte Reichstag, innerhalb welcher Zeit er zurückkehren müsse. Ist der Thronfolger unmündig oder aus anderen Gründen nicht im Stande zu regieren, ohne daß Reichsvorsteher und Vormundschaft eingesetzt sind, so ernennt der vereinigte Reichstag den Reichsvorstand und besorgt die Vormundschaft. Ist kein Thronfolger vorhanden, so wählt der vereinigte Reichstag einen König und setzt die fernere Erbfolge fest.

Vormundschaft und Statthalterschaft	**art. 8**. Der König wird volljährig mit dem vollendeten achtzehnten Jahre. Wie es mit der Verwaltung der Regierungs-Geschäfte während der Minderjährigkeit oder sonstiger Verhinderungen des Königs verhalten werden soll, wird durch ein besonderes, nach vorgängiger Zustimmung der gemeinschaftlichen Stände zu erlassendes Gesetz bestimmt werden.	**Art. 60**. Ob die Voraussetzungen einer Regentschaft vorhanden sind, so wie darüber, ob sie aufgehört haben, entscheiden in Verbindung mit dem Staatsministerium die im Lande anwesenden mündigen Agnaten mit Ausschluß des nächsten durch absolute Stimmenmehrheit. ... Wenn kein zur Theilnahme an der Entscheidung berechtigter Agnat im Lande vorhanden ist, entscheidet das Staatsministerium allein. **Art. 46**. Wenn der Herzog zugleich Oberhaupt eines nicht deutschen Staates sein sollte, so läßt er, so oft und solange er sich außerhalb der Grenzen der Herzogthümer befindet, alle kraft dieses Grundgesetzes und der Gesetze ihm zustehenden Rechte durch einen Statthalter selbstständig ausüben. Der Statthalter kann durch keine Befehle und Instructionen des Herzogs beschränkt werden. **Art. 47**. Der Herzog ernennt und entläßt den Statthalter. Nur Mitglieder deutscher Fürstenhäuser oder Schleswig-Holsteinische Staatsbürger können zu Statthaltern ernannt werden. **Art. 49**. Der Statthalter wohnt am Sitz der Regierung, und kann in Einem Jahre nicht länger als drei Monate außerhalb der Grenzen des Staatsgebiets sich aufhalten.	§ **9**. Sobald der König wegen einer Reise oder wegen Schwäche findet, daß ein Reichsvorstand zu ernennen ist, so ruft er den Reichstag zusammen und legt diesem einen Gesetzvorschlag darüber vor. § **10**. Wenn der König sich außer Stande zu regieren befindet, so ruft der Staatsrath den Reichstag zusammen. Wenn der vereinigte Reichstag mit drei Viertheilen der abgegebenen Stimmen die Nothwendigkeit einräumt, so ernennt er einen Reichsvorstand, und ordnet, wenn es nöthig sein sollte, eine Vormundschaft an. § **11**. Ist Grund zur Besorgnis da, daß der Thronfolger zur Zeit des Todes des Königs unmündig oder aus anderen Gründen selbst zu regieren außer Stand ist, so wird ein Reichsvorstand durch das Gesetz bestimmt und eine Vormundschaft vom Könige angeordnet. Der Reichsvorstand kann nicht an der Vormundschaft Theil nehmen. §**15**. Wenn der Thronfolger oder der Reichsvorstand abwesend ist, so bestimmt der vereinigte Reichstag, innerhalb welcher Zeit er zurückkehren müsse. Ist der Thronfolger unmündig oder aus anderen Gründen nicht im Stande zu regieren, ohne daß Reichsvorsteher und Vormundschaft eingesetzt sind, so ernennt der vereinigte Reichstag den Reichsvorstand und besorgt die Vormundschaft. Ist kein Thronfolger vorhanden, so wählt der vereinigte Reichstag einen König und setzt die fernere Erbfolge fest.

Vormundschaft und Statthalterschaft		**Art. 48**. Die Ernennung und Entlassung des Statthalters geschieht in einer von dem Herzoge zu unterzeichnenden und von mindestens zwei Staatsministern gegenzuzeichnenden Urkunde. Die Ernennung wird wirksam, nachdem sie verkündigt ist, und der Statthalter vor dem versammelten Staatsministerium den folgenden Eid geschworen hat: „ich gelobe und schwöre als Statthalter der Herzogthümer Schleswig-Holstein in Ausübung der mir anvertrauten Gewalt die Verfassung und die Gesetze der Herzogthümer Schleswig-Holstein zu beobachten und die Unabhängigkeit des Staates, so wie die Rechte des Herzogs und des Volks aufrecht zu erhalten. So wahr mir Gott helfe und sein heiliges Wort!“ **Art. 50**. Nach dem Tode oder Abgange des Statthalters bis zum Wiederantritt eines neuen, oder wenn der Statthalter sich in der Unmöglichkeit befindet, die ihm anvertraute Gewalt auszuüben, übernimmt der älteste Staatsminister, nachdem er den im Art. 48 vorgeschriebenen Eid geleistet hat, die Gewalt desselben. **Art. 51**. Dem Statthalter wird ein den Verhältnissen seines Amtes angemessenes Einkommen ausgesetzt. **Art. 52**. Der Statthalter hat dem Herzoge über die Geschäftsführung Bericht zu erstatten. **Art. 53**. Alle, die Unterschrift des Herzogs erfordernden Gesetze, Verordnungen und Befehle werden während der Abwesenheit des Herzogs vom Statthalter Namens desselben unterschrieben, und soweit es dieses Grundgesetz vorschreibt, von den Ministern gegengezeichnet.	**§ 12**. Der Reichsvorstand legt den für den König vorgeschriebenen Eid ab und übt, so lange die Reichsvorsteherschaft währt, im Namen des Königs alle dessen Rechte aus, doch kann er keine Veränderung der Erbfolge vorschlagen.

Vormundschaft und Statthalterschaft		**Art. 56**. Vom Tode des Herzogs an, bis sein Nachfolger oder der Regent den verfassungsmäßigen Eid geleistet hat, wird die Herzogliche Gewalt durch den Ministerrath Namens des Herzogs verantwortlich ausgeübt. Dasselbe tritt in dem Falle ein, wenn beim Tode des Herzogs eine Statthalterschaft bestehen sollte. Die Statthalterschaft erlischt mit dem Tode des Herzogs.	

Anhang 3: Bürgerrechte

	Verfassungsentwurf	Staatsgrundgesetz	Grundlov
Voraussetzungen für das Staatsbürgerrecht	**art. 35, Satz 2 und 3**. Unterthan ist jeder innerhalb der Gränzen der Monarchie und in den Dänischen Colonien Geborner, sowie die während eines einstweiligen Aufenthalts eines Unterthanen im Auslande geborenen ehelichen Kinder desselben, und die im Auslande geborenen unehelichen Kinder einer Unterthanin. Ueber die Zulassung von Ausländern zum Genusse der öffentlichen Rechte der Unterthanen wird mit Zustimmung der gemeinschaftlichen Stände ein Gesetz erlassen werden.	**Art. 6**. Der Vollgenuß der bürgerlichen und öffentlichen Rechte ist durch das Schleswig-Holsteinische Staatsbürgerrecht bedingt. **Art. 7**. Das Schleswig-Holsteinische Staatsbürgerrecht steht Allen zu, welche, ohne in einem fremden Staatsverbande zu stehen, bereits am 15. August 1848 ihren ordentlichen Wohnort im Lande hatten, und, insofern sie eingewandert sind, ohne Vorbehalt das Recht sich hier niederzulassen erworben hatten, so wie allen an dem gedachten Tage abwesenden, welche von einem in Schleswig-Holstein gebürtigen, nicht ausgewanderten Vater stammen, und auch selbst nicht ausgewandert sind. Bei unehelichen Kindern kommt in diesem Falle die Abstammung von einer in Schleswig-Holstein gebürtigen Mutter in Betracht. **Art. 8**. Das Staatsbürgerrecht wird, vom 15. August 1848 an gerechnet, erworben: a) durch eheliche Abstammung von einem Vater oder uneheliche von einer Mutter, welche das Schleswig-Holsteinische Staatsbürgerrecht entweder zur Zeit der Geburt des Kindes schon besaßen oder vor der Mündigkeit desselben erworben haben; b) von deutschen Staatsbürgern durch feste Niederlassung im Lande, nachdem sie ihr bisheriges particulares Staatsbürgerrecht aufgegeben haben; c) durch Abstammung von Fremden, welche in Schleswig-Holstein sich niedergelassen und zur Zeit der Geburt des Kindes bereits die Bedingungen der festen Niederlassung erfüllt haben;	

Voraussetzungen für das Staatsbürgerrecht		d) durch Verheirathung mit einem Manne, der das Schleswig-Holsteinische Staatsbürgerrecht besitzt; e) durch ein Naturalisationsgesetz. **Art. 9**. Das Staatsbürgerrecht wird durch Auswanderung verloren. **Art. 10**. Jeder Staatsbürger männlichen Geschlechts legt nach erreichter Mündigkeit vor seiner Obrigkeit mittelst Handschlages folgendes Gelöbniß ab: „Ich gelobe unverbrüchliche Beobachtung der Verfassung, Gehorsam den Gesetzen und Treue dem Herzoge". Von Denjenigen, welche nach erlangter Mündigkeit das Staatsbürgerrecht erwerben, ist dieses Gelöbniß bei der Erwerbung desselben zu leisten.	
Gleichheitsgrundsatz	**art. 42**. Jeder Unterthan, ohne Unterschied des Standes und der Geburt ist zur Bekleidung öffentlicher Aemter innerhalb der gesetzlich geltenden Bestimmungen und Beschränkungen berechtigt. Neue Beschränkungen dieses Rechts durch den Stand oder die Geburt sollen nicht eingeführt werden.	**Art. 11**. Alle Staatsbürger sind gleich vor dem Gesetze. **Art. 12**. Alle Staats- und Gemeinde-Aemter sind für alle Staatsbürger gleich zugänglich. Alle Privilegien, welche hiermit im Widerspruch stehen, sind aufgehoben. **Art. 14**. Durch das religiöse Glaubensbekenntniß wird der Genuß der bürgerlichen und staatsbürgerlichen Rechte weder bedingt noch beschränkt. Die staatsbürgerlichen Pflichten sind von Jedem ohne Unterschied des Glaubensbekenntnisses zu erfüllen; gesetzliche Ausnahmen bleiben vorbehalten.	**§ 88**. Jegliche Einschränkung des freien und gleichen Zugangs zum Erwerbe, die nicht auf das Gemeinwohl begründet ist, soll durch ein Gesetz aufgehoben werden. **§ 84**. Keiner kann wegen seines Glaubensbekenntnisses den vollen Genuß der bürgerlichen und politischen Rechte einbüßen oder sich der Erfüllung einer allgemeinen Bürgerpflicht entziehen.

Gleichheitsgrundsatz		**Art. 116**. Alle bevorrechteten Gerichtsstände der Personen und Grundstücke werden aufgehoben werden. **Art. 31**. Die den Gemeinden oder Privaten zustehende Gerichtsherrlichkeit und die gutsherrliche Polizei werden aufgehoben werden. Mit diesen Rechten fallen auch die Gegenleistungen und Lasten weg, die den bisher Berechtigten dafür oblagen. **Art. 29**. Alle Bannrechte und Grundlasten, soweit letztere in Naturalleistungen bestehen, sind auf Antrag der Belasteten ablösbar. Das Gesetz wird die Art und Weise der Ablösung bestimmen. Prohibitivrechte, welche dem Gemeinwohl widerstreiten, sollen durch das Gesetz entfernt werden.	**§ 97**. Jedes in der Gesetzgebung an Adel, Titel und Rang geknüpfte Vorrecht ist aufgehoben. **§ 98**. Kein Lehen, Stammhaus oder Fideicommißgut kann von nun an gestiftet werden; es soll durch ein Gesetz näher bestimmt werden, wie die jetzt bestehenden zu freiem Eigenthum übergehen können.
	art. 44. Sowie jeder Unterthan zum vollen Genusse der öffentlichen Rechte innerhalb der gesetzlichen Bestimmungen und Beschränkungen befugt ist, so ist er auch zur gleichmäßigen Theilnahme an allen allgemeinen öffentlichen Lasten, nach Maaßgabe der Gesetze verpflichtet. Neue Befreiungen von dieser Verpflichtung sollen nicht eingeführt, und die Aufhebung der gesetzlich bestehenden gegen Entschädigung soll nur im Wege der Gesetzgebung bewirkt werden.	**Art. 144**. Bevorzugungen können in Betreff der Steuern und Abgaben nicht eingeführt werden. Die bestehende Steuergesetzgebung wird einer Revision unterzogen werden. **Art. 13**. Das Waffenrecht und die Wehrpflicht sind für Alle gleich. Stellvertretung findet nicht Statt. **Art. 32**. Kein Schleswig-Holsteinischer Staatsbürger darf von einer fremden Macht Titel oder Orden annehmen.	**§ 95**. Jeder waffenfähige Mann ist verpflichtet, mit seiner Person zur Vertheidigung des Vaterlandes beizutragen, nach den im Gesetze vorgeschriebenen näheren Bestimmungen.

Religionsfreiheit	**art. 29**. Zu den öffentlichen Rechten der Unterthanen gehört zunächst das Recht der freien Gottes-Verehrung. **art. 32**. Die bürgerliche Gleichstellung der Bekenner des mosaischen Glaubens mit den christlichen Unterthanen bleibt der Gesetzgebung der einzelnen Landestheile vorbehalten.	**Art. 14**. Durch das religiöse Glaubensbekenntniß wird der Genuß der bürgerlichen und staatsbürgerlichen Rechte weder bedingt noch beschränkt. Die staatsbürgerlichen Pflichten sind von Jedem ohne Unterschied des Glaubensbekenntnisses zu erfüllen; gesetzliche Ausnahmen bleiben vorbehalten. **Art. 100**. Der Staat gewährt allen Kirchen- und religiösen Gemeinschaften gleichen Schutz. Er wacht indessen darüber, dass alle sich innerhalb der Grenzen des Gehorsams halten, den sie den Gesetzen des Staats schuldig sind.	**§ 84**. Keiner kann wegen seines Glaubensbekenntnisses den vollen Genuß der bürgerlichen und politischen Rechte einbüßen oder sich der Erfüllung einer allgemeinen Bürgerpflicht entziehen. **§ 81**. Die Bürger haben das Recht, sich gemeinsam zu versammeln, um Gott auf die Weise zu verehren, wie sie zu ihrer Ueberzeugung stimmt, doch darf nichts gelehrt oder vorgenommen werden, welches der Sittlichkeit oder der öffentlichen Ordnung zuwider läuft.
	art. 31. Die näheren Bestimmungen über das den Bekennern der übrigen christlichen Confessionen zustehende Recht der freien Gottes-Verehrung und die Duldung gewisser Secten werden in einem mit Zustimmung der gemeinschaftlichen Stände zu erlassenden Gesetze getroffen werden. In diesem Gesetze wird der Grundsatz festgehalten werden, daß die Bekenner der christlichen Confessionen gleiche politische und bürgerliche Rechte mit den Lutheranern genießen sollen.	**Art. 101**. Die Freiheit des Bekenntnisses, der Bildung neuer Religionsgesellschaften und der gemeinsamen Religionsausübung wird gewährleistet. **Art. 102**. Corporationsrechte sind einer religiösen Gemeinschaft nur in dem Fall zu verweigern, wenn Lehre, Verfassung und Disciplin den Staatszwecken zuwiderlaufen.	**§ 83**. Die Verhältnisse der von der Volkskirche abweichenden Glaubensgenossenschaften werden durch ein Gesetz näher geordnet. **§ 82**. Es ist Niemand zu einem persönlichen Beitrage für andere Bekenntnisse als dasjenige, dem er angehört, verpflichtet. Doch soll ein jeder, welcher nicht nachweist, daß er Mitglied einer im Lande anerkannten Glaubensgenossenschaft ist, für das Schulwesen die der Volkskirche gesetzlich gebührenden persönlichen Abgaben zahlen.
	art. 30. Die Evangelisch-Lutherische Religion ist die Staatsreligion; zu ihr bekennt sich der König. Das Vermögen der lutherischen Kirche und deren Einkünfte sind unantastbar, und dürfen nur zu kirchlichen Zwecken dieser Kirche verwandt werden. Reichen sie zur Erfüllung der kirchlichen Zwecke nicht hin, so ist das Fehlende durch Beiträge aus Staatsmitteln zu decken.		**§ 3**. Die evangelisch-lutherische Kirche ist die Dänische Volkskirche und wird als solche vom Staat unterstützt. **§ 6**. Der König muß der evangelisch-lutherischen Kirche angehören. **§ 80**. Die Verfassung der Volkskirche wird durch ein Gesetz geordnet.
	art. 54. Die Mitglieder beider Kammern müssen sich zur christlichen Religion bekennen, wenigstens 30 Jahre alt sein, freie Dispositionsbefugniß über ihr Vermögen und einen unbescholtenen Ruf haben. Entstehen Zweifel über diese Eigenschaften, so hat die betreffende Kammer darüber zu entscheiden.	**Art. 24**. Der bestehende Gebrauch der Sprachen in Kirche und Schule, Rechtspflege und Verwaltung ist gewährleistet. Die Gesetze werden in deutscher Sprache erlassen; denselben wird für diejenigen Districte, in denen die dänische Sprache Kirchen- und Schulsprache ist, eine beglaubigte dänische Uebersetzung hinzugefügt.	

Meinungs- und Pressefreiheit	**art. 38**. Ferner gehört zu den öffentlichen Rechten der Unterthanen das Recht der freien mündlichen und schriftlichen Mittheilung der Gedanken innerhalb der durch das Gesetz bestimmten Gränzen. Was zuvörderst die mündliche Mittheilung betrifft, so soll keinem[403] Unterthan der[404] Gebrauche seiner Muttersprache verkümmert werden. Die näheren Bestimmungen über die verfassungsmäßige Aufrechthaltung der Deutschen und der Dänischen Sprache im Herzogthum Schleswig enthält die Verordnung Anlage A. **art. 39**. Die Freiheit der Presse soll nur durch das Gesetz beschränkt, die Censur soll[405] niemals neu eingeführt [406] werden[407].	**Art. 23**. Jeder Schleswig-Holsteiner hat das Recht, durch Wort und Schrift seine Meinung frei zu äußern. Die Censur ist und bleibt aufgehoben. Die Preßfreiheit darf weder durch das Erforderniß von Concessionen noch durch Sicherheitsleistungen beschränkt werden. Die Postbeförderung findet für alle Zeitungen und Zeitschriften unter gleichen Bedingungen Statt.	**§ 91**. Ein jeder ist berechtigt, seine Gedanken durch den Druck zu veröffentlichen, doch vorbehältlich der gerichtlichen Verantwortung. Censur und andere vorbeugende Maaßregeln können in keiner Weise wieder eingeführt werden.
Versammlungsfreiheit		**Art. 22**. Die Schleswig-Holsteiner haben das Recht, sich friedlich und ohne Waffen zu versammeln. Volksversammlungen unter freiem Himmel können bei drohender Gefahr für die öffentliche Ordnung und Sicherheit verboten und aufgelöst werden.	**§ 93**. Die Bürger haben das Recht, sich ohne Waffen zu versammeln. Oeffentliche Versammlungen zu überwachen ist die Polizei berechtigt. Versammlungen unter freiem Himmel können bei drohender Gefahr für die öffentliche Ruhe verboten werden. **§ 94**. Bei Aufläufen kann die bewaffnete Macht, wenn sie nicht angegriffen wird, nur dann einschreiten, wenn die Menge dreimal im Namen des Königs und des Gesetzes vergeblich aufgefordert worden, auseinander zu gehen.
Vereinsfreiheit	**art. 36**. Ferner gehört zu den öffentlichen Rechten der Unterthanen die Befugniß, sich zu einem jeden durch das Gesetz nicht verbotenen Zwecke zu vereinigen. Die Befugnisse und Verpflichtungen solcher Vereine werden durch ein mit Zustimmung der gemeinschaftlichen Stände zu erlassendes Gesetz näher bestimmt werden.	**Art. 21**. Das Recht, Vereine zu bilden, wird anerkannt. Dasselbe darf durch keine vorbeugende Maaßregel beschränkt werden.	**§ 92**. Die Bürger haben das Recht, ohne vorgängige Erlaubniß, Vereine zu jedem gesetzlichen Zwecke zu bilden. Kein Verein kann durch eine Regierungsmaaßregel aufgehoben werden. Doch können Vereine vorläufig verboten werden, nur daß sogleich eine Klage gegen den Verein, um dessen Aufhebung zu erwirken, eingericht [sic!] werden muß.

403 Korrigiert aus: kein.

404 Über der Zeile korrigiert aus gestrichen: in dem.

405 Folgt gestrichen: da, // wo sie nicht besteht,.

406 Folgt gestrichen: und da, wo sie // besteht, nur insoweit zuge- // lassen werden, als dieses // nach der Gesetzgebung des // Deutschen Bundes unver- // meidlich ist.

407 Über der Zeile eingefügt.

Sprachgebrauch	**art. 38**. Ferner gehört zu den öffentlichen Rechten der Unterthanen das Recht der freien mündlichen und schriftlichen Mittheilung der Gedanken innerhalb der durch das Gesetz bestimmten Gränzen. Was zuvörderst die mündliche Mittheilung betrifft, so soll keinem[408] Unterthan der[409] Gebrauche seiner Muttersprache verkümmert werden. Die näheren Bestimmungen über die verfassungsmäßige Aufrechthaltung der Deutschen und der Dänischen Sprache im Herzogthum Schleswig enthält die Verordnung Anlage A.	**Art. 24**. Der bestehende Gebrauch der Sprachen in Kirche und Schule, Rechtspflege und Verwaltung ist gewährleistet. Die Gesetze werden in deutscher Sprache erlassen; denselben wird für diejenigen Districte, in denen die dänische Sprache Kirchen- und Schulsprache ist, eine beglaubigte dänische Uebersetzung hinzugefügt.	
Persönliche Freiheit	**art. 33**. Ferner gehört zu den öffentlichen Rechten der Unterthanen die persönliche Freiheit. Niemand darf in anderen, als in den durch das Gesetz vorgeschriebenen Fällen und in der durch das Gesetz vorgeschriebenen Form verhaftet, und[410] jeder Verhaftung soll unverzüglich[411] das gerichtliche Verfahren wider den Betreffenden eingeleitet werden.	**Art. 16**. Die Freiheit der Person ist unverletzlich. Die gerichtliche Verhaftung einer Person soll – außer im Fall der Ergreifung auf frischer That – nur geschehen in Kraft eines richterlichen, mit Gründen versehenen Befehls. Dieser Befehl muß im Augenblick der Verhaftung oder spätestens innerhalb der nächsten 24 Stunden dem Verhafteten zugestellt werden. Die Polizeibehörde muß Jeden, den sie in Verwahrung genommen hat, im Laufe des folgenden Tages entweder freilassen oder der richterlichen Behörde übergeben. Jeder Angeschuldigte soll gegen Stellung einer vom Gerichte zu bestimmenden Caution oder Bürgschaft der Haft entlassen werden, sofern nicht dringende Anzeigen eines schweren peinlichen Verbrechens gegen denselben vorliegen. Wegen unbefugt verhängter oder widerrechtlich verlängerter Gefangenschaft haften die daran Schuld Tragenden und nöthigenfalls der Staat dem Gefangenen für Entschädigung und Genugthuung.	**§ 85**. Ein Jeder, der verhaftet wird, soll innerhalb 24 Stunden vor einen Richter gestellt werden. Kann der Verhaftete nicht gleich auf freien Fuß gestellt werden, so soll der Richter durch einen mit Gründen versehenen Bescheid, der so bald als möglich, spätestens innerhalb dreier Tage, zu geben ist, dessen Verhaftung verfügen, und falls derselbe gegen Bürgschaft freigelassen werden kann, deren Art und Größe bestimmen. Der vom Richter abgegebene Bescheid kann vom Betheiligten sogleich vor einem höheren Gerichte eingeklagt werden. Für ein Versehen, welches nur durch Geldbuße oder einfache Haft gestraft werden kann, darf keine Untersuchungshaft stattfinden.

408 Korrigiert aus: kein.
409 Über der Zeile korrigiert aus gestrichen: in dem.
410 Über der Zeile eingefügt: nach.
411 Folgt gestrichen: den betref- // fenden Gerichte zur wei- // teren Verfügung angezeigt.

Recht auf Freizügigkeit	**art. 35, Satz 1**. Jedem Unterthan soll die Niederlassung in sämmtlichen Theilen der Monarchie, unter Beobachtung der betreffenden gesetzlichen Vorschriften gestattet werden… **art. 43**. Jeder Unterthan hat das Recht, aus dem Lande fortzuziehen und sein Vermögen ohne Abzug mitzunehmen, insoweit ihm nicht besondere Verpflichtungen obliegen, welche er vorher zu erfüllen hat.	**Art. 25**. Die Auswanderungsfreiheit ist von Staatswegen nicht beschränkt. Abzugsgelder werden von Auswandernden nicht erhoben.	
Recht auf Eigentum	**art. 40**. Ferner gehört zu den öffentlichen Rechten der Unterthanen die Sicherheit des Eigenthums. Niemand soll zur Abtretung seines Eigenthums genötigt, oder in der freien Verfügung über dasselbe beschränkt werden, außer in den durch das Gesetz bestimmten Fällen und in der gesetzlich vorgeschriebenen Form. **art. 41**. Die Strafe der Confiscation des Vermögens ist gänzlich abgeschafft, und soll niemals wieder eingeführt werden. **art. 43**. Jeder Unterthan hat das Recht, aus dem Lande fortzuziehen und sein Vermögen ohne Abzug mitzunehmen, insoweit ihm nicht besondere Verpflichtungen obliegen, welche er vorher zu erfüllen hat.	**Art. 26**. Das Eigenthum und alle Privatrechte sind unverletzlich. Eine Enteignung kann nur aus Gründen des gemeinen Besten in den Fällen und in der Art, welche das Gesetz bestimmt, und gegen Entschädigung vorgenommen werden. **Art. 27**. Vermögensconfiscation darf nicht Statt finden. **Art. 25**. Die Auswanderungsfreiheit ist von Staatswegen nicht beschränkt. Abzugsgelder werden von Auswandernden nicht erhoben.	**§ 87**. Das Eigenthumsrecht ist unverletzlich. Niemand kann verpflichtet werden, sein Eigenthum abzutreten, außer wenn das Gemeinwohl es erheischt. Es kann dieses nur nach einem Gesetze und mit vollständigem Ersatze erfolgen.
Unverletzlichkeit der Wohnung		**Art. 17**. Die Haussuchung findet nur auf Verfügung des zuständigen Gerichts oder der Ortsobrigkeit in den gesetzlich bestimmten Fällen und Formen Statt. **Art. 18**. Die Beschlagnahme und Einsicht von Privatpapieren darf nur auf Grund einer richterlichen Verfügung vorgenommen werden. **Art. 19**. Das Briefgeheimniß darf nicht verletzt werden. Ausnahmen davon können nur in Folge einer richterlichen Verfügung Statt finden, oder in Kriegsfällen angeordnet werden.	**§ 86**. Die Wohnung ist unverletzlich. Haussuchung, Beschlagnahme und Untersuchung von Papieren und Briefen kann, wo kein Gesetz eine besondere Ausnahme gestattet, nur auf gerichtliche Verfügung stattfinden.

Klagerecht	**art. 34**. Kein Unterthan soll seinem durch das Gesetz bestimmten ordentlichen Gerichtsstande entzogen werden, und wenn das Gesetz die betreffende Behörde ermächtigt, hievon eine Ausnahme zu verfügen, so soll dadurch die gesetzliche Prüfung der Behandlung der Sache und des abgesprochenen Erkenntnisses durch den betreffenden höchsten Gerichtshof niemals ausgeschlossen werden.	**Art. 15**. Niemand kann durch eine Verfügung der Regierung seinem ordentlichen Richter entzogen werden. **Art. 115**. Jeder, der sich durch eine Handlung der Staatsgewalt in seinem Rechte verletzt glaubt, hat Anspruch auf gerichtliches Verfahren. Ein besonderes Gesetz wird die näheren Bestimmungen und nothwendigen Beschränkungen festsetzen, damit durch die Ausübung dieser Befugniß der freie Fortgang der Verwaltung nicht gehemmt werde.	
Petitionsrecht	**art. 37**. Sodann gehört zu den öffentlichen Rechten der Unterthanen die Befugniß, sich in eigenem Namen mit Anträgen und Beschwerden in Betreff von Gegenständen des öffentlichen Wohls an den König zu wenden.	**Art. 20**. Jeder hat das Recht, sich mit Bitten und Beschwerden schriftlich an den Herzog, an die Landesversammlung und an die Behörden zu wenden. Dies Recht kann sowohl von Einzelnen als von Mehreren gemeinschaftlich ausgeübt werden. Bitten oder Beschwerden unter einem Gesammtnamen sind nur Behörden oder Corporationen gestattet.	
Weitere Grundrechte		**Art. 30**. Das Jagdrecht steht Jedem auf eigenem Grund und Boden zu; die Ausübung dieses Rechts wird nach Gründen des öffentlichen Wohls durch das Gesetz geordnet werden.	**§ 89**. Wer sich oder die Seinigen nicht ernähren kann, und dessen Versorgung keinem Anderen obliegt, ist berechtigt, Hülfe vom Staate zu erhalten, doch muß er sich den Verpflichtungen unterwerfen, welche die Gesetze darüber erheischen. **§ 90**. Die Kinder, deren Eltern keine Mittel zu ihrer Erziehung haben, erhalten freien Unterricht in den Gemeindeschulen.

Bürgerpflichten	**art. 44**. Sowie jeder Unterthan zum vollen Genusse der öffentlichen Rechte innerhalb der gesetzlichen Bestimmungen und Beschränkungen befugt ist, so ist er auch zur gleichmäßigen Theilnahme an allen allgemeinen öffentlichen Lasten, nach Maaßgabe der Gesetze verpflichtet. Neue Befreiungen von dieser Verpflichtung sollen nicht eingeführt, und die Aufhebung der gesetzlich bestehenden gegen Entschädigung soll nur[412] im Wege der Gesetzgebung bewirkt werden[413].	**Art. 28**. Kein Staatsbürger ist verpflichtet und kann gezwungen werden, eine Steuer oder Abgabe an den Staat zu bezahlen, welche nicht auf die durch das Staatsgrundgesetz vorgeschriebene Weise bewilligt ist. **Art. 13**. Das Waffenrecht und die Wehrpflicht sind für Alle gleich. Stellvertretung findet nicht statt.	**§ 95**. Jeder waffenfähige Mann ist verpflichtet, mit seiner Person zur Vertheidigung des Vaterlandes beizutragen, nach den im Gesetze vorgeschriebenen näheren Bestimmungen.
Ausnahmeregelungen		**Art. 152**. Die Artikel 13, 16, 18, 19 und 22 können zur Zeit eines Krieges oder Aufruhrs für bestimmte Districte und auf bestimmte Zeit durch besonderes Gesetz außer Kraft gesetzt werden. Ist die Landesversammlung nicht versammelt, so kann die provisorische Suspension durch Anordnung des Herzogs unter Gegenzeichnung und Verantwortlichkeit aller Minister ausgesprochen werden. Eine solche Verfügung ist dem Justizausschuß der Landesversammlung unverzüglich mitzutheilen, und auf dessen etwaniges Verlangen ist die Landesversammlung sofort zu berufen.	**§ 99**. Für die Kriegsmacht sind die in den §§ 85, 92 und 93 gegebenen Bestimmungen nur mit den Einschränkungen, welche aus den Vorschriften des Militairgesetzbuches folgen, anwendbar.

412 Über der Zeile eingefügt.

413 Folgt gestrichen: können.

Anhang 4: Wahlrecht

	Verfassungsentwurf	Staatsgrundgesetz	Grundlov
Allgemeine Bestimmungen		**Art. 75**. Die Wahl der Abgeordneten ist eine unmittelbare. Die einfache Stimmenmehrheit entscheidet bei derselben. **Art. 77**. Die Wahlhandlung ist öffentlich. Die Abstimmung ist mündlich. **Art. 78**. Das Wahlrecht kann nur in Person ausgeübt werden.	
Aktives und passives Wahlrecht zur Volkskammer	**art. 85**. Wahlberechtigt zur Wahl der Abgeordneten aus den Städten, aus den gemischten Wahldistricten oder aus den Landdistricten ist jeder volljährige Unterthan, welcher freie Dispositionsbefugniß über sein Vermögen, einen unbescholtenen Ruf hat und zur Zeit der Anfertigung der Wahllisten ein Communalamt bekleidet, oder ein Grundstück, welches die zur Wahlberechtigung erforderlichen Eigenschaften hat, eigenthümlich besitzt oder benutzt. [414]Jedoch sind[415] die Bekenner des mosaischen Glaubens[416] nur im Königreich wahlberechtigt.[417] **art. 54**. Die Mitglieder beider Kammern müssen sich zur christlichen Religion bekennen, wenigstens 30 Jahre alt sein, freie Dispositionsbefugniß über ihr Vermögen und einen unbescholtenen Ruf haben. Entstehen Zweifel über diese Eigenschaften, so hat die betreffende Kammer darüber zu entscheiden.	**Art. 76 – erster Abschnitt.** Von den 100 Abgeordneten werden 50 Abgeordnete durch allgemeine Wahlen gewählt. Zum Behuf dieser allgemeinen Wahlen wird das Land in 50 Wahldistricte getheilt, in denen je Ein Abgeordneter gewählt wird. Wahlberechtigt und wählbar in diesen Wahldistricten ist jeder mündige Schleswig-Holsteinische Staatsbürger, welcher nicht für seine Person oder sein Vermögen unter gerichtlicher Curatel steht, während des letzten Jahres, vom Wahltage angerechnet, keine Armenunterstützung genossen hat, und nicht wegen eines in der öffentlichen Meinung entehrenden Verbrechens oder Vergehens verurtheilt ist, oder sich wegen eines solchen in Untersuchung befindet.	**§ 35**. Das Wahlrecht zur Volkskammer hat jeder unbescholtene Mann mit Indigenatrecht, wenn er sein 30stes Jahr vollendet hat, wenn er nicht a) ohne eigenen Hausstand in Privatdiensten steht; b) irgend eine Unterstützung von der Armenverwaltung, die entweder nicht aufgegeben oder nicht zurückbezahlt ist, genießt oder genossen hat; c) über seine Wohnung nicht verfügen kann; d) kein festes Domicil ein Jahr lang in dem Wahlbezirke oder der Stadt gehabt hat, wo er sich zur Zeit der Wahl aufhält. **§ 36**. Wählbar zur Volkskammer ist, mit den in § 35 a, b. und c. genannten Ausnahmen, ein jeder unbescholtene Mann mit Indigenatrecht, der sein 25stes Jahr vollendet hat.

414 Folgt gestrichen: art. Im Königreiche sind auch.

415 Über der Zeile eingefügt.

416 Folgt über der Zeile eingesetzt: nur im Königreiche.

417 Folgt gestrichen: , wenn // sie die im nachstehenden art. // angegebenen Eigenschaften // besitzen.

Aktives und passives Wahlrecht zur Volkskammer	**art. 86**. Die wahlberechtigten Unterthanen erwählen aus ihrer Mitte Wahlmänner, und die sämmtlichen gewählten Wahlmänner in einem jeden Wahldistrict erwählen, vereinigt mit denjenigen, welche wegen des innerhalb desselben von ihnen bekleideten Communalamts wahlberechtigt sind, die Abgeordneten und Stellvertreter für diesen District. **art. 87**. Die Wahlmänner werden nur für eine Wahl erwählt. **art. 88**. Wählbar zum Abgeordneten oder Stellvertreter ist jeder, welcher die zu einem Mitgliede der gemeinschaftlichen Stände erforderlichen Eigenschaften, und innerhalb des betreffenden Wahldistricts seinen regelmäßigen Wohnsitz hat. **art. 89.** Die näheren Bestimmungen über die Wahlberechtigung und das bei den Wahlen zu beobachtende Verfahren enthalten die Wahlordnungen, Anlagen C. und D. **art. 81**. Die Wahl eines Wahlmannes (art[418]) oder eines Abgeordneten darf nicht an eine Bedingung oder an irgend einen Vorbehalt geknüpft werden; jede bei einer solchen Wahl mit einem Vorbehalt oder einer Bedingung abgegebene Stimme ist als nicht abgegeben zu betrachten. **art. 82**. Eben so wenig darf ein Wählender mit Rücksicht auf seine Wirksamkeit als Wahlmann oder als Abgeordneter irgend eine Verpflichtung gegen die Wähler eingehen; geschieht dieses vor oder nach erfolgter Wahl, ist die Wahl nichtig.		

418 Angabe fehlt.

Aktives und passives Wahlrecht zur Landeskammer	**art. 58**. Die Lehns- und Stammhausbesitzer und die Besitzer der wirklich vollständigen großen Güter im Königreiche +[419] erwählen aus ihrer Mitte Zwanzig zu Mitgliedern der ersten Kammer. **art. 59**. Die zu Mitgliedern der ersten Kammer erwählten Lehns- und Stammhaus-Besitzer sind Mitglieder der Kammer auf Lebenszeit. **art. 60**. Die übrigen zu Mitgliedern der ersten Kammer erwählten Gutsbesitzer bleiben es so lange, als sie sich im Besitz eines wirklich vollständigen großen Guts befinden. Wenn indessen ein gewähltes Mitglied sich drei Jahre nacheinander der Theilnahme an den Sitzungen der Kammer gänzlich enthalten sollte, so ist an die Stelle dieses Mitglieds ein Anderer zu erwählen. **art. 64**. Die Prälaten und possessionierte Ritterschaft in den Herzogthümern erwählen aus der Mitte der letzteren Sechszehn zu Mitgliedern der ersten Kammer auf Lebenszeit. Sind mehrere Prälaturen in Einer Person vereinigt, so wählt die possessionierte Ritterschaft aus ihrer Mitte einstweilen so viele mehr, als zur Ergänzung der Zahl von zwanzig ritterschaftlichen Mitgliedern, mit Inbegriff der Prälaten erforderlich sind. **art. 54**. Die Mitglieder beider Kammern müssen sich zur christlichen Religion bekennen, wenigstens 30 Jahre alt sein, freie Dispositionsbefugniß über ihr Vermögen und einen unbescholtenen Ruf haben. Entstehen Zweifel über diese Eigenschaften, so hat die betreffende Kammer darüber zu entscheiden.	**Art. 76 – zweiter Abschnitt**. Die anderen 50 Abgeordneten werden auf folgende Weise gewählt: 1) in den Städten und den Orten, die vorzugsweise städtisches Gewerbe treiben, von den Einwohnern welche einen Grundbesitz zum Brandkassenwerth von mindestens 600 Rthlrn. besitzen, oder ein reines Einkommen von mehr als 150 Rthlr. jährlich haben, in 20 verschiedenen Wahldistricten 20 Abgeordnete; 2) in den ländlichen Districten von denjenigen Einwohnern, welche einen Grundbesitz zum Steuerwerth von nicht weniger als 600 Rthlr. und nicht mehr als 30,000 Rthlr. besitzen, oder ein reines Einkommen von mehr als 150 Rthlr. jährlich haben, ebenfalls in 20 verschiedenen Wahldistricten 20 Abgeordnete; 3) von den größeren Landbesitzern, welche einen Grundbesitz zum Steuerwerth von mehr als 30,000 Rthlr. besitzen, in einem gemeinschaftlichen Wahldistricte 10 Abgeordnete. Die Wählbarkeit ist auch in diesen städtischen und ländlichen Wahldistricten weder durch Grundbesitz, noch durch einen bestimmten Census bedingt. Dagegen müssen auch für diese Wahlen die oben angegebenen allgemeinen Erfordernisse der Wahlberechtigung und der Wählbarkeit vorhanden sein. Die näheren Bestimmungen über die Ausführung dieser Grundsätze werden im Wahlgesetze enthalten sein.	**§ 40**. Wählbar zur Landeskammer ist jeder unbescholtene Mann mit Indigenatsrecht [sic!], dessen Wohnung nicht unter Bankerott- oder Falliments-Behandlung ist, wenn er sein 40stes Jahr vollendet und im letzten Jahre entweder in directer Steuer dem Staate oder der Gemeinde 200 Rbthlr. gezahlt hat oder nachweist, daß er ein reines jährliches Einkommen von 1200 Rbthlr. besitzt. In den Wahlbezirken, wo die Anzahl der Wählbaren nach dieser Vorschrift nicht in dem vom Wahlgesetze bestimmten Verhältnisse zur Bevölkerung steht, wird die Anzahl der Wählbaren durch die Nächstbesteuerten im Wahlbezirke vergrößert, bis jenes Verhältniß erreicht ist. **§ 41**. Die Wahlen zur Landeskammer finden in größeren Wahlbezirken statt, welche durch das Wahlgesetz bestimmt werden. Die Wahlmänner in jedem größeren Wahlbezirke treten zusammen und stimmen für so viele Männer, als für den Wahlbezirk gewählt werden sollen, in welchem mindestens drei Viertheile der Gewählten im letzten Jahre vor der Wahl festes Domicil haben müssen. Zu einer gültigen Wahl bedarf es mehr als der Hälfte der abgegebenen Stimmen. **§ 39**. Das Wahlrecht zur Landeskammer hat ein jeder, der zufolge § 35 dasjenige zur Volkskammer hat. Die Wahlberechtigten wählen aus ihrer Mitte Wahlmänner nach den im Wahlgesetze angegebenen Bestimmungen.

419 Kreuz verweist auf folgende Marginalie: welche 25 Jahre alt sind, volle Dispositionsbefugniß // über ihr Vermögen, und einen unbescholtenen Ruf haben.

Aktives und passives Wahlrecht zur Landeskammer	**art. 66**. Die näheren Bestimmungen über das bei den Wahlen der Mitglieder der ersten Kammer zu beobachtende Verfahren enthalten die Wahl-Ordnungen Anlagen D und E. **art. 70**. Von den Lehns-, Stammhaus- und Gutsbesitzern im Königreiche (art [420]) sowohl als von Prälaten und Ritterschaft in den Herzogthümern sind drei Stellvertreter auf Lebenszeit oder für die Dauer ihres Besitzes (art [421]) zu erwählen, welche in Fällen und für die Dauer einstweiliger Verhinderungen einzelner gewählter Mitglieder der ersten Kammer an die Stelle derselben treten. **art. 72**. Wird durch den Eintritt eines Mangels an den erforderlichen Eigenschaften, oder durch dreijährige Enthaltung von der Theilnahme an den Versammlungen, oder durch einen Todesfall ein Platz in der ersten Kammer erledigt, oder treten so viele einstweilige Verhinderungen einzelner Mitglieder ein, daß Stellvertreter nicht mehr vorhanden sind, so sind die erledigten Plätze der Mitglieder oder Stellvertreter innerhalb vier Wochen durch Wahl oder Ernennung wieder zu besetzen. In Fällen der erstgedachten+[422] Art wird der erledigte Platz bis zum Eintritte des neu erwählten oder ernannten Mitgliedes durch einen Stellvertreter besetzt.		

420 Angabe fehlt.

421 Angabe fehlt.

422 Kreuz verweist auf folgende Marginalie: unleserlich.

Besonderheiten bei der Wahl von Beamten	**art. 90**. Wenn ein Abgeordneter[423] Königlicher[424] Beamter[425] wird[426], so ist eine außerordentliche Wahl vorzunehmen, bei welcher derselbe indessen wieder zum Abgeordneten erwählt werden kann. **art. 92**. Jeder Königliche Beamte, sowie jeder, welcher zur Wahrnehmung öffentlicher Geschäfte mit einer Königlichen Bestallung oder Confirmation versehen ist, bedarf, um eine auf ihn gefallene Wahl zum Abgeordneten anzunehmen, der Königlichen Erlaubniß, welche indessen nur dann verweigert werden soll, wenn dieses mit Rücksicht auf die Dienstgeschäfte des Gewählten nothwendig erscheint.	**Art. 84**. Nimmt ein Abgeordneter ein besoldetes Staatsamt an, so hört er auf, Mitglied der Landesversammlung zu sein, kann indessen sofort wieder gewählt werden. **Art. 83**. Beamte, die zu Abgeordneten gewählt werden, bedürfen keines Urlaubs.	**§ 62**. [...] Ein Gesetz soll näher bestimmen, in welchen Fällen sich ein Reichstags-Mitglied, welches zu besoldeten Staatsämtern befördert wird, einer Neuwahl unterwerfen muß. **§ 60**. Die Reichstagsmitglieder sind nur an ihre Ueberzeugung, nicht an irgend eine Vorschrift ihrer Wähler gebunden. Beamte, die in den Reichstag gewählt werden, bedürfen keiner Regierungs-Erlaubniß zur Annahme der Wahl.

423 Folgt gestrichen: in dem.
424 Korrigiert aus: Königlichen.
425 Über der Zeile korrigiert aus gestrichen: Dienst.
426 Über der Zeile korrigiert aus gestrichen: tritt.

Anhang 5: Finanzen

	Verfassungsentwurf	Staatsgrundgesetz	Grundlov
Staatshaushalt	**art. 143**. Die Grundlage der Verwaltung sämmtlicher Staats-Einnahmen, mit Ausschluß des Ertrags der Kron-Domainen (art. [427]) sowie sämmtlicher regelmäßig wiederkehrender Staats-Ausgaben, mit Ausschluß der Verzinsung und Tilgung der Staatsschuld (art.[428]) bildet das der Verfassungs-Urkunde angehängte, nach dem Durchschnitts-Belaufe der drei letzten Finanz-Rechnungen aufgemachte Normal-Reglement (Anhang E[429].) **art. 144**. Der ersten Versammlung der gemeinschaftlichen Stände soll das Budget für das[430] folgende[431] Jahr[432] zur Prüfung und Beschlußnahme vorgelegt, und hiemit in jeder [433]Versammlung der gemeinschaftlichen Stände fortgefahren werden. +[434] **art. 145**. Das Einnahme-Budget eines jeden Jahres soll eine so genaue, nach den betreffenden Rubriken des Normalreglements abgetheilte Angabe der sämmtlichen Staats-Einnahmen enthalten, als nach Maaßgabe der Ergebnisse der Verwaltung der beiden, der Ausarbeitung des Budgets vorhergehenden Jahre und der sonstigen zur Zeit bekannten Umstände geliefert werden kann.	**Art 85**. Die Landesversammlung tritt Ein Mal im Jahre, und zwar am 1. November, und wenn dieser Tag auf einen Sonntag fällt, am folgenden Tage, auch ohne besondere Berufung, zu dem ordentlichen Landtage zusammen. Dem ordentlichen Landtage ist jedes Mal der jährliche Voranschlag zum Staatshaushalt vorzulegen. Außerordentlich wird die Landesversammlung vom Herzoge berufen, so oft er es für nöthig erachtet. **Art. 139**. Alljährlich wird der ordentlichen Landesversammlung ein Voranschlag über alle zu erwartenden Ausgaben des Staats, unter Nachweis ihrer Nothwendigkeit oder Nützlichkeit zur Genehmigung vorgelegt. Abweichungen von dem genehmigten Voranschlage im Ganzen oder in seinen einzelnen Positionen bedürfen der nachträglichen Genehmigung der Landesversammlung.	**§ 51**. Keine Steuer kann anders als durch ein Gesetz aufgelegt, umgewandelt oder aufgehoben werden, ebenso kann ohne ein Gesetz keine Mannschaft ausgeschrieben, keine Staatsanleihe aufgenommen, keine Staatsdomaine verkauft werden. **§ 52.** Auf jedem ordentlichen Reichstage wird gleich nach seiner Zusammenkunft der Entwurf des Finanzgesetzes für das folgende Finanzjahr, welcher einen Ueberschlag der Staats-Einnahmen und Ausgaben enthält, vorgelegt werden. Die Finanzvorlage wird zuerst in der Volkskammer verhandelt. Ohne daß das Finanzgesetz angenommen ist, können keine Steuern erhoben werden. Keine Ausgabe kann geschehen, die nicht in diesem eine Gewähr hat.

427 Angabe fehlt.
428 Angabe fehlt.
429 Korrigiert aus: F.
430 Über der Zeile korrigiert aus gestrichen: jedes der beiden dar- // auf.
431 Korrigiert aus: folgenden.
432 Korrigiert aus: Jahren.
433 Folgt gestrichen: zweiten.
434 Kreuz verweist auf folgende Marginalie: NB. Ueber die Finanzen ein besonder (Com überstr.) gemeinschaftliches Comite, wie Art. 156.

Staatshaushalt	**art. 146**. Zu den in das Budget aufzunehmenden Staats-Einnahmen gehört nicht der Ertrag der Kron-Domainen (art. [435]) wohl aber der Ertrag der sämmtlichen Staats-Domainen. **art. 147**. Kein Theil der Staats-Domainen oder ihres Ertrags darf, ohne die allgemeine oder besondere Zustimmung der gemeinschaftlichen Stände veräußert oder verpfändet werden. **art. 148**. Dem Ausgabe-Budget eines jeden Jahres sollen gleichfalls die Ergebnisse der Verwaltung der beiden, der Ausarbeitung desselben zunächst vorhergehenden Jahre zum Grunde gelegt werden. **art. 149**. Die einzelnen Rubriken des Ausgabe-Budgets sind ebenfalls nach den betreffenden Rubriken des Normal-Reglements einzurichten. **art. 150**. Jede Abweichung des Ausgabe-Budgets von dem Normal-Reglement bedarf der Zustimmung der gemeinschaftlichen Stände; wird diese verweigert, so ist die betreffende Summe des Normal-Reglements in das Budget aufzunehmen. +[436]		

435 Angabe fehlt.

436 Kreuz verweist auf folgende Marginalie: Jedoch dürfen die zur Erfüllung // der Verpflichtungen des Kö- // nigs als Mitgliede des deut- // schen Bundes [über der Zeile eingefügt: für die Herzogthümer Holstein und Lauenburg] erforderlichen // Ausgaben von den gemein- // schaftlichen Ständen nicht verweigert werden.

Finanzprüfung	**art. 55**. Zum Zwecke der Prüfung der Budgets- und Finanz-Rechnungen, sowie zum Zwecke der Verständigung über abweichende Beschlüsse treten beide Kammern, entweder in voller Versammlung, oder durch aus ihrer Mitte erwählte Ausschüsse zusammen[+437]. Das Nähere hierüber ergiebt[438] die Geschäfts-Ordnung[439], Anlage B[440].[o441] **art. 156**. Gleich nach der Eröffnung einer jeden Versammlung der gemeinschaftlichen Stände, und sobald beide Kammern constituirt sind, wählt jede von ihnen aus ihrer Mitte vier Mitglieder, welche einen gemeinschaftlichen Ausschuß beider Kammern bilden, um die betreffende Finanz-Rechnung zu prüfen, bevor dieselbe der Kammer vorgelegt wird. **art. 157**. Jede Versammlung der gemeinschaftlichen Stände hat nicht die Finanz-Rechnung des vorhergehenden, sondern die des nächstvorhergehenden Jahres zu prüfen. **art. 158**. Die Revision der besonderen Rechnungen, welche die Grundlage der Finanz-Rechnung eines jeden Jahres bilden, muß, bevor die letztere dem gemeinschaftlichen Ausschuß (art. [442]) zugestellt wird, beendigt sein, und erstere müssen dem Ausschusse auf Verlangen nebst den betreffenden Acten mitgetheilt werden.	**Art. 141**. Die jährliche Staatsrechnung über alle Statt gehabten Einnahmen und Ausgaben des Staats wird mit allen Belegen dem von der letzten ordentlichen Landesversammlung erwählten Finanzausschuß zwei Monate vor der Eröffnung der nächsten ordentlichen Landesversammlung zur Prüfung mitgetheilt. Derselbe hat das Recht, jede Art der Aufklärung von dem Ministerium zu verlangen. Die Staatsrechnung sammt ihren Belegen wird mit dem Berichte des Finanzausschusses der nächsten ordentlichen Landesversammlung bei ihrer ersten Sitzung vorgelegt.	**§ 53**. Jede Kammer benennt zwei besoldete Revisoren. Diese prüfen die jährliche Staats-Rechenschaft und sehen zu, ob sämmtliche Staats-Einnahmen darin aufgeführt sind und keine Ausgaben über das Finanzgesetz stattgefunden haben. Sie können die Mittheilung aller dazu nöthigen Aufklärungen und Actenstücke fordern. Die jährliche Rechenschafts-Ablage wird mit den Bemerkungen der Revisoren dem Reichstage vorgelegt, der, mit Rücksicht auf diese, einen Beschluß faßt.

437 Kreuz verweist auf folgende Marginalie: nach den im Folgenden [es folgt gestrichen: hierüber] gegebenen Regeln.
438 Über der Zeile korrigiert aus gestrichen: ergeben.
439 Korrigiert aus: Ge- // schäfts-Ordnungen.
440 Folgt gestrichen: und C.
441 Kreis verweist auf folgende Marginalie, in der art. 56. aufgeführt wird.
442 Angabe fehlt.

Finanzprüfung	**art. 159**. Außer diesen Rechnungen sind dem Ausschusse alle sonstigen Aufklärungen und Nachweisungen, welche derselbe für erforderlich erachten mögte, [sic!] namentlich genaue Verzeichnisse der in dem betreffenden Jahre bewilligten Pensionen, Unterstützungen und Honorare mitzutheilen. **art. 160**. Der erste Gegenstand der Untersuchung des Ausschusses ist, ob alle Staats-Einnahmen in die Finanz-Rechnung aufgenommen, der zweite, ob einzelne Posten des Ausgabe-Budgets überschritten sind, oder ob der Belauf derselben zu anderen, als zu den im Budget angegebenen Zwecken verwandt ist. **art. 161**. Jede Behörde, welche eine Abweichung von dem Budget vorgenommen hat, muß die Gründe für dieselbe in einer schriftlichen Ausführung, welche mit der Finanz-Rechnung dem Ausschusse vorzulegen ist, entwickeln. Diese Ausführung, welche mit dem Antrage auf die Genehmigung der fraglichen Abweichung schließt, ist der Versammlung der gemeinschaftlichen Stände von dem Ausschuß zugleich mit der Finanz-Rechnung zur Beschlußnahme vorzulegen. **art. 162**. Der Ausschuß hat sich ferner davon zu vergewissern, daß die Staatsschuld in Uebereinstimmung mit der Verfassung (art. [443]) und dem Budget verzinset und vermindert worden ist, und daß sämmtliche Kassebehalte, Activen und der Reservefonds mit ihren in der Rechnung angegebenen Belaufe zur Zeit des Abschlusses derselben wirklich vorhanden gewesen sind.		

443 Angabe fehlt.

Finanzprüfung	**art. 163**. Da die Finanz-Rechnung erst längere Zeit nach dem Ablaufe des Rechnungsjahres den gemeinschaftlichen Ständen vorgelegt werden kann (art. [444]) so soll der Staats-Gerichtshof vor dem 1sten October jeden Jahres eine Commission von vier Mitgliedern, von welchen zwei im Königreiche und eins in jedem der beiden Herzogthümer wohnhaft sein muß, ernennen; dieser Commission sind am Schlusse des Jahres alle im Laufe desselben eingelösten Staatsschuld-Documente, und Zinsenquitungen [sic!][445], die vorhandenen allgemeinen Staats-Activen, die Activen und der Behalt des Reservefonds, und die sonstigen Kassebehalte der verschiedenen Staats-Kassen vorzuzeigen. Die Commission hat hierüber ein von ihr zu unterzeichnendes förmliches Protocoll aufnehmen zu lassen, welches der betreffenden Finanz-Rechnung anzulegen ist. **art. 164**. Wenn der Ausschuß (art. [446]) die Finanz-Rechnung geprüft, und die erforderlichen Aufklärungen eingezogen hat, legt er beiden Kammern, welche zu diesem Zwecke zusammentreten, seine Bedenken zur Beschlußnahme darüber vor, ob die Decharge für diese Rechnung ohne Notaten zu ertheilen, oder ob und über welche Notaten bei der Ertheilung der Decharge die Verantwortlichkeit der betreffenden Behörde vorzubehalten ist. **art. 165**. Jede Behörde, welche der Ansicht ist, daß ihr ein Notat zu der Finanz-Rechnung ohne hinreichenden Grund von den gemeinschaftlichen Ständen zur Last gelegt sei, hat das Recht, innerhalb dreier Monate nach dem betreffenden ständischen Beschlusse die Frage, ob dem Notat Folge zu geben sei, zur Entscheidung des Staats-Gerichtshofes zu bringen.		

444 Angabe fehlt.
445 Über der Zeile eingefügt: und Zinsenquitungen.
446 Angabe fehlt.

Einnahmenüberschuss	**art. 151**. Von dem Ueberschusse der Staats-Einnahme über den Gesammt-Belauf der nach den Rubriken des Normal-Reglements abgetheilten Rubriken des Ausgabe-Budgets wird zuerst der zur Verzinsung der Staats-Schuld in dem betreffenden Jahre erforderliche Belauf, und demnächst ein Procent des jedesmaligen Gesammtbelaufs der Staatsschuld zur Tilgung derselben ausgesetzt. **art. 152**. Von dem als dann sich ergebenden Ueberschusse wird die Hälfte zu allgemeinen Staatszwecken verwandt, die andere Hälfte wird unter die verschiedenen Landestheile nach demjenigen Verhältnisse, in welchem sie zu den Staats-Einnahmen beitragen (art. [447]) vertheilt. **art. 153**. Hinsichtlich der Verwendung der zu allgemeinen Staatszwecken bestimmten Hälfte des Ueberschusses (art. [448]) ist die Regierung an die Zustimmung der gemeinschaftlichen Stände gebunden. Erfolgt diese nicht, so ist die fragliche Summe, wenn sie wirklich nach der Abhaltung sämmtlicher übrigen Budgets-Summen (art. [449]) vorhanden ist, bei dem Staats-Gerichtshofe so lange zu deponiren, bis ein von den gemeinschaftlichen Ständen angenommener Vorschlag über die Verwendung derselben vorliegt.		

447 Angabe fehlt.
448 Angabe fehlt.
449 Angabe fehlt.

Einnahmenüberschuss	**art. 154**. Ueber die Verwendung des dem Königreiche zufallenden Theils des Ueberschusses (art. [450]) werden die Provincialstände-Versammlungen des Königreichs nach vorgängiger Königlicher Genehmigung, in Gemäßheit einer Verordnung, welche für das Königreich nach eingezogenem Gutachten der Provincialstände desselben erlassen werden wird, verfügen. **art. 155**. Der den Herzogthümern zufallende Theil des Ueberschusses (art. [451]) wird unter beide Herzogthümer zu gleichen Theilen vertheilt, und die Verwendung der einem jeden Herzogthum zukommenden Hälfte ist der Beschlußnahme der betreffenden Provinzialstände-Versammlung, mit Vorbehalt der Königlichen Genehmigung überlassen.		
Zivilliste und Staatseigentum	**art. 17**. Der König benutzt das gesammte bewegliche und unbewegliche Kron-Vermögen und die der Krone verfassungsmäßig zustehenden Einkünfte. **art. 18**. Das Kron-Vermögen besteht aus den Königlichen Schlössern[452], den darin befindlichen Regalien, Sammlungen und anderen beweglichen und unbeweglichen Gegenständen, und den dazu gehörigen Gärten, Hölzungen und sonstigen Zubehörungen.	**Art. 136**. Alles bisher als landesherrlich bezeichnete Eigenthum und Vermögen jeder Art in den Herzogthümern ist, da die regierende Linie hier kein Privat- oder Familienvermögen besitzt, Staatseigenthum. Alles aus Staatsmitteln oder für den Staat Erworbene wird Theil des Staatsvermögens. Kriegscontributionen, Entschädigungsgelder und sonstige Erwerbungen, welche dem Landesherrn zufolge eines Staatsvertrages, Bündnisses oder Krieges zu Theil werden, sind daher ebenfalls Staatseigenthum.	**§ 16**. Die Civilliste des Königs wird zu Anfang jeder Regierung durch ein Gesetz bestimmt. Dabei wird gleichzeitig festgestellt, welche Schlösser und anderweitiges Staatseigenthum zur Civilliste gehören sollen. Die Civilliste kann nicht mit Schulden belastet werden. **§ 17**. Für die Mitglieder des Königlichen Hauses können Apanagen durch ein Gesetz bestimmt werden. Ohne Genehmigung des Reichstages können keine Apanagen außerhalb Landes verzehrt werden.

450 Angabe fehlt.
451 Angabe fehlt.
452 Über der Zeile eingefügt: und Gebäuden.

Zivilliste und Staatseigentum	**art. 19**. Ueber alle diese Gegenstände wird binnen Jahresfrist, nachdem die gegenwärtige Verfassungs-Urkunde in Kraft getreten ist, und gleichfalls bei dem Regierungsantritt eines jeden Königs ein vollständiges Verzeichnis aufgenommen, und eine Abschrift desselben in dem Archive der gemeinschaftlichen Stände niedergelegt. **art. 20**. Sollte der König die Benutzung einzelner Königlichen [sic!] Gebäude und Sammlungen nicht wünschen, so wird über diese, bevor die Verfassung in Kraft tritt, ein Verzeichnis aufgemacht; sie bilden von diesem Zeitpuncte an einen Theil des Staatsvermögens, welches ohne die allgemeine oder besondere Zustimmung der gemeinschaftlichen Stände weder ganz noch theilweise veräußert werden darf. **art 21**. Das Kron-Vermögen besteht ferner aus dem Regalien-Fonds und den übrigen der Krone zuständigen, bisher nicht in die bekannt gemachten Finanz-Rechnungen aufgenommenen Capitalien; auch auf diese muß sich das vorgedachte Verzeichnis (art. [453]) erstrecken. **art. 22**. Endlich besteht das Kron-Vermögen aus sämmtlichen Königlichen Domainen und Forsten im Königreiche Dänemark, über welche gleichfalls binnen Jahresfrist ein genaues Verzeichnis aufzunehmen, und eine Abschrift desselben in dem Archive der gemeinschaftlichen Stände niederzulegen ist, mit allen dar auf heftenden Gerechtsamen und Verpflichtungen.[454]	Ueber das gesammte Staatsvermögen, namentlich über die grundherrlichen Abgaben und Leistungen, welche die Staatskasse zu erheben berechtigt ist, sowie über die ausstehenden Forderungen werden genaue und vollständige Inventarien aufgenommen. Einzelne Theile des Staatsvermögens, wie z. B. gewisse Schlösser und Gärten, werden dem Herzoge bei Bestimmung seiner Civilliste oder den Mitgliedern der fürstlichen Familie bei Bestimmung ihrer Apanagen und Witthümer zur Benutzung übergeben. Alles übrige Staatsvermögen wird den einzelnen Abtheilungen der Staatsverwaltung zur Verwaltung und Verwendung überwiesen. Jede Abtheilung der Staatsverwaltung hat jährlich mit der Rechnungsablage einen genauen Nachweis über die Vermehrung oder Verminderung des ihr anvertrauten Staatsvermögens einzuliefern. Das unbewegliche Staatsvermögen soll in seinem wesentlichen Bestande erhalten werden und kann daher ohne Einwilligung der Landesversammlung weder durch Veräußerung vermindert, noch mit Schulden oder sonst mit einer bleibenden Last beschwert werden. **Art. 61**. Die Civilliste des Herzogs wird zu Anfang jeder Regierung durch ein Gesetz bestimmt. **Art. 62**. Etwanige Apanagen, Ausstattungen und Witthümer des Herzoglichen Hauses bestimmt das Gesetz.	

453 Angabe fehlt.

454 Folgt eingefügt: unter Letzteren ist die in den gedachten Domainen redicirte Capitalschuld mitbegriffen.

Zivilliste und Staatseigentum	**art. 23**. Dagegen überläßt der König der Finanzverwaltung den Ertrag der sämmtlichen Domainen und Forsten in den Herzogthümern Schleswig und Holstein. Diese Domainen, Forsten und Domainen-Intraden werden hiedurch für Theile des Staatsvermögens erklärt. **art. 24**. Als Widerlage für die Benutzung der letztgedachten Domainen (art. 23[455]) bezieht der König aus der Finanz-Kasse 600,000 Rbtl jährlich, welche am 1sten Januar und 1. Julii jeden Jahres mit der Hälfte ausbezahlt werden, und übernimmt die Finanz-Verwaltung die Auszahlung der den Mitgliedern des Königlichen Hauses zukommenden Apanagen. **art. 25**. Aus den Einkünften der Krone sind sämmtliche Kosten der Hofhaltung, mit Inbegriff der Unterhaltung der[456] königlichen Schlösser,[457] und Gärten, sowie mit Inbegriff des Königlichen Theaters und der Königlichen Capelle abzuhalten. **art. 26**. Die Verwaltung des Kron-Vermögens ist durch keine[458] Art[459] der ständischen Mitwirkung beschränkt; doch darf kein Theil desselben veräußert werden, abgesehen von der Vererbpachtung des zu den Kron-Domainen gehörenden Bonderngutes, wofür die eingehende Kaufsumme dem unveräußerlichen Capitalvermögen der Krone (art.[460]) hinzuzufügen sind [sic!].		

455 Angabe nachträglich eingefügt.
456 Über der Zeile eingefügt: zum Kronvermögen gehörenden.
457 Über der Zeile eingefügt: Gebäude.
458 Korrigiert aus: keinen.
459 Korrigiert aus: Act.
460 Angabe fehlt.

Zivilliste und Staatseigentum	**art. 27**. Zur Ausstattung einer in den Ehestand tretenden Königs-Tochter kann die Princzessinnen-Steuer im Königreiche und in den Herzogthümern ohne vorgängige ständische Bewilligung mit ihrem bisherigen Belaufe ausgeschrieben werden. **art. 28**. Die einzelnen Mitgliedern des Königlichen Hauses und anderen Fürstlichen Personen zur Zeit beigelegten Apanagen bleiben unverändert. Künftig können Apanagen nur nach vorgängiger Zustimmung der gemeinschaftlichen Stände bewilligt werden.		
Staatsschulden	**art. 139**. Die gemeinschaftlichen Stände übernehmen die Gewähr für den Gesammtbelauf der Staatsschuld zu demjenigen Zeitpunct, an welchem die gegenwärtige Verfassungs-Urkunde in Kraft tritt, und für die rechtzeitige Verzinsung und Tilgung derselben. **art. 140**. Der Gesammtbelauf der Staatsschuld (art. [461]) wird durch eine Commission des Staats-Gerichtshofs, welcher die Finanz-Verwaltung die erforderlichen Nachweisungen und Aufklärungen mitzutheilen hat, ausgemittelt, und das darüber aufgenommene Protocoll in dem Archive der gemeinschaftlichen Stände niedergelegt. **art. 141**. Ohne die Zustimmung der gemeinschaftlichen Stände soll keine Staats-Anleihe mittelbar oder unmittelbar abgeschlossen, also auch keine Bürgschaft für die Verzinsung oder Tilgung einer nicht von der Regierung contrahirten Schuld übernommen, und ebenso wenig eine Abänderung der hinsichtlich einer Staats-Anleihe getroffenen Bestimmungen vorgenommen werden.	**Art. 142**. Der Staat wird durch Anleihen und Garantien nur dann verpflichtet, wenn dieselben von der Landesversammlung genehmigt sind.	

461 Angabe fehlt.

Staatsschulden	**art. 142**. Anleihen und Vorschüsse aus der Staatskasse sollen nur gegen gehörige Sicherheit und nur nach dazu vorgängig erlangter allgemeiner oder besonderer Zustimmung der gemeinschaftlichen Stände bewilligt werden. +[462]		
Weitere Bestimmungen	**art. 175**. Die Durchschnitts-Summe des Belaufs der Kosten sämmtlicher bisherigen unmittelbaren Collegien und Departements an Gehalten und Comptoir-Ausgaben für die letzten drei Jahre wird im Normal-Reglement als Ausgabe[463]-Posten für sämmtliche Ministerien aufgeführt, und vom Könige unter die einzelnen Ministerien nach den Bedürfnissen derselben vertheilt. **art. 176**. Wenn einzelne Verwaltungszweige von einem Ministerium an ein anderes übergehen, so sind die daraus folgenden Abänderungen des Normalreglements und Budgets nicht an die Zustimmung der gemeinschaftlichen Stände gebunden.	**Art. 140**. Soweit der Ertrag des Staatsvermögens, der Regalien und die Gebühren nicht ausreichen, um die bewilligten Ausgaben zu decken, wird der Staatsbedarf durch Steuern und Abgaben bestritten. Der Voranschlag über die Ausgaben muß von Vorschlägen über die Behufs der Deckung des Staatsbedarfs erforderlichen Steuern und Abgaben begleitet sein, über deren Erhebung die Landesversammlung beschließt. Die Bewilligung der Steuern und Abgaben gilt nur für ein Jahr. Die bewilligten Steuern und Abgaben werden jährlich durch ein Steuergesetz ausgeschrieben. Keine Behörde ist berechtigt, Steuern und Abgaben zu erheben, wenn die Erhebung nicht durch das Gesetz angeordnet ist.	

462 Kreuz verweist auf folgende Marginalie: NB. at Sagen skal forliges.

463 Korrigiert aus: Ausgaben.

Weitere Bestimmungen		**Art. 143**. Die Staatshauptkasse bleibt in Rendsburg, bis ein Gesetz anderes darüber verfügt. **Art. 144**. Bevorzugungen können in Betreff der Steuern und Abgaben nicht eingeführt werden. Die bestehende Steuergesetzgebung wird einer Revision unterzogen werden. **Art. 137**. Die Beibehaltung, Einführung oder Abschaffung von Regalien hängt von dem Beschlusse der Landesversammlung ab, welche die Art ihrer Verwaltung bestimmt. **Art 183** [sic!][464]. Die Erhebung von Gebühren für die Benutzung öffentlicher Anstalten, wie z. B. Chausseegelder, Fährgelder u.s.w. oder für Dienste der Staatsbeamten und für die Ausübung sogenannter Fiscirechte, wie Gerichtssporteln, Dispensationsgelder u.s.w. kann nur durch ein Gesetz angeordnet werden.	

464 eigentlich Art. 138.

Anhang 6: Gesetzgebung

	Verfassungsentwurf	Staatsgrundgesetz	Grundlov
Behandlung der Gesetzesvorschläge	**art. 126**. Alle zur Wirksamkeit der gemeinschaftlichen Stände gehörenden Steuer-Gesetze sind zuerst der zweiten Kammer vorzulegen. **art. 133**. Gesetzes-Vorschläge, welche zur Wirksamkeit der gemeinschaftlichen Stände gehören und nicht das Steuerwesen betreffen, kann die Regierung nach ihrer Wahl einer der beiden Kammern zuerst vorlegen lassen. **art. 127**. Verwirft die zweite Kammer einen solchen Gesetzes-Vorschlag im Ganzen, so kann dieser während derselben Versammlung nicht wieder vorgelegt werden. **art. 128**. Billigt dagegen die zweite Kammer den Gesetzes-Vorschlag, wenn auch mit Abänderungen, so ist derselbe, wenn die Regierung sich nicht veranlaßt findet, ihn zurückzunehmen, während derselben Versammlung der ersten Kammer vorzulegen. **art. 129**. Ist die erste Kammer mit der zweiten einverstanden, und haben beide Kammern den Gesetzes-Vorschlag ohne Abänderungen angenommen, so verleiht der König demselben unverzüglich Gesetzes-Kraft. **art. 130**. Haben die Kammern Abänderungen des Gesetzes-Vorschlags beschlossen, so hat der König die Wahl, ob Er dem Vorschlage mit diesen Abänderungen Gesetzes-Kraft verleihen will, oder nicht. **art. 131**. Verwirft die erste Kammer den von der zweiten angenommenen Gesetzes-Vorschlag, oder beschließt sie andere Abänderungen desselben, als die von der zweiten Kammer beschlossenen, so wählt jede Kammer aus ihrer Mitte einige Mitglieder, welche zusammentreten, um eine Vereinigung der verschiedenen Ansichten zu bewirken.	**Art. 70**. Die Landesversammlung übt in Gemeinschaft mit dem Herzoge die gesetzgebende Gewalt. Jedes Gesetz erfordert zu seiner Gültigkeit die Uebereinstimmung des Herzogs und der Landesversammlung. Wird, während der Herzog Oberhaupt eines anderen, nicht deutschen Staates ist, ein Gesetzantrag auf drei verschiedenen Landtagen von der Landesversammlung mit einer Stimmenmehrheit von zwei Drittheilen unverändert angenommen, so kann der Herzog seine Zustimmung zu demselben nicht verweigern und verkündigt ihn als Gesetz. **Art. 94**. Ueber jeden Gesetzvorschlag sowie über alle Anträge, zu deren Annahme eine größere als die absolute Stimmenmehrheit erfordert wird, muß regelmäßig an 2 nicht unmittelbar auf einanderfolgenden Tagen berathen werden. Ausnahmen hiervon können nur mit einer Stimmenmehrheit von zwei Drittheilen der anwesenden Mitglieder beschlossen werden.	**§ 55**. Kein Gesetzesvorschlag kann angenommen werden, bevor er dreimal in der Kammer verhandelt worden ist. **§ 56**. Wenn ein Gesetzesvorschlag von einer Kammer verworfen worden ist, so kann er nicht von derselben Kammer in derselben Session wieder vorgenommen werden. **§ 57**. Wenn ein Gesetzesvorschlag in einer Kammer angenommen ist, so wird er in der festgesetzten Form der anderen vorgelegt; wird er in dieser verändert, so geht er an die erste zurück; nimmt diese wieder Veränderungen vor, so geht der Vorschlag abermals an die andere Kammer. Wird dann noch keine Uebereinstimmung erzielt, so kann, auf Verlangen einer Kammer, jede Kammer eine gleiche Anzahl von Mitgliedern ernennen, um zu einem Ausschusse zusammenzutreten, welcher ein Gutachten über die Abweichungen abgiebt; mit Rücksicht auf den Bericht des Ausschusses findet dann in jeder Kammer für sich der Endbeschluß statt. **§ 19**. Der König ernennt und entlässt seine Minister. Die Beschlüsse über Gesetzgebung und Regierung sind durch die Unterschrift des Königs gültig, wenn diese von der Unterschrift eines Ministers begleitet ist. Der Minister, welcher unterschrieben hat, ist für den Beschluß verantwortlich. **§ 30**. In sehr kritischen Fällen kann der König, wenn der Reichstag nicht versammelt sein sollte, vorläufige Gesetze erlassen, die jedoch dem Grundgesetze nicht zuwider sein dürfen und immer dem nächsten Reichstage vorgelegt werden müssen.

Behandlung der Gesetzesvorschläge	**art. 132**. Gelingt dieses nicht, so treten beide Kammern zusammen, und die Frage über die Annahme oder Verwerfung des Gesetzes-Vorschlags, und über die Annahme desselben mit oder ohne Abänderungen ist alsdann von den vereinigten Kammern zu behandeln und durch die Abstimmung sämmtlicher Mitglieder beider Kammern zu entscheiden. **art. 134**. Wenn diejenige Kammer, welcher der Gesetzes-Vorschlag zuerst vorgelegt ist, denselben ohne oder mit Abänderungen annimmt, die andere Kammer aber zu einem anderen Resultat gelangt, und eine Ausgleichung der abweichenden Ansichten durch das Zusammentreten von Mitgliedern beider Kammern (art. [465]) nicht gelingt, so kann das Gesetz nicht erlassen werden. **art. 135**. Hat aber die Regierung in drei auf einander folgenden Versammlungen der gemeinschaftlichen Stände einen Gesetzes-Vorschlag vorlegen lassen, welcher ohne oder mit Abänderungen von der zweiten Kammer angenommen, von der ersten aber verworfen ist, und ist eine Vereinigung der abweichenden Ansichten auf die vorgedachte Weise nicht zu bewirken gewesen, so hat die Regierung das Recht, zu verlangen, dass beide Kammern zusammentreten, den Vorschlag gemeinschaftlich behandeln, und durch Abstimmung sämmtlicher Mitglieder beider Kammern über denselben entscheiden. **art. 136**. Wird alsdann der Gesetzes-Vorschlag von den vereinigten Kammern verworfen, und legt die Regierung denselben nachher wieder vor, so ist er zu behandeln, als wäre er früher nicht vorgelegt gewesen.		

465 Angabe fehlt.

Gesetzesinitiative	**art. 125**. Die gemeinschaftlichen Stände sind nicht befugt, der Regierung Gesetzes-Vorschläge vorzulegen, sondern über die von der Regierung vorgelegten Gesetzes-Vorschläge zu beschließen, und unter Beobachtung der Vorschriften über die Ausübung des Petitions-Rechts (art. [466]) den König um die Vorlegung von Gesetzes-Vorschlägen über Gegenstände, welche dem Vorstehenden nach zu ihrer Wirksamkeit gehören, zu bitten.	**Art. 71**. Der Landesversammlung gebührt gleich dem Herzoge, das Recht des Gesetzesvorschlags.	**§ 28**. Der König kann dem Reichstage Gesetzesvorschläge und andere Beschlüsse vorlegen lassen. **§ 48**. Jede Kammer ist berechtigt, Gesetze vorzuschlagen und ihrerseits anzunehmen.
Rechte des Staatsoberhauptes	**art. 137**. Die Regierung ist befugt, jeden Gesetzes-Vorschlag zurückzunehmen, so lange derselbe nicht von beiden Kammern angenommen ist. **art. 138**. Ist ein Gesetzes-Vorschlag von den gemeinschaftlichen Ständen nur mit Abänderungen angenommen, so hat der König die Wahl, ob Er dem Vorschlage mit diesen Abänderungen Gesetzes-Kraft verleihen will, oder nicht.	**Art. 37**. Der Herzog kann ebenso wenig von der Anwendung eines Gesetzes Ausnahmen machen, als ein Gesetz aufheben, vorbehaltlich derjenigen Fälle, in denen die bestehenden Gesetze eine Dispensation ausdrücklich zulassen.	**§ 29**. Die Einwilligung des Königs thut noth, um einem Reichstagsbeschlusse Gesetzeskraft zu verleihen. Der König befiehlt die Bekanntmachung und sorgt für dessen Vollstrekkung.
Zuständigkeitsbereich des Parlaments	**art. 122**. Außer den im Vorstehenden (art. [467]-[468]) behandelten Theilen der Steuer-Gesetzgebung gehören zu der Wirksamkeit der gemeinschaftlichen Stände sowohl alle diejenigen Gegenstände der Gesetzgebung, worüber bereits gemeinschaftliche Gesetze vorhanden sind, als auch diejenigen für eine gemeinschaftliche Gesetzgebung geeigneten Gegenstände, über welche es zur Zeit an gesetzlichen Bestimmungen fehlt.	**Art. 149**. In jedem Gesetze muß ausdrücklich erwähnt werden, daß es in Uebereinstimmung mit dem Beschluß der Landesversammlung erlassen wurde.	

466 Angabe fehlt.
467 Angabe fehlt.
468 Angabe fehlt.

Zuständigkeitsbereich des Parlaments	**art. 123**. Demnach gehören zu der Wirksamkeit der gemeinschaftlichen Stände die denselben vorzulegenden Verträge mit auswärtigen Mächten, (art. [469]) die Gesetze über die Verhältnisse der Beamten zum Staate und über die Pensionierung derselben (art. [470]), über die Rechtsverhältnisse der christlichen Confessionen und Secten (art. [471]), über die Bedingungen, unter welchen Ausländer die öffentlichen Rechte der Unterthanen erwerben können (art. [472]), über das Recht der Unterthanen, sich zu erlaubten Zwecken zu vereinigen (art. [473]), über die Preßfreiheit[474] (art. [475]) über die Wehrpflicht und die Rechts-Verhältnisse der Wehrpflichtigen als solcher, in und außer dem Dienste, zu Wasser und zu Lande, und über das Münzwesen. **art. 124**. Dagegen gehört die ganze Civil- und Criminal-Gesetzgebung, mit Inbegriff der Gesetze über die Rechtsverfolgung, die Gesetzgebung über das Unterrichtswesen, über das Communalwesen, über die verschiedenen Zweige der Policei, über die bäuerlichen Verhältnisse, über die den verschiedenen Landestheilen eigenthümlichen Anstalten und Einrichtungen, sowie überhaupt über alle diejenigen Gegenstände, welche nicht im Vorstehenden (art. [476]) den gemeinschaftlichen Ständen ausdrücklich zugewiesen sind, nicht zur Wirksamkeit dieser Stände.		

469 Angabe fehlt.
470 Angabe fehlt.
471 Angabe fehlt.
472 Angabe fehlt.
473 Angabe fehlt.
474 Folgt gestrichen: und die Bestrafung // ihres Mißbrauchs.
475 Angabe fehlt.
476 Angabe fehlt.

Besondere Bestimmungen		**Art. 24**. Der bestehende Gebrauch der Sprachen in Kirche und Schule, Rechtspflege und Verwaltung ist gewährleistet. Die Gesetze werden in deutscher Sprache erlassen; denselben wird für diejenigen Districte, in denen die dänische Sprache Kirchen- und Schulsprache ist, eine beglaubigte dänische Uebersetzung hinzugefügt.	

Anhang 7: Militär

	Verfassungsentwurf	Staatsgrundgesetz	Grundlov
Allgemeine Bestimmungen	**art. 4**. Der König verfügt unbeschränkt über die Kriegsmacht zu Wasser und zu Lande, und schließt Verträge mit auswärtigen Mächten. **art. 5**. Verträge, durch welche ein Theil des Staatsgebiets veräußert werden soll (art. 2[477]) oder in Folge deren Veränderungen in den geltenden gemeinschaftlichen Gesetzen vorgenommen, oder den Unterthanen neue Lasten auferlegt werden sollen, bedürfen der Zustimmung der gemeinschaftlichen Stände.	**Art. 39**. Der Herzog führt den Oberbefehl über die Land- und Seemacht. **Art. 41**. Der Herzog schließt Verträge mit anderen Staaten. Alle Verträge, welche den Herzogthümern Schleswig-Holstein oder einzelnen Staatsbürgern Verbindlichkeiten oder Lasten auferlegen, bedürfen zu ihrer Gültigkeit der Zustimmung der Landesversammlung. **Art. 54**. Wenn der Herzog zugleich Oberhaupt eines anderen Staates ist, so können Verträge mit diesem Staate nur unter Zuziehung von besonders Bevollmächtigten der Landesversammlung und unter Vorbehalt der Ratification unterhandelt werden. Die Ratification geschieht von dem Herzoge und der Landesversammlung. **Art. 40**. Der Herzog besetzt alle Civil- und Militair-Staatsämter, soweit das Gesetz nicht eine andere Art der Besetzung bestimmt.	**§ 23**. Der König hat den Oberbefehl über Land- und Seemacht, er erklärt Krieg und schließt Frieden, geht ein und hebt auf Bündnisse und Handelsverträge, doch kann er ohne Genehmigung des Reichstages keinen Theil des Landes abtreten, über Staatseinnahmen entscheiden oder dem Staate irgend eine belastende Verpflichtung aufladen.
	art. 12. Der König allein ist zu Standes-Erhöhungen, sowie zur Verleihung von Orden und anderen Auszeichnungen befugt, welche von sämmtlichen Unterthanen anerkannt werden sollen. Einmal verliehene Auszeichnungen dieser Art können nur durch richterlichen Spruch entzogen werden.	**Art. 44**. Der Herzog kann nur an Militairpersonen Orden und Ehrenzeichen ertheilen. Adel und persönliche Titel können vom Herzoge nicht verliehen werden.	

477 Angabe nachträglich eingefügt.

Wehrpflicht	**art. 123**. Demnach gehören zu der Wirksamkeit der gemeinschaftlichen Stände die denselben vorzulegenden Verträge mit auswärtigen Mächten, (art. [478]) die Gesetze über die Verhältnisse der Beamten zum Staate und über die Pensionierung derselben (art. [479]), über die Rechtsverhältnisse der christlichen Confessionen und Secten (art. [480]), über die Bedingungen, unter welchen Ausländer die öffentlichen Rechte der Unterthanen erwerben können (art. [481]), über das Recht der Unterthanen, sich zu erlaubten Zwecken zu vereinigen (art. [482]), über die Preßfreiheit [483] (art. [484]) über die Wehrpflicht und die Rechts-Verhältnisse der Wehrpflichtigen als solcher, in und außer dem Dienste, zu Wasser und zu Lande, und über das Münzwesen.	**Art. 13**. Das Waffenrecht und die Wehrpflicht sind für Alle gleich. Stellvertretung findet nicht Statt.	**§ 95**. Jeder waffenfähige Mann ist verpflichtet, mit seiner Person zur Vertheidigung des Vaterlandes beizutragen, nach den im Gesetze vorgeschriebenen näheren Bestimmungen.
Besondere Bestimmungen		**Art. 130**. Die bewaffnete Macht kann gegen Staatsbürger nur auf Verlangen der Civilbehörde und in den vom Gesetze bestimmten Fällen und Formen verwandt werden.	**§ 94**. Bei Aufläufen kann die bewaffnete Macht, wenn sie nicht angegriffen wird, nur dann einschreiten, wenn die Menge dreimal im Namen des Königs und des Gesetzes vergeblich aufgefordert worden, auseinander zu gehen. **§ 97**. Jedes in der Gesetzgebung an Adel, Titel und Rang geknüpfte Vorrecht ist aufgehoben. **§ 99**. Für die Kriegsmacht sind die in den §§ 85, 92 und 93 gegebenen Bestimmungen nur mit den Einschränkungen, welche aus den Vorschriften des Militairgesetzbuches folgen, anwendbar.

478 Angabe fehlt.
479 Angabe fehlt.
480 Angabe fehlt.
481 Angabe fehlt.
482 Angabe fehlt.
483 Folgt gestrichen: und die Bestrafung // ihres Mißbrauchs.
484 Angabe fehlt.

Besondere Bestimmungen		**Art. 131**. Schleswig-Holsteinische Staatsbürger können nicht in der bewaffneten Macht eines nicht deutschen Staates dienen. Ausnahmen können nur mit Einwilligung der Landesversammlung Statt finden. **Art. 128**. Die Art und Weise der Einstellung zum Landheer und zur Seemacht, sowie die Dienstzeit, bestimmt das Gesetz. **Art. 153**. Die Mitglieder der Landesversammlung, alle Staatsbeamte und die bewaffnete Macht haben dem Herzoge und dem Staatsgrundgesetz Treue und Gehorsam zu schwören. **Art. 129**. Die Officiere des Landheeres und der Seemacht können, wenn sie ohne Zeitbeschränkung angestellt sind, nur Kraft richterlichen Spruches des ihnen ertheilten Grades und des mit demselben verbundenen Gehaltes verlustig werden, vorbehaltlich der Ausnahmen und Bestimmungen, welche das Gesetz machen wird. **Art. 132**. Schleswig-Holsteinische Truppen können nur mit Einwilligung der Landesversammlung oder auf Verfügung der deutschen Centralgewalt die Grenzen des deutschen Staatsgebiets überschreiten. **Art. 134**. Es kann Truppen nicht deutscher Staaten nur mit Einwilligung der Landesversammlung die Betretung des Staatsgebiets gestattet werden. **Art. 133**. Die Seemacht hat ihre Stationen, Werften und Arsenäle in Schleswig-Holstein. Ausnahmen können nur mit Einwilligung der Landesversammlung Statt haben. **Art. 135**. Die Verhältnisse der Bürgerwehr werden durch ein besonderes Gesetz geordnet werden.	

Anhang 8: Minister und Ministerien

	Verfassungsentwurf	Staatsgrundgesetz	Grundlov
Allgemeine Bestimmungen	**art. 171**. Die bisherige collegialische Einrichtung der unmittelbaren Regierungsbehörden ist aufgehoben, und an die Stelle derselben treten acht Ministerien, von welchen vier vorzugsweise die gemeinschaftlichen Angelegenheiten der gesammten Monarchie, und vier vorzugsweise die besonderen Angelegenheiten der verschiedenen Landestheile wahrzunehmen haben. **art. 173**. Gemeinschaftliche Ministerien für die gesammte Monarchie sind das Ministerium der auswärtigen Angelegenheiten, das Kriegs-Ministerium[+485], das Finanz-Ministerium und das Handels-Ministerium. Für das Justiz- und Polizeiwesen und für das Innere werden besondere Ministerien, zwei für das Königreich und zwei für die Herzogthümer errichtet. **art. 174**. Der König vertheilt die verschiedenen Verwaltungsgeschäfte unter diese acht Ministerien (art. [486]) und nimmt mit dieser Vertheilung demnächst diejenigen Veränderungen vor, welche Ihm als zweckmäßig erscheinen; doch kann ein Verwaltungs-Zweig, welcher bisher von einer besonderen unmittelbaren Behörde für das Königreich oder[487] für die Herzogthümer besorgt, oder in Folge der Einrichtung von Ministerien einem besonderen Ministerium zugetheilt ist, niemals einem gemeinschaftlichen Ministerium übertragen werden.	**Art. 63**. Niemand kann zum Minister ernannt werden, welcher nicht das Schleswig-Holsteinische Staatsbürgerrecht besitzt. **Art. 64**. Das Gesetz bestimmt die Abtheilungen der Verwaltung. Jeder besonderen Abtheilung der Verwaltung steht ein Minister vor. Nur außerordentlich und auf kurze Zeit kann ein Minister mehreren Abtheilungen der Verwaltung vorstehen.	**§ 22**. Der König besetzt alle Aemter in demselben Maaße wie bisher. Veränderungen darin können nur durch ein Gesetz geschehen. Niemand kann zum Beamten ernannt werden, der nicht das Indigenatrecht hat. Der König kann die von ihm angestellten Beamten entlassen. Die Pension derselben wird in Uebereinstimmung mit dem Pensionsgesetze festgestellt. Der König kann Beamte ohne ihre Einwilligung versetzen, doch so, daß sie dabei nicht an den Amtseinnahmen einbüßen, und daß ihnen zwischen solcher Versetzung und einer Verabschiedung mit Pension nach den allgemeinen Vorschriften die Wahl gelassen wird. Ausnahmen für gewisse Classen von Beamten, außer den im § 87 [sic! richtiger 78] festgestellten, werden durch ein Gesetz bestimmt.

485 Kreuz verweist auf folgende Marginalie: mit Unterabtheilungen // für die Land- und Seemacht.

486 Angabe fehlt.

487 Über der Zeile korrigiert aus gestrichen: und.

Allgemeine Bestimmungen	**art. 175**. Die Durchschnitts-Summe des Belaufs der Kosten sämmtlicher bisherigen unmittelbaren Collegien und Departements an Gehalten und Comptoir-Ausgaben für die letzten drei Jahre wird im Normal-Reglement als Ausgabe[488]-Posten für sämmtliche Ministerien aufgeführt, und vom Könige unter die einzelnen Ministerien nach den Bedürfnissen derselben vertheilt. **art. 176**. Wenn einzelne Verwaltungszweige von einem Ministerium an ein anderes übergehen, so sind die daraus folgenden Abänderungen des Normalreglements und Budgets nicht an die Zustimmung der gemeinschaftlichen Stände gebunden.		
Ministerverantwortlichkeit	**art. 6**. Der König ernennt und entläßt alle geistliche und weltliche Beamte, insoweit nicht deren Ernennung und Entlassung Anderen rechtsgültig übertragen ist, oder vom Könige den betreffenden Behörden überlassen wird. Ueber die Verhältnisse der Beamten wird ein Gesetz unter beschließender Mitwirkung der gemeinschaftlichen Stände erlassen werden. Mitglieder der höchsten Gerichtshöfe im Königreiche und in den Herzogthümern können als solche nur durch richterlichen Spruch ihres Amts verlustig erklärt werden.	**Art. 35**. Die Person des Herzogs ist unverletzlich. Seine Minister sind verantwortlich. **Art. 38.** Der Herzog ernennt und entlässt die Minister. **Art. 36**. Keine Anordnung des Herzogs in Regierungsangelegenheiten ist gültig, wenn die Urkunde über dieselbe nicht von einem Minister gegengezeichnet ist. Die Gegenzeichnung macht den Minister verantwortlich. **Art. 67**. Durch keine Anordnung des Herzogs oder Statthalters können die Minister der ihnen wegen der Verwaltung ihres Amtes obliegenden Verantwortlichkeit enthoben werden.	**§ 18**. Der König ist unverantwortlich, seine Person ist heilig und unverletzlich. Die Minister sind für die Führung der Regierung verantwortlich. **§ 19**. Der König ernennt und entlässt seine Minister. Die Beschlüsse über Gesetzgebung und Regierung sind durch die Unterschrift des Königs gültig, wenn diese von der Unterschrift eines Ministers begleitet ist. Der Minister, welcher unterschrieben hat, ist für den Beschluß verantwortlich.

488 Korrigiert aus: Ausgaben.

Ministerverantwortlichkeit	**art. 15**. Der König hat das Recht, wenn es das allgemeine Wohl dieses dringend erfordert, ein Gesetz, welches zur Wirksamkeit der gemeinschaftlichen Stände gehört, wenn diese nicht versammelt sind, bis zu ihrer nächsten Versammlung außer Kraft zu setzen. **art. 16**. Eine solche Maaßregel ist aber der nächsten Versammlung der gemeinschaftlichen Stände gleich nach deren Eröffnung zur Prüfung und Beschlußnahme vorzulegen, und die betreffende unmittelbare Behörde ist außerdem für die Nothwendigkeit der einstweilen getroffenen Maaßregel verantwortlich. **art. 172**. Kein Beamter und keine Behörde darf einem Befehl des Königs Folge leisten, wenn er nicht von dem betreffenden Minister unterzeichnet ist. **art. 182**. Die eigene Unterschrift des Königs oder dessen Befehl befreit den betreffenden Minister nicht von der Verantwortlichkeit für eine Handlung, welche dem Staatsgerichtshofe als eine Verletzung der Amtspflicht erscheint.	**Art. 53**. Alle, die Unterschrift des Herzogs erfordernden Gesetze, Verordnungen und Befehle werden während der Abwesenheit des Herzogs vom Statthalter namens desselben unterschrieben, und soweit es dieses Grundgesetz vorschreibt, von den Ministern gegengezeichnet. **Art. 152**. Die Artikel 13, 16, 18, 19 und 22 können zur Zeit eines Krieges oder Aufruhrs für bestimmte Districte und auf bestimmte Zeit durch besonderes Gesetz außer Kraft gesetzt werden. Ist die Landesversammlung nicht versammelt, so kann die provisorische Suspension durch Anordnung des Herzogs unter Gegenzeichnung und Verantwortlichkeit aller Minister ausgesprochen werden. Eine solche Verfügung ist dem Justizausschuß der Landesversammlung unverzüglich mitzutheilen, und auf dessen etwaniges Verlangen ist die Landesversammlung sofort zu berufen.	

Klage gegen Minister	**art. 179**. Findet eine der beiden Kammern, daß ein oder mehrere Minister die Bestimmungen der Verfassung übertreten, oder nicht berücksichtigt, oder sich auf Maaßregeln, welche die Integrität der Monarchie oder die gegenwärtigen staatsrechtlichen Verhältnisse der einzelnen Landestheile verletzen können, eingelassen, oder sich sonst einer untreuen oder gewissenlosen Verwaltung ihres Amts schuldig gemacht haben, so ist die betreffende Kammer befugt, diese Minister vor dem Staats-Gerichtshofe belangen zu lassen. **art. 180**. Der Staats-Gerichtshof hat in erster und letzter Instanz, jedoch nur darüber zu entscheiden, ob die betreffenden Minister eine ihnen zuzurechnende Verletzung ihrer Amtspflicht sich haben zu Schulden kommen lassen, und ob sie deshalb ihres Amts zu entsetzen sind. **art. 13**. Der König allein hat das Recht der Begnadigung durch gänzliche Erlassung oder Milderung von Strafen, welche wegen begangener Verbrechen [489]und anderer [!] Uebertretungen der Gesetze erkannt sind; ebenso hat der König das Recht, eingeleitete Untersuchungen und Processe in Betreff von Verbrechen, Vergehen oder anderer Uebertretungen der Gesetze niederzuschlagen; die Ausübung dieser[490] Rechte fällt aber weg bei denjenigen Sachen, welche von dem[491] Staats-Gerichtshofe[492] zu erledigen sind. **art. 181**. Ist der Staatsgerichtshof des Dafürhaltens, daß dem Schuldigen auch die Leistung eines Ersatzes obliege,	**Art. 68**. Nur kraft eines Beschlusses der Landesversammlung kann gegen die Minister, wegen der Verwaltung ihres Amts ein Strafverfahren eingeleitet werden. Das Gesetz bestimmt die Fälle, wegen welcher ein Strafverfahren Statt findet, die Strafen, das Gericht und die Art des Verfahrens. **Art. 69**. Ist das in dem gegen Minister eingeleiteten Strafverfahren erfolgende Endurtheil nicht freisprechend, so hat dasselbe stets den Austritt aus dem Amte zur Folge. **Art. 42**. Der Herzog hat das Recht der Begnadigung. Ein wegen seiner Amtshandlungen verurtheilter Minister kann nur auf Antrag der Landesversammlung begnadigt werden. **Art. 67**. Durch keine Anordnung des Herzogs oder Statthalters können die Minister der ihnen wegen der Verwaltung ihres Amtes obliegenden Verantwortlichkeit enthoben werden.	**§ 20**. Die Minister können für ihre Amtsführung in Anklagestand versetzt werden. Die Volkskammer klagt an, das Reichsgericht richtet. **§ 73**. Das Reichsgericht erkennt über die von der Volkskammer gegen die Minister eingebrachten Klagen. Der König kann auch Andere für Verbrechen, die ihm besonders staatsgefährlich scheinen, mit Genehmigung der Volkskammer vor das Reichsgericht stellen. **§ 31**. Der König kann begnadigen und Amnestie ertheilen; die Minister kann er nur mit Einwilligung der Volkskammer von den ihnen durch das Reichsgericht zuerkannten Strafen befreien.

489 Folgt gestrichen: Vergehen.
490 Folgt gestrichen: beiden.
491 Korrigiert aus: den.
492 Korrigiert aus: Staats- // Gerichtshöfen.

Klage gegen Minister	oder daß er außer der Amts-Entsetzung noch eine andere Strafe verwirkt habe, so sind diese Fragen von dem ordentlichen Gerichte des Angeschuldigten zu entscheiden. Der betreffende Justiz-Minister hat unverzüglich[493] für die Einleitung des Verfahrens vor dem ordentlichen Gerichte des schuldig befundenen Ministers dergestalt Sorge zu tragen, daß diese Sache zur schließlichen Entscheidung an das höchste Gericht oder an das Schleswig-Holstein-Lauenburgische Oberappellationsgericht gelangen kann. **art. 182.** Die eigene Unterschrift des Königs oder dessen Befehl befreit den betreffenden Minister nicht von der Verantwortlichkeit für eine Handlung, welche dem Staatsgerichtshofe als eine Verletzung der Amtspflicht erscheint. **art. 184.** Wenn ein Minister durch ein Erkenntniß des Staats-Gerichtshofs seines Amts entsetzt ist, so kann er nicht wieder im Dienste des Staats angestellt werden. **art. 193.** Ueber das im Falle einer gegen einen oder mehrere Minister erhobenen Anklage (art. [494]) oder eines denselben zur Last gelegten Rechnungs-Notats (art. [495]) zu beobachtende Verfahren hat der Staats-Gerichtshof gleich nach seiner Errichtung die erforderlichen Bestimmungen zu treffen und zur öffentlichen Kunde zu bringen. Doch soll das schließliche Verfahren in solchen Sachen stets mündlich und öffentlich sein, es wäre denn, daß der Gerichtshof durch einen mit einer Stimmenmehrheit von $^{2}/_{3}$ seiner		

493 Über der Zeile korrigiert aus gestrichen: unaufhaltlich.

494 Angabe fehlt.

495 Angabe fehlt.

Der Staatsrat	Mitglieder gefaßten Beschluß eine Ausnahme hiervon zu verfügen sich aus überwiegenden Gründen veranlaßt finden mögte [sic!]. **art. 177**. Die acht Minister haben Sitz und Stimme in dem Geheimen[496] Staatsrathe, und der König bestimmt, welche Sachen in[497] demselben[498] erledigt werden sollen. **art. 183**. Für die im Geheimen Statsrathe [sic!][499] gefaßten Beschlüsse sind sämmtliche Mitglieder desselben[500] verantwortlich, es wäre denn, daß einer oder der andere von ihnen durch das Protocoll, welches stets über die Verhandlungen des Staatsraths[501] zu führen ist, nachweisen könnte, daß er an der betreffenden Sitzung desselben[502] nicht zugegen gewesen wäre, oder seine von dem fraglichen Beschlusse abweichende Meinung zu Protocoll gegeben hätte.	**Art. 65**. Die Minister vereinigen sich unter Vorsitz des Herzogs oder Statthalters zum Staatsrath. Der Staatsrath beräth über Gesetzesvorlagen und über Anträge der Landesversammlung so wie über alle wichtigeren Angelegenheiten, und entscheidet über Zweifel hinsichtlich der Zuständigkeit der einzelnen Ministerien. Ueber die im Staatsrath gefaßten Beschlüsse wird ein Protocoll geführt, welches die Vota der einzelnen Mitglieder enthält. Dies Protocoll nebst dessen Beilagen wird einem Ausschusse der Landesversammlung auf deren Verlangen zur Einsicht vorgelegt.	**§ 21**. Die Minister in ihrer Gesammtheit bilden den Staatsrath, den Vorsitz in demselben führt der vom Könige ernannte Premierminister. Alle Gesetzesvorschläge und wichtigeren Regierungsmaaßregeln werden dem Staatsrathe vorgelegt. Die Ordnung desselben, so wie die Ministerverantwortlichkeit werden durch ein Gesetz bestimmt.
Verhältnis zum Parlament	**art. 99**. Jeder Vorgesetzte einer unmittelbaren Behörde kann, so oft und so lange er es angemessen findet, den Sitzungen beider Kammern beiwohnen, und zu jeder Zeit in denselben das Wort nehmen, auch ist er befugt, sich in jeder der beiden Kammern nach seinem Ermessen durch einen der höheren, bei der betreffenden unmittelbaren Behörde angestellten Beamten vertreten zu lassen.	**Art. 66**. Die Minister haben freien Zutritt zu den Sitzungen der Landesversammlung und müssen auf ihr Verlangen gehört werden. Auf Verlangen der Landesversammlung sind die Minister verpflichtet in der Versammlung zu erscheinen. Die Minister können Mitglieder der Landesversammlung sein.	**§ 63**. Die Minister haben zufolge ihres Amts Zutritt zum Reichstage und sind berechtigt, während der Verhandlungen, so oft sie wollen, das Wort zu verlangen, müssen jedoch im Uebrigen die Geschäftsordnung befolgen. Das Stimmrecht haben sie nur, wenn sie Reichstagsmitglieder sind. **§ 66**. Jedes Reichstagsmitglied kann in der Kammer, welcher es angehört, mit deren Genehmigung jedes öffentliche Anliegen zur Verhandlung bringen und darüber eine Erklärung der Minister verlangen.

496 Über der Zeile korrigiert aus gestrichen: bilden den Ministerrath // oder.
497 Korrigiert aus: im.
498 Über der Zeile korrigiert aus gestrichen: Staatsrathe.
499 Über der Zeile korrigiert aus: Mini- // sterrathe.
500 Über der Zeile korrigiert aus gestrichen: Minister.
501 Über der Zeile korrigiert aus gestrichen: Ministerraths.
502 Über der Zeile korrigiert aus gestrichen: Ministerraths.

Verhältnis zum Parlament		**Art. 98**. Jeder Abgeordnete ist berechtigt, von den Ministern Aufschlüsse zu verlangen, wenn er seine Absicht, eine Frage zu stellen unter Bezeichnung des Gegenstandes derselben, in einer vorhergehenden Sitzung angekündigt hat.	
		Art. 65. Die Minister vereinigen sich unter Vorsitz des Herzogs oder Statthalters zum Staatsrath. Der Staatsrath beräth über Gesetzvorlagen und über Anträge der Landesversammlung so wie über alle wichtigeren Angelegenheiten, und entscheidet über Zweifel hinsichtlich der Zuständigkeit der einzelnen Ministerien. Ueber die im Staatsrath gefaßten Beschlüsse wird ein Protocoll geführt, welches die Vota der einzelnen Mitglieder enthält. Dies Protocoll nebst dessen Beilagen wird einem Ausschusse der Landesversammlung auf deren Verlangen zur Einsicht vorgelegt.	
		Art. 97. Es ist untersagt, der Landesversammlung in Person oder durch Deputation Bittschriften zu überreichen. Die Landesversammlung hat das Recht, die an sie gerichteten Bittschriften an die Minister zu überweisen. Die Minister sind verbunden über deren Inhalt Auskunft zu ertheilen, wenn die Landesversammlung es verlangt.	**§ 68**. Findet die Kammer keine Veranlassung über einen Antrag einen Beschluß zu fassen, so kann sie denselben an die Minister verweisen.
	art. 178. Die Minister haben die allgemeinen Gesetze und ihre allgemeinen Instructionen zu befolgen, und sind außerdem hinsichtlich ihrer amtlichen Thätigkeit den gemeinschaftlichen Ständen verantwortlich.	**Art. 73**. Die Landesversammlung kann in Ausführung der ihr in Betreff des Staatshaushalts und sonst zustehenden Befugnisse, Ausschüsse zur Untersuchung von Thatsachen ernennen und denselben das Recht verleihen, allein oder unter Zuziehung von richterlichen Beamten, Vernehmungen vorzunehmen und die Behörden zur Hülfe zu requiriren.	**§ 50**. Jede Kammer kann Commissionen ihrer Mitglieder zur Untersuchung allgemein wichtiger Gegenstände niedersetzen. Diese sind berechtigt, sowohl von Staatsbehörden als von Privaten mündliche oder schriftliche Aufklärungen zu fordern.

Verhältnis zum Parlament	**art. 161**. Jede Behörde, welche eine Abweichung von dem Budget vorgenommen hat, muß die Gründe für dieselbe in einer schriftlichen Ausführung, welche mit der Finanz-Rechnung dem Ausschusse vorzulegen ist, entwickeln. Diese Ausführung, welche mit dem Antrage auf die Genehmigung der fraglichen Abweichung schließt, ist der Versammlung der gemeinschaftlichen Stände von dem Ausschuß zugleich mit der Finanz-Rechnung zur Beschlußnahme vorzulegen. **art. 164**. Wenn der Ausschuß (art. [503]) die Finanz-Rechnung geprüft, und die erforderlichen Aufklärungen eingezogen hat, legt er beiden Kammern, welche zu diesem Zwecke zusammentreten, sein Bedenken zur Beschlußnahme darüber vor, ob die Decharge für diese Rechnung ohne Notaten zu ertheilen, oder ob und über welche Notaten bei der Ertheilung der Decharge die Verantwortlichkeit der betreffenden Behörde vorzubehalten ist. **art. 165**. Jede Behörde, welche der Ansicht ist, daß ihr ein Notat zu der Finanz-Rechnung ohne hinreichenden Grund von den gemeinschaftlichen Ständen zur Last gelegt sei, hat das Recht, innerhalb dreier Monate nach dem betreffenden ständischen Beschlusse die Frage, ob dem Notat Folge zu geben sei, zur Entscheidung des Staats-Gerichtshofes zu bringen.	**Art. 141**. Die jährliche Staatsrechnung über alle Statt gehabten Einnahmen und Ausgaben des Staats wird mit allen Belegen dem von der letzten ordentlichen Landesversammlung erwählten Finanzausschuß zwei Monate vor der Eröffnung der nächsten ordentlichen Landesversammlung zur Prüfung mitgetheilt. Derselbe hat das Recht, jede Art der Aufklärung von dem Ministerium zu verlangen. Die Staatsrechnung sammt ihren Belegen wird mit dem Berichte des Finanzausschusses der nächsten ordentlichen Landesversammlung bei ihrer ersten Sitzung vorgelegt.	**§ 53**. Jede Kammer ernennt zwei besoldete Revisoren. Diese prüfen die jährliche Staats-Rechenschaft und sehen zu, ob sämmtliche Staats-Einnahmen darin aufgeführt sind und keine Ausgaben über das Finanzgesetz stattgefunden haben. Sie können die Mittheilung aller dazu nöthigen Aufklärungen und Actenstücke fordern. Die jährliche Rechenschafts-Ablage wird mit den Bemerkungen der Revisoren dem Reichstage vorgelegt, der, mit Rücksicht auf diese, einen Beschluß faßt.

503 Angabe fehlt.

Statthalterschaft		**Art. 56**. Vom Tode des Herzogs an, bis sein Nachfolger oder der Regent den verfassungsmäßigen Eid geleistet hat, wird die Herzogliche Gewalt durch den Ministerrath Namens des Herzogs verantwortlich ausgeübt. Dasselbe tritt in dem Falle ein, wenn beim Tode des Herzogs eine Statthalterschaft bestehen sollte. Die Statthalterschaft erlischt mit dem Tode des Herzogs. **Art. 60**. Ob die Voraussetzungen einer Regentschaft vorhanden sind, so wie darüber, ob sie aufgehört haben, entscheiden in Verbindung mit dem Staatsministerium die im Lande anwesenden mündigen Agnaten mit Ausschluß des nächsten durch absolute Stimmenmehrheit... Wenn kein zur Theilnahme an der Entscheidung berechtigter Agnat im Lande vorhanden ist, entscheidet das Staatsministerium allein. **Art. 48**. Die Ernennung und Entlassung des Statthalters geschieht in einer von dem Herzoge zu unterzeichnenden und von mindestens zwei Staatsministern gegenzuzeichnenden Urkunde. Die Ernennung wird wirksam, nachdem sie verkündigt ist, und der Statthalter vor dem versammelten Staatsministerium den folgenden Eid geschworen hat: „ich gelobe und schwöre als Statthalter der Herzogthümer Schleswig-Holstein in Ausübung der mir anvertrauten Gewalt die Verfassung und die Gesetze der Herzogthümer Schleswig-Holstein zu beobachten und die Unabhängigkeit des Staates, so wie die Rechte des Herzogs und des Volks aufrecht zu erhalten. So wahr mir Gott helfe und sein heiliges Wort!“ **Art. 50**. Nach dem Tode oder Abgange des Statthalters bis zum Wiederantritt eines neuen, oder wenn der Statthalter sich in der Unmöglichkeit befindet, die ihm anvertraute Gewalt auszuüben, übernimmt der älteste Staatsminister, nachdem er den in Art. 48 vorgeschriebenen Eid geleistet hat, die Gewalt desselben.	**§ 10**. Wenn der König sich außer Stande zu regieren befindet, so ruft der Staatsrath den Reichstag zusammen. Wenn der vereinigte Reichstag mit drei Viertheilen der abgegebenen Stimmen die Nothwendigkeit einräumt, so ernennt er einen Reichsvorstand, und ordnet, wenn es nöthig sein sollte, eine Vormundschaft an. **§ 14**. Ist kein Thronfolger vorhanden, oder kann der Thronfolger oder der Reichsvorstand die Regierung nicht gleich antreten, so wird diese vom Staatsrathe geführt, bis der Reichstag die nothwendigen Bestimmungen getroffen hat.

Entwurf einer Verfassungs-Urkunde für das Königreich Dänemark und die Herzogthümer Schleswig und Holstein

von Sönke Loebert (Hrsg.)

Tit: I. Von dem Staatsgebiet.

art. 1. Das Staatsgebiet der dänischen Monarchie, bestehend aus dem Königreiche Dänemark mit Island und den Faröern [sic!], dem Herzogthum Schleswig, dem Herzogthum Holstein, dem Herzogthum Lauenburg und den dänischen Colonien, bildet dem Auslande gegenüber ein ungetrenntes Ganze.

art. 2. Von dem Staatsgebiete der dänischen Monarchie darf, abgesehen von Friedensschlüssen, nichts an eine auswärtige Macht abgetreten, oder sonst veräußert oder verpfändet werden, ohne die Zustimmung der gemeinschaftlichen Stände.

Tit: II. Von dem Könige.

art. 3. Der König vereinigt in Seiner Person die gesammte Regierungs-Gewalt, in soweit ihre Ausübung nicht durch den Inhalt der Verfassungs-Urkunde beschränkt wird. Seine Person ist heilig und unverletzlich.

art. 4. Der König verfügt unbeschränkt über die Kriegsmacht zu Wasser und zu Lande, und schließt Verträge mit auswärtigen Mächten.

art. 5. Verträge, durch welche ein Theil des Staatsgebiets veräußert werden soll (art. 2) oder in Folge deren Veränderungen in den geltenden gemeinschaftlichen Gesetzen vorgenommen, oder den Unterthanen neue Lasten auferlegt werden sollen, bedürfen der Zustimmung der gemeinschaftlichen Stände.

art. 6. Der König ernennt und entläßt alle geistliche und weltliche Beamte, insoweit nicht deren Ernennung und Entlassung Anderen rechtsgültig übertragen ist, oder vom Könige den betreffenden Behörden überlassen wird. Ueber die Verhältnisse der Beamten wird ein Gesetz unter beschließender Mitwirkung der gemeinschaftlichen Stände erlassen werden. Mitglieder der höchsten Gerichtshöfe im Königreiche und in den Herzogthümern können als solche nur durch richterlichen Spruch ihres Amts verlustig erklärt werden.

art. 7. Der König ist verpflichtet, innerhalb des Staatsgebiets zu wohnen und Hof zu halten. Während eines einstweiligen Aufenthalts im Auslande verfügt Er über die Verwaltung der Regierungs-Geschäfte.

art. 8. Der König wird volljährig mit dem vollendeten achtzehnten Jahre. Wie es mit der Verwaltung der Regierungs-Geschäfte während der Minderjährigkeit oder sonstiger Verhinderungen des Königs verhalten werden soll, wird durch ein besonderes, nach vorgängiger Zustimmung der gemeinschaftlichen Stände zu erlassendes Gesetz bestimmt werden.

art. 9. An dem Tage Seines Regierungs-Antritts verspricht der König in einem in allen Theilen der Monarchie zur öffentlichen Kunde zu bringenden Patente die Aufrechthaltung der Bestimmungen der gegenwärtigen Verfassungs-Urkunde, und läßt die von Ihm eigenhändig unterzeichnete Ausfertigung dieses Patents der ersten nach Seinem Regierungs-Antritte zusammentretenden Versammlung der gemeinschaftlichen Stände überreichen, um in dem ständischen Archive niedergelegt zu werden.

art. 10. Binnen Jahresfrist nach Seinem Regierungs-Antritte wird der König, wenn nicht besondere Hindernisse entgegentreten, Seine Krönung vornehmen lassen.

art. 11. Der König verfügt über die Verhältnisse der übrigen Mitglieder des Königlichen Hauses durch Hausgesetze, welche zu ihrer Gültigkeit weder der Publication, noch, insoweit sie mit der Verfassung im Einklange stehen, der Zustimmung der gemeinschaftlichen Stände bedürfen.

art. 12. Der König allein ist zu Standes-Erhöhungen, sowie zur Verleihung von Orden und anderen Auszeichnungen befugt, welche von sämmtlichen Unterthanen anerkannt werden sollen. Einmal verliehene Auszeichnungen dieser Art können nur durch richterlichen Spruch entzogen werden.

art. 13. Der König allein hat das Recht der Begnadigung durch gänzliche Erlassung oder Milderung von Strafen, welche wegen begangener Verbrechen und anderer Uebertretungen der Gesetze erkannt sind; ebenso hat der König das Recht, eingeleitete Untersuchungen und Processe in Betreff von Verbrechen, Vergehen oder anderer [sic!] Uebertretungen der Gesetze niederzuschlagen; die Ausübung dieser Rechte fällt aber weg bei denjenigen Sachen, welche von dem Staats-Gerichtshofe zu erledigen sind.

art. 14. Der König hat das Recht, in einzelnen Fällen nach den bisher geltenden Grundsätzen Ausnahmen von den Bestimmungen der Gesetze zu gestatten, und einzelnen Steuerpflichtigen wegen eingetretener Unglücksfälle die directen Steuern des laufenden Jahres zu erlassen, sowie auch den betreffenden unmittelbaren Behörden die Ausübung dieser Befugnisse zu übertragen.

art. 15. Der König hat das Recht, wenn das allgemeine Wohl dieses dringend erfordert, ein Gesetz, welches zur Wirksamkeit der gemeinschaftlichen Stände gehört, wenn diese nicht versammelt sind, bis zu ihrer nächsten Versammlung außer Kraft zu setzten.

art. 16. Eine solche Maaßregel ist aber der nächsten Versammlung der gemeinschaftlichen Stände gleich nach deren Eröffnung zur Prüfung und Beschlußnahme vorzulegen, und die betreffende unmittelbare Behörde ist außerdem für die Nothwendigkeit der einstweilen getroffenen Maaßregel verantwortlich.

art. 17. Der König benutzt das gesammte bewegliche und unbewegliche Kron-Vermögen und die der Krone verfassungsmäßig zustehenden Einkünfte.

art. 18. Das Kron-Vermögen besteht aus den Königlichen Schlössern und Gebäuden, den darin befindlichen Regalien, Sammlungen und anderen beweglichen und unbeweglichen Gegenständen, und den dazu gehörigen Gärten, Hölzungen und sonstigen Zubehörungen.

art. 19. Ueber alle diese Gegenstände wird binnen Jahresfrist, nachdem die gegenwärtige Verfassungs-Urkunde in Kraft getreten ist, und gleichfalls bei dem Regierungsantritt eines jeden Königs ein vollständiges Verzeichniß aufgenommen, und eine Abschrift desselben in dem Archive der gemeinschaftlichen Stände niedergelegt.

art. 20. Sollte der König die Benutzung einzelner Königlichen [sic!] Gebäude und Sammlungen nicht wünschen, so wird über diese, bevor die Verfassung in Kraft tritt, ein Verzeichnis aufgemacht; sie bilden von diesem Zeitpuncte an einen Theil des Staatsvermögens, welches ohne die allgemeine oder besondere Zustimmung der gemeinschaftlichen Stände weder ganz noch theilweise veräußert werden darf.

art. 21. Das Kron-Vermögen besteht ferner aus dem Regalien-Fonds und den übrigen der Krone zuständigen, bisher nicht in die bekannt gemachten Finanz- Rechnungen aufgenommenen Capitalien; auch auf diese muß sich das vorgedachte Verzeichniß (art.) erstrecken.

art. 22. Endlich besteht das Kron-Vermögen aus sämmtlichen Königlichen Domainen und Forsten im Königreiche Dänemark, über welche gleichfalls binnen Jahresfrist ein genaues Verzeichniß aufzunehmen, und eine Abschrift desselben in dem Archive der gemeinschaftlichen Stände niederzulegen ist, mit allen darauf heftenden Gerechtsamen und Verpflichtungen; unter Letzteren ist die in den gedachten Domainen redicierte Capitalschuld mit begriffen.

art. 23. Dagegen überläßt der König der Finanzverwaltung den Ertrag der sämmtlichen Domainen und Forsten in den Herzogthümern Schleswig und Holstein. Diese Domainen, Forsten und Domainen-Intraden werden hiedurch für Theile des Staatsvermögens erklärt.

art. 24. Als Widerlage für die Benutzung der letztgedachten Domainen (art. 23) bezieht der König aus der Finanz-Kasse 600,000 Rbtl jährlich, welche am 1sten Januar und 1. Julii jeden Jahres mit der Hälfte ausbezahlt werden, und übernimmt die Finanz-Verwaltung die Auszahlung der den Mitgliedern des Königlichen Hauses zukommenden Apanagen.

art. 25. Aus den Einkünften der Krone sind sämmtliche Kosten der Hofhaltung, mit Inbegriff der Unterhaltung der zum Kronvermögen gehörenden königlichen Schlösser, Gebäude und Gärten, sowie mit Inbegriff des Königlichen Theaters und der Königlichen Capelle abzuhalten.

art. 26. Die Verwaltung des Kron-Vermögens ist durch keine Art der ständischen Mitwirkung beschränkt; doch darf kein Theil desselben veräußert werden, abgesehen von der Vererbpachtung des zu den Kron-Domainen gehörenden Bondernguts, wofür die eingehende Kaufsumme dem unveräußerlichen Capitalvermögen der Krone (art.) hinzuzufügen sind [sic!].

art. 27. Zur Ausstattung einer in den Ehestand tretenden Königs-Tochter kann die Princzessinnen-Steuer im Königreiche und in den Herzogthümern ohne vorgängige ständische Bewilligung mit ihrem bisherigen Belaufe ausgeschrieben werden.

art. 28. Die einzelnen Mitgliedern des Königlichen Hauses und anderen Fürstlichen Personen zur Zeit beigelegten Apanagen bleiben unverändert. Künftig können Apanagen nur nach vorgängiger Zustimmung der gemeinschaftlichen Stände bewilligt werden.

Tit: III. Von den öffentlichen Rechten der Unterthanen.

art. 29. Zu den öffentlichen Rechten der Unterthanen gehört zunächst das Recht der freien Gottes-Verehrung.

art. 30. Die Evangelisch-Lutherische Religion ist die Staatsreligion; zu ihr bekennt sich der König. Das Vermögen der lutherischen Kirche und deren Einkünfte sind unantastbar, und dürfen nur zu kirchlichen Zwecken dieser Kirche verwandt werden. Reichen sie und die von den Gemeinden gesetzlich zu entrichtenden außerordentlichen Beiträge zur Erfüllung der kirchlichen Zwecke nicht hin, so ist das Fehlende durch Beiträge aus Staatsmitteln zu decken.

art. 31. Die näheren Bestimmungen über das den Bekennern der übrigen christlichen Confessionen zustehende Recht der freien Gottes-Verehrung und die Duldung gewisser Secten werden in einem mit Zustimmung der gemeinschaftlichen Stände zu erlassenden Gesetze getroffen werden. In diesem Gesetze wird der Grundsatz festgehalten werden, daß die Bekenner der christlichen Confessionen gleiche politische und bürgerliche Rechte mit den Lutheranern genießen sollen.

art. 32. Die bürgerliche Gleichstellung der Bekenner des mosaischen Glaubens mit den christlichen Unterthanen bleibt der Gesetzgebung der einzelnen Landestheile vorbehalten.

art. 33. Ferner gehört zu den öffentlichen Rechten der Unterthanen die persönliche Freiheit. Niemand darf in anderen, als in den durch das Gesetz vorgeschriebenen Fällen und in der durch das Gesetz vorgeschriebenen Form verhaftet, und nach jeder Verhaftung soll unverzüglich das gerichtliche Verfahren wider den Betreffenden eingeleitet werden.

art. 34. Kein Unterthan soll seinem durch das Gesetz bestimmten ordentlichen Gerichtsstande entzogen werden, und wenn das Gesetz die betreffende Behörde ermächtigt, hievon eine Ausnahme zu verfügen, so soll dadurch die gesetzliche Prüfung der Behandlung der Sache und des abgesprochenen Erkenntnisses durch den betreffenden höchsten Gerichtshof niemals ausgeschlossen werden.

art. 35. Jedem Unterthan soll die Niederlassung in sämmtlichen Theilen der Monarchie, unter Beobachtung der betreffenden gesetzlichen Vorschriften gestattet werden. Unterthan ist jeder innerhalb der Gränzen der Monarchie und in den Dänischen Colonien Geborner, sowie die während eines einstweiligen Aufenthalts eines Unterthanen im Auslande geborenen ehelichen Kinder desselben, und die im Auslande geborenen unehelichen Kinder einer Unterthanin. Ueber die Zulassung von Ausländern zum Genusse der öffentlichen Rechte der Unterthanen wird mit Zustimmung der gemeinschaftlichen Stände ein Gesetz erlassen werden.

art. 36. Ferner gehört zu den öffentlichen Rechten der Unterthanen die Befugniß, sich zu einem jeden durch das Gesetz nicht verbotenen Zwecke zu vereinigen. Die Befugnisse und Verpflichtungen solcher Vereine werden durch ein mit Zustimmung der gemeinschaftlichen Stände zu erlassendes Gesetz näher bestimmt werden.

art. 37. Sodann gehört zu den öffentlichen Rechten der Unterthanen die Befugniß, sich in eignem Namen mit Anträgen und Beschwerden in Betreff von Gegenständen des öffentlichen Wohls an den König zu wenden.

art. 38. Ferner gehört zu den öffentlichen Rechten der Unterthanen das Recht der freien mündlichen und schriftlichen Mittheilung der Gedanken innerhalb der durch das Gesetz bestimmten Gränzen. Was zuvörderst die mündliche Mittheilung betrifft, so soll keinem Unterthan der Gebrauch seiner Muttersprache verkümmert werden. Die näheren Bestimmungen über die verfassungsmäßige Aufrechthaltung der Deutschen und der Dänischen Sprache im Herzogthum Schleswig enthält die Verordnung Anlage A.

art. 39. Die Freiheit der Presse soll nur durch das Gesetz beschränkt, die Censur soll niemals eingeführt werden.

art. 40. Ferner gehört zu den öffentlichen Rechten der Unterthanen die Sicherheit des Eigenthums. Niemand soll zur Abtretung seines Eigenthums genöthigt, oder in der freien Verfügung über dasselbe beschränkt werden, außer in den durch das Gesetz bestimmten Fällen und in der gesetzlich vorgeschriebenen Form.

art. 41. Die Strafe der Confiscation des Vermögens ist gänzlich abgeschafft, und soll niemals wieder eingeführt werden.

art. 42. Jeder Unterthan, ohne Unterschied des Standes und der Geburt ist zur Bekleidung öffentlicher Aemter innerhalb der gesetzlich geltenden Bestimmungen und Beschränkungen berechtigt. Neue Beschränkungen dieses Rechts durch den Stand oder die Geburt sollen nicht eingeführt werden.

art. 43. Jeder Unterthan hat das Recht, aus dem Lande fortzuziehen und sein Vermögen ohne Abzug mitzunehmen, insoweit ihm nicht besondere Verpflichtungen obliegen, welche er vorher zu erfüllen hat.

art. 44. Sowie jeder Unterthan zum vollen Genusse der öffentlichen Rechte innerhalb der gesetzlichen Bestimmungen und Beschränkungen befugt ist, so ist er auch zur gleichmäßigen Theilnahme an allen allgemeinen öffentlichen Lasten, nach Maaßgabe der Gesetze verpflichtet. Neue Befreiungen von dieser Verpflichtung sollen nicht eingeführt, und die Aufhebung der gesetzlich bestehenden gegen Entschädigung soll nur im Wege der Gesetzgebung bewirkt werden.

Tit: IV. Von den gemeinschaftlichen Ständen.

Erste Abtheilung. Von der Organisation der gemeinschaftlichen Stände.

Erster Abschnitt. Allgemeine Bestimmungen.

art. 45. Die Versammlungen der gemeinschaftlichen Stände sollen abwechselnd in der Haupt- und Residenzstadt Kopenhagen und auf dem Schlosse Gottorf Statt finden.

art. 46. Die Versammlungen der gemeinschaftlichen Stände sollen alljährlich gehalten, und regelmäßig im Laufe des März-Monats eines jeden Jahres eröffnet werden.

art. 47. Sollte ein Regierungswechsel eintreten, während die gemeinschaftlichen Stände nicht versammelt sind, so sollen sie spätestens innerhalb zweier Monate außerordentlich zusammenberufen werden.

art. 48. Die gemeinschaftlichen Stände dürfen sich, ohne vom Könige einberufen zu sein, nicht versammeln.

art. 49. Die regelmäßige Dauer der Versammlung der gemeinschaftlichen Stände beträgt zwei Monate. Wenn die vorliegenden Geschäfte in dieser Zeit nicht zu erledigen sind, wird auf den Wunsch der Versammlung eine Verlängerung ihrer Dauer um einen Monat vom Könige verfügt werden. Die Bestimmung einer ferneren Verlängerung hängt lediglich von dem Gutbefinden des Königs ab.

art. 50. Die gemeinschaftlichen Stände bleiben so lange versammelt, bis der König ihre Vertagung oder Schließung verfügt.

art. 51. Wenn der König Sich bewogen findet, die Versammlung der gemeinschaftlichen Stände zu vertagen, so sind die Verhandlungen derselben sofort zu schließen; ihre Wiederberufung erfolgt aber spätestens vor dem Ablaufe des betreffenden Jahres.

art. 52. Ebenso haben beide Kammern ihre Verhandlungen sofort zu schließen, wenn der König Sich bewogen findet die zweite Kammer aufzulösen; die Zusammenberufung beider Kammern erfolgt spätestens einen Monat nach der Beendigung der außerordentlichen Wahlen zur zweiten Kammer. (art.).

art. 53. Die Versammlung der gemeinschaftlichen Stände besteht aus zwei Kammern.

art. 54. Die Mitglieder beider Kammern müssen sich zur christlichen Religion bekennen, wenigstens 30 Jahre alt sein, freie Dispositionsbefugniß über ihr Vermögen und einen unbescholtenen Ruf haben. Entstehen Zweifel über diese Eigenschaften, so hat die betreffende Kammer darüber zu entscheiden.

art. 55. Zum Zwecke der Prüfung der Budgets- und Finanz-Rechnungen, sowie zum Zwecke der Verständigung über abweichende Beschlüsse treten beide Kammern, entweder in voller Versammlung, oder durch aus ihrer Mitte erwählte Ausschüsse zusammen nach den im Folgenden gegebenen Regeln. Das Nähere hierüber ergiebt die Geschäfts-Ordnung, Anlage B.

art. 56. Die Sitzungen beider Kammern sind in der Regel öffentlich, das Nähere hierüber, sowie über den Geschäftsgang in beiden Kammern ergiebt die Geschäfts-Ordnung, Anlage C.

Zweiter Abschnitt. Von der ersten Kammer.

art. 57. Die erste Kammer der gemeinschaftlichen Stände besteht aus 72 Mitgliedern, 36 aus dem Königreiche Dänemark, und 36 aus den Herzogthümern Schleswig und Holstein.

art. 58. Die Lehns- und Stammhausbesitzer und die Besitzer der wirklich vollständigen großen Güter im Königreiche, welche 25 Jahre alt sind, volle Dispositionsbefugniß über ihr Vermögen, und einen unbescholtenen Ruf haben erwählen aus ihrer Mitte Zwanzig zu Mitgliedern der ersten Kammer.

art. 59. Die zu Mitgliedern der ersten Kammer erwählten Lehns- und Stammhaus-Besitzer sind Mitglieder der Kammer auf Lebenszeit.

art. 60. Die übrigen zu Mitgliedern der ersten Kammer erwählten Gutsbesitzer bleiben es so lange, als sie sich im Besitz eines wirklich vollständigen großen Guts befinden. Wenn indessen ein gewähltes Mitglied sich drei Jahre nacheinander der Theilnahme an den Sitzungen der Kammer gänzlich enthalten sollte, so ist an die Stelle dieses Mitglieds ein Anderes zu erwählen.

art. 61. Der Justitiarius des höchsten Gerichts, der Bischof von Seeland, und die beiden ältesten unter den übrigen Bischöfen des Königreichs sind Mitglieder der ersten Kammer von Amtswegen und für die Dauer ihrer Amtsführung.

art. 62. Außerdem ernennt der König zwölf Männer aus dem Königreiche zu Mitgliedern der ersten Kammer auf Lebenszeit.

art. 63. Die Prälaten der vier adelichen [sic!] Klöster in den Herzogthümern sind Mitglieder der ersten Kammer von Amtswegen und für die Dauer ihrer Amtsführung.

art. 64. Die Prälaten und possessionierte Ritterschaft in den Herzogthümern erwählen aus der Mitte der letzteren Sechszehn zu Mitgliedern der ersten Kammer auf Lebenszeit. Sind mehrere Prälaturen in Einer Person vereinigt, so wählt die possessionierte Ritterschaft aus ihrer Mitte einstweilen so viele mehr, als zur Ergänzung der Zahl von zwanzig ritterschaftlichen Mitgliedern, mit Inbegriff der Prälaten erforderlich sind.

art. 65. Wenn eins dieser Mitglieder sich der Theilnahme an den Sitzungen der Kammer drei Jahre nach einander gänzlich enthält, oder wenn ein zum Mitgliede derselben gewähltes Mitglied der Ritterschaft aufhört, sich im Besitze eines adelichen [sic!] Guts zu befinden, so ist an die Stelle eines solchen Mitgliedes ein Anderes zu erwählen.

art. 66. Die näheren Bestimmungen über das bei den Wahlen der Mitglieder der ersten Kammer zu beobachtende Verfahren enthalten die Wahl-Ordnungen Anlagen D und E.

art. 67. Der Präsident des Schleswig-Holstein-Lauenburgischen Oberappellationsgerichts und die drei Generalsuperintendenten in den Herzogthümern sind Mitglieder der ersten Kammer von Amtswegen, und für die Dauer ihrer Amtsführung.

art. 68. Außerdem ernennt der König sechs Männer aus dem Herzogthum Schleswig und sechs aus dem Herzogthum Holstein zu Mitgliedern der ersten Kammer auf Lebenszeit.

art. 69. Ist der Justitiarius des höchsten Gerichts oder der Präsident des Oberappellationsgerichts oder ein Bischof (art.) oder ein Generalsuperintendent an den Sitzungen der Kammer Theil zu nehmen einstweilen verhindert, so tritt an dessen Stelle für die Dauer dieser Verhinderung das älteste Mitglied des betreffenden Gerichtshofes oder der älteste unter denjenigen Bischöfen, welche nicht Mitglieder der Kammer sind, oder der älteste Probst in dem betreffenden Sprengel.

art. 70. Von den Lehns-, Stammhaus- und Gutsbesitzern im Königreiche (art.) sowohl als von Prälaten und Ritterschaft in den Herzogthümern sind drei Stellvertreter auf Lebenszeit oder für die Dauer ihres Besitzes (art.) zu erwählen, welche in Fällen und für die Dauer einstweiliger Verhinderungen einzelner gewählter Mitglieder der ersten Kammer an die Stelle derselben treten.

art. 71. Ebenso ernennt der König aus dem Königreiche vier, und aus jedem der beiden Herzogthümer zwei Stellvertreter der betreffenden Mitglieder der ersten Kammer.

art. 72. Wird durch den Eintritt eines Mangels an den erforderlichen Eigenschaften, oder durch dreijährige Enthaltung von der Theilnahme an den Versammlungen, oder durch einen Todesfall ein Platz in der ersten Kammer erledigt, oder treten so viele einstweilige Verhinderungen einzelner Mitglieder ein, daß Stellvertreter nicht mehr vorhanden sind, so sind die erledigten Plätze der Mitglieder oder Stellvertreter innerhalb vier Wochen durch Wahl oder Ernennung wieder zu besetzen. In Fällen der erstgedachten Art wird der erledigte Platz bis zum Eintritte des neu erwählten oder ernannten Mitgliedes durch einen Stellvertreter besetzt.

art. 73. Zur Leitung der Verhandlungen in der ersten Kammer ernennt der König aus der Mitte derselben einen Präsidenten und zwei Vicepräsidenten. Diese bleiben im Amte, so lange sie Mitglieder der Kammer sind.

art. 74. Wird einer dieser Plätze erledigt, so soll derselbe, wenn der Fall während der Dauer der Versammlung eintritt, innerhalb dreier Tage, sonst aber gleichzeitig mit der Zusammenberufung der nächsten Versammlung wieder besetzt werden.

art. 75. Die erste Kammer erwählt aus ihrer Mitte zwei Secretaire für die Dauer einer jeden Versammlung.

art. 67. [sic!] Die Sitzungen der ersten Kammer sind in der Regel öffentlich. Das Nähere hierüber, sowie über den Geschäftsgang, ergiebt die Geschäfts-Ordnung, Anlage B.

Dritter Abschnitt. Von der zweiten Kammer.

art. 76. Die zweite Kammer der gemeinschaftlichen Stände besteht aus 146 Abgeordneten, 73 aus dem Königreiche Dänemark, 36 aus dem Herzogthum Schleswig und 37 aus dem Herzogthum Holstein, welche auf 6 Jahre erwählt werden.

art. 77. Von den 73 Abgeordneten des Königreichs werden 12 aus der Haupt- und Residenzstadt Kopenhagen, 20 aus den übrigen Städten, 40 aus den Landdistricten und 1 von der Universität zu Kopenhagen erwählt.

art. 78. Von den 36 Abgeordneten des Herzogthums Schleswig werden 5 von den nicht zur Ritterschaft gehörenden Besitzern adelicher [sic!] und anderer größerer Güter in diesem Herzogthum, 12 aus den Städten und den übrigen Orten, welche vorzüglich bürgerliches Gewerbe treiben, 2 aus den gemischten Wahldistricten, und 17 aus den Landdistricten erwählt.

art. 79. Von den 37 Abgeordneten des Herzogthums Holstein werden 5 von den nicht zur Ritterschaft gehörenden Besitzern adelicher [sic!] und anderer größerer Güter in diesem Herzogthum, 15 aus den Städten und den übrigen Orten, welche vorzüglich bürgerliches Gewerbe treiben, 16 aus den Landdistricten und 1 von der Universität zu Kiel erwählt.

art. 80. Für jeden Abgeordneten wird zugleich ein Stellvertreter gewählt.

art. 81. Die Wahl eines Wahlmannes (art.) oder eines Abgeordneten darf nicht an eine Bedingung oder an irgend einen Vorbehalt geknüpft werden; jede bei einer solchen Wahl mit einem Vorbehalt oder einer Bedingung abgegebene Stimme ist als nicht abgegeben zu betrachten.

art. 82. Eben so wenig darf ein Wählender mit Rücksicht auf seine Wirksamkeit als Wahlmann oder als Abgeordneter irgend eine Verpflichtung gegen die Wähler eingehen; geschieht dieses vor oder nach erfolgter Wahl, so ist die Wahl nichtig.

art. 83. Wird ein Abgeordneter vor oder während der Versammlung verhindert, an den Sitzungen Theil zu nehmen, so wird sein Stellvertreter für die Dauer dieser Versammlung einberufen, und der Abgeordnete nimmt, wenn die Ursache seiner Verhinderung wegfällt, erst in der nächsten Versammlung seinen Platz wieder ein. Wird auch der Stellvertreter verhindert, und ist die Verhinderung des Abgeordneten nicht mittlerweile gehoben, so ist so schleunig als möglich zu der außerordentlichen Wahl eines Abgeordneten und eines Stellvertreters für die noch übrige Dauer der betreffenden Wahl-Periode (art.) zu schreiten.

art. 84. Zu der Wahlklasse der großen Gutsbesitzer und in denjenigen städtischen Wahldistricten, welche mehrere Abgeordnete zur zweiten Kammer erwählen, werden die Stellvertreter nicht zum Ersatz einzelner bestimmter, sondern aller Abgeordneten erwählt, so daß eine außerordentliche neue Wahl erst bei einem nach dem Eintritte aller dieser Stellvertreter entstehenden Ausfalle erforderlich ist.

art. 85. Wahlberechtigt zur Wahl der Abgeordneten aus den Städten, aus den gemischten Wahldistricten oder aus den Landdistricten ist jeder volljährige Unterthan, welcher freie Dispositionsbefugniß über sein Vermögen, einen unbescholtenen Ruf hat und zur Zeit der Anfertigung der Wahllisten ein Communalamt bekleidet, oder ein Grundstück, welches die zur Wahlberechtigung erforderlichen Eigenschaften hat, eigenthümlich besitzt oder benutzt. Jedoch sind die Bekenner des mosaischen Glaubens nur im Königreiche wahlberechtigt.

art. 86. Die wahlberechtigten Unterthanen erwählen aus ihrer Mitte Wahlmänner, und die sämmtlichen gewählten Wahlmänner in einem jeden Wahldistrict erwählen, vereinigt mit denjenigen, welche wegen des innerhalb desselben von ihnen bekleideten Communalamts wahlberechtigt sind, die Abgeordneten und Stellvertreter für diesen District.

art. 87. Die Wahlmänner werden nur für eine Wahl erwählt.

art. 88. Wählbar zum Abgeordneten oder Stellvertreter ist jeder, welcher die zu einem Mitgliede der gemeinschaftlichen Stände erforderlichen Eigenschaften, und innerhalb des betreffenden Wahldistricts seinen regelmäßigen Wohnsitz hat.

art. 89. Die näheren Bestimmungen über die Wahlberechtigung und das bei den Wahlen zu beobachtende Verfahren enthalten die Wahlordnungen, Anlage C. und D.

art. 90. Wenn ein Abgeordneter Königlicher Beamter wird, so ist eine außerordentliche Wahl vorzunehmen, bei welcher derselbe indessen wieder zum Abgeordneten erwählt werden kann.

art. 91. Ebenso sind außerordentliche Wahlen im Königreiche und in den Herzogthümern vorzunehmen, wenn der König Sich bewogen findet, die zweite Kammer aufzulösen, und zwar spätestens innerhalb dreier Monate nach erfolgter Auflösung.

art. 92. Jeder Königliche Beamte, sowie jeder, welcher zur Wahrnehmung öffentlicher Geschäfte mit einer Königlichen Bestallung oder Confirmation versehen ist, bedarf, um eine auf ihn gefallene Wahl zum Abgeordneten anzunehmen, der Königlichen Erlaubniß, welche indessen nur dann verweigert werden soll, wenn dieses mit Rücksicht auf die Dienstgeschäfte des Gewählten nothwendig erscheint.

art. 93. Zur Leitung der Verhandlungen in der zweiten Kammer erwählt dieselbe aus ihrer Mitte gleich nach der Eröffnung einer jeden Versammlung für die Dauer derselben einen Präsidenten und zwei Vice-Präsidenten sowie zur Protokollführung vier Secretaire.

art. Wenn der König Sich bewogen findet, die zweite Kammer zu vertagen, so sind die Verhandlungen derselben sofort zu schließen, ihre Wiederberufung erfolgt aber spätestens vor dem Ablaufe des betreffenden Jahres.

art. Ebenso haben beide Kammer (!) ihre Verhandlungen sofort zu schließen, wenn der König Sich bewogen findet, sie aufzulösen; die Zusammenberufung beider Kammern erfolgt spätestens einen Monat nach der Beendigung der außerordentlichen Wahlen (art.)

art. 94. Die Mitglieder der zweiten Kammer erhalten während der Dauer der Versammlung, und auf ihren Reisen zu denselben und zurück 4 ^{rbt} täglich an Diäten und freie Beförderung von ihrem Wohnorte nach dem Versammlungsorte und zurück.

art. 87 [sic!] Die Sitzungen beider Kammern sind in der Regel öffentlich. Das Nähere hierüber, sowie über den Geschäftsgang in den Kammern ergiebt die Geschäfts-Ordnung, Anlage C.

Zweite Abtheilung. Von der Wirksamkeit der gemeinschaftlichen Stände.

Erster Abschnitt. Allgemeine Bestimmungen.

art. 95. Der König wird Commissarien ernennen, welche die Versammlungen der ersten und der zweiten Kammer an dem bei der Zusammenberufung der gemeinschaftlichen Stände bestimmten Tage im Namen des Königs in getrennter Sitzung, ohne weitere Bemerkungen für eröffnet erklären.

art. 96. Gleich nach der Eröffnung der Sitzungen entscheidet jede der beiden Kammern über die hinsichtlich der Befähigung einzelner ihrer Mitglieder etwa erhobenen Zweifel (art).

art. 97. Demnächst schreitet die erste Kammer zur Wahl ihrer Secretaire (art.) und die zweite Kammer unter der Leitung des ältesten Mitgliedes als Alters-Präsidenten zur Wahl ihres Präsidenten und sodann unter der Leitung des Letzteren zur Wahl ihrer Vicepräsidenten und Secretaire.

art. 98. Sobald jede der beiden Kammern über jene Zweifel entschieden und diese Wahlen getroffen hat, (art.) erklärt der Präsident die Kammer für constituirt. Beide Kammern schreiten sofort, und ohne vorgängige Einreichung von Adressen, zur Erörterung der von der Regierung ihnen zugestellten Vorlagen, deren Erledigung vorzugsweise vor sonstigen Anträgen auf die von dem Präsidenten für zweckmäßig erachtete Weise möglichst zu fördern ist.

art. 99. Jeder Vorgesetzte einer unmittelbaren Behörde kann, so oft und so lange er es angemessen findet, den Sitzungen beider Kammern beiwohnen, und zu jeder Zeit in denselben das Wort nehmen, auch ist er befugt, sich in jeder der beiden Kammern nach seinem Ermessen durch einen der höheren, bei der betreffenden unmittelbaren Behörde angestellten Beamten vertreten zu lassen.

art. 100. Bei den Verhandlungen beider Kammern findet innerhalb der Gränzen der Geschäfts-Ordnung und des Anstandes die vollkommenste Freiheit der Meinungs-Aeußerung Statt, und der Präsident der betreffenden Kammer hat dafür Sorge zu tragen, daß kein Mitglied in dieser Freiheit beschränkt werde.

art. 101. Jedes Mitglied hat den Anordnungen und Entscheidungen des Präsidenten in Betreff der Geschäftsordnung, sowie über einen etwanigen Mißbrauch der Freiheit der Meinungs-Aeußerung unweigerlich Folge zu leisten.

art. 102. Bei fortgesetztem Ungehorsam eines Mitgliedes gegen die Anordnungen des Präsidenten (art.) ist dieser befugt, die Sitzung zu schließen. In diesem Falle, oder wenn ein Mitglied durch seine Aeußerungen die dem Könige schuldige Ehrerbietung verletzen, oder die Regierung, oder die Kammer, oder ein Mitglied derselben auf eine beleidigende Weise angreifen sollte, und der vierte Theil der Mitglieder der betreffenden Kammer die Ausschließung desselben für die Dauer der betreffenden Versammlung der gemeinschaftlichen Stände verlangt, so hat der Präsident diese Frage in der nächsten Sitzung zur Entscheidung zu bringen, und wenn alsdann drei Viertheile der Mitglieder der Kammer für die Bejahung der Frage stimmen, so ist das fragliche Mitglied für die Dauer dieser Versammlung der gemeinschaftlichen Stände von der Theilnahme an den Versammlungen derselben auszuschließen.

art. 103. Jedem, welcher sich durch eine in einer der beiden Kammern vorgebrachte Aeußerung eines Mitgliedes einer derselben für beleidigt hält, steht es frei, dieses Mitglied deshalb nach dem Schluße der betreffenden Versammlung der gemeinschaftlichen Stände gerichtlich zu belangen.

art. 104. Sollte ein Mitglied der gemeinschaftlichen Stände während der Dauer ihrer Versammlung wegen eines Verbrechens oder Vergehens verhaftet werden, oder in Untersuchung gerathen, so hat die Behörde dieses sofort der betreffenden Kammer anzuzeigen, welche über die Fortdauer der Haft und der Untersuchung während der betreffenden Versammlung der gemeinschaftlichen Stände zu entscheiden hat. Erklärt die Kammer sich dafür, so ist das Mitglied, so lange es nicht durch richterliches Erkenntniß freigesprochen worden, von der Theilnahme an den Verhandlungen ausgeschlossen, erklärt sie sich dawider, so ist das Mitglied seiner Haft zu entlassen und zur Theilnahme an den Verhandlungen zuzulassen, und die Fortsetzung der Untersuchung bis zum Schluß der betreffenden Versammlung auszusetzten.

art. 105. Wenn über die Frage, ob ein in einer der beiden Kammern zur Sprache gebrachter Gegenstand zur Wirksamkeit der gemeinschaftlichen Stände gehört, eine Meinungs-Verschiedenheit zwischen der Regierung und einer der beiden Kammern, oder zwischen den Mitgliedern einer der beiden Kammern sich Kund giebt, und wenn in letzterem Falle die Mehrzahl der einem Landestheile angehörenden Mitglieder der betreffenden Kammer sich dafür ausspricht, daß der fragliche Gegenstand nicht zur Wirksamkeit der gemeinschaftlichen Stände gehöre, so ist diese Frage von dem Staats-Gerichtshof zu entscheiden.

Zweiter Abschnitt. Mitwirkung der gemeinschaftlichen Stände bei der Gesetzgebung.

A. In Betreff des Steuerwesens.

art. 106. Der König läßt diejenigen Steuern, welche in den verschiedenen Landestheilen nach Maaßgabe der zur Zeit geltenden Steuer-Gesetze zu entrichten sind, nach Maaßgabe dieser Gesetze erheben, und verfügt über die Fortdauer oder das Aufhören einstweiliger Ermäßigungen dieser Steuern, beides ohne vorgängige Zustimmung der gemeinschaftlichen Stände.

art. 107. Hinsichtlich derjenigen Steuern, welche in den verschiedenen Landestheilen nach gleichen Vorschriften erhoben werden, ist jede Veränderung in der Steuer-Gesetzgebung durch die Zustimmung der gemeinschaftlichen Stände bedingt.

art. 108. Die Summe der von sämmtlichen Landestheilen aufzubringenden Steuern soll ohne die Zustimmung der gemeinschaftlichen Stände nicht erhöht werden.

art. 109. Findet der König zur Bestreitung des öffentlichen Dienstes die Aufbringung einer größeren Summe, als die bisher entrichtete, von sämmtlichen Landestheilen erforderlich, so wird der zu diesem Zwecke ausgearbeitete Gesetzes-Vorschlag, nachdem über denselben zuvörderst die Gutachten sämmtlicher Provinzialstände-Versammlungen eingezogen sind, den gemeinschaftlichen Ständen vorgelegt.

art. 110. Dieser Vorschlag muß eine Angabe der für erforderlich erachteten Summe und die Bestimmungen über die Aufbringung derselben enthalten, namentlich darüber, ob dieses durch die Einführung einer neuen, oder durch die Erhöhung einer bestehenden gemeinschaftlichen Steuer in sämmtlichen Landestheilen, oder durch die Einführung neuer, oder durch die Erhöhung bestehender besonderer Steuern in den einzelnen Landestheilen geschehen soll.

art. 111. Die gemeinschaftlichen Stände haben immer über die allgemeine Frage zu entscheiden, ob die von der Regierung für erforderlich erachtete Summe überhaupt, und ob sie durch eine Steuer zu Wege gebracht werden soll.

art. 112. Wenn in lätzterem [sic!] Falle die Regierung die Einführung einer neuen, oder die Erhöhung einer bestehenden gemeinschaftlichen Steuer vorschlägt, so ist auch dieses ein Gegenstand der Beschlußnahme der gemeinschaftlichen Stände.

art. 113. Wenn die gemeinschaftlichen Stände die geforderte Summe oder einen Theil derselben und die Aufbringung derselben durch Steuern bewilligen, die Einführung einer neuen oder die Erhöhung einer bestehenden gemeinschaftlichen Steuer aber verweigern, so ist die als dann erforderliche Ausschreibung besonderer Steuern in den einzelnen Landestheilen von dem Könige, ohne fernere Mitwirkung der gemeinschaftlichen Stände, nach vorgängig eingezogenen Gutachten der Provinzialstände zu verfügen.

art. 114. Es soll darauf gehalten werden, daß die gesammte Steuerlast zwischen dem Königreiche und den Herzogthümern Schleswig und Holstein nach dem Verhältniß von 5 zu 3 vertheilt wird.

art. 115. Wenn nach den Finanz-Rechnungen dreier auf einander folgender Jahre der Durchschnittsbelauf sämmtlicher Steuern und Abgaben mit Inbegriff der Kron- und Staats-Domaine-Intraden des Königreichs 200,000 rbt mehr beträgt, als er nach jenem Verhältnisse (art.) betragen sollte, so soll dasselbe entweder durch eine entsprechende Ermäßigung der besonderen Steuern des Königreichs, oder durch eine entsprechende Erhöhung der besonderen Steuern der Herzogthümer hergestellt werden. Der jährliche Ertrag der Kron-Domainen des Königreichs wird zum Zwecke der Vergleichung des Steuer-Verhältnisses beider Landestheile ein für allemal zu 300,000 rbt angenommen.

art. 116. Wenn dagegen nach denselben Rechnungen der Durchschnitts-Belauf sämmtlicher Steuern und Abgaben, mit Inbegriff der Domainen-Intraden der Herzogthümer 120,000 rbt mehr beträgt, als es nach dem Verhältnisse von 3 zu 5 betragen sollte, so soll dasselbe durch eine entsprechende Ermäßigung der besonderen Steuern der Herzogthümer, oder durch eine entsprechende Erhöhung der besonderen Steuern des Königreichs hergestellt werden.

art. 117. In einem solchen Falle (art.) soll indessen die Herstellung des Steuer-Verhältnisses durch eine Erhöhung der besonderen Steuern des Königreichs oder der Herzogthümer nicht ohne die Zustimmung der gemeinschaftlichen Stände bewirkt werden. Dagegen ist der König, ohne an die Zustimmung der gemeinschaftlichen Stände gebunden zu sein, befugt, und, wenn dieselben die Erhöhung der besonderen Steuern des betreffenden Landestheils zu dem Zwecke der Ausgleichung verweigern, sogar verpflichtet, die dazu erforderliche Ermäßigung der Steuern des anderen Landestheils zu verfügen.

art. 118. Die Erlassung der zum Zwecke der Ausgleichung (art.) erforderlichen Verfügungen geschieht ohne die Mitwirkung der gemeinschaftlichen Stände, dagegen werden die Gutachten der betreffenden Provinzialstände eingezogen, ehe der König einen entscheidenden Beschluß über die Sache faßt.

art. 119. Besondere Steuern und Abgaben des Königreichs und der Herzogthümer sind alle diejenigen, hinsichtlich deren die betreffenden Steuer-Gesetze wesentlich von einander abweichende Bestimmungen enthalten.

art. 120. Gemeinschaftliche Steuern und Abgaben sind diejenigen, hinsichtlich deren die betreffenden Steuer-Gesetze im Wesentlichen übereinstimmen, wie Ausfuhrzoll, Schiffsabgaben, Rangsteuer und Steuern von Erbschaften und Eigenthums-Uebertragungen.

art. 121. Wenn in Zukunft auf verfassungsmäßigem Wege diejenigen Sätze einer Steuer, z. B. des Einfuhrzolls, welche zur Zeit im Königreiche und in den Herzogthümern verschieden sind, gleichgestellt werden, so ist als dann diese Steuer, so lange die Gleichstellung der Steuersätze dauert, eine gemeinschaftliche Steuer. In einem solchen Falle würde also der Zoll-Tarif ein gemeinschaftliches Steuer-Gesetz sein, und nicht ohne die Zustimmung der gemeinschaftlichen Stände verändert werden können.

B. In Betreff anderer Gegenstände.

art. 122. Außer den im Vorstehenden (art. –) behandelten Theilen der Steuer-Gesetzgebung gehören zu der Wirksamkeit der gemeinschaftlichen Stände sowohl alle diejenigen Gegenstände der Gesetzgebung, worüber bereits gemeinschaftliche Gesetze vorhanden sind, als auch diejenigen für eine gemeinschaftliche Gesetzgebung geeigneten Gegenstände, über welche es zur Zeit an gesetzlichen Bestimmungen fehlt.

art. 123. Demnach gehören zu der Wirksamkeit der gemeinschaftlichen Stände die denselben vorzulegenden Verträge mit auswärtigen Mächten, (art.) die Gesetze über die Verhältnisse der Beamten zum Staate und über die Pensionierung derselben (art.), über die Rechtsverhältnisse der christlichen Confessionen und Secten (art.), über die Bedingungen, unter welchen Ausländer die öffentlichen Rechte der Unterthanen erwerben können (art.), über das Recht der Unterthanen, sich zu erlaubten Zwecken zu vereinigen (art.), übcr dic Preßfreiheit (art.) über die Wehrpflicht und die Rechts-Verhältnisse der Wehrpflichtigen als solcher, in und außer dem Dienste, zu Wasser und zu Lande, und über das Münzwesen.

art. 124. Dagegen gehört die ganze Civil- und Criminal-Gesetzgebung, mit Inbegriff der Gesetze über die Rechtsverfolgung, die Gesetzgebung über das Unterrichtswesen, über das Communalwesen, über die verschiedenen Zweige der Policei, über die bäuerlichen Verhältnisse, über die den verschiedenen Landestheilen eigenthümlichen Anstalten und Einrichtungen, sowie überhaupt über alle diejenigen Gegenstände, welche nicht im Vorstehenden (art.) den gemeinschaftlichen Ständen ausdrücklich zugewiesen sind, nicht zur Wirksamkeit dieser Stände.

art. 125. Die gemeinschaftlichen Stände sind nicht befugt, der Regierung Gesetzes-Vorschläge vorzulegen, sondern über die von der Regierung vorgelegten Gesetzes-Vorschläge zu beschließen, und unter Beobachtung der Vorschriften über die Ausübung des Petitions-Rechts (art.) den König um die Vorlegung von Gesetzes-Vorschlägen über Gegenstände, welche dem Vorstehenden nach zu ihrer Wirksamkeit gehören, zu bitten.

C. Von der Behandlung der Gesetzes-Vorschläge in beiden Kammern.

art. 126. Alle zur Wirksamkeit der gemeinschaftlichen Stände gehörende Steuer-Gesetze sind zuerst der zweiten Kammer vorzulegen.

art. 127. Verwirft die zweite Kammer einen solchen Gesetzes-Vorschlag im Ganzen, so kann dieser während derselben Versammlung nicht wieder vorgelegt werden.

art. 128. Billigt dagegen die zweite Kammer den Gesetzes-Vorschlag, wenn auch mit Abänderungen, so ist derselbe, wenn die Regierung sich nicht veranlaßt findet, ihn zurückzunehmen, während derselben Versammlung der ersten Kammer vorzulegen.

art. 129. Ist die erste Kammer mit der zweiten einverstanden, und haben beide Kammern den Gesetzes-Vorschlag ohne Abänderungen angenommen, so verleiht der König demselben unverzüglich Gesetzes-Kraft.

art. 130. Haben die Kammern Abänderungen des Gesetzes-Vorschlags beschlossen, so hat der König die Wahl, ob Er dem Vorschlage mit diesen Abänderungen Gesetzes-Kraft verleihen will, oder nicht.

art. 131. Verwirft die erste Kammer den von der zweiten angenommenen Gesetzes-Vorschlag, oder beschließt sie andere Abänderungen desselben, als die von der zweiten Kammer beschlossenen, so wählt jede Kammer aus ihrer Mitte einige Mitglieder, welche zusammentreten, um eine Vereinigung der verschiedenen Ansichten zu bewirken.

art. 132. Gelingt dieses nicht, so treten beide Kammern zusammen, und die Frage über die Annahme oder Verwerfung des Gesetzes-Vorschlags, und über die Annahme desselben mit oder ohne Abänderungen ist alsdann von den vereinigten Kammern zu behandeln und durch die Abstimmung sämmtlicher Mitglieder beider Kammern zu entscheiden.

art. 133. Gesetzes-Vorschläge, welche zur Wirksamkeit der gemeinschaftlichen Stände gehören und nicht das Steuerwesen betreffen, kann die Regierung nach ihrer Wahl einer der beiden Kammern zuerst vorlegen lassen.

art. 134. Wenn diejenige Kammer, welcher der Gesetzes-Vorschlag zuerst vorgelegt ist, denselben ohne oder mit Abänderungen annimmt, die andere Kammer aber zu einem anderen Resultat gelangt, und eine Ausgleichung der abweichenden Ansichten durch das Zusammentreten von Mitgliedern beider Kammern (art.) nicht gelingt, so kann das Gesetz nicht erlassen werden.

art. 135. Hat aber die Regierung in drei auf einander folgenden Versammlungen der gemeinschaftlichen Stände einen Gesetzes-Vorschlag vorlegen lassen, welcher ohne oder mit Abänderungen von der zweiten Kammer angenommen, von der ersten aber verworfen ist, und ist eine Vereinigung der abweichenden Ansichten auf die vorgedachte Weise nicht zu bewirken gewesen, so hat die Regierung das Recht, zu verlangen, daß beide Kammern zusammentreten, den Vorschlag gemeinschaftlich behandeln, und durch Abstimmung sämmtlicher Mitglieder beider Kammern über denselben entscheiden.

art. 136. Wird alsdann der Gesetzes-Vorschlag von den vereinigten Kammern verworfen, und legt die Regierung denselben nachher wieder vor, so ist er zu behandeln, als wäre er früher nicht vorgelegt gewesen.

art. 137. Die Regierung ist befugt, jeden Gesetzes-Vorschlag zurückzunehmen, so lange derselbe nicht von beiden Kammern angenommen ist.

art. 138. Ist ein Gesetzes-Vorschlag von den gemeinschaftlichen Ständen nur mit Abänderungen angenommen, so hat der König die Wahl, ob Er dem Vorschlage mit diesen Abänderungen Gesetzes-Kraft verleihen will, oder nicht.

Dritter Abschnitt. Mitwirkung der gemeinschaftlichen Stände bei der Finanz-Verwaltung.

A. In Betreff von Staats-Anleihen.

art. 139. Die gemeinschaftlichen Stände übernehmen die Gewähr für den Gesammtbelauf der Staatsschuld zu demjenigen Zeitpunct, an welchem die gegenwärtige Verfassungs-Urkunde in Kraft tritt, und für die rechtzeitige Verzinsung und Tilgung derselben.

art. 140. Der Gesammtbelauf der Staatsschuld (art.) wird durch eine Commission des Staats-Gerichtshofs, welcher die Finanz-Verwaltung die erforderlichen Nachweisungen und Aufklärungen mitzutheilen hat, ausgemittelt, und das darüber aufgenommene Protocoll in dem Archive der gemeinschaftlichen Stände niedergelegt.

art. 141. Ohne die Zustimmung der gemeinschaftlichen Stände soll keine Staats-Anleihe mittelbar oder unmittelbar abgeschlossen, also auch keine Bürgschaft für die Verzinsung oder Tilgung einer nicht von der Regierung contrahirten Schuld übernommen, und ebenso wenig eine Abänderung der hinsichtlich einer Staats-Anleihe getroffenen Bestimmungen vorgenommen werden.

art. 142. Anleihen und Vorschüsse aus der Staatskasse sollen nur gegen gehörige Sicherheit und nur nach dazu vorgängig erlangter allgemeiner oder besonderer Zustimmung der gemeinschaftlichen Stände bewilligt werden.

B. In Betreff des Normalreglements und Budgets.

art. 143. Die Grundlage der Verwaltung sämmtlicher Staats-Einnahmen, mit Ausschluß des Ertrags der Kron-Domainen (art.) sowie sämmtlicher regelmäßig wiederkehrender Staats-Ausgaben, mit Ausschluß der Verzinsung und Tilgung der Staatsschuld (art.) bildet das der Verfassungs-Urkunde angehängte, nach dem Durchschnitts-Belaufe der drei letzten Finanz-Rechnungen aufgemachte Normal-Reglement (Anhang E.)

art. 144. Der ersten Versammlung der gemeinschaftlichen Stände soll das Budget für das folgende Jahr zur Prüfung und Beschlußnahme vorgelegt, und hiemit in jeder Versammlung der gemeinschaftlichen Stände fortgefahren werden.

art. 145. Das Einnahme-Budget eines jeden Jahres soll eine so genaue, nach den betreffenden Rubriken des Normalreglements abgetheilte Angabe der sämmtlichen Staats-Einnahmen enthalten, als nach Maaßgabe der Ergebnisse der Verwaltung der beiden, der Ausarbeitung des Budgets vorhergehenden Jahre und der sonstigen zur Zeit bekannten Umstände geliefert werden kann.

art. 146. Zu den in das Budget aufzunehmenden Staats-Einnahmen gehört nicht der Ertrag der Kron-Domainen (art.) wohl aber der Ertrag der sämmtlichen Staats-Domainen.

art. 147. Kein Theil der Staats-Domainen oder ihres Ertrags darf, ohne die allgemeine oder besondere Zustimmung der gemeinschaftlichen Stände veräußert oder verpfändet werden.

art. 148. Dem Ausgabe-Budget eines jeden Jahres sollen gleichfalls die Ergebnisse der Verwaltung der beiden, der Ausarbeitung desselben zunächst vorhergehenden Jahre zum Grunde gelegt werden.

art. 149. Die einzelnen Rubriken des Ausgabe-Budgets sind ebenfalls nach den betreffenden Rubriken des Normal-Reglements einzurichten.

art. 150. Jede Abweichung des Ausgabe-Budgets von dem Normal-Reglement bedarf der Zustimmung der gemeinschaftlichen Stände; wird diese verweigert, so ist die betreffende Summe des Normal-Reglements in das Budget aufzunehmen. Jedoch dürfen die zur Erfüllung der Verpflichtungen des Königs als Mitgliede des deutschen Bundes für die Herzogthümer Holstein und Lauenburg erforderlichen Ausgaben von den gemeinschaftlichen Ständen nicht verweigert werden.

art. 151. Von dem Ueberschusse der Staats-Einnahme über den Gesammt-Belauf der nach den Rubriken des Normal-Reglements abgetheilten Rubriken des Ausgabe-Budgets wird zuerst der zur Verzinsung der Staats-Schuld in dem betreffenden Jahre erforderliche Belauf, und demnächst ein Procent des jedesmaligen Gesammtbelaufs der Staatsschuld zur Tilgung derselben ausgesetzt.

art. 152. Von dem als dann sich ergebenden Ueberschusse wird die Hälfte zu allgemeinen Staatszwecken verwandt, die andere Hälfte wird unter die verschiedenen Landestheile nach demjenigen Verhältnisse, in welchem sie zu den Staats-Einnahmen beitragen (art.) vertheilt.

art. 153. Hinsichtlich der Verwendung der zu allgemeinen Staatszwecken bestimmten Hälfte des Ueberschusses (art.) ist die Regierung an die Zustimmung der gemeinschaftlichen Stände gebunden. Erfolgt diese nicht, so ist die fragliche Summe, wenn sie wirklich nach der Abhaltung sämmtlicher übrigen Budgets-Summen (art.) vorhanden ist, bei dem Staats-Gerichtshofe so lange zu deponiren, bis ein von den gemeinschaftlichen Ständen angenommener Vorschlag über die Verwendung derselben vorliegt.

art. 154. Ueber die Verwendung des dem Königreiche zufallenden Theils des Ueberschusses (art.) werden die Provincialstände-Versammlungen des Königreichs nach vorgängiger Königlicher Genehmigung, in Gemäßheit einer Verordnung, welche für das Königreich nach eingezogenem Gutachten der Provincialstände desselben erlassen werden wird, verfügen.

art. 155. Der den Herzogthümern zufallende Theil des Ueberschusses (art.) wird unter beide Herzogthümer zu gleichen Theilen vertheilt, und die Verwendung der einem jeden Herzogthum zukommenden Hälfte ist der Beschlußnahme der betreffenden Provinzialstände-Versammlung, mit Vorbehalt der Königlichen Genehmigung überlassen.

C. **In Betreff der Finanz-Rechnung.**

art. 156. Gleich nach der Eröffnung einer jeden Versammlung der gemeinschaftlichen Stände, und sobald beide Kammern constituirt sind, wählt jede von ihnen aus ihrer Mitte vier Mitglieder, welche einen gemeinschaftlichen Ausschuß beider Kammern bilden, um die betreffende Finanz-Rechnung zu prüfen, bevor dieselbe der Kammer vorgelegt wird.

art. 157. Jede Versammlung der gemeinschaftlichen Stände hat nicht die Finanz-Rechnung des vorhergehenden, sondern die des nächstvorhergehenden Jahres zu prüfen.

art. 158. Die Revision der besonderen Rechnungen, welche die Grundlage der Finanz-Rechnung eines jeden Jahres bilden, muß, bevor die letztere dem gemeinschaftlichen Ausschuß (art.) zugestellt wird, beendigt sein, und erstere müssen dem Ausschusse auf Verlangen nebst den betreffenden Acten mitgetheilt werden.

art. 159. Außer diesen Rechnungen sind dem Ausschusse alle sonstigen Aufklärungen und Nachweisungen, welche derselbe für erforderlich erachten mögte [sic!], namentlich genaue Verzeichnisse der in dem betreffenden Jahre bewilligten Pensionen, Unterstützungen und Honorare mitzutheilen.

art. 160. Der erste Gegenstand der Untersuchung des Ausschusses ist, ob alle Staats-Einnahmen in die Finanz-Rechnung aufgenommen, der zweite, ob einzelne Posten des Ausgabe-Budgets überschritten sind, oder ob der Belauf derselben zu anderen, als zu den im Budget angegebenen Zwecken verwandt ist.

art. 161. Jede Behörde, welche eine Abweichung von dem Budget vorgenommen hat, muß die Gründe für dieselbe in einer schriftlichen Ausführung, welche mit der Finanz-Rechnung dem Ausschusse vorzulegen ist, entwickeln. Diese Ausführung, welche mit dem Antrage auf die Genehmigung der fraglichen Abweichung schließt, ist der Versammlung der gemeinschaftlichen Stände von dem Ausschuß zugleich mit der Finanz-Rechnung zur Beschlußnahmne vorzulegen.

art. 162. Der Aussschuß hat sich ferner davon zu vergewissern, daß die Staatsschuld in Uebereinstimmung mit der Verfassung (art.) und dem Budget verzinset und vermindert worden ist, und daß sämmtliche Kassebehalte, Activen und der Reservefonds mit ihren in der Rechnung angegebenen Belaufe zur Zeit des Abschlusses derselben wirklich vorhanden gewesen sind.

art. 163. Da die Finanz-Rechnung erst längere Zeit nach dem Ablaufe des Rechnungsjahres den gemeinschaftlichen Ständen vorgelegt werden kann (art.) so soll der Staats-Gerichtshof vor dem 1sten October jeden Jahres eine Commission von vier Mitgliedern, von welchen zwei im Königreiche und eins in jedem der beiden Herzogthümer wohnhaft sein muß, ernennen; dieser Commission sind am Schlusse des Jahres alle im Laufe desselben eingelösten Staatsschuld-Documente, und Zinsenquitungen [sic!], die vorhandenen allgemeinen Staats-Activen, die Activen und der Behalt des Reservefonds, und die sonstigen Kassebehalte der verschiedenen Staats-Kassen vorzuzeigen. Die Commission hat hierüber ein von ihr zu unterzeichnendes förmliches Protocoll aufnehmen zu lassen, welches der betreffenden Finanz-Rechnung anzulegen ist.

art. 164. Wenn der Ausschuß (art.) die Finanz-Rechnung geprüft, und die erforderlichen Aufklärungen eingezogen hat, legt er beiden Kammern, welche zu diesem Zwecke zusammentreten, sein Bedenken zur Beschlußnahme darüber vor, ob die Decharge für diese Rechnung ohne Notaten zu ertheilen, oder ob und über welche Notaten bei der Ertheilung der Decharge die Verantwortlichkeit der betreffenden Behörde vorzubehalten ist.

art. 165. Jede Behörde, welche der Ansicht ist, daß ihr ein Notat zu der Finanz-Rechnung ohne hinreichenden Grund von den gemeinschaftlichen Ständen zur Last gelegt sei, hat das Recht, innerhalb dreier Monate nach dem betreffenden ständischen Beschlusse die Frage, ob dem Notat Folge zu geben sei, zur Entscheidung des Staats-Gerichtshofes zu bringen.

Vierter Abschnitt. Petitions-Recht der gemeinschaftlichen Stände.

art. 166. Die gemeinschaftlichen Stände sind befugt, unter Beobachtung des in der Geschäfts-Ordnung vorgeschriebenen Verfahrens Petitionen über verfassungsmäßig zu ihrem Wirkungskreise gehörende Gegenstände der Gesetzgebung und über andere, die Interessen der gesammten Monarchie unmittelbar berührende Gegenstände an den König einzureichen.

art. 167. Dagegen sind die gemeinschaftlichen Stände zur Einreichung von Petitionen über Angelegenheiten einzelner Landestheile auch dann nicht befugt, wenn sich von denselben behaupten läßt, daß sie die Interessen der gesammten Monarchie mittelbar berühren.

art. 168. Jede Petition kann in jeder der beiden Kammern zuerst zur Verhandlung gebracht, aber keine Petition kann an den König eingereicht werden, wenn sie nicht von beiden Kammern während der Dauer derselben Versammlung der gemeinschaftlichen Stände beschlossen worden ist.

art. 169. Wenn die Regierung oder die Mehrzahl der einem Landestheile angehörenden Mitglieder der betreffenden Kammer der Ansicht ist, daß der Gegenstand einer beabsichtigten Petition außerhalb der verfassungsmäßigen Gränzen (art.) des

Petitionsrechts der gemeinschaftlichen Stände liege, so sind sie befugt, diese Frage zur Entscheidung des Staats-Gerichtshofs zu bringen, welche unverzüglich abzugeben ist.

art. 170. Jede der beiden Kammern ist befugt, Anträge einzelner Unterthanen und anerkannter Corporationen nach vorgängiger vorschriftsmäßiger Behandlung und unter Beobachtung der verfassungsmäßigen Erfordernisse (art.) sich anzueignen, und ein solcher Antrag gelangt nach vorgängiger Annahme von Seiten der anderen Kammer als eine Petition der gemeinschaftlichen Stände an den König.

Tit: V. Von den unmittelbaren Regierungs-Behörden oder Ministerien und deren Verantwortlichkeit.

art. 171. Die bisherige collegialische Einrichtung der unmittelbaren Regierungsbehörden ist aufgehoben, und an die Stelle derselben treten acht Ministerien, von welchen vier vorzugsweise die gemeinschaftlichen Angelegenheiten der gesammten Monarchie, und vier vorzugsweise die besonderen Angelegenheiten der verschiedenen Landestheile wahrzunehmen haben.

art. 172. Kein Beamter und keine Behörde darf einem Befehl des Königs Folge leisten, wenn er nicht von dem betreffenden Minister unterzeichnet ist.

art. 173. Gemeinschaftliche Ministerien für die gesammte Monarchie sind das Ministerium der auswärtigen Angelegenheiten, das Kriegs-Ministerium mit Unterabtheilungen für die Land- und Seemacht, das Finanz-Ministerium und das Handels-Ministerium. Für das Justiz- und Polizeiwesen und für das Innere werden besondere Ministerien, zwei für das Königreich und zwei für die Herzogthümer errichtet.

art. 174. Der König vertheilt die verschiedenen Verwaltungsgeschäfte unter diese acht Ministerien (art.) und nimmt mit dieser Vertheilung demnächst diejenigen Veränderungen vor, welche Ihm als zweckmäßig erscheinen; doch kann ein Verwaltungs-Zweig, welcher bisher von einer besonderen unmittelbaren Behörde für das Königreich oder für die Herzogthümer besorgt, oder in Folge der Einrichtung von Ministerien einem besonderen Ministerium zugetheilt ist, niemals einem gemeinschaftlichen Ministerium übertragen werden.

art. 175. Die Durchschnitts-Summe des Belaufs der Kosten sämmtlicher bisherigen unmittelbaren Collegien und Departements an Gehalten und Comptoir-Ausgaben für die letzten drei Jahre wird im Normal-Reglement als Ausgabe-Posten für sämmtliche Ministerien aufgeführt, und vom Könige unter die einzelnen Ministerien nach den Bedürfnissen derselben vertheilt.

art. 176. Wenn einzelne Verwaltungszweige von einem Ministerium an ein anderes übergehen, so sind die daraus folgenden Abänderungen des Normalreglements und Budgets nicht an die Zustimmung der gemeinschaftlichen Stände gebunden.

art. 177. Die acht Minister haben Sitz und Stimme in dem Geheimen Staatsrathe, und der König bestimmt, welche Sachen in demselben erledigt werden sollen.

art. 178. Die Minister haben die allgemeinen Gesetze und ihre allgemeinen Instructionen zu befolgen, und sind außerdem hinsichtlich ihrer amtlichen Thätigkeit den gemeinschaftlichen Ständen verantwortlich.

art. 179. Findet eine der beiden Kammern, daß ein oder mehrere Minister die Bestimmungen der Verfassung übertreten, oder nicht berücksichtigt, oder sich auf Maaßregeln, welche die Integrität der Monarchie oder die gegenwärtigen staatsrechtlichen Verhältnisse der einzelnen Landestheile verletzen können, eingelassen, oder sich sonst einer untreuen oder gewissenlosen Verwaltung ihres Amts schuldig gemacht haben, so ist die betreffende Kammer befugt, diese Minister vor dem Staats-Gerichtshofe belangen zu lassen.

art. 180. Der Staats-Gerichtshof hat in erster und letzter Instanz, jedoch nur darüber zu entscheiden, ob die betreffenden Minister eine ihnen zuzurechnende Verletzung ihrer Amtspflicht sich haben zu Schulden kommen lassen, und ob sie deshalb ihres Amts zu entsetzen sind.

art. 181. Ist der Staatsgerichtshof des Dafürhaltens, daß dem Schuldigen auch die Leistung eines Ersatzes obliege, oder daß er außer der Amts-Entsetzung noch eine andere Strafe verwirkt habe, so sind diese Fragen von dem ordentlichen Gerichte des Angeschuldigten zu entscheiden. Der betreffende Justiz-Minister hat unverzüglich für die Einleitung des Verfahrens vor dem ordentlichen Gerichte des schuldig befundenen Ministers dergestalt Sorge zu tragen, daß diese Sache zur schließlichen Entscheidung an das höchste Gericht oder an das Schleswig-Holstein-Lauenburgische Oberappellationsgericht gelangen kann.

art. 182. Die eigene Unterschrift des Königs oder dessen Befehl befreit den betreffenden Minister nicht von der Verantwortlichkeit für eine Handlung, welche dem Staatsgerichtshofe als eine Verletzung der Amtspflicht erscheint.

art. 183. Für die im Geheimen Statsrathe [sic!] gefaßten Beschlüsse sind sämmtliche Mitglieder desselben verantwortlich, es wäre denn, daß einer oder der andere von ihnen durch das Protocoll, welches stets über die Verhandlungen des Staatsraths zu führen ist, nachweisen könnte, daß er an der betreffenden Sitzung desselben nicht zugegen gewesen wäre, oder seine von dem fraglichen Beschlusse abweichende Meinung zu Protocoll gegeben hätte.

art. 184. Wenn ein Minister durch ein Erkenntniß des Staats-Gerichtshofs seines Amts entsetzt ist, so kann er nicht wieder im Dienste des Staats angestellt werden.

Tit: VI. Von dem Staats-Gerichtshofe.

art. 185. Der Staats-Gerichtshof besteht aus einem Präsidenten und zwölf Mitgliedern, nebst zwei Stellvertretern.

art. 186. Sobald die Verfassung in Kraft getreten ist, und vor der ersten Versammlung der gemeinschaftlichen Stände erwählt das höchste Gericht aus seiner Mitte zwei Mitglieder des Staats-Gerichtshofs und einen Stellvertreter, das Schleswig-Holstein-Lauenburgische Oberappellationsgericht ebenfalls aus seiner Mitte zwei Mitglieder und einen Stellvertreter, und ernennt der König zwei im Königreiche wohnhafte Mitglieder, ein im Herzogthum Schleswig und ein im Herzogthum Holstein wohnhaftes Mitglied.

art. 187. Sobald die erste Versammlung der gemeinschaftlichen Stände eröffnet ist, und die Kammern constituirt sind (art.) treten beide Kammern zusammen, und wählen vier Mitglieder des Staats-Gerichtshofes, von welchen zwei im Königreiche, eins im Herzogthum Schleswig und eins im Herzogthum Holstein wohnhaft sein müssen.

art. 188. Die solchergestalt erwählten zwölf Mitglieder des Staats-Gerichtshofs treten sogleich zusammen, um ihren Präsidenten zu wählen.

art. 189. Die Wahl des Präsidenten wird von dem ältesten Mitgliede geleitet, und erfolgt, wo möglich, durch absolute Stimmen-Mehrheit, bei Stimmen-Gleichheit entscheidet das Loos [sic!].

art. 190. Die Mitglieder des Staats-Gerichtshofs dürfen nicht Mitglieder der Versammlung der gemeinschaftlichen Stände sein, und kein administratives Staatsamt bekleiden.

art. 191. Der Staats-Gerichtshof soll stets vollzählig gehalten, und bei dem Abgange eines Mitglieds ein Anderes an dessen Stelle auf dieselbe Weise, wie der Abgegangene, erwählt oder ernannt werden. Bei einstweiligen Verhinderungen der aus dem Königreiche erwählten oder ernannten Mitglieder tritt der von dem höchsten Gerichte, bei Verhinderungen der Mitglieder aus den Herzogthümern der von dem Schleswig-Holstein-Lauenburgischen Oberappellationsgericht gewählte Stellvertreter ein. Treten gleichzeitig einstweilige Verhinderungen mehrerer Mitglieder ein, so sind diese auf dieselbe Weise, wie die ursprünglich Erwählten und Ernannten, für die Dauer der betreffenden Versammlung der gemeinschaftlichen Stände zu ersetzen.

art. 192. Die dem Staats-Gerichtshofe verfassungsmäßig zustehenden Entscheidungen hinsichtlich der zur Wirksamkeit der gemeinschaftlichen Stände gehörenden Gegenstände (art.) sind von denselben in der Regel innerhalb acht Tagen, nachdem ihm die Protocolle über die betreffenden ständischen Verhandlungen in so vielen gedruckten Exemplaren, als der Gerichtshof Mitglieder zählt, von dem Präsidenten der betreffenden Kammer zugestellt worden, nach vorgängiger mündlichen [sic!] Abstimmung abzugeben.

art. 193. Ueber das im Falle einer gegen einen oder mehrere Minister erhobenen Anklage (art.) oder eines denselben zur Last gelegten Rechnungs-Notats (art.) zu beobachtende Verfahren hat der Staats-Gerichtshof gleich nach seiner Errichtung die erforderlichen Bestimmungen zu treffen und zur öffentlichen Kunde zu bringen. Doch soll das schließliche Verfahren in solchen Sachen stets mündlich und öffentlich sein, es wäre denn, daß der Gerichtshof durch einen mit einer Stimmenmehrheit von $^{2}/_{3}$ seiner Mitglieder gefaßten Beschluß eine Ausnahme hievon zu verfügen sich aus überwiegenden Gründen veranlaßt finden mögte [sic!].

art. 194. Der Staats-Gerichtshof hat dafür Sorge zu tragen, daß über eine solche Anklage (art.) vor der Eröffnung der auf diejenige Versammlung der gemeinschaftlichen Stände, in welcher sie erhoben ist, zunächst folgenden Versammlung derselben schließlich verhandelt und erkannt werde.

art. 195. Hinsichtlich seines Secretariats und Archivs hat der Staats-Gerichtshof selbst die erforderlichen Anordnungen zu treffen, wozu dem Gerichtshofe ein öffentliches Local eingeräumt wird.

art. 196. Die Mitglieder des Staats-Gerichtshofs erhalten als solche keine Besoldung, sondern vollständige Vergütung aller mit der Ausübung ihrer Functionen verbundenen Auslagen.

art. 197. Sämmtliche für den Staats-Gerichtshofe erforderliche Ausgaben werden nach darüber aufgemachten, von dem Präsidenten des Gerichtshofes beglaubigten Rechnungen aus der Staatskasse berichtigt.

Tit: VII. Von Abänderungen der Verfassung.

art. 198. Eine Abänderung der Verfassung kann nur in Folge eines von der Regierung den gemeinschaftlichen Ständen vorgelegten Gesetzes-Entwurf [sic!] vorgenommen werden.

art. 199. Ein solcher Gesetzes-Entwurf muß in zwei auf einander folgenden Versammlungen der gemeinschaftlichen Stände in beiden Kammern verhandelt und angenommen sein, derselbe möge nun von der Regierung aus eignem Antriebe vorgelegt, oder durch eine frühere Petition der gemeinschaftlichen Stände veranlaßt sein.

art. 200. In der ersten Versammlung der gemeinschaftlichen Stände, in welcher ein solcher Gesetz-Entwurf zur Verhandlung kommt, ist einfache Stimmenmehrheit in jeder der beiden Kammern für den Entwurf, wie er vorliegt, hinlänglich; in der zweiten Versammlung aber muß eine Majorität von $^{2}/_{3}$ der Stimmen in jeder der beiden Kammern sich für den fraglichen Gesetzes-Entwurf, ohne Abänderungen erklären, damit die vorgeschlagene Abänderung der Verfassung angenommen werden könne.

art. 201. Die vorstehenden Bestimmungen (art.) finden auch auf etwanige Abänderungen der Beilagen der Verfassungs-Urkunde, mit Ausnahme der Geschäfts-Ordnung (Anhang) Anwendung.

Modtaget af A. F. Krieger 1884. A. D. Jörgensen

Entwurf einer Verordnung, betreffend die verfassungsmäßige Aufrechthaltung der deutschen und der dänischen Sprache im Herzogthum Schleswig.

§.1. Im Herzogthum Schleswig ist zu allen gerichtlichen und außergerichtlichen Erlassen und Ausfertigungen, Protocollen, Berichten an höhere und Schreiben an gleichgestellte und untergeordnete Behörden, Verfügungen, Bescheiden, Bestallungen, Bewilligungen, Bestätigungen, Bescheinigungen, öffentlichen Bekanntmachungen und Anschlägen, sowie zu den schriftlichen Eingaben und mündlichen Vorträgen der Anwälde [sic!], diejenige Sprache zu gebrauchen, welche an dem Orte, für welchen der betreffende Erlaß oder die betreffende Ausfertigung zunächst bestimmt ist, oder an dem Wohnorte der betreffenden Person die Kirchen- und Schulsprache ist.

§.2. Die vorstehende Vorschrift gilt in ihrem ganzen Umfange sowohl für die unmittelbaren Behörden in Kopenhagen und für die Landesbehörden und Oberdicasterien im Herzogthum Schleswig, als für sämmtliche dortige geistliche und weltliche Untergerichte und Behörden.

§.3. In jedem Civilprocesse, welcher in dem ordentlichen Gerichtsstande geführt wird, ist zu den gerichtlichen Vorträgen und Ausfertigungen (§.1.) in der ersten und in der höheren Instanz, sowie zu den schriftlichen Eingaben an das Schleswig-Holstein-Lauenburgische Oberappellationsgericht diejenige Sprache zu gebrauchen, welche an dem Wohnorte des Beklagten die Kirchen- und Schulsprache ist. Wird der Proceß in einem außerordentlichen Gerichtsstande geführt, so ist die Sprache des Gerichts die Kirchen- und Schulsprache desjenigen Orts, an welchem die betreffende Sache belegen oder das betreffende Rechtsgeschäft abgeschlossen, oder die betreffende Handlung begangen ist. Criminaluntersuchungen sind in derjenigen Sprache zu führen, welche an dem Orte desjenigen Verbrechens oder Vergehens, welches zu der Untersuchung Veranlassung gegeben hat, die Kirchen- und Schulsprache ist.

§.4. Die Ausfertigungen des Schleswig-Holstein-Lauenburgischen Oberappellationsgerichts erfolgen auch in denjenigen Processen aus dem Herzogthum Schleswig, in welchen der Beklagte einen Wohnort mit dänischer Kirchen- und Schulsprache hat, in deutscher Sprache, und in dieser Sprache sind auch in solchen Processen nach Einführung des mündlichen Verfahrens vor dem gedachten höchsten Gerichtshofe die mündlichen Vorträge beider Partheien zu halten. Doch ist in solchen Processen den deutschen Ausfertigungen des höchsten Gerichtshofes eine beglaubigte dänische Uebersetzung derselben anzufügen, und wenn der Beklagte selbst bei der Publication des Erkenntnisses zugegen ist, auf dessen Verlangen nach dem Original zu verlesen.

§.5. In den Städten Hadersleben, Apenrade und Sonderburg soll der Hauptgottesdienst stets in dänischer Sprache gehalten, zugleich aber für die Haltung des Gottesdienstes in deutscher Sprache gesorgt, der Unterricht in den dortigen Volksschulen aber, sowie in der Haderslebener Gelehrtenschule stets in dänischer Sprache ertheilt werden.

§.6. Die im Herzogthum Schleswig errichteten beiden Schullehrer-Seminarien, das dänische sowohl als das deutsche, sollen mit unveränderter Unterrichtssprache erhalten, und innerhalb zweier Jahre soll eine Real-Schule mit deutscher und eine mit dänischer Unterrichtssprache im Herzogthum Schleswig errichtet werden.

§.7. Im Uebrigen bleibt die Kirchen- und Schulsprache Deutsch, wo sie jetzt Deutsch ist, und Dänisch, wo sie jetzt Dänisch ist.

§.8. Das Bisthum über Alsen und Arröe wird aufgehoben, und die Kirchen und Schulen dieses Bisthums, sowie die übrigen Kirchen und Schulen im Herzogthum Schleswig, welche bisher unter geistlichen Behörden des Königreichs gestanden, werden mit den übrigen Kirchen und Schulen des Herzogthums Schleswig, deren Kirchen- und Schulsprache die dänische ist, zu einem Sprengel unter einem besonderen Generalsuperintendenten vereinigt. Für die vorgedachten Kirchen und Schulen dienen die im Herzogthum Schleswig geltenden Gesetze zur Richtschnur.

§.9. Der dänische Generalsuperintendent im Herzogthum Schleswig muß in dem dänisch redenden, und der Deutsche in dem deutsch redenden Theile dieses Herzogthums seinen beständigen Wohnsitz haben; beide stehen in völlig gleichen Beziehungen zu den unmittelbaren, sowie zu den Landes- und Local-Behörden.

§.10. Wer ein deutsches Predigtamt im Herzogthum Schleswig bekleiden will, muß außer den sonstigen gesetzlichen Erfordernissen darthun, daß er wenigstens ein Jahr an den homiletischen und kathechetischen Uebungen auf der Universität zu Kiel mit Erfolg Theil genommen hat. Dieselbe Theilnahme an den dänischen homiletischen und kathechetischen Uebungen auf der Universität zu Kopenhagen neben den sonstigen gesetzlichen Erfordernissen muß derjenige nachweisen, welcher ein dänisches Predigtamt im Herzogthum Schleswig bekleiden will.

§.11. Die künftig anzustellenden Schullehrer an den dänischen Volksschulen im Herzogthum Schleswig müssen auf einem dänischen, die Schullehrer an den dortigen deutschen Schulen auf einem deutschen Seminar gebildet, oder wenigstens geprüft sein.

§.12. Wer in einem Schleswigschen Oberdicasterium oder in einer Schleswigschen Landesbehörde angestellt werden, oder in einem Districte des Herzogthums Schleswig, wo die dänische Sprache die Kirchen- und Schulsprache ist, ein obrigkeitliches oder ein richterliches Amt bekleiden will, muß außer den sonstigen gesetzlichen Erfordernissen nachweisen, daß er wenigstens ein Jahr bei einer Behörde, deren Geschäftssprache die Dänische ist, (§.2.) mit Erfolg, und während dieses Jahres nur mit solchen Ausfertigungen und sonstigen Arbeiten sich beschäftigt hat, zu welchen dem Vorstehenden nach (§.1.) die dänische Sprache zu gebrauchen ist. Dasselbe gilt hinsichtlich der deutschen Sprache von demjenigen, welcher bei einem Oberdicasterium oder einer Landesbehörde des Herzogthums Schleswig angestellt werden, oder in einem Districte dieses Herzogthums, in welchem die deutsche Sprache die Kirchen- oder Schulsprache ist, ein obrigkeitliches oder richterliches Amt bekleiden will.

§.13. Jeder Beamte, welcher eine unrichtige Bescheinigung über eins der im Vorstehenden (§.10-12) angegebenen Erfordernisse zur Erlangung eines Amts im Herzogthum Schleswig beigebracht hat, soll seines Amts ohne Rechtsgang entlassen werden.

Anmerkungen zum Verfassungsentwurf

S. 207 Zl. 1] im Margen mit anderer Hand Bang ms.
S. 207 Zl. 1 für] folgt gestrichen die dänische Monarchie ms.
S. 207 Zl. 20] 2 nachträglich eingefügt ms.

S. 208 Zl. 4 achtzehnten] cht nachgebessert ms.
S. 208 Zl. 18 Gültigkeit] G von d korrigiert ms.
S. 208 Zl. 26 Verbrechen] folgt gestrichen Vergehen ms.
S. 208 Zl. 29 dieser] folgt gestrichen beiden ms.
S. 208 Zl. 30 dem] korrigiert aus den ms.
S. 208 Zl. 30 Staats-Gerichtshofe] korrigiert aus Staats-Gerichtshöfen ms.

S. 209 Zl. 11f. und Gebäuden] über der Zeile eingefügt ms.
S. 209 Zl. 28 art.] Zahlangabe fehlt ms.
S. 209 Zl. 33f.] unter Letzteren ist die in den gedachten Domainen redicierte Capitalschuld mit begriffen hinzugefügt mit derselben Hand ms.

S. 210 Zl. 5] 23 nachträglich eingefügt ms.
S. 210 Zl. 11] zum Kronvermögen gehörenden über der Zeile eingefügt ms.
S. 210 Zl. 12] Gebäude über der Zeile eingefügt ms.
S. 210 Zl. 14 keine Art] von keinen Act korrigiert ms.
S. 210 Zl. 17 dem] von den korrigiert ms.
S. 210 Zl. 18 art.] Zahlangabe fehlt ms.
S. 210 Zl. 32f.] und die von den Gemeinden gesetzlich zu entrichtenden außerordentlichen Beiträge im Margen hinzugefügt ms.

S. 211 Zl. 12] nach über der Zeile eingefügt ms.
S. 211 Zl. 13f.] das gerichtliche Verfahren wider den Betreffenden eingeleitet über der Zeile eingefügt statt des überstrichenen dem betreffenden Gerichte zur weiteren Verfügung angezeigt ms.

S. 212 Zl. 4 keinem] korrigiert aus kein ms.
S. 212 Zl. 4 der] über der Zeile anstatt des durchgestrichenen in dem ms.
S. 212 Zl. 4 Gebrauch] korrigiert von Gebrauche ms.
S. 212 Zl. 9 soll] folgt gestrichen da, wo sie nicht besteht ms.
S. 212 Zl. 9 eingeführt] folgt gestrichen und da, wo sie besteht, nur insoweit zugelassen werden, als dieses nach der Gesetzgebung des Deutschen Bundes unvermeidlich ist ms.
S. 212 Zl. 9 werden] über der Zeile eingefügt, vor dem Wort + als Hinweis auf wieder (?) ms.
S. 212 Zl. 28 nur] über der Zeile eingefügt ms.
S. 212 Zl. 28 werden] folgt gestrichen können ms.

S. 213 Zl. 22-25] Artikel 51 erscheint als Marginalie ms.
S. 213 Zl. 26-29] Artikel 52 erscheint als Marginalie ms.
S. 213 Zl. 29 art.] Zahlangabe fehlt ms.

S. 214 Zl. 5] Senkrechter Strich im Margen und mit anderer Hand Henvisning til de specielle Artikler ms.
S. 214 Zl. 8 zusammen] nachfolgendes Kreuz verweist auf folgende Marginalie mit anderer Hand nach den im Folgenden (es folgt gestrichen hierüber) gegebenen Regeln ms.
S. 214 Zl. 9 ergiebt] über der Zeile korrigiert aus gestrichen ergeben ms.
S. 214 Zl. 9 Geschäfts-Ordnung] korrigiert aus Geschäfts-Ordnungen ms.
S. 214 Zl. 9 B] folgt gestrichen und C ms.
S. 214 Zl. 10-12] Artikel 56 erscheint als Marginalie ms.
S. 214 Zl. 11 beiden] bei über der Zeile eingefügt ms.
S. 214 Zl. 18f.] welche 25 Jahre alt sind, volle Dispositionsbefugniß über ihr Vermögen und einen unbescholtenen Ruf haben mit anderer Hand im Margen eingefügt ms.
S. 214 Zl. 29] unter den übrigen über der Zeile eingefügt ms.
S. 214 Zl. 29 Bischöfen] korrigiert aus Bischöfe ms.

S. 215 Zl. 15 Anlagen] Anl ms.
S. 215 Zl. 24 art.] Zahlangabe fehlt ms.
S. 215 Zl. 29 art.] Zahlangabe fehlt ms.
S. 215 Zl. 31 art.] Zahlangabe fehlt ms.

S. 216 Zl. 10 erstgedachten] nachfolgendes Kreuz verweist auf folgende Marginalie mit Bleistift und anderer Hand wie dalhet (?) (überstrichen) örtel (?) bewilligt (?) ms.
S. 216 Zl. 20-22] Artikel überstrichen. Zahlangabe nachträglich eingetragen. Marginalie mit anderer Hand falder bort (=entfällt) ms.
S. 216 Zl. 21 Geschäfts-Ordnung] folgt gestrichen der ersten Kammer ms.
S. 216 Zl. 26] welche auf 6 Jahre erwählt werden hinzugefügt aus Marginalie ms.
S. 216 Zl. 28] 40 korrigiert aus 20 ms.

S. 217 Zl. 7 art.] Zahlangabe fehlt ms.
S. 217 Zl. 14] vor oder im Margen mit derselben Hand eingefügt ms.
S. 217 Zl. 18 verhindert] nachfolgendes Kreuz verweist auf folgende Marginalie mit derselben Hand und ist die Verhinderung des Abgeordneten nicht mittlerweile gehoben, ms.
S. 217 Zl. 21 Wahl-Periode] folgt über der Zeile eingefügt (+ art). Kreuz verweist auf Marginalie mit anderer Hand (art 68) ms.
S. 217 Zl. 26 ist] folgt gestrichen ein ganzer Artikel ohne Zahlangabe: art. Die Abgeordneten und Stellvertreter werden auf sechs Jahre erwählt ms.

S. 217 Zl. 32 Jedoch sind] über der Zeile eingefügt statt gestrichen art. Im Königreiche sind auch ms.
S. 217 Zl. 33] nur im Königreiche über der Zeile mit derselben Hand eingefügt ms.
S. 217 Zl. 33 wahlberechtigt] folgt gestrichen wenn sie die im vorstehenden art. angegebenen Eigenschaften besitzen ms.

S. 218 Zl. 10 Abgeordneter] folgt gestrichen in den ms.
S. 218 Zl. 10 Königlicher] korrigiert aus Königlichen ms.
S. 218 Zl. 10 Beamter] über der Zeile korrigiert aus gestrichen Dienst ms.
S. 218 Zl. 10 wird] über der Zeile korrigiert aus gestrichen tritt ms.
S. 218 Zl. 25-27 art.] Zahlangabe überstrichenes 86. Artikel überstrichen. Mit anderer Hand im Margen hinzugefügt Art 51 ms.
S. 218 Zl. 28-31 art.] Zahlangabe fehlt. Mit anderer Hand hinzugefügt 86 überstrichen. Artikel überstrichen ms.
S. 218 Zl. 28] Über der Zeile Ebenso haben beide anstatt überstrichen Ebenso hat ms.
S. 218 Zl. 28] Kammer folgt im Margen gestrichen hat ms.
S. 218 Zl. 29] sie überstrichen, über der Zeile den Reichstag (?) ms.
S. 218 Zl. 29] beider über der Zeile anstatt überstrichen der neugewählten ms.
S. 218 Zl. 29f. Kammern] korrigiert aus Kammer ms.
S. 218 Zl. 31] Wahlen über der Zeile zu der (?) Kammer ms.
S. 218 Zl. 31 art.] Zahlangabe fehlt ms.

S. 219 Zl. 4-6] Artikel überstrichen ms.
S. 219 Zl. 4] 87 Zahlangabe nachträglich eingefügt und gestrichen ms.
S. 219 Zl. 4] beider über der Zeile anstatt der zweiten überstrichen ms.
S. 219 Zl. 4 Kammern] n hinzugefügt mit anderer Hand ms.
S. 219 Zl. 5] (2.) den über der Zeile anstatt gestrichen der ms.
S. 219 Zl. 5 Kammern] n hinzugefügt mit anderer Hand ms.
S. 219 Zl. 15 art.] Zahlangabe fehlt ms.
S. 219 Zl. 16 art.] Zahlangabe fehlt ms.
S. 219 Zl. 18f. ihrer] mit + Hinweis auf die Marginalie Vicepräsidenten und, danach folgt gestrichen Secretaire ms.
S. 219 Zl. 21 art.] Zahlangabe fehlt ms.

S. 220 Zl. 5 art.] Zahlangabe fehlt ms.

S. 221 Zl. 17 erforderlich] li verbessert ms.

S. 222 Zl. 10 Durchschnittsbelauf] lauf von trag korrigiert ms.
S. 222 Zl. 12 art.] Zahlangabe fehlt ms.
S. 222 Zl. 16 des] korrigiert aus der ms.
S. 222 Zl. 24 art.] Zahlangabe fehlt ms.
S. 222 Zl. 32 art.] Zahlangabe fehlt ms.

S. 223 Zl. 5 wie] folgt gestrichen die ms.
S. 223 Zl. 5f.] Ausfuhrzoll, Schiffsabgaben, im Margen eingefügt ms.
S. 223 Zl. 6 (1.) und] folgt gestrichen die ms.
S. 223 Zl. 9 Einfuhrzolls] über der Zeile eingefügt Einfuhr ms.
S. 223 Zl. 11 der] über der Zeile korrigiert aus gestrichen sämmtlicher ms.
S. 223 Zl. 16 art.] Zahlangabe fehlt ms.
S. 223 Zl. 23 art.] Zahlangabe fehlt ms.
S. 223 Zl. 25 (1. und 2.) art.] Zahlangabe fehlt ms.
S. 223 Zl. 27 art.] Zahlangabe fehlt ms.
S. 223 Zl. 28 (1. und 2.) art.] Zahlangabe fehlt ms.
S. 223 Zl. 28 Preßfreiheit] folgt gestrichen und die Bestrafung ihres Mißbrauchs ms.
S. 223 Zl. 36 art.] Zahlangabe fehlt ms.

S. 224 Zl. 4 art.] Zahlangabe fehlt ms.

.
S. 225 Zl. 7 art.] Zahlangabe fehlt ms.
S. 225 Zl. 23 Vorschlage] e hinzugefügt ms.
S. 225 Zl. 32 art.] Zahlangabe fehlt ms.

S. 226 Zl. 10 werden] nachfolgendes Kreuz verweist auf folgende überstrichene Marginalie mit anderer Hand NB. at Sagen skal bevilges ms.
S. 226 Zl. 13 art.] Zahlangabe fehlt ms.
S. 226 Zl. 15 art.] Zahlangabe fehlt ms.
S. 226 Zl. 17 E] korrigiert aus Γ ms.
S. 226 Zl. 19 das] über der Zeile statt des gestrichenen jedes der beiden darauf ms.
S. 226 Zl. 19 folgende] korrigiert aus folgenden ms.
S. 226 Zl. 19 Jahr] korrigiert aus Jahre ms.
S. 226 Zl. 19f. jeder] folgt gestrichen zweiten ms.
S. 226 Zl. 20 werden] nachfolgendes Kreuz verweist auf folgende Marginalie mit anderer Hand NB. Ueber die Finanzen ein besonder (Com überstr.) gemeinschaftliches Comite wie Art. 156 ms.
S. 226 Zl. 26 Budget] Bud verbessert ms.
S. 226 Zl. 27 art.] Zahlangabe fehlt ms.

S. 227 Zl. 5 aufzunehmen] nachfolgendes Kreuz verweist auf folgende Marginalie mit derselben Hand Jedoch dürfen die zur Erfüllung der Verpflichtungen des Königs als Mitgliede des deutschen Bundes für die Herzogthümer Holstein und Lauenburg erforderlichen Ausgaben von den gemeinschaftlichen Ständen nicht verweigert werden ms.
S. 227 Zl. 7] für die Herzogthümer Holstein und Lauenburg erscheint über der Zeile mit anderer Hand ms.
S. 227 Zl. 17 art.] Zahlangabe fehlt ms.
S. 227 Zl. 19 art.] Zahlangabe fehlt ms.

S. 227 Zl. 22 art.] Zahlangabe fehlt ms.
S. 227 Zl. 26 art.] Zahlangabe fehlt ms.
S. 227 Zl. 30 art.] Zahlangabe fehlt ms.

S. 228 Zl. 7 gemeinschaftlichen] f verbessert ms.
S. 228 Zl. 12 art.] Zahlangabe fehlt ms.
S. 228 Zl. 16 Verzeichnisse] V verbessert ms.
S. 228 Zl. 29 art.] Zahlangabe fehlt ms.
S. 228 Zl. 29f. verzinset und] mit derselben Hand als Zeile eingefügt ms.
S. 228 Zl. 34 art.] Zahlangabe fehlt ms.

S. 229 Zl. 3f. und Zinsenquitungen] über der Zeile mit derselben Hand eingefügt ms.
S. 229 Zl. 9 art.] Zahlangabe fehlt ms.
S. 229 Zl. 36 art.] Zahlangabe fehlt ms.

S. 230 Zl. 6 art.] Zahlangabe fehlt ms.
S. 230 Zl. 19f.] mit Unterabtheilungen für die Land- und Seemacht im Margen eingefügt ms.
S. 230 Zl. 24 art.] Zahlangabe fehlt ms.
S. 230 Zl. 27 (1.) oder] über der Zeile mit anderer Hand korrigiert aus gestrichen und ms.
S. 230 Zl. 32 Ausgabe] korrigiert aus Ausgaben ms.

S. 231 Zl. 4 haben Sitz und Stimme in dem Geheimen] über der Zeile mit anderer Hand korrigiert aus gestrichen bilden den Ministerrath oder ms.
S. 231 Zl. 5 in] korrigiert aus im ms.
S. 231 Zl. 5 demselben] über der Zeile mit anderer Hand korrigiert aus gestrichen Staatsrathe ms.
S. 231 Zl. 23f. unverzüglich] über der Zeile mit anderer Hand korrigiert aus gestrichen unaufhältlich ms.
S. 231 Zl. 31 Geheimen Statsrathe] über der Zeile mit anderer Hand korrigiert aus Ministerrathe ms.
S. 231 Zl. 32 Mitglieder desselben] über der Zeile mit anderer Hand korrigiert aus gestrichen Minister ms.
S. 231 Zl. 33f. Staatsraths] Staats mit anderer Hand statt gestrichen Minister ms.
S. 231 Zl. 34 desselben] selben mit anderer Hand statt gestrichen Ministerraths ms.

S. 232 Zl. 14 art.] Zahlangabe fehlt ms.
S. 232 Zl. 32 gleichzeitig] vor der Zeile mit anderer Hand im Margen eingefügt ms.
S. 232 Zl. 34f. ersetzen] mit anderer Hand eingefügt statt gestrichen erwählen oder zu ernennen ms.

S. 233 Zl. 3 art.] Zahlangabe fehlt ms.

S. 233 Zl. 7 abzugeben] über der Zeile mit anderer Hand korrigiert aus gestrichen zu entscheiden ms.
S. 233 Zl. 9 (1. und 2.) art.] Zahlangabe fehlt ms.
S. 233 Zl. 17 art.] Zahlangabe fehlt ms.

S. 234 Zl. 10 art.] Zahlangabe fehlt ms.
S. 234 Zl. 12 Anhang] Angabe fehlt ms.
S. 234 Zl. 13] Modtaget af A. F. Krieger 1884. A. D. Jörgensen Archivvermerk mit anderer Hand ms.
S. 234 Z. 14f.] die Überschrift erscheint als Marginalie ms.

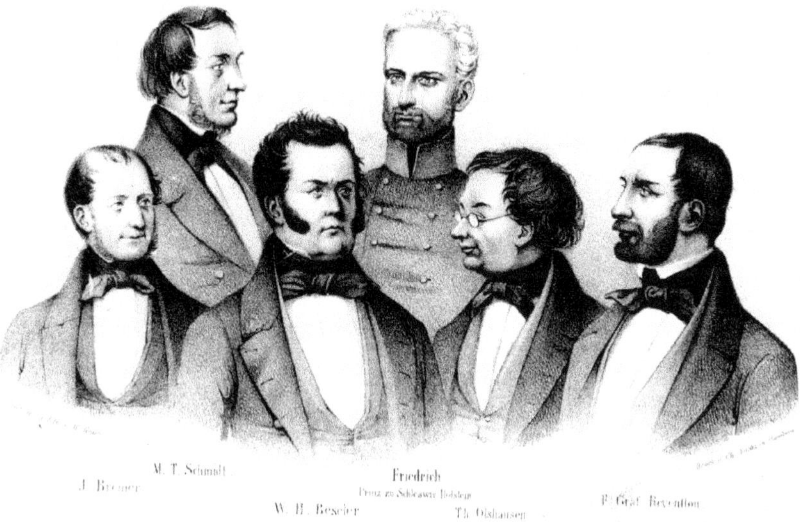

Schleswig-Holsteins provisorische Regierung März 1848. Vorn von links: J. Bremer, W. Beseler (beide nationalliberal), Th. Olshausen (radikal), F. Graf Reventlou-Preetz (konservativ). Hinten von links: M. T. Schmidt (linksliberal), Friedrich, Prinz von Noer (konservativ).

Dansk Centalbibliotek for Sydslesvig.

Staatsgrundgesetz

für die

Herzogthümer Schleswig-Holstein

Nachdem kraft des mit Zustimmung der vereinigten Schleswig-Holsteinischen Ständeversammlung erlassenen Wahlgesetzes vom 13. Juli d. J. alle mündigen Staatsbürger jeden Standes aufgefordert waren, Abgeordnete für eine neue volksvertretende Versammlung zu berufen, um in Uebereinstimmung mit der Landesregierung die Verfassung des Landes festzustellen; nachdem ferner die solchergestalt gewählte, am 15. August d. J. zusammengetretene Landesversammlung nach vorgängiger Berathung und Beschlußnahme, auch nach bewirkter Verständigung mit der provisorischen Regierung über mehrere einzelne Artikel das gegenwärtige Staatsgrundgesetz zur Genehmigung vorgelegt hat und solchem am 9. d. M. von der provisorischen Regierung Namens des Landesherrn ihre Zustimmung ertheilt worden: So wird gegenwärtiges Gesetz als Grundgesetz für die Herzogthümer Schleswig-Holstein hierdurch zur öffentlichen Kunde gebracht.

I.

Vom Staatsgebiet.

Art. 1. Die Herzogthümer Schleswig-Holstein sind ein einiger, untheilbarer Staat.

Art. 2. Jede Veränderung der Gränzen des Staatsgebiets enthält eine Aenderung der Verfassung.

II.

Vom Verhältniße zu Deutschland.

Art. 3. Die Herzogthümer Schleswig-Holstein sind ein Bestandtheil des deutschen Staatsverbandes.

Art. 4. Die Verfassung Deutschlands, wie sie jetzt ist, oder künftig sein wird, findet auf die Herzogthümer ihre volle und unbeschränkte Anwendung.

Art. 5. Die für ganz Deutschland oder die Herzogthümer insbesondere von den gegenwärtigen oder zukünftigen verfassungsmäßigen Gewalten Deutschlands erlassenen oder zu erlassenden Gesetze und Anordnungen sind für die Schleswig-Holsteinischen Staatsgewalten und Staatsbürger verbindlich.

III.

Von den Staatsbürgern.

Art. 6. Der Vollgenuß der bürgerlichen und öffentlichen Rechte ist durch das Schleswig-Holsteinische Staatsbürgerrecht bedingt.

Art. 7. Das Schleswig-Holsteinische Staatsbürgerrecht steht Allen zu, welche, ohne in einem fremden Staatsverbande zu stehen, bereits am 15. August 1848 ihren ordentlichen Wohnort im Lande hatten, und, insofern sie eingewandert sind, ohne Vorbehalt das Recht sich hier niederzulassen erworben hatten, so wie allen an dem gedachten Tage abwesenden, welche von einem in Schleswig-Holstein gebürtigen, nicht ausgewanderten Vater stammen, und auch selbst nicht ausgewandert sind. Bei unehelichen Kindern kommt in diesem Falle die Abstammung von einer in Schleswig-Holstein gebürtigen Mutter in Betracht.

Art. 8. Das Staatsbürgerrecht wird, vom 15. August 1848 an gerechnet, erworben:
a) durch eheliche Abstammung von einem Vater oder uneheliche von einer Mutter, welche das Schleswig-Holsteinische Staatsbürgerrecht entweder zur Zeit der Geburt des Kindes schon besaßen oder vor der Mündigkeit desselben erworben haben;
b) von deutschen Staatsbürgern durch feste Niederlassung im Lande, nachdem sie ihr bisheriges particulares Staatsbürgerrecht aufgegeben haben;
c) durch Abstammung von Fremden, welche in Schleswig-Holstein sich niedergelassen und zur Zeit der Geburt des Kindes bereits die Bedingungen der festen Niederlassung erfüllt haben;
d) durch Verheirathung mit einem Manne, der das Schleswig-Holsteinische Staatsbürgerrecht besitzt;
e) durch ein Naturalisationsgesetz.

Art. 9. Das Staatsbürgerrecht wird durch Auswanderung verloren.

Art. 10. Jeder Staatsbürger männlichen Geschlechts legt nach erreichter Mündigkeit vor seiner Obrigkeit mittelst Handschlages folgendes Gelöbniß ab:

„Ich gelobe unverbrüchliche Beobachtung der Verfassung, Gehorsam der Gesetze und Treue dem Herzoge."

Von Denjenigen, welche nach erlangter Mündigkeit das Staatsbürgerrecht erwerben, ist dieses Gelöbniß bei der Erwerbung desselben zu leisten.

Art. 11. Alle Staatsbürger sind gleich vor dem Gesetze.

Art. 12. Alle Staats- und Gemeinde-Aemter sind für alle Staatsbürger gleich zugänglich. Alle Privilegien, welche hiemit in Widerspruch stehen, sind aufgehoben.

Art. 13. Das Waffenrecht und die Wehrpflicht sind für Alle gleich. Stellvertretung findet nicht Statt.

Art. 14. Durch das religiöse Glaubensbekenntniß wird der Genuß der bürgerlichen und staatsbürgerlichen Rechte weder bedingt noch beschränkt.

Die staatsbürgerlichen Pflichten sind von Jedem ohne Unterschied des Glaubensbekenntnisses zu erfüllen; gesetzliche Ausnahmen bleiben vorbehalten.

Art. 15. Niemand kann durch eine Verfügung der Regierung seinem ordentlichen Richter entzogen werden.

Art. 16. Die Freiheit der Person ist unverletzlich.

Die gerichtliche Verhaftung einer Person soll – außer im Fall der Ergreifung auf frischer That – nur geschehen in Kraft eines richterlichen, mit Gründen versehenen Befehls.

Dieser Befehl muß im Augenblick der Verhaftung oder spätestens innerhalb der nächsten 24 Stunden dem Verhafteten zugestellt werden.

Die Polizeibehörde muß Jeden, den sie in Verwahrung genommen hat, im Laufe des folgenden Tages entweder freilassen oder der richterlichen Behörde übergeben.

Jeder Angeschuldigte soll gegen Stellung einer vom Gerichte zu bestimmenden Caution oder Bürgschaft der Haft entlassen werden, sofern nicht dringende Anzeigen eines schweren peinlichen Verbrechens gegen denselben vorliegen.

Wegen unbefugt verhängter oder widerrechtlich verlängerter Gefangenschaft haften die daran Schuld Tragenden und nöthigenfalls der Staat dem Gefangenen für Entschädigung und Genugthuung.

Art. 17. Die Haussuchung findet nur auf Verfügung des zuständigen Gerichts oder der Ortsobrigkeit in den gesetzlich bestimmten Fällen und Formen Statt.

Art. 18. Die Beschlagnahme und Einsicht von Privatpapieren darf nur auf Grund einer richterlichen Verfügung vorgenommen werden.

Art. 19. Das Briefgeheimniß darf nicht verletzt werden. Ausnahmen davon können nur in Folge einer richterlichen Verfügung Statt finden, oder in Kriegsfällen angeordnet werden.

Art. 20. Jeder hat das Recht, sich mit Bitten und Beschwerden schriftlich an den Herzog, an die Landesversammlung und an die Behörden zu wenden. Dies Recht kann sowohl von Einzelnen, als von Mehreren gemeinschaftlich ausgeübt werden. Bitten oder Beschwerden unter einem Gesammtnamen sind nur Behörden und Corporationen gestattet.

Art. 21. Das Recht, Vereine zu bilden, wird anerkannt. Dasselbe darf durch keine vorbeugende Maaßregel beschränkt werden.

Art. 22. Die Schleswig-Holsteiner haben das Recht, sich friedlich und ohne Waffen zu versammeln. Volksversammlungen unter freiem Himmel können bei drohender Gefahr für die öffentliche Ordnung und Sicherheit verboten und aufgelöst werden.

Art. 23. Jeder Schleswig-Holsteiner hat das Recht, durch Wort und Schrift seine Meinung frei zu äußern. Die Censur ist und bleibt aufgehoben. Die Preßfreiheit darf weder durch das Erforderniß von Concessionen noch durch Sicherheitsleistungen beschränkt werden.

Die Postbeförderung findet für alle Zeitungen und Zeitschriften unter gleichen Bedingungen Statt.

Art. 24. Der bestehende Gebrauch der Sprachen in Kirche und Schule, Rechtspflege und Verwaltung ist gewährleistet.

Die Gesetze werden in deutscher Sprache erlassen; denselben wird für diejenigen Districte, in denen die dänische Sprache Kirchen- und Schulsprache ist, eine beglaubigte dänische Uebersetzung hinzugefügt.

Art. 25. Die Auswanderungsfreiheit ist von Staatswegen nicht beschränkt. Abzugsgelder werden von Auswandernden nicht erhoben.

Art. 26. Das Eigenthum und alle Privatrechte sind unverletzlich.

Eine Enteignung kann nur aus Gründen des gemeinen Besten in den Fällen und in der Art, welche das Gesetz bestimmt, und gegen Entschädigung vorgenommen werden.

Art. 27. Vermögensconfiscation darf nicht Statt finden.

Art. 28. Kein Staatsbürger ist verpflichtet und kann gezwungen werden, eine Steuer oder Abgabe an den Staat zu bezahlen, welche nicht auf die durch das Staatsgrundgesetz vorgeschriebene Weise bewilligt ist.

Art. 29. Alle Bannrechte und Grundlasten, soweit letztere in Naturalleistungen bestehen, sind auf Antrag der Belasteten ablösbar. Das Gesetz wird die Art und Weise der Ablösung bestimmen.

Prohibitivrechte, welche dem Gemeinwohl widerstreiten, sollen durch das Gesetz entfernt werden.

Art. 30. Das Jagdrecht steht Jedem auf eigenem Grund und Boden zu; die Ausübung dieses Rechts wird nach Gründen des öffentlichen Wohls durch das Gesetz geordnet werden.

Art. 31. Die den Gemeinden oder Privaten zustehende Gerichtsherrlichkeit und die gutsherrliche Polizei werden aufgehoben werden.

Mit diesen Rechten fallen auch die Gegenleistungen und Lasten weg, die den bisher Berechtigten dafür oblagen.

Art. 32. Kein Schleswig-Holsteinischer Staatsbürger darf von einer fremden Macht Titel oder Orden annehmen.

IV.

Vom Herzoge.

Art. 33. Dem Herzog steht als Oberhaupt des Staats die vollziehende Gewalt, in Gemeinschaft mit der Landesversammlung die gesetzgebende Gewalt mit Einschluß des Rechts der authentischen Gesetzauslegung zu; Er übt diese Gewalten in dem Umfange und in den Formen aus, wie durch dieses Grundgesetz bestimmt wird. Er befiehlt die Verkündigung der Gesetze und erläßt die zu deren Vollziehung nöthigen Verordnungen.

Art. 34. Vor dem Antritt der Regierung leistet der Herzog den folgenden Eid entweder schriftlich oder vor der Landesversammlung persönlich:
„Ich gelobe und schwöre die Verfassung und die Gesetze der Herzogthümer Schleswig-Holstein zu beobachten und die Rechte des Volks aufrecht zu halten. So wahr mir Gott helfe und sein heiliges Wort". Die Urkunde über den geleisteten Eid wird in dem Archiv der Landesversammlung aufbewahrt. Bevor der Herzog den Eid geleistet hat, steht ihm keine Regierungsgewalt zu.

Art. 35. Die Person des Herzogs ist unverletzlich. Seine Minister sind verantwortlich.

Art. 36. Keine Anordnung des Herzogs in Regierungsangelegenheiten ist gültig, wenn die Urkunde über dieselbe nicht von einem Minister gegengezeichnet ist. Die Gegenzeichnung macht den Minister verantwortlich.

Art. 37. Der Herzog kann eben so wenig von der Anwendung eines Gesetzes Ausnahmen machen, als ein Gesetz aufheben, vorbehältlich derjenigen Fälle, in denen die bestehenden Gesetze eine Dispensation ausdrücklich zulassen.

Art. 38. Der Herzog ernennt und entläßt die Minister.

Art. 39. Der Herzog führt den Oberbefehl über die Land- und Seemacht.

Art. 40. Der Herzog besetzt alle Civil- und Militair-Staatsämter, soweit das Gesetz nicht eine andere Art der Besetzung bestimmt.

Art. 41. Der Herzog schließt Verträge mit anderen Staaten. Alle Verträge, welche den Herzogthümern Schleswig-Holstein oder einzelnen Staatsbürgern Verbindlichkeiten oder Lasten auferlegen, bedürfen zu ihrer Gültigkeit der Zustimmung der Landesversammlung.

Art. 42. Der Herzog hat das Recht der Begnadigung. Ein wegen seiner Amtshandlungen verurtheilter Minister kann nur auf Antrag der Landesversammlung begnadigt werden.

Art. 43. Der Herzog hat das Recht, Geld prägen zu lassen. Das Gesetz bestimmt den Münzfuß, die Münzeintheilung und das Gepräge.

Art. 44. Der Herzog kann nur an Militairpersonen Orden und Ehrenzeichen ertheilen. Adel und persönliche Titel können vom Herzoge nicht verliehen werden.

Art. 45. Der Herzog kann ohne Zustimmung der Landesversammlung nicht Oberhaupt eines andern Staates werden. Schon begründete agnatische Rechte sind vorbehalten. Die Zustimmung der Landesversammlung kann nur in der für Aenderungen des Grundgesetzes Artikel 154 festgesetzten Weise erfolgen.

Die ohne die Zustimmung der Landesversammlung erfolgte Erklärung des Herzogs, die Regierung eines fremden Staats übernehmen zu wollen, gilt als Verzicht auf die Herzogliche Gewalt zu Gunsten des nächsten Thronerben.

Art. 46. Wenn der Herzog zugleich Oberhaupt eines nicht deutschen Staates sein sollte, so läßt er, so oft und so lange er sich außerhalb der Grenzen der Herzogthümer befindet, alle kraft dieses Grundgesetzes und der Gesetze ihm zustehenden Rechte durch einen Statthalter selbstständig ausüben. Der Statthalter kann durch keine Befehle und Instructionen des Herzogs beschränkt werden.

Art. 47. Der Herzog ernennt und entläßt den Statthalter. Nur Mitglieder deutscher Fürstenhäuser oder Schleswig-Holsteinische Staatsbürger können zu Statthaltern ernannt werden.

Art. 48. Die Ernennung und Entlassung des Statthalters geschieht in einer von dem Herzoge zu unterzeichnenden und von mindestens zwei Staatsministern gegenzuzeichnenden Urkunde. Die Ernennung wird wirksam, nachdem sie verkündigt ist, und der Statthalter vor dem versammelten Staatsministerium den folgenden Eid geschworen hat:
„ich gelobe und schwöre als Statthalter der Herzogthümer Schleswig-Holstein in Ausübung der mir anvertrauten Gewalt die Verfassung und die Gesetze der Herzogthümer Schleswig-Holstein zu beobachten und die Unabhängigkeit des Staates, so wie die Rechte des Herzogs und des Volks aufrecht zu erhalten. So wahr mir Gott helfe und sein heiliges Wort!"

Art. 49. Der Statthalter wohnt am Sitz der Regierung, und kann in Einem Jahre nicht länger als drei Monate außerhalb der Grenzen des Staatsgebiets sich aufhalten.

Art. 50. Nach dem Tode oder Abgange des Statthalters bis zum Wiederantritt eines neuen, oder wenn der Statthalter sich in der Unmöglichkeit befindet, die ihm anvertraute Gewalt auszuüben, übernimmt der älteste Staatsminister, nachdem er den im Art. 48 vorgeschriebenen Eid geleistet hat, die Gewalt desselben.

Art. 51. Dem Statthalter wird ein den Verhältnissen seines Amtes angemessenes Einkommen ausgesetzt.

Art. 52. Der Statthalter hat dem Herzoge über die Geschäftsführung Bericht zu erstatten.

Art. 53. Alle, die Unterschrift des Herzogs erfordernden Gesetze, Verordnungen und Befehle werden während der Abwesenheit des Herzogs vom Statthalter Namens desselben unterschrieben, und soweit es dieses Grundgesetz vorschreibt, von den Ministern gegengezeichnet.

Art. 54. Wenn der Herzog zugleich Oberhaupt eines andern Staats ist, so können Verträge mit diesem Staate nur unter Zuziehung von besonders Bevollmächtigten der Landesversammlung und unter Vorbehalt der Ratification unterhandelt werden. Die Ratification geschieht von dem Herzoge und der Landesversammlung.

Art. 55. Die Herzogliche Gewalt vererbt im Mannesstamme des Oldenburgischen Fürstenhauses vermöge Abstammung aus rechtsgültiger Ehe nach dem Rechte der Erstgeburt und der agnatischen Linealfolge, ohne Rücksicht auf die Nähe des Grades.

Art. 56. Vom Tode des Herzogs an, bis sein Nachfolger oder der Regent den verfassungsmäßigen Eid geleistet hat, wird die Herzogliche Gewalt durch den Ministerrath Namens des Herzogs verantwortlich ausgeübt.

Dasselbe tritt in dem Falle ein, wenn beim Tode des Herzogs eine Statthalterschaft bestehen sollte. Die Statthalterschaft erlischt mit dem Tode des Herzogs.

Art. 57. Nach dem Tode des Herzogs versammelt sich sofort die Landesversammlung ohne Zusammenberufung. War dieselbe vorher aufgelöst, und fällt der Termin des Zusammentretens der neu berufenen Landesversammlung später, so tritt die aufgelöste Landesversammlung wieder in Wirksamkeit und bleibt bis zum Zusammentreten der in der Auflösungsacte zusammenberufenen vereinigt.

Art. 58. Der Herzog wird mit Vollendung des Achtzehnten Lebensjahres mündig.

Art. 59. Wenn der Herzog unmündig ist, oder er sich in der Unmöglichkeit zu regieren befindet, tritt eine Regentschaft ein.

Dieselbe wird Namens des Herzogs von dem nächsten regierungsfähigen Agnaten geführt. Der Regent leistet den im Artikel 34 vorgeschriebenen Eid.

Art. 60. Ob die Voraussetzungen einer Regentschaft vorhanden sind, sowie darüber, ob sie aufgehört haben, entscheiden in Verbindung mit dem Staatsministerium die im Lande anwesenden mündigen Agnaten mit Ausschluß des nächsten durch absolute Stimmenmehrheit. Die nöthigen Einleitungen für die Entscheidung trifft das Staatsministerium. Wenn kein zur Theilnahme an der Entscheidung berechtigter Agnat im Lande vorhanden ist, entscheidet das Staatsministerium allein.

Art. 61. Die Civilliste des Herzogs wird zu Anfang jeder Regierung durch ein Gesetz bestimmt.

Art. 62. Etwanige Apanagen, Ausstattungen und Witthümer des Herzoglichen Hauses bestimmt das Gesetz.

V.

Von den Ministern.

Art. 63. Niemand kann zum Minister ernannt werden, welcher nicht das Schleswig-Holsteinische Staatsbürgerrecht besitzt.

Art. 64. Das Gesetz bestimmt die Abtheilungen der Verwaltung.

Jeder besonderen Abtheilung der Verwaltung steht ein Minister vor.

Nur außerordentlich und auf kurze Zeit kann ein Minister mehreren Abtheilungen der Verwaltung vorstehen.

Art. 65. Die Minister vereinigen sich unter Vorsitz des Herzogs oder Statthalters zum Staatsrath.

Der Staatsrath beräth über Gesetzvorlagen und über Anträge der Landesversammlung sowie über alle wichtigeren Angelegenheiten, und entscheidet über Zweifel hinsichtlich der Zuständigkeit der einzelnen Ministerien.

Ueber die im Staatsrath gefaßten Beschlüsse wird ein Protocoll geführt, welches die Vota der einzelnen Mitglieder enthält. Dieses Protocoll nebst dessen Beilagen wird einem Ausschusse der Landesversammlung auf deren Verlangen zur Einsicht vorgelegt.

Art. 66. Die Minister haben freien Zutritt zu den Sitzungen der Landesversammlung und müssen auf ihr Verlangen gehört werden.

Auf Verlangen der Landesversammlung sind die Minister verpflichtet in der Versammlung zu erscheinen.

Die Minister können Mitglieder der Landesversammlung sein.

Art. 67. Durch keine Anordnung des Herzogs oder Statthalters können die Minister der ihnen wegen der Verwaltung ihres Amtes obliegenden Verantwortlichkeit enthoben werden.

Art. 68. Nur kraft eines Beschlusses der Landesversammlung kann gegen die Minister, wegen der Verwaltung ihres Amts ein Strafverfahren eingeleitet werden.

Das Gesetz bestimmt die Fälle, wegen welcher ein Strafverfahren Statt findet, die Strafen, das Gericht und die Art des Verfahrens.

Art. 69. Ist das in dem gegen Minister eingeleiteten Strafverfahren erfolgende Endurtheil nicht freisprechend, so hat dasselbe stets den Austritt aus dem Amte zur Folge.

VI.

Von der Landesversammlung.

Art. 70. Die Landesversammlung übt in Gemeinschaft mit dem Herzoge die gesetzgebende Gewalt.

Jedes Gesetz erfordert zu seiner Gültigkeit die Uebereinstimmung des Herzogs und der Landesversammlung. Wird, während der Herzog Oberhaupt eines andern, nicht deutschen Staates ist, ein Gesetzantrag auf drei verschiedenen Landtagen von der Landesversammlung mit einer Stimmenmehrheit von zwei Drittheilen unverändert angenommen, so kann der Herzog seine Zustimmung zu demselben nicht verweigern und verkündigt ihn als Gesetz.

Art. 71. Der Landesversammlung gebührt gleich dem Herzoge, das Recht des Gesetzvorschlages.

Art. 72. Die Landesversammlung hat das Recht, Adressen und Anträge zu beschließen.

Art. 73. Die Landesversammlung kann in Ausführung der ihr in Betreff des Staatshaushalts und sonst zustehenden Befugnisse, Ausschüsse zur Untersuchung von Thatsachen ernennen und denselben das Recht verleihen, allein oder unter Zuziehung von richterlichen Beamten, Vernehmungen vorzunehmen und die Behörden zur Hülfe zu requiriren.

Art. 74. Die Landesversammlung besteht aus 100 gewählten Abgeordneten.

Art. 75. Die Wahl der Abgeordneten ist eine unmittelbare. Die einfache Stimmenmehrheit entscheidet bei derselben.

Art. 76. Von den 100 Abgeordneten werden 50 Abgeordnete durch allgemeine Wahlen gewählt.

Zum Behuf dieser allgemeinen Wahlen wird das Land in 50 Wahldistricte getheilt, in denen je Ein Abgeordneter gewählt wird.

Wahlberechtigt und wählbar in diesen Wahldistricten ist jeder mündige Schleswig-Holsteinische Staatsbürger, welcher nicht für seine Person oder sein Vermögen unter gerichtlicher Curatel steht, während des letzten Jahres, vom Wahltage angerechnet, keine Armenunterstützung genossen hat, und nicht wegen eines in der öffentlichen Meinung entehrenden Verbrechens oder Vergehens verurtheilt ist, oder sich wegen eines solchen in Untersuchung befindet.

Die anderen 50 Abgeordneten werden auf folgende Weise gewählt:

1) in den Städten und den Orten, die vorzugsweise städtisches Gewerbe treiben, von den Einwohnern welche einen Grundbesitz zum Brandcassenwerth von mindestens 600 Rthlrn. besitzen, oder ein reines Einkommen von mehr als 150 Rthlr. jährlich haben, in 20 verschiedenen Wahldistricten 20 Abgeordnete;
2) in den ländlichen Districten von denjenigen Einwohnern, welche einen Grundbesitz zum Steuerwerth von nicht weniger als 600 Rthlr. und nicht mehr als 30,000 Rthlr. besitzen, oder ein reines Einkommen von mehr als 150 Rthlr. jährlich haben, ebenfalls in 20 verschiedenen Wahldistricten 20 Abgeordnete;
3) von den größeren Landbesitzern, welche einen Grundbesitz zum Steuerwerth von mehr als 30,000 Rthlr. besitzen, in einem gemeinschaftlichen Wahldistricte 10 Abgeordnete.

Die Wählbarkeit ist auch in diesen städtischen und ländlichen Wahldistricten weder durch Grundbesitz, noch durch einen bestimmten Census bedingt. Dagegen müssen auch für diese Wahlen die oben angegebenen allgemeinen Erfordernisse der Wahlberechtigung und der Wählbarkeit vorhanden sein.

Die näheren Bestimmungen über die Ausführung dieser Grundsätze werden im Wahlgesetze enthalten sein.

Art. 77. Die Wahlhandlung ist öffentlich. Die Abstimmung ist mündlich.

Art. 78. Das Wahlrecht kann nur in Person ausgeübt werden.

Art. 79. Die Wahlperiode umfaßt 4 Jahre und beginnt mit dem Tage der Eröffnung der neugewählten Landesversammlung.

Art. 80. Jede erledigte Stelle eines Abgeordneten wird sofort durch neue Wahl wieder ersetzt.

Wenn ein Abgeordneter 14 Tage nach Eröffnung des Landtags, ohne von der Landesversammlung gebilligte Gründe angeführt zu haben, sich nicht eingefunden hat, so kann die Landesversammlung die Vornahme einer neuen Wahl beschließen.

Art. 81. Für das bei den Wahlen der Abgeordneten zu beobachtende Verfahren werden die näheren Bestimmungen in einem besonderen Wahlgesetze festgesetzt.

Art. 82. Der gewählte Abgeordnete vertritt das gesammte Schleswig-Holsteinische Volk, nicht allein die Wähler seines Districts.

Art. 83. Beamte, die zu Abgeordneten gewählt werden, bedürfen keines Urlaubs.

Art. 84. Nimmt ein Abgeordneter ein besoldetes Staatsamt an, so hört er auf, Mitglied der Landesversammlung zu sein, kann indessen sofort wieder gewählt werden.

Art. 85. Die Landesversammlung tritt Ein Mal im Jahre, und zwar am 1. November, und wenn dieser Tag auf einen Sonntag fällt, am folgenden Tage, auch ohne besondere Berufung, zu dem ordentlichen Landtage zusammen. Dem ordentlichen Landtage ist jedes Mal der jährliche Voranschlag zum Staatshaushalt vorzulegen.

Außerordentlich wird die Landesversammlung vom Herzoge berufen, so oft er es für nöthig erachtet.

Art. 86. Dem Herzoge steht die Befugniß zu, den Landtag zu vertagen, zu schließen und die Landesversammlung aufzulösen. Der ordentliche Landtag kann ohne die Zustimmung der Landesversammlung nicht vor Ablauf von 30 Tagen vertagt oder geschlossen werden.

Art. 87. Zur Gültigkeit jeder Auflösung der Landesversammlung wird erfordert, daß die Auflösungsacte die Anordnung neuer Wahlen, so daß dieselben innerhalb 30 Tagen nach dem Auflösungstage beendigt sein können und die Berufung der neugewählten Landesversammlung, so daß dieselbe innerhalb fernerer 30 Tage zusammentrete, enthalte.

Art. 88. Der Sitz der Regierung ist der regelmäßige Versammlungsort der Landesversammlung.

Art. 89. Die Landesversammlung wird von dem Alterspräsidenten für eröffnet erklärt. Sie wählt ihren Präsidenten, ihre Vicepräsidenten und Schriftführer. Sie prüft die Legitimation ihrer Mitglieder und ordnet ihren Geschäftsgang durch eine Geschäftsordnung.

Die Landesversammlung wählt am Anfang jeder Legislaturperiode für die Dauer derselben einen Justizausschuß von 13 Mitgliedern und einen Finanzausschuß von 5 Mitgliedern.

Art. 90. Dem Präsidenten der Landesversammlung steht während der Dauer des Landtags die Polizei im Versammlungshause zu.

Art. 91. Zu einer gültigen Beschlußnahme der Landesversammlung wird erfordert, daß von der gesetzlichen Anzahl ihrer Mitglieder die Mehrheit anwesend ist.

Art. 92. Bei jeder Beschlußnahme der Versammlung entscheidet die absolute Stimmenmehrheit, soweit nicht das Grundgesetz Anderes bestimmt. Bei Wahlen entscheidet relative Stimmenmehrheit, ausgenommen bei den Wahlen des Präsidenten und der Vicepräsidenten, welche durch absolute Stimmenmehrheit erwählt werden.

Art. 93. Die Sitzungen der Landesversammlung sind öffentlich. Auf Verlangen des Präsidenten oder einer Anzahl von 5 Mitgliedern kann die öffentliche Sitzung in eine geheime übergehen und es hängt dann von der Entscheidung der Versammlung ab, ob Grund vorhanden ist, in geheimer Sitzung zu berathen.

Art. 94. Ueber jeden Gesetzvorschlag sowie über alle Anträge, zu deren Annahme eine größere als die absolute Stimmenmehrheit erfordert wird, muß regelmäßig an 2 nicht unmittelbar auf einanderfolgenden Tagen berathen werden. Ausnahmen hiervon können nur mit einer Stimmenmehrheit von zwei Drittheilen der anwesenden Mitglieder beschlossen werden.

Art. 95. Kein Abgeordneter kann wegen seiner Abstimmungen oder Aeußerungen in der Landesversammlung von Staatswegen gerichtlich verfolgt oder zur Rechenschaft gezogen werden.

Art. 96. Nur mit Erlaubniß der Landesversammlung kann ein Mitglied derselben während des Landtages verhaftet oder einem Strafverfahren unterworfen werden, es sei denn, daß es bei einem Verbrechen auf offener That ergriffen wäre.

Art. 97. Es ist untersagt, der Landesversammlung in Person oder durch Deputationen Bittschriften zu überreichen. Die Landesversammlung hat das Recht, die an sie gerichteten Bittschriften an die Minister zu überweisen. Die Minister sind verbunden über deren Inhalt Auskunft zu ertheilen, wenn die Landesversammlung es verlangt.

Art. 98. Jeder Abgeordnete ist berechtigt, von den Ministern Aufschlüsse zu verlangen, wenn er seine Absicht, eine Frage zu stellen unter Bezeichnung des Gegenstandes derselben, in einer vorhergehenden Sitzung angekündigt hat.

Art. 99. Jeder Abgeordnete erhält während des Landtags ein Tagegeld von 2 Species und als Ersatz der Reisekosten einen halben Species für jede Meile.

VII.

Von dem Verhältniß des Staates zu den religiösen Gemeinschaften.

Art. 100. Der Staat gewährt allen Kirchen- und religiösen Gemeinschaften gleichen Schutz. Er wacht indessen darüber, dass alle sich innerhalb der Grenzen des Gehorsams halten, den sie den Gesetzen des Staats schuldig sind.

Art. 101. Die Freiheit des Bekenntnisses, der Bildung neuer Religionsgesellschaften und der gemeinsamen Religionsübung wird gewährleistet.

Art. 102. Corporationsrechte sind einer religiösen Gemeinschaft nur in dem Fall zu verweigern, wenn Lehre, Verfassung und Disciplin den Staatszwecken zuwiderlaufen.

VIII.

Von der Schule.

Art. 103. Die Verwaltung der Schule wird einer besonderen Behörde anvertraut werden.

Art. 104. Die Theilnahme der Geistlichen an der Beaufsichtigung der Schulen wird durch ein Gesetz regulirt werden.

IX.

Von der richterlichen Gewalt.

Art. 105. Die Gerichte sind innerhalb der Grenzen ihres richterlichen Berufes unabhängig.

Art. 106. Eine richterliche Behörde kann nur in Folge eines Gesetzes errichtet oder aufgehoben werden.

Art. 107. Die innere Einrichtung und die Zahl der Mitglieder der Gerichte wird durch das Gesetz bestimmt.

Art. 108. Ein Richter kann nur auf Lebenszeit ernannt werden.

Art. 109. Kein Richter kann außer durch Urtheil und Recht seines Amtes entsetzt werden.

Eine Suspension vom richterlichen Amte kann nur Kraft richterlicher Verfügung Statt finden.

Art. 110. Ein Richter darf wider seinen Willen nur in den durch das Gesetz näher zu bestimmenden Fällen und Formen in Ruhestand versetzt werden.

Art. 111. Kein Richter kann zugleich ein anderes vom Staate besoldetes Amt bekleiden.

Art. 112. Einem Richter können außer seinem Gehalte keine Nebengehalte oder Gratificationen irgend einer Art von der Regierung zu Theil werden.

Art. 113. Die Frage, ob ein Gesetz auf verfassungsmäßigem Wege zu Stande gekommen, gehört nicht zur gerichtlichen Beurtheilung.

Art. 114. Die Trennung der Rechtspflege von der Verwaltung soll auch bei den unteren Behörden eingeführt werden.

Art. 115. Jeder, der sich durch eine Handlung der Staatsgewalt in seinem Rechte verletzt glaubt, hat Anspruch auf gerichtliches Verfahren.

Ein besonderes Gesetz wird die näheren Bestimmungen und nothwendigen Beschränkungen festsetzen, damit durch die Ausübung dieser Befugniß der freie Fortgang der Verwaltung nicht gehemmt werde.

Art. 116. Alle bevorrechteten Gerichtsstände der Personen und Grundstücke werden aufgehoben werden.

Art. 117. Das Gerichtsverfahren wird regelmäßig öffentlich und mündlich sein.

Art. 118. In Strafsachen wird regelmäßig der Anklageproceß Statt finden.

Art. 119. Ueber schwerere Strafsachen und über alle politische und Preßvergehen werden Schwurgerichte urtheilen.

Art. 120. Rechtskräftige Urtheile deutscher Gerichte sind in den Herzogthümern Schleswig-Holstein gleich den Erkenntnissen der einheimischen Gerichte vollziehbar.

X.

Von den Staatsbeamten.

Art. 121. Es können nur Schleswig-Holsteinische und andere deutsche Staatsbürger als Staatsbeamte angestellt werden.

Art. 122. Kein ohne Zeitbeschränkung angestellter Staatsbeamter kann ohne gerichtliches Urtheil des mit seinem Amte verbundenen Gehaltes oder Einkommens verlustig erklärt werden, vorbehältlich der Ausnahmen und Bestimmungen, welche das Gesetz machen wird.

Die Anstellung von Staatsbeamten auf bestimmte Zeit kann nur kraft Gesetzes Statt finden.

Art. 123. Kein Staatsbeamter kann ohne seine Einwilligung versetzt werden, vorbehältlich der Ausnahmen und Bestimmungen welche das Gesetz machen wird.

Art. 124. Staatsbeamte können nur kraft des Gesetzes Gebühren erheben.

Art. 125. Die Staatsbeamten sind bei Ueberschreitung ihrer Amtsbefugnisse jedem Beschädigten verantwortlich.

XI.

Von der bewaffneten Macht.

Art. 126. Die bewaffnete Macht besteht aus dem Landheere, der Seemacht und der Bürgerwehr.

Art. 127. In der bewaffneten Macht Schleswig-Holsteins können nur Schleswig-Holsteiner und andere deutsche Staatsbürger dienen. Ausnahmen können nur kraft eines Gesetzes Statt finden.

Art. 128. Die Art und Weise der Einstellung zum Landheer und zur Seemacht, sowie die Dienstzeit, bestimmt das Gesetz.

Art. 129. Die Officiere des Landheeres und der Seemacht können, wenn sie ohne Zeitbeschränkung angestellt sind, nur kraft richterlichen Spruches des ihnen ertheilten Grades und des mit demselben verbundenen Gehaltes verlustig werden, vorbehältlich der Ausnahmen und Bestimmungen, welche das Gesetz machen wird.

Art. 130. Die bewaffnete Macht kann gegen Staatsbürger nur auf Verlangen der Civilbehörde und in den vom Gesetze bestimmten Fällen und Formen verwandt werden.

Art. 131. Schleswig-Holsteinische Staatsbürger können nicht in der bewaffneten Macht eines nicht deutschen Staates dienen. Ausnahmen können nur mit Einwilligung der Landesversammlung Statt finden.

Art. 132. Schleswig-Holsteinische Truppen können nur mit Einwilligung der Landesversammlung oder auf Verfügung der deutschen Centralgewalt die Grenzen des deutschen Staatsgebiets überschreiten.

Art. 133. Die Seemacht hat ihre Stationen, Werften und Arsenäle in Schleswig-Holstein. Ausnahmen können nur mit Einwilligung der Landesversammlung Statt haben.

Art. 134. Es kann Truppen nicht deutscher Staaten nur mit Einwilligung der Landesversammlung die Betretung des Staatsgebiets gestattet werden.

Art. 135. Die Verhältnisse der Bürgerwehr werden durch ein besonderes Gesetz geordnet werden.

XII.

Vom Staatshaushalt.

Art. 136. Alles bisher als landesherrlich bezeichnete Eigenthum und Vermögen jeder Art in den Herzogthümern ist, da die regierende Linie hier kein Privat- oder Familienvermögen besitzt, Staatseigenthum.

Alles aus Staatsmitteln oder für den Staat Erworbene wird Theil des Staatsvermögens. Kriegscontributionen, Entschädigungsgelder und sonstige Erwerbungen, welche dem Landesherrn zufolge eines Staatsvertrages, Bündnisses oder Krieges zu Theil werden, sind daher ebenfalls Staatseigenthum.

Ueber das gesammte Staatsvermögen, namentlich über die grundherrlichen Abgaben und Leistungen, welche die Staatscasse zu erheben berechtigt ist, sowie über die ausstehenden Forderungen werden genaue und vollständige Inventarien aufgenommen.

Einzelne Theile des Staatsvermögens, wie z. B. gewisse Schlösser und Gärten, werden dem Herzoge bei Bestimmung seiner Civilliste oder den Mitgliedern der fürstlichen Familie bei Bestimmung ihrer Apanagen und Witthümer zur Benutzung übergeben. Alles übrige Staatsvermögen wird den einzelnen Abtheilungen der Staatsverwaltung zur Verwaltung und Verwendung überwiesen. Jede Abtheilung der Staatsverwaltung hat jährlich mit der Rechnungsablage einen genauen Nachweis über die Vermehrung oder Verminderung des ihr anvertrauten Staatsvermögens einzuliefern.

Das unbewegliche Staatsvermögen soll in seinem wesentlichen Bestande erhalten werden und kann daher ohne Einwilligung der Landesversammlung weder durch Veräußerung vermindert, noch mit Schulden oder sonst mit einer bleibenden Last beschwert werden.

Art. 137. Die Beibehaltung, Einführung oder Abschaffung von Regalien hängt von dem Beschlusse der Landesversammlung ab, welche die Art ihrer Verwaltung bestimmt.

Art. 138. Die Erhebung von Gebühren für die Benutzung öffentlicher Anstalten, wie z. B. Chausseegelder, Fährgelder u.s.w. oder für Dienste der Staatsbeamten und für die Ausübung sogenannter Fiscirechte, wie Gerichtssporteln, Dispensationsgelder u.s.w. kann nur durch ein Gesetz angeordnet werden.

Art. 139. Alljährlich wird der ordentlichen Landesversammlung ein Voranschlag über alle zu erwartenden Ausgaben des Staats, unter Nachweis ihrer Nothwendigkeit oder Nützlichkeit zur Genehmigung vorgelegt.

Abweichungen von dem genehmigten Voranschlage im Ganzen oder in seinen einzelnen Positionen bedürfen der nachträglichen Genehmigung der Landesversammlung.

Art. 140. Soweit der Ertrag des Staatsvermögens, der Regalien und die Gebühren nicht ausreichen, um die bewilligten Ausgaben zu decken, wird der Staatsbedarf durch Steuern und Abgaben bestritten.

Der Voranschlag über die Ausgaben muß von Vorschlägen über die Behufs der Deckung des Staatsbedarfs erforderlichen Steuern und Abgaben begleitet sein, über deren Erhebung die Landesversammlung beschließt. Die Bewilligung der Steuern und Abgaben gilt nur für ein Jahr.

Die bewilligten Steuern und Abgaben werden jährlich durch ein Steuergesetz ausgeschrieben.

Keine Behörde ist berechtigt, Steuern und Abgaben zu erheben, wenn die Erhebung nicht durch das Gesetz angeordnet ist.

Art. 141. Die jährliche Staatsrechnung über alle Statt gehabten Einnahmen und Ausgaben des Staats wird mit allen Belegen dem von der letzten ordentlichen Landesversammlung erwählten Finanzausschuß zwei Monate vor der Eröffnung der nächsten ordentlichen Landesversammlung zur Prüfung mitgetheilt. Derselbe hat das Recht, jede Art der Aufklärung von dem Ministerium zu verlangen. Die Staatsrechnung sammt ihren Belegen wird mit dem Berichte des Finanzausschusses der nächsten ordentlichen Landesversammlung bei ihrer ersten Sitzung vorgelegt.

Art. 142. Der Staat wird durch Anleihen und Garantien nur dann verpflichtet, wenn dieselben von der Landesversammlung genehmigt sind.

Art. 143. Die Staatshauptkasse bleibt in Rendsburg, bis ein Gesetz anderes darüber verfügt.

Art. 144. Bevorzugungen können in Betreff der Steuern und Abgaben nicht eingeführt werden.

Die bestehende Steuergesetzgebung wird einer Revision unterzogen werden.

XIII.

Allgemeine Bestimmungen.

Art. 145. Das Staatswappen bilden zwei blaue Löwen im goldenen Felde und ein silbernes Nesselblatt im rothen Felde.

Art. 146. Jeder Deutsche genießt in den Herzogthümern des den Schleswig-Holsteinischen Staatsbürgern gewährleisteten Schutzes.

Art. 147. Der Sitz der Regierung kann nur innerhalb der Landesgrenzen sein und wird durch das Gesetz bestimmt.

Art. 148. Die Gemeindeverfassungen für Stadt und Land werden auf Grund freier Wahl der Vorsteher und Vertreter, regelmäßiger Oeffentlichkeit der Gemeindeberathungen und selbstständiger Verwaltung des Gemeindevermögens unter Aufsicht des Staats gegründet werden.

Art. 149. In jedem Gesetze muß ausdrücklich erwähnt werden, daß es in Uebereinstimmung mit dem Beschluß der Landesversammlung erlassen werde.

Art. 150. Zur Ausführung der in den Artikeln 17, 29, 110, 111, 112, 115, 116, 117, 118, 119, 130 ausgesprochenen Grundsätze werden besondere Gesetze ergehen. Bis zum Erlaß dieser Gesetze bleiben die in Bezug auf Gegenstände derselben bestehenden Gesetze und Rechtsnormen in Gültigkeit. Alle den übrigen Bestimmungen des Staatsgrundgesetzes entgegenstehenden gesetzlichen Vorschriften und Rechtsnormen treten sofort außer Kraft.

Art. 151. Alle durch dieses Grundgesetz nicht aufgehobenen gesetzlichen Bestimmungen und ihnen gleichstehenden Rechtsnormen bleiben in Kraft.

Art. 152. Die Artikel 13, 16, 18, 19 und 22 können zur Zeit eines Krieges oder Aufruhrs für bestimmte Districte und auf bestimmte Zeit durch besonderes Gesetz außer Kraft gesetzt werden. Ist die Landesversammlung nicht versammelt, so kann die provisorische Suspension durch Anordnung des Herzogs unter Gegenzeichnung und Verantwortlichkeit aller Minister ausgesprochen werden. Eine solche Verfügung ist dem Justizausschuß der Landesversammlung unverzüglich mitzutheilen, und auf dessen etwaniges Verlangen ist die Landesversammlung sofort zu berufen.

Art. 153. Die Mitglieder der Landesversammlung, alle Staatsbeamte und die bewaffnete Macht haben dem Herzoge und dem Staatsgrundgesetz Treue und Gehorsam zu schwören.

Art. 154. Eine Abänderung dieses Grundgesetzes erfordert zu ihrer Gültigkeit die Uebereinstimmung des Herzogs und der Landesversammlung, und zwar mit einer Stimmenmehrheit von zwei Drittheilen der gesetzlichen Anzahl ihrer Mitglieder.

XIV.

Transitorische Bestimmungen.

Art. 155. Die verfassunggebende Landesversammlung bleibt nach Verkündigung dieses Staatsgrundgesetzes bis zum Zusammentreten der ersten ordentlichen Landesversammlung bestehen und hat alle Rechte und Pflichten, welche dieses Grundgesetz einer ordentlichen Landesversammlung beilegt.

Art. 156. Die constituirende Landesversammlung kann wider ihren Willen weder aufgelößt noch vertagt werden.

Jede Veränderung in der bestehenden Landesregierung bedarf der Zustimmung der Landesversammlung.

Alle seit dem 24. März 1848 von der provisorischen Regierung Schleswig-Holsteins erlassenen Gesetze können nur mit Zustimmung der Landesversammlung verändert oder aufgehoben werden.

Ohne Zustimmung der Landesversammlung kann kein neues Gesetz erlassen und keine Steuer neu aufgelegt werden.

Alle bestehenden Steuern und Abgaben, sowie andere Staatseinkünfte werden bis zum 31. December 1848 von der durch die Landesversammlung anerkannten Landesregierung forterhoben.

Art. 157. Alle bestehenden Gebühren werden bis zum Erlaß neuer gesetzlicher Bestimmungen darüber forterhoben.

Art. 158. Die Bestimmungen dieser Verfassung bleiben nur so weit gültig, als sie mit der künftigen definitiven Verfassung Deutschlands in Uebereinstimmung stehen.

Bis zur Feststellung der deutschen Verfassung gehen die einstweiligen, die Verfassung Deutschlands bestimmenden grundgesetzlichen Anordnungen, soweit der Inhalt dieses Grundgesetzes mit ihnen nicht in Uebereinstimmung ist, demselben auch ohne Zustimmung der Schleswig-Holsteinischen Staatsgewalten ihrer Geltung nach vor, und sind für die Schleswig-Holsteinischen Staatsgewalten und Staatsbürger verpflichtend.

Art. 159. Bei der nächsten Revision des Staatsgrundgesetzes können Abänderungen in demselben durch einfache Majorität beschlossen werden.

Allen Einwohnern des Landes, insonderheit allen Obrigkeiten, Behörden und Beamten wird geboten, den vorstehenden grundgesetzlichen Vorschriften in allen Stücken zu geleben.

Rendsburg, den 15. September 1848.

Die provisorische Regierung.

Beseler. **F. Reventlou.** **M.T.Schmidt.** **J. Bremer.**

Lüders.

L.S.

Quelle: Die Staatsgrundgesetze 1848/49 in Schleswig-Holstein und Lauenburg. Reprint zeitgenössischer Drucktexte, Veröffentlichungen des Schleswig-Holsteinischen Landesarchivs 63, Schleswig 1998. Die Orthographie wurde beibehalten, aber einleuchtende Druckfehler sind korrigiert worden.

Grobe politische Propaganda ist keine Erfindung der Zeit der Massenmedien. Dänischerseits wurde ein Nachttopf hergestellt, auf dessen Bund die augustenburgischen Brüder Herzog Christian August und Friedrich Prinz von Noer als Galgenkandidaten zu sehen sind. Der Text lautet: „I To ! Forrædere ere tilvisse, Derfor alle Danske paa jer maa pisse“ („Ihr beide seid zweifelsohne Verräter, daher dürfen alle Dänen auf Euch pissen“).

Foto Museum Sønderjylland – Sønderborg Slot.

Grundgesetz

für das

Herzogthum Lauenburg

Nachdem der Statthalterschaft von dem hier anwesenden außerordentlichen Reichs-Commissair, Freiherrn v. Wintzingerode folgender Erlaß zugefertigt worden:

„Die in verstärkter Ritter- und Landschaft zusammengetretene Landesversammlung des Herzogthums hat mit angefügtem Schreiben vom 11. Mai dem unterzeichneten Reichs-Commissair die seit ihrem Zusammentritt am 19. April d. J. auf Grund vorgängiger Commissionsarbeiten berathen und mit Stimmeneinhelligkeit zum Abschlusse geführte neue Landesverfassung übersendet, und damit den dringenden Antrag verbunden, daß dieselbe in den unsichern Verhältnissen, welche die Zeitereignisse in dem Zustande des Herzogthums und bei dessen Berührungen mit den neuen Einrichtungen der Nachbarstaaten hervorgerufen haben, alsbald in das Leben treten möge.

Auf Grund seiner der Statthalterschaft mitgetheilten Vollmacht und Instruction d. d. Frankfurt, den 22. April 1849, so wie mit Bezugnahme auf die Verhandlungen bei Einsetzung der Statthalterschaft, und auf die nachgefolgten Erörterungen der innern und äußern Verhältnisse des Landes ist der Unterzeichnete nunmehr in dem Falle, unter Hinweisung auf die Zusicherungen, welche Seine Majestät der König-Herzog bereits unter dem 3/5. April 1848 hinsichtlich einer Reform der Verfassung des Herzogthums auf breiten Grundlagen haben verkündigen lassen, ferner mit Beziehung auf die vor längerer Zeit vorschriftsgemäß in dem Lande veröffentlichten Grundrechte die Statthalterschaft hiermit zu ersuchen,

„mit Vorbehalt der Rechte des Königs-Herzogs, obiges in Originalausfertigung hier angeschlossene Grundgesetz des Herzogthums Lauenburg zur Nachachtung zu verkündigen, und dasselbe dergestalt in thatsächliche Wirksamkeit zu setzen, daß nach Maaßgabe seiner Bestimmungen und in Folge der Erörterungen mit der Landesversammlung

1) der Artikel 6, soweit derselbe auf Taufe und Begräbniß sich bezieht, desgleichen Artikel 8 in dem Bestehenden vor der in Art. 109 in Aussicht gestellten Normirung der kirchlichen Verhältnisse nichts ändern,
2) daß die Art. 27, 31 Ziff. 3 hinsichtlich der Jagdberechtigung, 33, 34, 36, 101, 102, 104, 111, 113, 118, 121, 125, 129, 131 bis 134 einschließlich und 141 nur Vorschriften für die erforderliche weitere Gesetzgebung sind, und erst durch diese ihre Anwendung erhalten,

3) daß in der Forterhebung der bisherigen landesgesetzlichen und vertragsmäßigen Steuern bis zu der im Art. 151 verordneten neuen Steuergesetzgebung durch Art. 147 nichts geändert wird,
4) dass die im Art. 150 vorgeschriebene Cassenvereinigung nicht vor Ablauf des jetzigen Verwaltungsjahres vollzogen wird,
5) daß die Annahme der nach Art. 155 eingetretenen Eidesleistung weiterer Verfügung vorbehalten ist. Der Unterzeichnete etc.

Ratzeburg, den 13. Mai 1849 **v. Wintzingerode.**
so wird nach Maaßgabe dieses Erlasses, unter Vorbehalt der Rechte des Landesherrn gegenwärtiges Gesetz als Grundgesetz für das Herzogthum Lauenburg hierdurch zur öffentlichen Kunde gebracht.

I.

Vom Staatsgebiete und dem Verhältniß zum deutschen Reiche.

Art. 1. Das Herzogthum Lauenburg ist ein selbstständiges Staatsgebiet des deutschen Reiches. Jede Veränderung des Staatsgebiets ist eine Veränderung der Verfassung.

Art. 2. Das Herzogthum Lauenburg unterliegt der deutschen Reichsverfassung.

Art. 3. Die deutschen Reichsgesetze und die von den verfassungsmäßigen Gewalten des deutschen Reiches ausgehenden Anordnungen sind für das Herzogthum Lauenburg verbindlich.

II.

Von den Staatsbürgern.

Art. 4. Der Vollgenuß der bürgerlichen und öffentlichen Rechte, wie sie durch die Reichsverfassung und die besonderen für das Herzogthum Lauenburg geltenden Rechte gewährleistet werden, wird bedingt durch das deutsche Reichsbürgerrecht. Die Bedingungen für die Ausübung werden durch das nach §. 3. der Grundrechte zu erwartende Heimathsgesetz festgestellt.

Art. 5. Durch das religiöse Bekenntniß wird der Genuß der bürgerlichen und staatsbürgerlichen Rechte weder bedingt noch beschränkt. Den staatsbürgerlichen Pflichten darf dasselbe keinen Abbruch thun.

Art. 6. Jeder hat volle Glaubens- und Gewissensfreiheit. Niemand ist verpflichtet, seine religiöse Ueberzeugung zu offenbaren; niemand soll zu einer kirchlichen Handlung oder Feierlichkeit gezwungen werden. Jeder ist unbeschränkt in der gemeinsamen häuslichen und öffentlichen Uebung seiner Religion. Verbrechen und Vergehen, welche bei Ausübung dieser Freiheit begangen werden, sind nach dem Gesetze zu bestrafen.

Art. 7. Die Formel des Eides soll künftig lauten „So wahr mir Gott helfe."

Art. 8. Die bürgerliche Gültigkeit der Ehe ist nur von der Vollziehung des Civil-Acts abhängig, die kirchliche Trauung kann nur nach der Vollziehung des Civil-Acts stattfinden. Die Religionsverschiedenheit ist kein bürgerliches Ehehinderniß. Die Standesbücher werden von den bürgerlichen Behörden geführt.

Art. 9. Die Wissenschaft und ihre Lehre ist frei.

Art. 10. Unterrichts- und Erziehungs-Anstalten zu gründen, zu leiten und an solchen Unterricht zu ertheilen, steht Jedem frei, wenn er seine Befähigung der betreffenden Staatsbehörde nachgewiesen hat; der häusliche Unterricht unterliegt keiner Beschränkung.

Art. 11. Eltern oder deren Stellvertreter dürfen ihre Kinder oder Pflegebefohlenen nicht ohne den Unterricht lassen, welcher für die unteren Volksschulen angeschrieben ist.

Art. 12. Es stehet einem Jeden frei, seinen Beruf zu wählen, und sich für denselben auszubilden, wo und wie er will.

Art. 13. Die öffentlichen Aemter sind für alle Befähigten gleich zugänglich.

Art. 14. Die Wehrpflicht ist für Alle gleich; Stellvertretung bei derselben findet nicht statt.

Art. 15. Vor dem Gesetze gilt kein Unterschied der Stände. Der Adel als Stand ist aufgehoben.

Alle Standesvorrechte sind aufgehoben.

Art. 16. Niemand darf seinem gesetzlichen Richter entzogen werden. Ausnahme-Gerichte sollen nie Statt finden.

Art. 17. Die Freiheit der Person ist unverletzlich. Die Verhaftung einer Person soll, außer im Falle der Ergreifung auf frischer That, nur geschehen in Kraft eines richterlichen, mit Gründen versehenen Befehls. Dieser Befehl muß im Augenblicke der

Verhaftung oder innerhalb der nächsten vier und zwanzig Stunden dem Verhafteten zugestellt werden.

Die Polizeibehörde muß Jeden, den sie in Verwahrsam genommen hat, im Laufe des folgenden Tages entweder frei lassen, oder der richterlichen Behörde übergeben. Jeder Angeschuldigte soll gegen Stellung einer vom Gericht zu bestimmenden Caution oder Bürgschaft der Haft entlassen werden, sofern nicht dringende Anzeigen eines schweren peinlichen Verbrechens gegen denselben vorliegen.

Im Falle einer widerrechtlich verfügten oder verlängerten Gefangenschaft, ist der Schuldige und nöthigenfalls der Staat dem Verletzten zur Genugthuung und Entschädigung verpflichtet.

Die für das Heer- und Seewesen erforderlichen Modificationen dieser Bestimmungen werden besonderen Gesetzen vorbehalten.

Art. 18. Die Wohnung ist unverletzlich. Eine Haussuchung ist nur zulässig:

1.) in Kraft eines richterlichen mit Gründen versehenen Befehls, welcher sofort oder innerhalb der nächsten vier und zwanzig Stunden dem Betheiligten zugestellt werden soll;
2.) im Falle der Verfolgung auf frischer That durch den gesetzlich berechtigten Beamten;
3.) in den Fällen und Formen, in welchen das Gesetz ausnahmsweise bestimmten Beamten auch ohne richterlichen Befehl dieselbe gestattet. Die Haussuchung muß, wenn thunlich, mit Zuziehung von Hausgenossen erfolgen.

Die Unverletzlichkeit der Wohnung ist kein Hinderniß der Verhaftung eines gerichtlich Verfolgten.

Denjenigen öffentlichen Beamten, welche zum Schutz der Abgabenerhebung und des Waldeigenthums zur Haussuchung befugt sind, bleibt vorläufig diese Befugniß.

Art. 19. Die Beschlagnahme von Briefen und Papieren darf, außer bei einer Verhaftung oder Haussuchung nur in Kraft eines richterlichen, mit Gründen versehenen Befehls vorgenommen werden, welcher sofort oder innerhalb der nächsten vier und zwanzig Stunden dem Betheiligten zugestellt werden soll.

Art. 20. Das Briefgeheimniß ist gewährleistet.

Die bei strafgerichtlichen Untersuchungen und in Kriegsfällen nothwendigen Beschränkungen sind durch die Gesetzgebung festzustellen.

Art. 21. Jeder hat das Recht, sich mit Bitten und Beschwerden an den Herzog, an die Landesversammlung und die Behörden schriftlich zu wenden. Dies Recht kann sowohl von Einzelnen als von Mehreren gemeinschaftlich ausgeübt werden.

Die auf solche Bittschriften und Beschwerden von den Behörden ergehenden Antwortschreiben, sind durch Gründe zu motiviren.

Art. 22. Das Recht, Vereine zu bilden, darf nicht durch vorbeugende Maaßregeln beschränkt werden.

Art. 23. Friedliche Versammlungen ohne Waffen sind gestattet; einer besonderen Erlaubniß dazu bedarf es nicht. Volksversammlungen unter freiem Himmel können bei dringender Gefahr für die öffentliche Ordnung und Sicherheit verboten werden.

Art. 24. Jeder hat das Recht, durch Wort, Schrift, Druck und bildliche Darstellung seine Meinung frei zu äußern.

Die Preßfreiheit darf unter keinen Umständen und in keiner Weise durch vorbeugende Maaßregeln, namentlich Censur, Concessionen, Sicherheitsbestellungen, Staatsauflagen, Beschränkungen der Druckereien und des Buchhandels, Postverbote oder andere Hemmungen des freien Verkehrs beschränkt, suspendirt oder aufgehoben werden.

Art. 25. Die Auswanderungsfreiheit ist von Staatswegen nicht beschränkt; Abzugsgelder dürfen nicht erhoben werden.

Art. 26. Das Eigenthum ist unverletzlich.

Eine Enteignung kann nur aus Rücksichten des gemeinen Besten, nur auf Grund eines Gesetzes und gegen gerechte Entschädigung vorgenommen werden.

Art. 27. Jeder Grundeigenthümer kann seinen Grundbesitz unter Lebenden und von Todeswegen ganz oder theilweise veräußern.

Die Durchführung des Grundsatzes der Theilbarkeit alles Grundeigenthums ist durch Uebergangsgesetze zu vermitteln.

Art. 28. Für die todte Hand sind Beschränkungen des Rechts, Liegenschaften zu erwerben, und über sie zu verfügen, im Wege der Gesetzgebung aus Gründen des öffentlichen Wohls zulässig.

Art. 29. Die Strafe der Vermögenseinziehung soll nicht stattfinden.

Art. 30. Jeder Unterthänigkeits- und Hörigkeits-Verband hört für immer auf.

Art. 31. Ohne Entschädigung sind aufgehoben:

1) die Patrimonial-Gerichtsbarkeit und die grundherrliche Polizei, sammt den aus diesen Rechten fließenden Befugnissen, Exemtionen und Abgaben;
2) die aus dem guts- und schutzherrlichen Verbande fließenden persönlichen Abgaben und Leistungen, worunter auch diejenigen Bannrechte und Zwänge, welche aus dem guts- und schutzherrlichen Verbande entspringen und nicht auf Grund und Boden ruhen; bei den in Zeitpacht stehenden Bannrechten tritt jedoch der Wegfall des Zwangs erst mit dem Ablauf der Zeitpacht ein. Mit diesen

Rechten fallen auch die Gegenleistungen und Lasten weg, welche den bisher Berechtigten dafür oblagen.

3) die Jagdgerechtigkeit auf fremdem Grund und Boden, Jagddienste, Jagdfrohnden und andere Leistungen für Jagdzwecke.

Im Grundeigenthum liegt die Berechtigung zur Jagd auf eigenem Grund und Boden. Die Ausübung des Jagdrechts aus Gründen der öffentlichen Sicherheit und des gemeinen Wohls zu ordnen, bleibt einem Gesetze vorbehalten. Die Jagdgerechtigkeit auf fremdem Grund und Boden darf in Zukunft nicht wieder als Grundgerechtigkeit bestellt werden.

Art. 32. Alle übrigen auf Grund und Boden haftenden Abgaben und Leistungen, insbesondere die Zehnten, sind ablösbar; -- in denjenigen Fällen, wo nachgewiesen wird, daß Bannrechte und Zwänge zu diesen Lasten gehören und nicht aus dem guts- und schutzherrlichen Verbande entsprungen sind, tritt eine Entschädigung durch den Staat ein. Ein Gesetz wird die Art und Weise der Ablösung Seitens der Belasteten und, hinsichtlich der ebengedachten Bannrechte und Zwänge, der Entschädigung durch den Staat, näher feststellen. Zu den ablösbaren Lasten gehört auch die Jagdgerechtigkeit auf fremdem Grund und Boden, welche erweislich durch einen lästigen, mit dem Eigenthümer des belasteten Grundstücks abgeschlossenen Vertrag erworben ist; der Titel des Erwerbs ist speciell zu erweisen und begründet die allgemeine Anführung einer bestehenden Jagdgerechtigkeit in Verkoppelungs-Recessen und ähnlichen Documenten keinesweges die Präsumtion eines lästigen Vertrages. Es soll fortan kein Grundstück mit einer unablösbaren Abgabe oder Leistung belastet werden.

Art. 33. Die Familien-Fideicommisse sind aufzuheben. Die Art und Bedingung der Aufhebung bestimmt ein Gesetz.

Art. 34. Aller Lehnsverband ist aufzuheben; das Nähere über die Art und Weise der Ausführung wird ein Gesetz bestimmen.

Art. 35. Die Beschränkungen des freien Eigenthums an Bauerstellen durch Meierrecht, Erbenzinsrecht und dergleichen, sind ohne Entschädigung aufgehoben; die durch Verträge festgestellten Gefälle und Leistungen bleiben vorbehalten.

Art. 36. Die Freiheit der Gewerbe und der sonstigen Nahrungsbetriebe darf nur so weit beschränkt werden, als das Gemeinwohl es erfordert. Die nothwendigen Beschränkungen werden in Uebereinstimmung mit der nach §. 3. der Grundrechte zu erwartenden allgemeinen Gewerbe-Ordnung durch ein Gesetz festgestellt werden.

Art. 37. Alle Titel, insoweit sie nicht mit einem Amte verbunden sind, sind aufgehoben, und dürfen nie wieder eingeführt werden. Kein Lauenburgischer Staatsbürger darf von einer nicht Deutschen Macht Orden annehmen.

III.

Vom Herzog und der Regierungsform.

Art. 38. Dem Herzog steht als Oberhaupt des Staats die vollziehende Gewalt, der Oberbefehl über das Militair, so wie in Gemeinschaft mit der Landesversammlung die gesetzgebende Gewalt und das Recht der authentischen Auslegung der Gesetze zu. Der Herzog übt diese Gewalt in dem Umfange und in den Formen aus, die in diesem Grundgesetze festgesetzt sind. Er befiehlt die Verkündigung der Gesetze und erläßt die zu deren Vollziehung nöthigen Verordnungen.

Art. 39. Vor dem Antritt der Regierung hat der Herzog entweder schriftlich oder vor der Landesversammlung persönlich folgenden Eid zu leisten: „Ich gelobe und schwöre, die Reichsverfassung und die Verfassung des Herzogthums Lauenburg, so wie die Rechte des Volks aufrecht zu erhalten, so wahr mir Gott helfe." Die über die Eidesleistung aufgenommene Urkunde wird in dem Archive der Landesversammlung bewahrt. – Bevor dieser Eid geleistet worden, steht dem Herzog keine Regierungsgewalt zu.

Art. 40. Die Person des Herzogs ist unverletzlich; seine Minister oder die deren Stelle vertretenden Ministerialbeamte sind verantwortlich.

Art. 41. Keine Anordnung des Herzogs in Regierungsangelegenheiten ist gültig, wenn nicht die über dieselbe aufgenommene Urkunde von einem Ministerialbeamten gegengezeichnet ist. Durch die Gegenzeichnung wird der Ministerialbeamte verantwortlich.

Art. 42. Der Herzog kann die Gesetze nicht aufheben und von deren Anwendung keine Ausnahme machen, diejenigen Fälle vorbehältlich, in denen die bestehenden Gesetze eine Dispensation ausdrücklich zulassen.

Art. 43. Der Herzog ernennt und entläßt die Ministerialbeamten.

Art. 44. Der Herzog besetzt alle Staatsämter, sowohl civile als militaire, so weit nicht das Gesetz eine andere Art der Besetzung bestimmt.

Art. 45. Der Herzog hat das Recht mit andern Staaten Verträge abzuschließen; Verträge, durch welche dem Staate oder einzelnen Staatsbürgern Verbindlichkeiten oder Lasten entstehen, bedürfen der Zustimmung der Landesversammlung; für dringende Fälle kann der Herzog die Zustimmung nachträglich von der Landesversammlung einholen.

Art. 46. Der Herzog hat das Recht der Begnadigung. Ein wegen Amtshandlungen verurtheilter Ministerialbeamter kann nur mit Zustimmung der Landesversammlung begnadigt werden.

Art. 47. Dem Herzog steht das Münzrecht zu; den Münzfuß, die Eintheilung der Münzen und das Gepräge bestimmt das Gesetz.

Art. 48. Das Herzogthum Lauenburg darf keine gemeinsame Regierung mit einem nicht deutschen Staate haben.

So lange das Herzogthum dasselbe Staatsoberhaupt mit einem nicht deutschen Staate hat, beruhet das Verhältniß lediglich auf dem Grundsatze der reinen Personal-Union.

Art. 49. So lange der Herzog zugleich Oberhaupt eines nicht deutschen Staates ist, läßt er, wenn er sich ausserhalb der Grenzen des Landes befindet, die ihm zustehenden Rechte durch einen Statthalter selbstständig ausüben. Der Statthalter darf von dem Herzog weder Befehle noch Instructionen annehmen.

Art. 50. Der Herzog ernennt, und entläßt den Statthalter; nur deutsche Staatsbürger können zu Statthaltern ernannt werden.

Art. 51. Die Ernennung und Entlassung des Statthalters erfolgt in einer von dem Herzoge zu unterzeichnenden und von mindestens einem Ministerialbeamten gegenzuzeichnenden Urkunde. Die Ernennung tritt in Kraft, nachdem sie verkündigt ist und der Statthalter vor der Landesversammlung folgenden Eid geschworen: „Ich gelobe und schwöre, als Statthalter des Herzogthums Lauenburg bei Ausübung der mir anvertrauten Gewalt die Verfassung und die Gesetze zu beobachten, die Unabhängigkeit des Staats, die Rechte des Herzogs und des Volks aufrecht zu erhalten; so wahr mir Gott helfe."

Art. 52. Der Statthalter hat seinen Wohnort im Lande, und kann in einem Jahre nicht länger als 3 Monate ausserhalb des Staatsgebiets sich aufhalten.

Art. 53. Nach dem Tode oder Abgange des Statthalters übernimmt bis zum Wiedereintritt einen neuen Statthalters der älteste Ministerialbeamte die Gewalt.

Art. 54. Dem Statthalter wird aus Staatsmitteln ein angemessenes Einkommen bestimmt.

Art. 55. Der Statthalter hat dem Herzog über seine Geschäftsführung Bericht zu erstatten.

Art. 56. Der Statthalter hat alle die Unterschrift des Herzogs erfordernden Gesetze, Verordnungen und Befehle Namens des Herzogs zu unterschreiben; die Gegenzeichnung der Ministerialbeamten ist auch bei dem Statthalter Bedingung der Gültigkeit aller Regierungsverordnungen.

Art. 57. Die herzogliche Gewalt vererbt im Mannsstamme in absteigender Linie nach dem Rechte der Erstgeburt. Erlischt der jetzige Mannsstamm, so hat die Landesversammlung sofort die Reichsgewalt Deutschlands um Anordnung einer provisorischen Regierung zu ersuchen, und wird bis dahin die herzogliche Gewalt durch den ersten Ministerialbeamten ausgeübt. Für den Fall, daß keine berechtigte [sic!] Prätendenten da sind, wählt das Volk in Urwahlen mit Zustimmung der Reichsgewalt das Oberhaupt.

Art. 58. Von dem Tode des Herzogs an und bis sein Nachfolger oder der Regent den Eid geleistet hat, wird die herzogliche Gewalt durch einen von der Landesversammlung gewählten verantwortlichen Statthalter ausgeübt. Die Function eines etwanigen Statthalters erlischt mit dem Tode des Herzogs.

Art. 59. Nach dem Tode des Herzogs versammelt sich sofort die Landesversammlung ohne Einberufung. War die Landesversammlung aufgelöst und fällt der Termin des Zusammentretens der neuen Landesversammlung später, so tritt die aufgelöste Landesversammlung wieder zusammen, und bleibt versammelt bis die neue Landesversammlung eintritt.

Art. 60. Der Herzog wird mit dem vollendeten 21sten Lebensjahre mündig.

Art. 61. Ist der Herzog unmündig oder nicht regierungsfähig, so ordnet die Reichsgewalt eine Regentschaft an, und ist bei der Wahl der Personen auf die nächsten regierungsfähigen Agnaten Rücksicht zu nehmen. Ob die Voraussetzungen einer Regentschaft vorhanden sind, oder aufgehört haben, darüber entscheidet auf desfallsigen Antrag der nächsten Agnaten oder der Landesversammlung die Reichsgewalt.

Art. 62. Die Bestimmung der Civilliste für den jetzigen Herzog geschieht durch eine Vereinbarung zwischen dem Herzog und der Landesversammlung, sobald die Verfassung in Kraft getreten ist; für die Folge geschiehet die Bestimmung zu Anfang jeder Regierung durch ein Gesetz.

Art. 63. Apanagen, Ausstattungen und Witthümer des herzoglichen Hauses finden regelmäßig nur Statt, wenn die betreffenden fürstlichen Personen im Herzogthum Lauenburg ihren bleibenden Aufenthalt haben, und über den Betrag derselben bestimmt in den einzelnen Fällen ein Gesetz.

Art. 64. An der Spitze der Verwaltung stehen verantwortliche Ministerialbeamte, deren Zahl und Geschäftskreis zu bestimmen, dem Herzog zusteht.

Art. 65. Niemand kann zum Ministerialbeamten ernannt werden, der nicht das deutsche Reichsbürgerrecht hat.

Art. 66. Die Ministerialbeamten haben freien Zutritt zu den Sitzungen der Landesversammlung und müssen auf ihr Verlangen gehört werden; sie sind verpflichtet, zu erscheinen, so oft es von der Landesversammlung verlangt wird; sie können nicht Mitglieder der Landesversammlung sein.

Art. 67. Die Ministerialbeamten können der ihnen wegen der Verwaltung ihres Amtes obliegenden Verantwortlichkeit von dem Herzoge oder dem Statthalter nicht enthoben werden.

Art. 68. Ein Ministerialbeamter kann wegen Verwaltung seines Amtes und kraft eines Beschlusses der Landesversammlung in Anklagestand versetzt werden; der Beschluß muß indeß in einer zweiten Berathung nach Ablauf dreier Tage wiederholt werden, bevor das Verfahren Statt haben kann.

Art. 69. Ist das Endurtheil nicht freisprechend, so hat dasselbe stets den Austritt des Ministerialbeamten aus dem Amte zur Folge.

IV.

Von der Landesversammlung.

Art. 70. Die Landesversammlung übt in Gemeinschaft mit dem Herzoge die gesetzgebende Gewalt.

Ein Gesetz fordert zu seiner Gültigkeit die Uebereinstimmung des Herzogs und der Landesversammlung.

Wird, während der Herzog Oberhaupt eines andern nicht deutschen Staates ist, ein Gesetzvorschlag auf drei verschiedenen Landtagen von der Landesversammlung mit einer Stimmenmehrheit von 3 Viertheilen unverändert angenommen, so kann der Herzog seine Zustimmung zu demselben nicht verweigern und verkündigt ihn als Gesetz.

Art. 71. Der Landesversammlung stehet gleich dem Herzoge das Recht zu, Gesetze vorzuschlagen.

Art. 72. Die Landesversammlung hat das Recht, Adressen und Anträge zu beschließen.

Art. 73. Die Landesversammlung kann Ausschüsse ernennen und denselben das Recht verleihen, zur Erlangung ihnen nöthig scheinender Aufklärungen allein oder unter Zuziehung von richterlichen Beamten Vernehmungen vorzunehmen und die Behörde zur Hülfe zu requiriren.

Art. 74. Die Landesversammlung bestehet aus 21 gewählten Abgeordneten. – Von diesen werden:

12 durch allgemeine Wahlen,
9 von den Grundeigenthümern gewählt und zwar:
a) 6 von den ländlichen, und
b) 3 von den städtischen Grundbesitzern.
Die Wahl ist direct.

Art. 75. Wählbar zum Abgeordneten ist jeder mündige Lauenburger, der nicht für seine Person unter Curatel stehet, nicht fortlaufende Armenunterstützung aus öffentlichen Mitteln erhält, und nicht wegen eines peinlichen Verbrechens verurtheilt oder wegen eines solchen in Untersuchung ist. Die Wahlberechtigung ist an dieselben Bedingungen geknüpft, jedoch sind diejenigen, welche bei Andern in Kost und Lohn stehen, ohne einen eignen Heerd zu haben, zur Wahl nicht berechtigt.

Art. 76. Die Wahlhandlung ist öffentlich, die Abstimmung mündlich.

Art. 77. Das Wahlrecht kann nur in Person ausgeübt werden.

Art. 78. Der Landesversammlung allein steht die Entscheidung über die Gültigkeit der Wahlen zu.

Art. 79. Die Wahlperiode ist eine 3jährige und beginnt mit dem Tage der Eröffnung der neugewählten Landesversammlung.

Art. 80. Die Stelle eines abgegangenen Abgeordneten wird sogleich durch eine neue Wahl ersetzt.

Art. 81. Das bei den Wahlen zu beobachtende Verfahren wird in einem besondern Wahlgesetze bestimmt werden.

Art. 82. Die Abgeordneten vertreten das ganze Volk, nicht allein die Wähler des Districts, sie können durch Instructionen ihrer Wähler nicht gebunden werden.

Art. 83. Staatsdiener, die zu Abgeordneten gewählt werden, bedürfen keines dienstlichen Urlaubs; sie müssen aber die Wahl der ihnen vorgesetzten Dienstbehörde sofort anzeigen. Stehen dem Eintreten des Staatsdieners erhebliche Bedenken entgegen, so ist der Landesversammlung davon Mittheilung zu machen, und es entscheidet alsdann die Landesversammlung.

Für die zu Abgeordneten erwählten Staatsdiener sind die Stellvertreter im Dienst auf Kosten des Staats anzustellen.

Art. 84. Nimmt ein Abgeordneter ein besoldetes Staatsamt an, so hört er auf, Mitglied der Landesversammlung zu sein, er kann jedoch wieder gewählt werden.

Art. 85. Die Landesversammlung versammelt sich jährlich ohne besondere Berufung am 1. November, und wenn dieser Tag ein Sonntag ist, am folgenden Tage.

Außerordentlich kann die Landesversammlung vom Herzog berufen werden, so oft er es für nöthig erachtet, auch hat die Landesversammlung das Recht, sich in dringlichen Fällen ohne Berufung zu versammeln, und ernennt dieselbe zu diesem Zweck im Anfange jeder Diät einen permanenten Ausschuß von 3 Mitgliedern, der bei vorkommenden dringlichen Fällen den Zusammentritt der Landesversammlung zu veranlassen hat.

Art. 86. Der ordentlichen Landesversammlung ist jedes Mal der jährliche Voranschlag zum Staatshaushalt zur Prüfung und Genehmigung vorzulegen.

Art. 87. Dem Herzog steht das Recht zu, die Landesversammlung zu vertagen, zu schließen und aufzulösen.

Die ordentliche Landesversammlung kann ohne eigne Zustimmung nicht vor Ablauf von 14 Tagen nach ihrem Zusammentritt vertagt oder geschlossen werden.

Die Landesversammlung kann sich selbst nur auf 3 Tage vertagen.

Art. 88. Die Gültigkeit der Auflösung der Landesversammlung ist dadurch bedingt, daß die Auflösungsacte zugleich die Anordnung neuer Wahlen und die Berufung der neuen Landesversammlung enthält, die Wahlen müssen innerhalb 30 Tagen nach dem Auflösungstage beendigt sein, und die neue Landesversammlung muß innerhalb fernerer 14 Tage zusammentreten.

Art. 89. Die Landesversammlung versammelt sich regelmäßig am Sitz der Regierung.

Art. 90. Der von der Landesversammlung erwählte permanente Ausschuß (Art. 85) bleibt als Finanzausschuß für die Dauer der ganzen Legislaturperiode, und im Fall der Auflösung der Landesversammlung bis zum Zusammentritt der neuen Landesversammlung in Function.

Art. 91. Während der Dauer der Landesversammlung übt der Präsident die Polizei-Gewalt in dem Versammlungslocale.

Art. 92. Zu einem gültigen Landesversammlungsbeschlusse wird erfordert, daß von der gesetzlichen Zahl der Mitglieder zwei Drittheile anwesend sind.

Art. 93. Es entscheidet die absolute Stimmenmehrheit, so weit nicht das Grundgesetz ein Anderes bestimmt; der Präsident stimmt mit, aber zuletzt; im Fall der Stimmengleichheit ist die Sache als abgelehnt anzusehen; bei Wahlen entscheidet relative Stimmenmehrheit, ausgenommen bei den Wahlen des Präsidenten und Vicepräsidenten, welche durch absolute Stimmenmehrheit erwählt werden.

Art. 94. Die Sitzungen der Landesversammlung sind öffentlich. Ausnahmen hievon können auf Antrag der Staatsregierung in Folge Beschlusses der Landesversammlung stattfinden.

Art. 95. Ueber Gesetzesvorschläge muß regelmäßig eine Vor- und eine Schlußberathung stattfinden.

Art. 96. Kein Abgeordneter kann wegen seiner Aeußerungen und Abstimmungen in der Landesversammlung anders als durch den Präsidenten oder die Landesversammlung zurechtgewiesen oder zur Verantwortung gezogen werden, wenn nicht der Fall unter den Gesichtspunct einer Injurie oder eines in den Gesetzen mit Strafe bedrohten Vergehens fällt.

Art. 97. Ein Abgeordneter kann während der Diät nur mit Erlaubniß der Landesversammlung verhaftet oder einem Strafverfahren unterworfen werden, es sei denn, daß er bei einem Verbrechen auf offener That ergriffen wäre.

Art. 98. Es ist nicht gestattet, in Person oder durch Deputationen der Landesversammlung Bittschriften zu überreichen. Die Landesversammlung hat das Recht, die bei derselben beschafften Eingaben an die betreffenden Departements zu verweisen. Die Ministerialbeamten sind auf Verlangen der Landesversammlung verpflichtet, über deren Inhalt die etwa erforderlichen Aufklärungen, so wie Auskunft über deren Erledigung zu ertheilen.

Art. 99. Jeder Abgeordnete ist befugt von den Ministerialbeamten Aufschlüsse zu verlangen, wenn er seine Absicht, eine Frage zu stellen, unter Bezeichnung des Gegenstandes, in einer vorgehenden Sitzung angekündigt hat.

Art. 100. Der vor dem Schluß der Landesversammlung zu gebende Abschied wird eine Zusammenstellung der Resultate und die Erklärungen des Herzogs auf die Anträge der Landesversammlung enthalten, und ist durch das Gesetzblatt öffentlich bekannt zu machen.

V.

Von den Gemeinden.

Art. 101. Jede Gemeinde hat als Grundrechte ihrer Verfassung:
a) die Wahl ihrer Vorsteher und Vertreter;
b) die selbstständige Verwaltung ihrer Gemeinde-Angelegenheiten mit Einschluß der Ortspolizei unter gesetzlich geordneter Oberaufsicht des Staates;
c) die Veröffentlichung ihres Gemeindehaushaltes;
d) Oeffentlichkeit der Verhandlungen als Regel.

Art. 102. Jedes Grundstück soll einem Gemeindeverbande angehören.
Beschränkungen wegen Waldungen und Wüsteneien bleiben der Landesgesetzgebung vorbehalten.

Art. 103. Jeder Staatsangehörige muß einer Gemeinde angehören. Exemtionen von Gemeindelasten finden nicht Statt.

VI.

Von religiösen Gemeinschaften.

Art. 104. Jede Religionsgesellschaft ordnet und verwaltet ihre Angelegenheiten selbstständig, ist aber den Gesetzen des Staats unterworfen.

Art. 105. Keine Religionsgesellschaft genießt vor andern Vorrechte durch den Staat; es bestehet fernerhin keine Staatskirche.

Art. 106. Neue Religionsgesellschaften dürfen sich bilden; einer Anerkennung ihres Bekenntnisses durch den Staat bedarf es nicht.

Art. 107. Dem Staate bleibt über alle Religionsgesellschaften eine Oberaufsicht vorbehalten, daß nichts geschehe, was den Gesetzen des Staates und dem Staatszwecke widerstreitet.

Art. 108. Der Staat gewährt allen religiösen Gemeinschaften gleichen Schutz.

Art. 109. Die durch das Staatsgrundgesetz nothwendig gewordene Auseinandersetzung zwischen dem Staat und der Kirche, wird durch eine Vereinbarung festgestellt werden.

VII.

Von Schulen.

Art. 110. Für die Bildung der Jugend soll durch öffentliche Schulen überall genügend gesorgt werden.

Art. 111. Das gesammte Unterrichts- und Erziehungswesen steht unter Oberaufsicht des Staats und ist, abgesehen vom Religionsunterrichte, der Beaufsichtigung der Geistlichkeit als solcher enthoben.

Art. 112. Die öffentlichen Lehrer haben die Rechte der Staatsdiener.

Art. 113. Der Staat stellt unter gesetzlich geordneter Betheiligung der Gemeinden aus der Zahl der Geprüften die Lehrer der Volksschulen an. Für den Unterricht in Volksschulen und niedern Gewerbschulen wird kein Schulgeld bezahlt. Unbemittelten soll auf allen öffentlichen Unterrichtsanstalten freier Unterricht gewährt werden.

Art. 114. Ein Gesetz wird das gesammte Schulwesen ordnen.

VIII.

Von milden Stiftungen.

Art. 115. Das Vermögen milder Stiftungen darf unter keinem Vorwande zum Staatsvermögen gezogen oder zu andern als den stiftungsmäßigen Zwecken verwandt werden.

Art. 116. Dem Staat gebührt das Oberaufsichtsrecht über alle für kirchliche Zwecke, für den Unterricht oder für andere öffentliche Zwecke bestimmte Stiftungen.

Art. 117. Eine Abänderung solcher Stiftungen kann von dem Staat nur nach Vernehmung der zur Verwaltung und Aufsicht etwa Berechtigten und nur dann vorgenommen werden, wenn der Zweck der Stiftung auf die vorgeschriebene Weise nicht mehr zu erreichen ist.

Es muß indeß das Vermögen unter möglicher Berücksichtigung der Wünsche der zur Verwaltung und Aufsicht etwa Berechtigten, zu gleichen oder ähnlichen und der muthmaßlichen Absicht des Stifters am meisten entsprechenden Zwecken wieder verwandt werden.

Bei einer Abänderung von geistlichen Stiftungen ist die Zustimmung der betreffenden Kirchen-Gemeinde erforderlich.

IX.

Von der Rechtspflege.

Art. 118. Alle Gerichtsbarkeit geht vom Staate aus; es sollen keine Patrimonial-Gerichte bestehen.

Art. 119. Die richterliche Gewalt wird selbstständig von den Gerichten ausgeübt. Cabinets- und Ministerial-Justiz ist unstatthaft.

Art. 120. Eine Gerichtsbehörde kann nur in Folge eines Gesetzes errichtet oder aufgehoben werden.

Art. 121. Die Organisation der Gerichte und die Zahl ihrer Mitglieder wird durch das Gesetz bestimmt. Die bürgerliche Rechtspflege soll in Sachen besonderer Berufs-Erfahrung durch sachkundige, von den Berufsgenossen frei gewählte Richter geübt oder mitgeübt werden.

Art. 122. Ein Richter darf nur auf Lebenszeit ernannt werden.

Art. 123. Kein Richter darf, ausser durch Urtheil und Recht, von seinem Amte entfernt, oder an Rang und Gehalt beeinträchtigt werden. Suspension darf nicht ohne gerichtlichen Beschluß erfolgen.

Art. 124. Kein Richter darf wider seinen Willen, ausser durch gerichtlichen Beschluß in den durch das Gesetz bestimmten Fällen und Formen, zu einer andern Stelle versetzt oder in Ruhestand gesetzt werden.

Art. 125. Ein Richter darf nicht zugleich ein anderes, vom Staate besoldetes Amt bekleiden.

Art. 126. Einem Richter können ausser seinem Gehalte keine Nebeneinnahmen oder Gratificationen irgend einer Art von der Regierung zugewendet werden.

Art. 127. Die Gerichte sind verpflichtet, die in verfassungsmäßiger Form beglaubigten und verkündigten Gesetze zur Anwendung zu bringen. Die Frage, ob ein Gesetz auf verfassungsmäßigem Wege zu Stande gekommen ist, gehört nicht zur gerichtlichen Beurtheilung.

Art. 128. Ueber Competenzconflicte zwischen den Verwaltungs- und Gerichtsbehörden entscheidet die höhere Instanz.

Art. 129. Rechtspflege und Verwaltung sollen getrennt und von einander unabhängig sein; die Verwaltungsrechtspflege hört auf; über alle Rechtsverletzungen entscheiden die Gerichte. Der Polizei stehet keine Strafgerichtsbarkeit zu.

Art. 130. Jeder, der sich durch eine Handlung der Staatsgewalt in seinem Rechte verletzt glaubt, kann den Weg Rechtens betreten.

Art. 131. Es soll keinen privilegirten Gerichtsstand der Personen oder Güter geben. Die Militairgerichtsbarkeit ist auf die Beurtheilungen militairischer Verbrechen und Vergehen, so wie der Militair-Disciplinarvergehen beschränkt.

Vorbehaltlich der Bestimmungen über den Kriegsstand.

Art. 132. Das Gerichtsverfahren soll öffentlich und mündlich sein; Ausnahme von der Oeffentlichkeit bestimmt im Interesse der Sittlichkeit das Gesetz.

Art. 133. In Strafsachen gilt der Anklageproceß.

Art. 134. Schwurgerichte sollen jedenfalls in schwereren Strafsachen und bei allen politischen Vergehen urtheilen.

Art. 135. Die Todesstrafe, ausgenommen wo das Kriegsrecht sie vorschreibt, so wie die Strafen des Prangers, der Brandmarkung und der körperlichen Züchtigung sind abgeschafft.

Art. 136. Die Strafe des bürgerlichen Todes soll nicht stattfinden, und da, wo sie bereits ausgesprochen ist, in ihren Wirkungen aufhören, so weit nicht hiedurch erworbene Privatrechte verletzt werden.

Art. 137. Rechtskräftige Urtheile aller deutschen Gerichte werden gleich den Erkenntnissen der Lauenburgischen Gerichte zur Vollziehung gebracht.

X.

Vom Staatsdienste.

Art. 138. Es können nur Lauenburger und andere deutsche Staatsbürger als Staatsbeamte angestellt werden.

Art. 139. Einem ohne Zeiteinschränkung angestellten Staatsbeamten kann ohne gerichtliches Urtheil sein Diensteinkommen nicht entzogen werden, und er kann nicht ohne seine Einwilligung versetzt werden, beides vorbehältlich der Ausnahmen, welche das Gesetz bestimmen wird; eine Suspension mit Belassung des Diensteinkommens ist zulässig.

Art. 140. Einem Staatsbeamten kann der verlangte Abschied nicht verweigert werden, jedoch ist er verpflichtet, die Geschäfte fortzuführen, bis die Entlassung erfolgt ist.

Art. 141. Staatsbeamte können nicht auf Sporteln angewiesen werden. Ein Gesetz regelt den Betrag der Sporteln und fließen die Sporteln, namentlich auch die Gerichtssporteln, in die Staatscasse.

Art. 142.

Transitorische Bestimmungen.

Deutsche, welche während des Kriegs in dänischen Diensten verbleiben oder von Dänemark besoldet sind, sind vom Staatsdienst ausgeschlossen. Dies gilt auch vom Statthalter (Art. 52).

XI.

Vom Staatshaushalte.

Art. 143. Alles bisher als herrschaftlich bezeichnete Eigenthum und Vermögen ist Staatseigenthum.

Alles aus Staatsmitteln Erworbene oder für den Staat Erworbene ist Eigenthum des Staats.

Kriegscontributionen, Entschädigungsgelder und sonstige aus einem Staatsvertrage, Bündnisse oder Kriege entspringende Erwerbungen sind daher ebenfalls Staatseigenthum.

Ueber das gesammte Staatsvermögen, namentlich über die in die Staatscasse fließenden grundherrlichen Abgaben und Leistungen werden genaue Inventarien aufgenommen.

Alles Staatsvermögen wird der Staatsverwaltung zur Verwaltung und Verwendung überwiesen.

Jede Abtheilung der Staatsverwaltung hat jährlich bei der Rechnungs-Ablage einen Nachweis über die Vermehrung oder Verminderung der ihr besonders anvertrauten Theile des Staatsvermögens einzuliefern.

Das unbewegliche Staatsvermögen soll in seinem wesentlichen Bestande erhalten werden, und darf ohne Einwilligung der Landesversammlung weder veräußert, noch mit bleibenden Lasten oder Schulden beschwert werden.

Art. 144. Die Beibehaltung, Einführung oder Abschaffung von Regalien, namentlich Zöllen, hängt von der Zustimmung der Landesversammlung ab.

Art. 145. Die Erhebung von Gebühren für die Benutzung öffentlicher Anstalten, z. B., Chaussée- und Fährgeldern und dergleichen, oder für die Dienste der Staatsbeamten, wie Sporteln aller Art, kann künftig nur durch ein Gesetz angeordnet werden.

Art. 146. Es wird jährlich der ordentlichen Landesversammlung ein Voranschlag über die zu erwartenden Staatsausgaben mit einem Nachweis ihrer Nothwendigkeit oder Nützlichkeit zur Genehmigung vorgelegt.

Art. 147. Soweit der Ertrag des Staatsvermögens, der Regalien und die Gebühren nicht ausreichen, um die bewilligten Ausgaben zu decken, wird der Staatsbedarf durch Steuern und Abgaben bestritten.

Der Voranschlag über die Ausgaben muß zugleich Vorschläge über die zum Staatsbedarf erforderlichen Steuern und Abgaben enthalten.

Die Bewilligung der Steuern und Abgaben ertheilt die Landesversammlung durch Genehmigung des Steuergesetzes; die Bewilligung gilt nur für ein Jahr; verzögert sich indeß die neue Bewilligung bis nach Ablauf der Finanzperiode, so dürfen die für den ordentlichen Staatsbedarf bewilligten Steuern und Abgaben noch sechs Monate hindurch fort erhoben werden.

Keine Behörde ist berechtigt, Steuern und Abgaben zu erheben, wenn die Erhebung nicht durch das Gesetz angeordnet ist.

Art. 148. Die jährliche Staatsrechnung über Einnahme und Ausgabe wird mit allen Belegen dem von der letzten ordentlichen Landesversammlung erwählten Finanzausschusse zwei Monate vor Eröffnung der Landesversammlung zur Prüfung mitgetheilt und von dem Ausschusse der ordentlichen Landesversammlung in der ersten Sitzung mit Bericht vorgelegt. Der Ausschuß ist berechtigt, jede Art von Aufklärung von den betreffenden Departements zu verlangen.

Art. 149. Der Staat wird durch Anleihen und Garantien nur dann verpflichtet, wenn die Landesversammlung sie genehmigt hat; die von Ritter- und Landschaft contrahirten Schulden und die von ihr übernommenen Verbindlichkeiten werden von dem Staate anerkannt.

Art. 150. Die Centralkasse, die landschaftliche Casse und die sonstigen etwaigen besondern Landes-Cassen werden in eine Staatskasse vereinigt.

Art. 151. Bevorzugungen dürfen bei Steuern und Abgaben nicht stattfinden, die bestehende Steuergesetzgebung wird einer Revision unterzogen werden.

XII.

Allgemeine Bestimmungen.

Art. 152. Der Sitz der Regierung kann nur innerhalb der Landesgrenzen sein.

Art. 153. In jedem Gesetze muß ausdrücklich erwähnt werden, daß es in Uebereinstimmung mit dem Beschlusse der Landesversammlung erlassen werde.

Art. 154. Bis dahin, daß diejenigen Gesetze ergehen, welche durch die in diesem Verfassungsgesetze ausgesprochenen Grundsätze erforderlich werden, bleiben die bestehenden Gesetze und Rechtsnormen in Gültigkeit. Im Uebrigen treten alle mit den Bestimmungen des Verfassungsgesetzes in Widerspruch stehenden Gesetze und Rechtsnormen sofort außer Kraft.

Art. 155. Alle Staatsbeamte und die bewaffnete Macht haben der Reichsverfassung, dem Herzoge und der Landes-Verfassung Treue und Gehorsam zu schwören.

Art. 156. Eine Abänderung dieses Grundgesetzes erfordert zu ihrer Gültigkeit die Uebereinstimmung des Herzogs und der Landesversammlung, und zwar mit einer Stimmenmehrheit von zwei Drittheilen der im Artikel 74 festgesetzten Zahl der Abgeordneten.

Zusatzartikel.

Art. 157. Die nach dem vorstehenden Grundgesetze der Landesversammlung zustehenden Rechte und Befugnisse werden bis zum Zusammentritt der neugewählten von der gegenwärtigen Landesversammlung geübt.

Ratzeburg, den 11. Mai 1849.

Levetzow, Präsident.	Kielmann, Vice-Präsident.	Bärens, Schriftführer.	A. Hudemann, Schriftführer.

A. Lescow.	Ludwig Rohde.	F. H. Wagner.
v. Gundlach.	A. v. Schrader.	C. Dölle.
H. J. Wischer.	J. F. Michelsen.	Meyer.
J. Ehlers.	J. H. C. Meyer.	L. H. Stamer.
J. J. F. Stamer.	L. Frost.	E. Speckhahn.
C. Hornbostel II.	J. P. F. Knoop.	A. F. Thölcke.
A. Schmidt.	H. Stamer.	Werner.
H. J. Meyer.	F. Hornbostel I.	H. Berling.

Aug. Schlüter.	H. H. Schmaljohann.	Fr. Aßmann.
F. Rieck.	J. Wentorp.	H. Metzener.
J. C. Brüsselle.	C. v. Schrader.	E. Th. Berckemeyer.

L.S.

Allen Einwohnern des Landes, insonderheit allen Obrigkeiten, Behörden und Beamten wird geboten, den grundgesetzlichen Vorschriften in allen Stücken, soweit sie nach dem Erlasse des Reichskommissairs sofort in Wirksamkeit treten sollen, nachzukommen.

Ratzeburg, den 14. Mai 1849.

Die Statthalterschaft des Herzogthums Lauenburg.

L. Kielsmansegge. E. F. Walter. A. Höchstädt.

Büttner.

Quelle: Die Staatsgrundgesetze 1848/49 in Schleswig-Holstein und Lauenburg. Reprint zeitgenössischer Drucktexte, Veröffentlichungen des Schleswig-Holsteinischen Landesarchivs 63, Schleswig 1998. Die Orthographie wurde beibehalten, aber einleuchtende Druckfehler sind korrigiert worden.

Die erste Sitzung der dänischen Constituante am 23. Oktober 1848. Gemälde von C. C. Constantin Hansen, 1860-1864, Frederiksborg. Die beiden Herren mit dem Zylinderhut in der Hand im Vordergrund rechts (D. G. Monrad links und Orla Lehmann) spielten bei der Ausarbeitung der Verfassung eine wichtige Rolle, waren aber keine Mitglieder der Constituante.

Nach: Schultz Danmarkshistorie IV, Kopenhagen 1942, S. 664f.

Danmarks Riges Grundlov

(Krone)

Vi *Frederik den Syvende*, af Guds Naade Konge til Danmark, de Venders og Gothers, Hertug til Slesvig, Holsten, Stormarn, Ditmarsken, Lauenborg og Oldenborg, Gjøre vitterligt for Alle: Efterat Vi af fri Kongelig Magtfuldkommenhed havde besluttet i Overeensstemmelse med Vort troe Folk at lade udgaae en ny Grundlov for Danmarks Rige, og en fuldstændig Overenskomst lykkeligen er bleven tilveiebragt mellem Os og den for Kongeriget sammentraadte Rigsforsamling om denne Grundlovs Indhold, i Henhold til det Udkast, Vi havde ladet Rigsforsamlingen forelægge som Grundlag for Forhandlingerne, saa have Vi nu – dog med Forbehold af, at Ordningen af Alt, hvad der vedkommer Hertugdømmet Slesvigs Stilling, beroer indtil Freden er afsluttet – vedtaget efterfølgende Danmarks Riges Grundlov, som den af Os og Vore Efterfølgere paa den danske Throne ubrødeligen skal holdes, saalydende:

DANMARKS RIGES GRUNDLOV

I.

§ 1. Regjeringsformen er indskrænket-monarkisk. Kongemagten er arvelig.

§ 2. Den lovgivende Magt er hos Kongen og Rigsdagen i Forening. Den udøvende Magt er hos Kongen. Den dømmende Magt er hos Domstolene.

§ 3. Den evangelisk-lutherske Kirke er den danske Folkekirke og understøttes som saadan af Staten.

II.

§ 4. Den i Kongeloven fastsatte Arvefølge er fremdeles gjældende. Den kan kun forandres efter Forslag fra Kongen og med den forenede Rigsdags Samtykke, hvortil udfordres tre Fjerdedele af de afgivne Stemmer.

§ 5. Kongen kan, uden Rigsdagens Samtykke, ikke være Regent i andre Lande end dem, der høre til det danske Monarki.

§ 6. Kongen skal høre til den evangelisk-lutherske Kirke.

§ 7. Kongen er myndig, naar han har fyldt sit 18de Aar.

§ 8. Forinden Kongen tiltræder Regjeringen, aflægger han for den forenede Rigsdag følgende Eed:
Jeg lover og sværger at holde Danmarks Riges Grundlov; saasandt hjælpe mig Gud og hans hellige Ord.
Er Rigsdagen ikke samlet ved Thronskiftet, nedlægges Eden skriftlig i Statsraadet og gjentages siden for den forenede Rigsdag.

§ 9. Saafremt Kongen, enten formedelst Bortreise eller Svaghed, finder, at der bør udnævnes en Rigsforstander, sammenkalder han Rigsdagen og forelægger den et Lovforslag herom.

§ 10. Bliver Kongen ude af Stand til at regjere, sammenkalder Statsraadet Rigsdagen. Naar da den forenede Rigsdag med tre Fjerdedele af de afgivne Stemmer erkjender Nødvendigheden, udnævner den en Rigsforstander og anordner, om fornødent gjøres, et Formynderskab.

§ 11. Er der Anledning til at frygte for, at Thronfølgeren ved Kongens Død vil være umyndig eller af anden Grund ude af Stand til selv at regjere, bestemmes ved Lov en Rigsforstander, og et Formynderskab anordnes af Kongen. Rigsforstanderen kan ikke deeltage i Formynderskabet.

§ 12. Rigsforstanderen aflægger den for Kongen foreskrevne Eed og udøver, saalænge Rigsforstanderskabet varer, i Kongens Navn alle dennes Rettigheder; dog kan han ikke foreslaae Forandring af Arvefølgen.

§ 13. Naar Kongen er død, sammentræder 14de Dagen derefter uden Sammenkaldelse den sidstvalgte Rigsdag.

§ 14. Er der ingen Thronfølger, eller kan Thronfølgeren eller Rigsforstanderen ikke strax tiltræde Regjeringen, føres den af Statsraadet, indtil fornøden Bestemmelse er tagen af Rigsdagen.

§ 15. Er Thronfølgeren eller Rigsforstanderen fraværende, bestemmer den forenede Rigsdag, inden hvilken Tid han har at vende tilbage. Er Thronfølgeren umyndig, eller af anden Grund ikke i Stand til at regjere, uden at Rigsforstander og Formynderskab er bestemt, udnævner den forenede Rigsdag Rigsforstanderen og beskikker Formynderskabet. Er der ingen Thronfølger, vælger den forenede Rigsdag en Konge og fastsætter den fremtidige Arvefølge.

§ 16. Kongens Civilliste bestemmes for hans Regjeringstid ved Lov. Derved fastsættes tillige, hvilke Slotte og andre Statseiendele skulle henhøre til Civillisten. Civillisten kan ikke behæftes med Gjeld.

§ 17. For Medlemmerne af det kongelige Huus kan der bestemmes Apanager ved Lov. Apanagerne kunne ikke uden Rigsdagens Samtykke nydes udenfor Riget.

III.

§ 18. Kongen er ansvarsfri; hans Person er hellig og ukrænkelig. Ministrene ere ansvarlige for Regjeringens Førelse.

§ 19. Kongen udnævner og afskediger sine Ministre. Kongens Underskrift under de Lovgivningen og Regjeringen vedkommende Beslutninger giver disse Gyldighed, naar den er ledsaget af en Ministers Underskrift. Den Minister, som har underskrevet, er ansvarlig for Beslutningen.

§ 20. Ministrene kunne tiltales for deres Embedsførelse. Folkethinget anklager, Rigsretten dømmer.

§ 21. Ministrene i Forening udgjøre Statsraadet; Forsædet føres af den, som af Kongen er udnævnt til Premierminister.
Alle Lovforslag og vigtigere Regjeringsforanstaltninger forelægges Statsraadet. Dettes Ordning samt Ministeransvarligheden bestemmes ved Lov.

§ 22. Kongen besætter alle Embeder i samme Omfang som hidtil. Forandringer heri kunne skee ved Lov. Ingen kan beskikkes til Embedsmand, som ikke har Indfødsret. Kongen kan afskedige de af ham ansatte Embedsmænd. Disses Pension fastsættes i Overeensstemmelse med Pensionsloven.
Kongen kan forflytte Embedsmænd uden deres Samtykke, dog saaledes, at de ikke derved tabe i Embedsindtægter, og at der gives dem Valget mellem saadan Forflyttelse og Afsked med Pension efter de almindelige Regler.
Undtagelser for visse Klasser af Embedsmænd, foruden den i § 78 fastsatte, bestemmes ved Lov.

§ 23. Kongen har den høieste Myndighed over Land- og Sømagten.
Han erklærer Krig og slutter Fred, samt indgaaer og ophæver Forbund og Handelstraktater; dog kan han derved ikke uden Rigsdagens Samtykke afstaae nogen Deel af Landet, raade over nogen Statsindtægt eller paadrage Staten nogen anden bebyrdende Forpligtelse.

§ 24. Kongen sammenkalder en ordentlig Rigsdag hvert Aar. Uden Kongens Samtykke kan den ikke forblive længere sammen end 2 Maaneder.
Forandringer i disse Bestemmelser kunne skee ved Lov.

§ 25. Kongen kan indkalde Rigsdagen til overordentlige Sammenkomster, hvis Varighed beroer paa hans Bestemmelse.

§ 26. Kongen kan udsætte den ordentlige Rigsdags Møder paa bestemt Tid, dog uden Rigsdagens Samtykke ikke længere end paa 2 Maaneder og ikke mere end een Gang i Aaret indtil dens næste ordentlige Sammenkomst.

§ 27. Kongen kan opløse enten hele Rigsdagen eller een af dens Afdelinger; opløses kun eet af Thingene, skal det andet Things Møder udsættes, indtil hele Rigsdagen atter kan samles. Dette skal skee inden 2 Maaneders Forløb efter Opløsningen.

§ 28. Kongen kan for Rigsdagen lade fremsætte Forslag til Love og andre Beslutninger.

§ 29. Kongens Samtykke udfordres til at give en Rigsdagsbeslutning Lovskraft. Kongen befaler Lovens Bekjendtgjørelse og drager Omsorg for dens Fuldbyrdelse.

§ 30. I særdeles paatrængende Tilfælde kan Kongen, naar Rigsdagen ikke er samlet, udstede foreløbige Love, der dog ikke maae stride mod Grundloven, og altid bør forelægges den følgende Rigsdag.

§ 31. Kongen kan benaade og give Amnesti. Ministrene kan han kun med Folkethingets Samtykke benaade for de dem af Rigsretten idømte Straffe.

§ 32. Kongen meddeler, deels umiddelbart, deels gjennem vedkommende Regjeringsmyndigheder, saadanne Bevillinger og Undtagelser fra de nugjældende Love, som ifølgc hidtil gjældende Regler have været i Brug.

§ 33. Kongen har Ret til at lade slaae Mynt i Henhold til Loven.

IV.

§ 34. Rigsdagen bestaaer af Folkethinget og Landsthinget.

§ 35. Valgret til Folkethinget har enhver uberygtet Mand, som har Indfødsret, naar han har fyldt sit 30te Aar, medmindre han:
a) uden at have egen Huusstand staaer i privat Tjenesteforhold;
b) nyder eller har nydt Understøttelse af Fattigvæsenet, som ikke er enten eftergiven eller tilbagebetalt;
c) er ude af Raadigheden over sit Bo;
d) ikke har havt fast Bopæl i eet Aar i den Valgkreds eller den Stad, hvori han opholder sig paa den Tid, Valget foregaaer.

§ 36. Valgbar til Folkethinget er, med de i § 35 a, b og c nævnte Undtagelser, enhver uberygtet Mand, som har Indfødsret, naar han har fyldt sit 25de Aar.

§ 37. Antallet af Folkethingets Medlemmer skal omtrent være efter Forholdet af 1 til 14000 Indvaanere. Valgene foregaae i Valgkredse, hvis Omfang bestemmes ved Valgloven. Enhver Valgkreds vælger Een blandt dem, der have stillet sig til Valg.

§ 38. Medlemmerne af Folkethinget vælges paa 3 Aar. De erholde et dagligt Vederlag.

§ 39. Valgret til Landsthinget har Enhver, der ifølge § 35 har Valgret til Folkethinget. De Valgberettigede vælge af deres Midte Valgmænd efter de Bestemmelser, som gives i Valgloven.

§ 40. Valgbar til Landsthinget er enhver uberygtet Mand, som har Indfødsret, og hvis Bo ei er under Opbuds- eller Fallitbehandling, naar han har fyldt sit 40de Aar og i det sidste Aar enten har svaret i directe Skat til Staten eller Communen 200 Rbd., eller godtgjør at have havt en reen aarlig Indtægt af 1200 Rbd.
I de Valgkredse, hvor Antallet af Valgbare efter denne Regel ikke naaer det Forhold til Befolkningen, som fastsættes i Valgloven, forøges Antallet af de Valgbare med de høiest Beskattede i Valgkredsen, indtil dette Forhold er naaet.

§ 41. Valgene til Landsthinget foregaae i større Valgkredse, der ordnes ved Valgloven. Valgmændene i hver saadan større Valgkreds træde sammen og stemme paa saamange Mænd, som skulle vælges for Valgkredsen, i hvilken idetmindste tre Fjerdedele af de Valgte skulle have havt fast Bopæl i det sidste Aar før Valget. Til et gyldigt Valg udfordres meer end Halvdelen af de afgivne Stemmer.

§ 42. Antallet af Landsthingets Medlemmer skal stedse være omtrent Halvdelen af Antallet af Folkethingets Medlemmer.

§ 43. Medlemmerne af Landsthinget vælges paa 8 Aar. Halvdelen afgaaer hvert 4de Aar. De erholde samme daglige Vederlag som Folkethingets Medlemmer.

§ 44. Naar en ny Communallov er given, kunne Landsthingsvalgene ved Lov gaae over til de større communale (Amts- eller Provinds-) Raad.

V.

§ 45. Den aarlige Rigsdag sammentræder den første Mandag i October, dersom Kongen ikke har indkaldt den til at møde forinden.

§ 46. Regjeringens Sæde er Rigsdagens Forsamlingssted. I overordentlige Tilfælde kan Kongen sammenkalde den paa et andet Sted i Riget.

§ 47. Rigsdagen er ukrænkelig. Hvo der antaster dens Sikkerhed og Frihed, hvo der udsteder eller adlyder nogen dertil sigtende Befaling, gjør sig skyldig i Høiforræderi.

§ 48. Ethvert af Thingene er berettiget til at foreslaae og for sit Vedkommende at vedtage Love.

§ 49. Ethvert af Thingene kan indgive Adresser til Kongen.

§ 50. Ethvert af Thingene kan til at undersøge almeenvigtige Gjenstande nedsætte Commissioner af sine Medlemmer. Disse ere berettigede til saavel af offentlige Myndigheder som af private Borgere at fordre Oplysninger meddeelte mundtligen eller skriftligen.

§ 51. Ingen Skat kan paalægges, forandres eller ophæves uden ved Lov, eiheller noget Mandskab udskrives, noget Statslaan optages eller nogen Staten tilhørende Domæne afhændes uden ifølge Lov.

§ 52. Paa hver ordentlig Rigsdag, strax efter at samme er sat, fremlægges Forslag til Finantsloven for det følgende Finantsaar, indeholdende et Overslag over Statens Indtægter og Udgifter.
Finantsforslaget behandles først i Folkethinget.
Forinden Finantsloven er vedtagen, maae Skatterne ei opkræves. Ingen Udgift maa afholdcs, som ikke har Hjemmel i samme.

§ 53. Hvert Thing udnævner to lønnede Revisorer. Disse gjennemgaae det aarlige Statsregnskab og paasee, at samtlige Statens Indtægter deri ere blevne opførte, og at ingen Udgift udenfor Finantsloven har fundet Sted. De kunne fordre sig alle fornødne Oplysninger og Aktstykker meddeelte.
Det aarlige Statsregnskab, med Revisorernes Bemærkninger, forelægges derefter Rigsdagen, som med Hensyn til samme tager Beslutning.

§ 54. Ingen Udlænding kan herefter erholde Indfødsret uden ved Lov.

§ 55. Intet Lovforslag kan endelig vedtages, forinden det 3 Gange har været behandlet af Thinget.

§ 56. Naar et Lovforslag bliver forkastet af et af Thingene, kan det ikke oftere foretages af samme Thing i samme Samling.

§ 57. Naar et Lovforslag er vedtaget i det ene Thing, bliver det i den Form, hvori det er vedtaget, at forelægge det andet Thing; hvis det der forandres, gaaer det tilbage til det første; foretages her atter Forandringer, gaaer Forslaget paany til det andet

Thing. Opnaaes da eiheller Enighed, skal, naar et Thing forlanger det, hvert Thing udnævne et lige Antal Medlemmer til at træde sammen i et Udvalg, som afgiver Betænkning over Uovereensstemmelserne. I Henhold til Udvalgets Indstilling finder da endelig Afgjørelse Sted i ethvert Thing for sig.

§ 58. Ethvert af Thingene afgjør selv Gyldigheden af sine Medlemmers Valg.

§ 59. Ethvert nyt Medlem aflægger Eed paa Grundloven, naar Gyldigheden af hans Valg er anerkjendt.

§ 60. Rigsdagsmændene ere ene bundne ved deres Overbeviisning og ikke ved nogen Forskrift af deres Vælgere.
Embedsmænd, som vælges til Rigsdagsmænd, behøve ikke Regjeringens Tilladelse til at modtage Valget.

§ 61. Saalænge Rigsdagen er samlet, kan ingen Rigsdagsmand uden Samtykke af det Thing, hvortil han hører, hæftes for Gjæld, eiheller fængsles eller tiltales, medmindre han er greben paa fersk Gjerning. For sine Yttringer paa Rigsdagen kan intet af dens Medlemmer uden Thingets Samtykke drages til Ansvar udenfor samme.

§ 62. Kommer den gyldigen Valgte i et af de Tilfælde, der udelukke fra Valgbarhed, mister han den af Valget flydende Ret. Dog skal Ingen tabe sit Sæde i Landsthinget, fordi han i Løbet af den Tid, for hvilken han er valgt, flytter til en anden Valgkreds.
Det bliver nærmere ved Lov at bestemme, i hvilke Tilfælde en Rigsdagsmand, der befordres til et lønnet Statsembede, skal underkastes Gjenvalg.

§ 63. Ministrene have i Embeds Medfør Adgang til Rigsdagen og ere berettigede til under Forhandlingerne at forlange Ordet, saa ofte de ville, idet de iøvrigt iagttage Forretningsordenen. Stemmeret udøve de kun, naar de tillige ere Rigsdagsmænd.

§ 64. Ethvert Thing vælger selv sin Formand og den eller dem, der i hans Forfald skal føre Forsædet.

§ 65. Intet af Thingene kan tage nogen Beslutning, naar ikke over Halvdelen af dets Medlemmer er tilstede og deeltager i Afstemningen.

§ 66. Enhver Rigsdagsmand kan i det Thing, hvortil han hører, med dettes Samtykke bringe ethvert offentligt Anliggende under Forhandling og derom æske Ministrenes Forklaring.

§ 67. Intet Andragende maa overgives noget af Thingene uden gjennem et af dets Medlemmer.

§ 68. Finder Thinget ikke Anledning til om et Andragende at fatte Beslutning, kan det henvise det til Ministrene.

§ 69. Thingenes Møder ere offentlige. Dog kan Formanden eller det i Forretningsordenen bestemte Antal Medlemmer forlange, at alle Uvedkommende fjernes, hvorpaa Thinget afgjør, om Sagen skal forhandles i offentligt eller hemmeligt Møde.

§ 70. Ethvert af Thingene fastsætter de nærmere Bestemmelser, som vedkomme Forretningsgangen og Ordens Opretholdelse.

§ 71. Den forenede Rigsdag dannes ved Sammentræden af Folkethinget og Landsthinget. Til at tage Beslutning udfordres, at over Halvdelen af hvert Things Medlemmer er tilstede og deeltager i Afstemningen. Den vælger selv sin Formand og fastsætter iøvrigt de nærmere Bestemmelser, der vedkomme Forretningsgangen.

VI.

§ 72. Rigsretten bestaaer af 16 Medlemmer, der vælges paa 4 Aar; Halvdelen af Landsthinget, Halvdelen af Landets øverste Domstol, blandt disses egne Medlemmer. Den vælger selv sin Formand af sin egen Midte.
En Lov ordner nærmere Forfølgningsmaaden.

§ 73. Rigsretten paakjender de af Folkethinget mod Ministrene anlagte Sager.
For Rigsretten kan Kongen lade ogsaa Andre tiltale for Forbrydelser, som han finder særdeles farlige for Staten, naar Folkethinget dertil giver sit Samtykke.

§ 74. Den dømmende Magts Udøvelse kan kun ordnes ved Lov.

§ 75. Den med visse Eiendomme forbundne dømmende Myndighed skal ophæves ved Lov.

§ 76. Retspleien bliver at adskille fra Forvaltningen efter de Regler, der fastsættes ved Lov.

§ 77. Domstolene ere berettigede til at paakjende ethvert Spørgsmaal om Øvrighedsmyndighedens Grændser. Dog kan den, der vil reise saadant Spørgsmaal, ikke ved at bringe Sagen for Domstolene unddrage sig fra foreløbigen at efterkomme Øvrighedens Befaling.

§ 78. Dommerne have i deres Kald alene at rette sig efter Loven. De kunne ikke afsættes uden ved Dom eiheller forflyttes mod deres Ønske, udenfor de Tilfælde, hvor en Omordning af Domstolene finder Sted. Dog kan den Dommer, der har fyldt sit 65de Aar, afskediges, men uden Tab af Indtægter.

§ 79. Offentlighed og Mundtlighed skal saa snart og saa vidt som muligt gjennemføres ved hele Retspleien.
I Misgjerningssager og i Sager, der reise sig af politiske Lovovertrædelser, skulle Nævninger indføres.

VII.

§ 80. Folkekirkens Forfatning ordnes ved Lov.

§ 81. Borgerne have Ret til at forene sig i Samfund for at dyrke Gud paa den Maade, der stemmer med deres Overbeviisning, dog at Intet læres eller foretages, som strider mod Sædeligheden eller den offentlige Orden.

§ 82. Ingen er pligtig at yde personlige Bidrag til nogen anden Gudsdyrkelse end den, som er hans egen; dog skal Enhver, der ikke godtgjør at være Medlem af et i Landet anerkjendt Troessamfund, til Skolevæsenet svare de til Folkekirken lovbefalede personlige Afgifter.

§ 83. De fra Folkekirken afvigende Troessamfunds Forhold ordnes nærmere ved Lov.

§ 84. Ingen kan paa Grund af sin Troesbekjendelse berøves Adgang til den fulde Nydelse af borgerlige og politiske Rettigheder, eller unddrage sig Opfyldelsen af nogen almindelig Borgerpligt.

VIII.

§ 85. Enhver, der anholdes, skal inden 24 Timer stilles for en Dommer. Hvis den Anholdte ikke strax kan sættes paa fri Fod, skal Dommeren ved en af Grunde ledsaget Kjendelse, der afgives snarest muligt og senest inden 3 Dage, afgjøre, at han skal fængsles, og, hvis han kan løslades mod Sikkerhed, bestemme dennes Art eller Størrelse.
Den Kjendelse, som Dommeren afsiger, kan af Vedkommende strax særskilt indankes for høiere Ret.
Ingen kan underkastes Varetægtsfængsel for en Forseelse, som kun kan medføre Straf af Pengebod eller simpelt Fængsel.

§ 86. Boligen er ukrænkelig. Huusundersøgelse, Beslaglæggelse og Undersøgelse af Breve og andre Papirer maa, hvor ingen Lov hjemler en særegen Undtagelse, alene skee efter en Retskjendelse.

§ 87. Eiendomsretten er ukrænkelig. Ingen kan tilpligtes at afstaae sin Eiendom, uden hvor Almeenvellet kræver det. Det kan kun skee ifølge Lov og mod fuldstændig Erstatning.

§ 88. Alle Indskrænkninger i den frie og lige Adgang til Erhverv, som ikke ere begrundede i det almene Vel, skulle hæves ved Lov.

§ 89. Den, som ikke selv kan ernære sig eller Sine, og hvis Forsørgelse ikke paaligger nogen Anden, er berettiget til at erholde Hjælp af det Offentlige, dog mod at underkaste sig de Forpligtelser, som Lovene herom paabyde.

§ 90. De Børn, hvis Forældre ikke have Evne til at sørge for deres Oplærelse, ville erholde fri Underviisning i Almueskolen.

§ 91. Enhver er berettiget til ved Trykken at offentliggjøre sine Tanker; dog under Ansvar for Domstolene. Censur og andre forebyggende Forholdsregler kunne ingensinde paany indføres.

§ 92. Borgerne have Ret til uden foregaaende Tilladelse at indgaae Foreninger i ethvert lovligt Øiemed. Ingen Forening kan ophæves ved en Regjeringsforanstaltning. Dog kunne Foreninger foreløbigen forbydes, men der skal da strax anlægges Sag mod Foreningen til dens Ophævelse.

§ 93. Borgerne have Ret til at samles ubevæbnede. Offentlige Forsamlinger har Politiet Ret til at overvære. Forsamlinger under aaben Himmel kunne forbydes, naar der af dem kan befrygtes Fare for den offentlige Fred.

§ 94. Ved Opløb maa den væbnede Magt, naar den ikke angribes, kun indskride, efterat Mængden 3 Gange i Kongens og Lovens Navn forgjæves er opfordret til at adskilles.

§ 95. Enhver vaabenfør Mand er forpligtet til med sin Person at bidrage til Fædrelandets Forsvar, efter de nærmere Bestemmelser, som Loven foreskriver.

§ 96. Communernes Ret til, under Statens Tilsyn, selvstændig at styre deres Anliggender vil blive ordnet ved Lov.

§ 97. Enhver i Lovgivningen til Adel, Titel og Rang knyttet Forret er afskaffet.

§ 98. Intet Lehn, Stamhuus eller Fideicommisgods kan for Fremtiden oprettes; det skal ved Lov nærmere ordnes, hvorledes de nu bestaaende kunne overgaae til fri Eiendom.

§ 99. For Krigsmagten ere de i §§ 85, 92 og 93 givne Bestemmelser kun anvendelige med de Indskrænkninger, der følge af de militære Loves Forskrifter.

IX.

§ 100. Forslag til Forandring i, eller Tillæg til, nærværende Grundlov fremsættes paa en ordentlig Rigsdag. Vedtages den derom fattede Beslutning i uforandret Skikkelse af næste ordentlige Rigsdag og bifaldes den af Kongen, opløses begge Thingene, og almindelige Valg foregaae baade til Folkethinget og til Landsthinget. Vedtages Beslutningen 3die Gang af den nye Rigsdag paa en ordentlig eller overordentlig Samling, og stadfæstes den af Kongen, er den Grundlov.

MIDLERTIDIGE BESTEMMELSER

1. Ligesom Reglen i § 16, at Civillisten bestemmes ved Lov, ingen Anvendelse har for den nuregjerende Konge, saaledes vil ikke heller den i § 17 givne Forskrift være til Hinder for, at Apanager nydes udenfor Riget, forsaavidt saadant hjemles ved alt bestaaende Contracter.

2. Indtil den i § 22 bebudede Pensionslov udkommer, vil enhver Embedsmand, der efter samme Paragraphs Bestemmelse bliver afskediget, erholde Pension efter de hidtil fulgte Regler.

3. Den i § 78 indeholdte Bestemmelse, at Dommere ikke kunne afsættes uden ved Dom eiheller forflyttes mod deres Ønske, skal ikke være anvendelig paa de nærværende Dommere, som tillige have administrative Forretninger.

4. Indtil en Omordning af den criminelle Proces er iværksat, vil den i § 85 omhandlede Indankning af en Fængslingskjendelse skee som af en privat Sag, dog med Extraretsvarsel, ligesom den Klagende er fritagen for Brugen af stemplet Papiir og Erlæggelse af Retsgebyrer. Der bør gives ham Adgang til i Anledning af saadan Paaanke at raadføre sig med en Sagfører, og nye Oplysninger kunne fremlægges for Overretten.

Og er da hermed ophævet den af Vor Forgjænger paa Thronen, høisalig Kong Frederik den Tredie, efter den Ham af de danske Stænder dertil meddeelte Fuldmagt, under 14de November 1665 givne Kongelov, alene med Undtagelse af de Bestemmelser, der indeholdes i §§ 27 til 40, om Arvefølgen, hvilke ere stadfæstede i Grundlovens § 4, og de i §§ 21 og 25 om de kongelige Prindser og Prindsesser indeholdte Forskrifter, indtil ved en Huuslov anderledes derom maatte vorde bestemt.

Givet paa Vort Slot Christiansborg den 5te Juni 1849.

Under Vor Kongelige Haand og Segl.

FREDERIK R

A.W. Moltke

Bardenfleth.

Zahrtmann mpp.

C.F. Hansen.

W. C. E. Sponneck.

P. G. Bang.

J. N. Madvig.

H. N. Clausen.

Danmarks Riges Grundlov.

(In Seidenschnuren Kapsel mit dem hängenden Majestätssiegel).

Grundlov (Staatsgrundgesetz)
für Dänemark vom 5. Juni 1849
(Deutsche Übersetzung)

Wir Friedrich der Siebente, von Gottes Gnaden König zu Dänemark, der Wenden und Gothen, Herzog zu Schleswig, Holstein, Stormarn, Dithmarschen, Lauenburg und Oldenburg, thun kund und zu wissen für Alle: nachdem wir aus freier Königlicher Machtvollkommenheit in Uebereinstimmung mit unserm getreuen Volke beschlossen haben, ein neues Grundgesetz für das Königreich Dänemark ausgehen zu lassen, und eine vollständige Uebereinkunft über den Inhalt dieses Grundgesetzes zwischen uns und der für das Königreich zusammengetretenen Reichsversammlung glücklich zu Stande gebracht worden ist in Bezug auf den Entwurf, den wir der Reichsversammlung als Grundlage für ihre Verhandlungen haben vorlegen lassen, so haben wir jetzt – doch mit dem Vorbehalte, dass die Ordnung alles dessen, was die Stellung des Herzogthums Schleswig betrifft, bis nach abgeschlossenem Frieden beruhen bleibt – nachfolgendes Staatsgrundgesetz von Dänemark angenommen, so wie es von uns und unseren Nachfolgern auf dem Dänischen Throne unverbrüchlich gehalten werden soll, welches folgendermaßen lautet:

I.

§ 1. Die Regierungsform ist eingeschränkt monarchisch. Die Königliche Gewalt ist erblich.

§ 2. Die gesetzgebende Gewalt ist bei dem Könige und dem Reichstage in Gemeinschaft. Die ausübende Gewalt ist bei dem Könige. Die richterliche Gewalt ist bei den Gerichtshöfen.

§ 3. Die evangelisch-lutherische Kirche ist die Dänische Volkskirche und wird als solche vom Staate unterstützt.

II.

§ 4. Die im Königsgesetze bestimmte Erbfolge gilt auch ferner. Sie kann nur nach einem Vorschlage des Königs und mit Einwilligung des vereinigten Reichstages, wozu drei Viertheile der abgegebenen Stimmen nöthig sind, verändert werden.

§ 5. Der König kann ohne Einwilligung des Reichstages nicht Oberhaupt eines anderen Landes, als derer, die zur Dänischen Monarchie gehören, sein.

§ 6. Der König muß der evangelisch-lutherischen Kirche angehören.

§ 7. Der König ist mündig, wenn er sein 18tes Jahr vollendet hat.

§ 8. Bevor der König die Regierung antritt, legt er vor dem vereinigten Reichstage folgenden Eid ab:
„Ich gelobe und schwöre, das Dänische Staatsgrundgesetz zu halten, so helfe mir Gott und sein heiliges Wort."
Sollte der Reichstag bei dem Thronwechsel nicht versammelt sein, so wird der Eid schriftlich im Staatsrathe niedergelegt und später vor dem vereinigten Reichstage wiederholt.

§ 9. Sobald der König wegen einer Reise oder wegen Schwäche findet, daß ein Reichsvorstand zu ernennen ist, so ruft er den Reichstag zusammen und legt diesem einen Gesetzvorschlag darüber vor.

§ 10. Wenn der König sich außer Stande zu regieren befindet, so ruft der Staatsrath den Reichstag zusammen. Wenn der vereinigte Reichstag mit drei Viertheilen der abgegebenen Stimmen die Nothwendigkeit einräumt, so ernennt er einen Reichsvorstand, und ordnet, wenn es nöthig sein sollte, eine Vormundschaft an.

§ 11. Ist Grund zur Besorgniß da, daß der Thronfolger zur Zeit des Todes des Königs unmündig oder aus anderen Gründen selbst zu regieren außer Stand ist, so wird ein Reichsvorstand durch das Gesetz bestimmt und eine Vormundschaft vom Könige angeordnet. Der Reichsvorstand kann nicht an der Vormundschaft Theil nehmen.

§ 12. Der Reichsvorstand legt den für den König vorgeschriebenen Eid ab und übt, so lange die Reichsvorsteherschaft währt, im Namen des Königs alle dessen Rechte aus, doch kann er keine Veränderung der Erbfolge vorschlagen.

§ 13. Nach des Königs Tode versammelt sich innerhalb 14 Tagen der zuletzt gewählte Reichstag ohne Zusammenberufung.

§ 14. Ist kein Thronfolger vorhanden, oder kann der Thronfolger oder der Reichsvorstand die Regierung nicht gleich antreten, so wird diese vom Staatsrathe geführt, bis der Reichstag die nothwendigen Bestimmungen getroffen hat.

§ 15. Wenn der Thronfolger oder der Reichsvorstand abwesend ist, so bestimmt der vereinigte Reichstag, innerhalb welcher Zeit er zurückkehren müsse. Ist der Thronfolger unmündig oder aus anderen Gründen nicht im Stande zu regieren, ohne daß

Reichsvorsteher und Vormundschaft eingesetzt sind, so ernennt der vereinigte Reichstag den Reichsvorstand und besorgt die Vormundschaft. Ist kein Thronfolger vorhanden, so wählt der vereinigte Reichstag einen König und setzt die fernere Erbfolge fest.

§ 16. Die Civilliste des Königs wird zu Anfang jeder Regierung durch ein Gesetz bestimmt. Dabei wird gleichzeitig festgestellt, welche Schlösser und anderweitiges Staatseigenthum zur Civilliste gehören sollen. Die Civilliste kann nicht mit Schulden belastet werden.

§ 17. Für die Mitglieder des Königlichen Hauses können Apanagen durch ein Gesetz bestimmt werden. Ohne Genehmigung des Reichstages können keine Apanagen außerhalb Landes verzehrt werden.

III.

§ 18. Der König ist unverantwortlich, seine Person ist heilig und unverletzlich. Die Minister sind für die Führung der Regierung verantwortlich.

§ 19. Der König ernennt und entlässt seine Minister. Die Beschlüsse über Gesetzgebung und Regierung sind durch die Unterschrift des Königs gültig, wenn diese von der Unterschrift eines Ministers begleitet ist. Der Minister, welcher unterschrieben hat, ist für den Beschluß verantwortlich.

§ 20. Die Minister können für ihre Amtsführung in Anklagestand versetzt werden. Die Volkskammer klagt an, das Reichsgericht richtet.

§ 21. Die Minister in ihrer Gesammtheit bilden den Staatsrath, den Vorsitz in demselben führt der vom Könige ernannte Premierminister. Alle Gesetzesvorschläge und wichtigeren Regierungsmaaßregeln werden dem Staatsrathe vorgelegt. Die Ordnung desselben, so wie die Ministerverantwortlichkeit werden durch ein Gesetz bestimmt.

§ 22. Der König besetzt alle Aemter in demselben Maaße wie bisher. Veränderungen darin können nur durch ein Gesetz geschehen. Niemand kann zum Beamten ernannt werden, der nicht das Indigenatrecht hat.
Der König kann die von ihm angestellten Beamten entlassen. Die Pension derselben wird in Uebereinstimmung mit dem Pensionsgesetze festgestellt.
Der König kann Beamte ohne ihre Einwilligung versetzen, doch so, daß sie dabei nicht an den Amtseinnahmen einbüßen, und daß ihnen zwischen solcher Versetzung und einer Verabschiedung mit Pension nach den allgemeinen Vorschriften die Wahl gelassen wird.

Ausnahmen für gewisse Classen von Beamten, außer den im § 87 [sic!, richtiger 78] festgestellten, werden durch ein Gesetz bestimmt.

§ 23. Der König hat den Oberbefehl über Land- und Seemacht, er erklärt Krieg und schließt Frieden, geht ein und hebt auf Bündnisse und Handelsverträge, doch kann er ohne Genehmigung des Reichstages keinen Theil des Landes abtreten, über Staatseinnahmen entscheiden oder dem Staate irgend eine belastende Verpflichtung aufladen.

§ 24. Der König ruft jährlich einen ordentlichen Reichstag zusammen. Ohne Genehmigung des Königs kann derselbe nicht länger als zwei Monate sitzen. Umänderungen in diesen Bestimmungen können durch ein Gesetz geschehen.

§ 25. Der König kann den Reichstag zu außerordentlichen Zusammenkünften einberufen, deren Dauer von seiner Bestimmung abhängt.

§ 26. Der König kann die Zusammenkünfte eine Zeitlang vertagen, doch ohne Einwilligung des Reichstages nicht länger als auf zwei Monate und nicht mehr als einmal im Jahre bis zu dessen nächster ordentlicher Zusammenkunft.

§ 27. Der König kann den ganzen Reichstag oder eine Abtheilung desselben auflösen; wird nur eine Kammer aufgelöst, so werden die Versammlungen der andern vertagt, biß der ganze Reichstag wieder zusammentreten kann. Dieses muß innerhalb zweier Monate nach der Auflösung stattfinden.

§ 28. Der König kann dem Reichstage Gesetzesvorschläge und andere Beschlüsse vorlegen lassen.

§ 29. Die Einwilligung des Königs thut noth, um einem Reichstagsbeschlusse Gesetzeskraft zu verleihen. Der König befiehlt die Bekanntmachung und sorgt für dessen Vollstreckung.

§ 30. In sehr kritischen Fällen kann der König, wenn der Reichstag nicht versammelt sein sollte, vorläufige Gesetze erlassen, die jedoch dem Grundgesetze nicht zuwider sein dürfen und immer dem nächsten Reichstage vorgelegt werden müssen.

§ 31. Der König kann begnadigen und Amnestie ertheilen; die Minister kann er nur mit Einwilligung der Volkskammer von den ihnen durch das Reichsgericht zuerkannten Strafen befreien.

§ 32. Der König ertheilt theils unmittelbar, theils durch die betreffenden Regierungsbehörden diejenigen Bewilligungen und Ausnahmen von den jetzt geltenden Gesetzen, welche bisher geltenden Regeln zufolge gebräuchlich gewesen sind.

§ 33. Der König hat das Recht, mit Rücksicht auf das Gesetz, Geld münzen zu lassen.

IV.

§ 34. Der Reichstag besteht aus einer Volks- und einer Landes-Kammer (Folkething – Landsthing).

§ 35. Das Wahlrecht zur Volkskammer hat jeder unbescholtene Mann mit Indigenatrecht, wenn er sein 30stes Jahr vollendet hat, wenn er nicht a) ohne eigenen Hausstand in Privatdiensten steht; b) irgend eine Unterstützung von der Armenverwaltung, die entweder nicht aufgegeben oder nicht zurückbezahlt ist, genießt oder genossen hat; c) über seine Wohnung nicht verfügen kann; d) kein festes Domicil ein Jahr lang in dem Wahlbezirke oder der Stadt gehabt hat, wo er sich zur Zeit der Wahl aufhält.

§ 36. Wählbar zur Volkskammer ist, mit den in § 35 a, b. und c. genannten Ausnahmen, ein jeder unbescholtene Mann mit Indigenatrecht, der sein 25stes Jahr vollendet hat.

§ 37. Die Anzahl der Mitglieder der Volkskammer soll sich ungefähr wie 1 auf 14000 Einwohner verhalten. Die Wahlen gehen in Wahlbezirken vor sich, deren Umfang das Wahlgesetz bestimmt. Ein jeder Wahlbezirk wählt einen von denen, die sich zur Wahl gemeldet haben.

§ 38. Die Mitglieder der Volkskammer werden auf drei Jahre gewählt. Sie erhalten Diäten.

§ 39. Das Wahlrecht zur Landeskammer hat ein jeder, der zufolge § 35 dasjenige zur Volkskammer hat. Die Wahlberechtigten wählen aus ihrer Mitte Wahlmänner nach den im Wahlgesetze angegebenen Bestimmungen.

§ 40. Wählbar zur Landeskammer ist jeder unbescholtene Mann mit Indigenatsrecht [sic!], dessen Wohnung nicht unter Bankerott- oder Falliments-Behandlung ist, wenn er sein 40stes Jahr vollendet und im letzten Jahre entweder in directer Steuer dem Staate oder der Gemeinde 200 Rbthlr. gezahlt hat oder nachweist, daß er ein reines jährliches Einkommen von 1200 Rbthlr. besitzt. In den Wahlbezirken, wo die Anzahl der Wählbaren nach dieser Vorschrift nicht in dem vom Wahlgesetze bestimmten Verhältnisse zur Bevölkerung steht, wird die Anzahl der Wählbaren durch die Nächstbesteuerten im Wahlbezirke vergrößert, bis jenes Verhältniß erreicht ist.

§ 41. Die Wahlen zur Landeskammer finden in größeren Wahlbezirken statt, welche durch das Wahlgesetz bestimmt werden. Die Wahlmänner in jedem größeren Wahlbezirke treten zusammen und stimmen für so viele Männer, als für den Wahlbezirk gewählt werden sollen, in welchem mindestens drei Viertheile der Gewählten im letzten Jahre vor der Wahl festes Domicil haben müssen. Zu einer gültigen Wahl bedarf es mehr als der Hälfte der abgegebenen Stimmen.

§ 42. Die Zahl der Mitglieder der Landeskammer soll immer ungefähr halb so groß sein, als die der Mitglieder der Volkskammer.

§ 43. Die Mitglieder der Landeskammer werden auf 8 Jahre gewählt. Jedes 4te Jahr scheidet die Hälfte aus. Sie erhalten dieselben Diäten wie die Mitglieder der Volkskammer.

§ 44. Wenn ein neues Communalgesetz gegeben ist, können die Landeskammer-Wahlen durch ein Gesetz auf die größeren communalen (Amts- oder Provinzial-) Räthe übergehen.

V.

§ 45. Der jährliche Reichstag tritt am ersten Montage im October zusammen, wenn der König ihn nicht auf eine frühere Zeit einberufen hat.

§ 46. Der Reichstag versammelt sich am Sitze der Regierung. In außerordentlichen Fällen kann der König ihn in eine andere Stadt des Reichs berufen.

§ 47. Der Reichstag ist unverletzlich. Wer dessen Sicherheit und Freiheit antastet oder einen dahin zielenden Befehl ausstellt oder befolgt, ist des Hochverraths schuldig.

§ 48. Jede Kammer ist berechtigt, Gesetze vorzuschlagen und ihrerseits anzunehmen.

§ 49. Jede Kammer kann Adressen an den König einreichen.

§ 50. Jede Kammer kann Commissionen ihrer Mitglieder zur Untersuchung allgemein wichtiger Gegenstände niedersetzen. Diese sind berechtigt, sowohl von Staatsbehörden als von Privaten mündliche oder schriftliche Aufklärungen zu fordern.

§ 51. Keine Steuer kann anders als durch ein Gesetz aufgelegt, umgewandelt oder aufgehoben werden, ebenso kann ohne ein Gesetz keine Mannschaft ausgeschrieben, keine Staatsanleihe aufgenommen, keine Staatsdomaine verkauft werden.

§ 52. Auf jedem ordentlichen Reichstage wird gleich nach seiner Zusammenkunft der Entwurf des Finanzgesetzes für das folgende Finanzjahr, welcher einen Ueberschlag der Staats-Einnahmen und Ausgaben enthält, vorgelegt werden. Die Finanzvorlage wird zuerst in der Volkskammer verhandelt. Ohne daß das Finanzgesetz angenommen ist, können keine Steuern erhoben werden. Keine Ausgabe kann geschehen, die nicht in diesem eine Gewähr hat.

§ 53. Jede Kammer ernennt zwei besoldete Revisoren. Diese prüfen die jährliche Staats-Rechenschaft und sehen zu, ob sämmtliche Staats-Einnahmen darin aufgeführt sind und keine Ausgaben über das Finanzgesetz stattgefunden haben. Sie können die Mittheilung aller dazu nöthigen Aufklärungen und Actenstücke fordern. Die jährliche Rechenschafts-Ablage wird mit den Bemerkungen der Revisoren dem Reichstage vorgelegt, der, mit Rücksicht auf diese, einen Beschluß faßt.

§ 54. Keine Ausländer können von nun an ohne ein Gesetz das Indigenatrecht erhalten.

§ 55. Kein Gesetzesvorschlag kann angenommen werden, bevor er dreimal in der Kammer verhandelt worden ist.

§ 56. Wenn ein Gesetzesvorschlag von einer Kammer verworfen worden ist, so kann er nicht von derselben Kammer in derselben Session wieder vorgenommen werden.

§ 57. Wenn ein Gesetzesvorschlag in einer Kammer angenommen ist, so wird er in der festgesetzten Form der anderen vorgelegt ; wird er in dieser verändert, so geht er an die erste zurück ; nimmt diese wieder Veränderungen vor, so geht der Vorschlag abermals an die andere Kammer. Wird dann noch keine Uebereinstimmung erzielt, so kann, auf Verlangen einer Kammer, jede Kammer eine gleiche Anzahl von Mitgliedern ernennen, um zu einem Ausschusse zusammenzutreten, welcher ein Gutachten über die Abweichungen abgiebt ; mit Rücksicht auf den Bericht des Ausschusses findet dann in jeder Kammer für sich der Endbeschluß statt.

§ 58. Jede Kammer entscheidet selbst über die Gültigkeit der Wahlen ihrer Mitglieder.

§ 59. Jedes neue Mitglied legt, sobald die Gültigkeit seiner Wahl anerkannt ist, den Eid auf das Grundgesetz ab.

§ 60. Die Reichstagsmitglieder sind nur an ihre Ueberzeugung, nicht an irgend eine Vorschrift ihrer Wähler gebunden. Beamte, die in den Reichstag gewählt werden, bedürfen keiner Regierungs-Erlaubniß zur Annahme der Wahl.

§ 61. So lange der Reichstag sitzt, kann kein Mitglied desselben ohne Einwilligung der Kammer, welcher es angehört, für Schulden verhaftet, viel weniger gefangen genommen oder angeklagt werden, falls es nicht auf frischer That ergriffen wird. Kein Mitglied kann für seine Aeußerungen im Reichstage ohne Genehmigung der Kammer außerhalb derselben zur Verantwortung gezogen werden.

§ 62. Geräth ein in gültiger Weise Gewählter in eine Lage, welche von der Wählbarkeit ausschließt, so verliert er das aus der Wahl entspringende Recht. Jedoch soll kein Mitglied den Sitz in der Kammer einbüßen, wenn es im Laufe der Zeit, auf welche es gewählt ist, in einen anderen Wahlbezirk verzieht. Ein Gesetz soll näher bestimmen, in welchen Fällen sich ein Reichstags-Mitglied, welches zu besoldeten Staatsämtern befördert wird, einer Neuwahl unterwerfen muß.

§ 63. Die Minister haben zufolge ihres Amts Zutritt zum Reichstage und sind berechtigt, während der Verhandlungen, so oft sie wollen, das Wort zu verlangen, müssen jedoch im Uebrigen die Geschäftsordnung befolgen. Das Stimmrecht haben sie nur, wenn sie Reichstagsmitglieder sind.

§ 64. Jede Kammer wählt sich selbst ihren Präsidenten und Vicepräsidenten.

§ 65. Keine Kammer kann einen Beschluß fassen, wenn nicht über die Hälfte ihrer Mitglieder zugegen ist und an der Abstimmung Theil nimmt.

§ 66. Jedes Reichstagsmitglied kann in der Kammer, welcher es angehört, mit deren Genehmigung jedes öffentliche Anliegen zur Verhandlung bringen und darüber eine Erklärung der Minister verlangen.

§ 67. Kein Antrag kann einer Kammer anders als durch ein Mitglied überreicht werden.

§ 68. Findet die Kammer keine Veranlassung, über einen Antrag einen Beschluß zu fassen, so kann sie denselben an die Minister verweisen.

§ 69. Die Reichstagssitzungen sind öffentlich, doch kann der Präsident oder die in der Geschäftsordnung bestimmte Anzahl Mitglieder fordern, daß alle nicht Betheiligten entfernt werden, worauf die Kammer entscheidet, ob die Sache in geheimer oder öffentlicher Sitzung verhandelt werden solle.

§ 70. Jede Kammer setzt die näheren Bestimmungen fest, welche das Geschäftsverfahren und die Aufrechterhaltung der Ordnung betreffen.

§ 71. Der vereinigte Reichstag wird durch den Zusammentritt der Volks- und der Landeskammer gebildet. Zur Fassung eines Beschlusses bedarf es der Anwesenheit und Theilnahme an der Abstimmung von mehr als einer Hälfte der Mitglieder einer jeden Kammer. Er wählt sich selbst den Präsidenten und trifft die näheren Bestimmungen in Betreff der Geschäftsordnung.

VI.

§ 72. Das Reichsgericht besteht aus 16 Mitgliedern, die auf 4 Jahre zur Hälfte von der Landeskammer, zur Hälfte von den höchsten Gerichtshöfen des Landes aus ihren eigenen Mitgliedern gewählt werden. Es wählt sich den Präsidenten aus seiner eigenen Mitte. Das Gerichtsverfahren wird durch ein Gesetz näher bestimmt.

§ 73. Das Reichsgericht erkennt über die von der Volkskammer gegen die Minister eingebrachten Klagen. Der König kann auch Andere für Verbrechen, die ihm besonders staatsgefährlich scheinen, mit Genehmigung der Volkskammer vor das Reichsgericht stellen.

§ 74. Die Ausübung der richterlichen Gewalt kann nur durch ein Gesetz geordnet werden.

§ 75. Die mit gewissem Grundbesitz verbundene Gerichtsgewalt (Patrimonialgerichtsbarkeit) soll durch ein Gesetz aufgehoben werden.

§ 76. Die Rechtspflege soll von der Verwaltung nach den durch ein Gesetz festzustellenden Regeln getrennt werden.

§ 77. Die Gerichtshöfe haben das Recht, jede Frage über die Gränzen [sic!] der obrigkeitlichen Gewalt zu untersuchen. Doch kann derjenige, welcher eine solche Anfrage stellt, dadurch, daß er die Sache vor ein Gericht gebracht hat, vorläufig den Befehlen der Obrigkeit nachzukommen nicht unterlassen.

§ 78. Die Richter dürfen sich nur nach den Gesetzen richten. Sie können nicht ohne Richterspruch abgesetzt oder wider ihren Willen versetzt werden, als wenn eine neue Einrichtung der Gerichtshöfe stattfindet. Doch kann ein Richter, der sein 65stes Jahr vollendet hat, ohne Verlust der Einkünfte verabschiedet werden.

§ 79. Öffentlichkeit und Mündlichkeit sollen baldmöglichst in die ganze Rechtspflege eingeführt werden. Für Verbrechen und politische Gesetzesübertretungen werden Geschworenengerichte eingeführt.

VII.

§ 80. Die Verfassung der Volkskirche wird durch ein Gesetz geordnet.

§ 81. Die Bürger haben das Recht, sich gemeinsam zu versammeln, um Gott auf die Weise zu verehren, wie sie zu ihrer Ueberzeugung stimmt, doch darf nichts gelehrt oder vorgenommen werden, welches der Sittlichkeit oder der öffentlichen Ordnung zuwider läuft.

§ 82. Es ist Niemand zu einem persönlichen Beitrage für andere Bekenntnisse als dasjenige, dem er angehört, verpflichtet. Doch soll ein Jeder, welcher nicht nachweist, daß er Mitglied einer im Lande anerkannten Glaubensgenossenschaft ist, für das Schulwesen die der Volkskirche gesetzlich gebührenden persönlichen Abgaben zahlen.

§ 83. Die Verhältnisse der von der Volkskirche abweichenden Glaubensgenossenschaften werden durch ein Gesetz näher geordnet.

§ 84. Keiner kann wegen seines Glaubensbekenntnisses den vollen Genuß der bürgerlichen und politischen Rechte einbüßen oder sich der Erfüllung einer allgemeinen Bürgerpflicht entziehen.

VIII.

§ 85. Ein Jeder, der verhaftet wird, soll innerhalb 24 Stunden vor einen Richter gestellt werden. Kann der Verhaftete nicht gleich auf freien Fuß gestellt werden, so soll der Richter durch einen mit Gründen versehenen Bescheid, der so bald als möglich, spätestens innerhalb dreier Tage, zu geben ist, dessen Verhaftung verfügen, und falls derselbe gegen Bürgschaft freigelassen werden kann, deren Art und Größe bestimmen. Der vom Richter abgegebene Bescheid kann vom Betheiligten sogleich vor einem höheren Gerichte eingeklagt werden. Für ein Versehen, welches nur durch Geldbuße oder einfache Haft gestraft werden kann, darf keine Untersuchungshaft stattfinden.

§ 86. Die Wohnung ist unverletzlich. Haussuchung, Beschlagnahme und Untersuchung von Papieren und Briefen kann, wo kein Gesetz eine besondere Ausnahme gestattet, nur auf gerichtliche Verfügung stattfinden.

§ 87. Das Eigenthumsrecht ist unverletzlich. Niemand kann verpflichtet werden, sein Eigenthum abzutreten, außer wenn das Gemeinwohl es erheischt. Es kann dieses nur nach einem Gesetze und mit vollständigem Ersatze erfolgen.

§ 88. Jegliche Einschränkung des freien und gleichen Zugangs zum Erwerbe, die nicht auf das Gemeinwohl begründet ist, soll durch ein Gesetz aufgehoben werden.

§ 89. Wer sich oder die Seinigen nicht ernähren kann, und dessen Versorgung keinem Anderen obliegt, ist berechtigt, Hülfe vom Staate zu erhalten, doch muß er sich den Verpflichtungen unterwerfen, welche die Gesetze darüber erheischen.

§ 90. Die Kinder, deren Eltern keine Mittel zu ihrer Erziehung haben, erhalten freien Unterricht in den Gemeindeschulen.

§ 91. Ein jeder ist berechtigt, seine Gedanken durch den Druck zu veröffentlichen, doch vorbehältlich der gerichtlichen Verantwortung. Censur und andere vorbeugende Maaßregeln können in keiner Weise wieder eingeführt werden.

§ 92. Die Bürger haben das Recht, ohne vorgängige Erlaubniß, Vereine zu jedem gesetzlichen Zwecke zu bilden. Kein Verein kann durch eine Regierungsmaaßregel aufgehoben werden. Doch können Vereine vorläufig verboten werden, nur daß sogleich eine Klage gegen den Verein, um dessen Aufhebung zu erwirken, eingericht [sic!] werden muß.

§ 93. Die Bürger haben das Recht, sich ohne Waffen zu versammeln. Oeffentliche Versammlungen zu überwachen ist die Polizei berechtigt. Versammlungen unter freiem Himmel können bei drohender Gefahr für die öffentliche Ruhe verboten werden.

§ 94. Bei Aufläufen kann die bewaffnete Macht, wenn sie nicht angegriffen wird, nur dann einschreiten, wenn die Menge dreimal im Namen des Königs und des Gesetzes vergeblich aufgefordert worden, auseinander zu gehen.

§ 95. Jeder waffenfähige Mann ist verpflichtet, mit seiner Person zur Vertheidigung des Vaterlandes beizutragen, nach den im Gesetze vorgeschriebenen näheren Bestimmungen.

§ 96. Das Recht der Gemeinden, unter staatlicher Aufsicht ihre Angelegenheiten selbstständig zu verwalten, soll durch ein Gesetz geordnet werden.

§ 97. Jedes in der Gesetzgebung an Adel, Titel und Rang geknüpfte Vorrecht ist aufgehoben.

§ 98. Kein Lehen, Stammhaus oder Fideicommißgut kann von nun an gestiftet werden; es soll durch ein Gesetz näher bestimmt werden, wie die jetzt bestehenden zu freiem Eigenthum übergehen können.

§ 99. Für die Kriegsmacht sind die in den §§ 85, 92 und 93 gegebenen Bestimmungen nur mit den Einschränkungen, welche aus den Vorschriften des Militairgesetzbuches folgen, anwendbar.

IX.

§ 100. Vorschläge zu Veränderungen oder Zusätzen zu diesem Grundgesetze werden auf einem ordentlichen Reichstage vorgelegt. Wird der darüber gefaßte Beschluß in unveränderter Form vom nächsten ordentlichen Reichstage angenommen und vom Könige genehmigt, so werden beide Kammern aufgelöst und es finden allgemeine Wahlen für beide statt. Nimmt der neue Reichstag in einer ordentlichen oder außerordentlichen Session den Beschluß zum dritten Male an, und wird er nun vom Könige bestätigt, so ist er Grundgesetz.

X.

Transitorische Bestimmungen.

§ 1. So wie die Vorschrift des § 16, daß die Civilliste durch ein Gesetz bestimmt wird, auf den jetzigen König keine Anwendung hat, so ist auch der § 17 kein Hinderniß, daß nicht Apanagen außerhalb Landes verzehrt werden, soweit solches mit schon bestehenden Contracten sich verträgt.

§ 2. Bis das im § 22 angedeutete Pensionsgesetz erlassen ist, erhält jeder Beamte, der nach den Bestimmungen dieses § verabschiedet wird, seine Pension nach den bisher befolgten Vorschriften.

§ 3. Die im § 78 befindliche Bestimmung, daß kein Richter ohne Richterspruch entlassen oder gegen seinen Wunsch versetzt werden soll, bezieht sich nicht auf die jetzigen Richter, die zugleich Verwaltungsgeschäfte haben.

§ 4. Bis eine Umgestaltung des Criminalprocesses eingeführt ist, wird die im § 88 [sic!, richtiger 85] bestimmte Beschwerdenklage gegen einen Verhaftsbefehl als Privatsache verhandelt werden, jedoch mit Extra-Gerichts-Citation, so wie der Kläger kein Stempelpapier zu nehmen und keine Rechtsgebühren zu zahlen hat. Es muß ihm erlaubt werden, sich für eine solche Beschwerde mit einem Sachwalter zu berathen, und es können dem Obergerichte neue Aufschlüsse vorgelegt werden.

Und ist hiermit aufgehoben das von Unserem Vorgänger auf dem Throne, dem hochseligen Könige Friedrich III., nach der ihm von den Dänischen Ständen dazu ertheilten Vollmacht am 14. November 1665 gegebene Königsgesetz, jedoch mit

Ausnahme der Bestimmungen, welche in den §§ 27 bis 40 über die Erbfolge enthalten und im Grundgesetze § 4 bestätigt sind, so wie der Vorschriften in den §§ 21 und 25 über die Königlichen Prinzen und Prinzessinnen, bis durch ein Hausgesetz darüber anders bestimmt sein sollte.

Gegeben auf Unserem Schlosse Christiansborg, den 5. Juni 1849.

Unter Unserer Königlichen Hand und Siegel.

Frederik R.

A. W. Moltke.

Bardenfleth. Zahrtmann. C. F. Hansen.
W. C. E. Sponneck. P. G. Bang.
J. N. Madvig. H. N. Clausen.

Quelle: Staatsgrundgesetz für das Königreich Dänemark. Kopenhagen, den 5. Juni 1849. Kiel 1849.

KIELER WERKSTÜCKE

Reihe A: Beiträge zur schleswig-holsteinischen und skandinavischen Geschichte
Hrsg. von Oliver Auge und Thomas Riis

Band 1 Kai Fuhrmann: Die Auseinandersetzung zwischen königlicher und gottorfischer Linie in den Herzogtümern Schleswig und Holstein in der zweiten Hälfte des 17. Jahrhunderts. 1990.

Band 2 Ralph Uhlig (Hrsg.): Vertriebene Wissenschaftler der Christian-Albrechts-Universität zu Kiel (CAU) nach 1933. Zur Geschichte der CAU im Nationalsozialismus. Eine Dokumentation, bearbeitet von Uta Cornelia Schmatzler und Matthias Wieben. 1991.

Band 3 Carsten Obst: Der demokratische Neubeginn in Neumünster 1947 bis 1950 anhand der Arbeit und Entwicklung des Neumünsteraner Rates. 1992.

Band 4 Thomas Hill: Könige, Fürsten und Klöster. Studien zu den dänischen Klostergründungen des 12. Jahrhunderts. 1992.

Band 5 Rüdiger Wurr / Udo Gerigk / Uwe Törper / Alfred Sielken: Türkische Kolonie im Wandel. Ausländersozialarbeit und Ausländerpädagogik in Schleswig-Holstein (Bandhrsg.: Kai Fuhrmann und Ralph Uhlig). 1992.

Band 6 Torsten Mußdorf: Die Verdrängung jüdischen Lebens in Bad Segeberg im Zuge der Gleichschaltung 1933–1939 (Bandhrsg.: Kai Fuhrmann und Ralph Uhlig).1992.

Band 7 Thorsten Afflerbach: Der berufliche Alltag eines spätmittelalterlichen Hansekaufmanns. Betrachtungen zur Abwicklung von Handelsgeschäften. 1993.

Band 8 Ralph Uhlig: *Confidential Reports* des Britischen Verbindungsstabes zum Zonenbeirat der britischen Besatzungszone in Hamburg (1946–1948). Demokratisierung aus britischer Sicht. 1993.

Band 9 Broder Schwensen: Der Schleswig-Holsteiner-Bund 1919–1933. Ein Beitrag zur Geschichte der nationalpolitischen Verbände im deutsch-dänischen Grenzland. 1993.

Band 10 Matthias Wieben: Studenten der Christian-Albrechts-Universität im Dritten Reich. Zum Verhaltensmuster der Studenten in den ersten Herrschaftsjahren des Nationalsozialismus. 1994.

Band 11 Volker Henn / Arnved Nedkvitne (Hrsg.): Norwegen und die Hanse. Wirtschaftliche und kulturelle Aspekte im europäischen Vergleich. 1994.

Band 12 Jürgen Hartwig Ibs: Die Pest in Schleswig-Holstein von 1350 bis 1547/48. Eine sozialgeschichtliche Studie über eine wiederkehrende Katastrophe. 1994.

Band 13 Martin Höffken: Die "Kieler Erklärung" vom 26. September 1949 und die "Bonn-Kopenhagener Erklärungen" vom 29. März 1955 im Spiegel deutscher und dänischer Zeitungen. Regierungserklärungen zur rechtlichen Stellung der dänischen Minderheit in Schleswig- Holstein in der öffentlichen Diskussion. 1994.

Band 14 Erich Hoffmann / Frank Lubowitz (Hrsg.): Die Stadt im westlichen Ostseeraum. Vorträge zur Stadtgründung und Stadterweiterung im Hohen Mittelalter. Teil 1 und 2. 1995.

Band 15 Claus Ove Struck: Die Politik der Landesregierung Friedrich Wilhelm Lübke in Schleswig-Holstein (1951–1954). 1997.

Band 16 Hannes Harding: Displaced Persons (DPs) in Schleswig-Holstein 1945–1953. 1997.

Band 17 Olav Vollstedt: Maschinen für das Land. Agrartechnik und produzierendes Gewerbe Schleswig-Holsteins im Umbruch (um 1800–1867). 1997.

Band 18 Jörg Philipp Lengeler: Das Ringen um die Ruhe des Nordens. Großbritanniens Nordeuropa-Politik und Dänemark zu Beginn des 18. Jahrhunderts. 1998.

Band 19 Thomas Riis (Hrsg.): Tisch und Bett. Die Hochzeit im Ostseeraum seit dem 13. Jahrhundert. 1998.

Band 20 Alf R. Bjercke: Norwegische Kätnersöhne als königliche Dragoner. Eine Abhandlung über den Dragonerdienst in Norwegen und die Grenzwache in Schleswig-Holstein 1758–1762. 1999.

Band 21 Niels Bracke: Die Regierung Waldemars IV. Eine Untersuchung zum Wandel von Herrschaftsstrukturen im spätmittelalterlichen Dänemark. 1999.

Band 22 Lutz Sellmer: Albrecht VII. von Mecklenburg und die Grafenfehde (1534–1536). 1999.

Band 23 Ernst-Erich Marhencke: Hans Reimer Claussen (1804–1894). Kämpfer für Freiheit und Recht in zwei Welten. Ein Beitrag zu Herkunft und Wirken der "Achtundvierziger". 1999.

Band 24 Hans-Otto Gaethke: Herzog Heinrich der Löwe und die Slawen nordöstlich der unteren Elbe. 1999.

Band 25 Henning Unverhau: Gesang, Feste und Politik. Deutsche Liedertafeln, Sängerfeste, Volksfeste und Festmähler und ihre Bedeutung für das Entstehen eines nationalen und politischen Bewußtseins in Schleswig-Holstein 1840–1848. 2000.

Band 26 Joseph Ben Brith: Die Odyssee der Henrique-Familie (Bandhrsg.: Björn Marnau und Ralph Uhlig). 2001.

Band 27 Karl-Otto Hagelstein: Die Erbansprüche auf die Herzogtümer Schleswig und Holstein 1863/64. 2003.

Band 28 Annegret Wittram: Fragmenta. Felix Jacoby und Kiel. Ein Beitrag zur Geschichte der Kieler Christian-Albrechts-Universität. 2004.

Band 29 Sönke Loebert: Die dänische Vergangenheit Schleswigs und Holsteins in preußischen Geschichtsbüchern. 2008.

Band 30 Hans Gerhard Risch: Der holsteinische Adel im Hochmittelalter. Eine quantitative Untersuchung. 2010.

Band 31 Silke Hinz: Hochzeit in Kiel. Wandel im Hochzeitsgeschehen von 1965 bis 2005. 2011.

Band 32 Sönke Loebert / Okko Meiburg / Thomas Riis: Die Entstehung der Verfassungen der dänischen Monarchie (1848-1849). 2012.

Reihe B: Beiträge zur nordischen und baltischen Geschichte
Hrsg. von Hain Rebas

Band 1 Rainer Plappert: Zwischen Zwangsclearing und Entschädigung. Die politischen Beziehungen zwischen der Bundesrepublik Deutschland und Schweden im Schatten der Kriegsfolgefragen 1949–1956. 1996.

Band 2 Volker Seresse: Des Königs "arme weit abgelegenne Vntterthanen". Oesel unter dänischer Herrschaft 1559/84–1613. 1996.

Band 3 Ingrid Bohn: Zwischen Anpassung und Verweigerung. Die deutsche St. Gertruds Gemeinde in Stockholm zur Zeit des Nationalsozialismus. 1997.

Band 4 Saskia Pagell: Souveränität oder Integration? Die Europapolitik Dänemarks und Norwegens von 1945 bis 1995. 2000.

Band 5 Ulrike Hanssen-Decker: Von Madrid nach Göteborg. Schweden und der EU-Beitritt Estlands, Lettlands und Litauens, 1995–2001. 2008.

Reihe C: Beiträge zur europäischen Geschichte des frühen und hohen Mittelalters
Hrsg. von Hans Eberhard Mayer

Band 1 Martin Rheinheimer: Das Kreuzfahrerfürstentum Galiläa. 1990.

Band 2 Oliver Berggötz: Der Bericht des Marsilio Zorzi. Codex Querini-Stampalia IV 3 (1064). 1990.

Band 3 Thomas Eck: Die Kreuzfahrerbistümer Beirut und Sidon im 12. und 13. Jahrhundert auf prosopographischer Grundlage. 2000.

Reihe D: Beiträge zur europäischen Geschichte des späten Mittelalters
Hrsg. von Werner Paravicini

Band 1 Holger Kruse, Werner Paravicini, Andreas Ranft (Hrsg.): Ritterorden und Adelsgesellschaften im spätmittelalterlichen Deutschland. Ein systematisches Verzeichnis. 1991.

Band 2 Werner Paravicini (Hrsg.): Hansekaufleute in Brügge. Teil 1: Die Brügger Steuerlisten 1360–1390, hrsg. von Klaus Krüger. 1992.

Band 3 Les Chevaliers de l'Ordre de la Toison d'or au XVe siècle. Notices bio-bibliographiques publiées sous la direction de Raphaël de Smedt. 1994. 2. Auflage 2000.

Band 4 Werner Paravicini (Hrsg.): Der Briefwechsel Karls des Kühnen (1433–1477). Inventar. Redigiert von Sonja Dünnebeil und Holger Kruse. Bearbeitet von Susanne Baus u.a. Teil 1 und 2. 1995.

Band 5 Werner Paravicini (Hrsg.): Europäische Reiseberichte des späten Mittelalters. Eine analytische Bibliographie. Teil 1: Deutsche Reiseberichte, bearb. von Christian Halm. 1994. 2., durchgesehene und um einen Nachtrag ergänzte Auflage 2001.

Band 6 Rainer Demski: Adel und Lübeck. Studien zum Verhältnis zwischen adliger und bürgerlicher Kultur im 13. und 14. Jahrhundert. 1996.

Band 7 Anne Chevalier-de Gottal: Les Fêtes et les Arts à la Cour de Brabant à l'aube du XVe siècle. 1996.

Band 8 Stephan Selzer: Artushöfe im Ostseeraum. Ritterlich-höfische Kultur in den Städten des Preußenlandes im 14. und 15. Jahrhundert. 1996.

Band 9 Werner Paravicini (Hrsg.): Hansekaufleute in Brügge. Teil 2. Georg Asmussen: Die Lübecker Flandernfahrer in der zweiten Hälfte des 14. Jahrhunderts (1358–1408). 1999.

Band 10 Jean Marie Maillefer: Chevaliers et princes allemands en Suède et en Finlande à l'époque des Folkungar (1250–1363). Le premier établissement d'une noblesse allemande sur la rive septentrionale de la Baltique. 1999.

Band 11 Werner Paravicini, Horst Wernicke (Hrsg.): Hansekaufleute in Brügge. Teil 3. Prosopographischer Katalog zu den Brügger Steuerlisten 1360–1390. Bearbeitet von Ingo Dierck, Sonja Dünnebeil und Renée Rößner. 1999.

Band 12 Werner Paravicini (Hrsg.): Europäische Reiseberichte des späten Mittelalters. Eine analytische Bibliographie. Teil 2: Französische Reiseberichte, bearbeitet von Jörg Wettlaufer in Zusammenarbeit mit Jacques Paviot. 1999.

Band 13 Nils Jörn, Werner Paravicini, Horst Wernicke (Hrsg.): Hansekaufleute in Brügge. Teil 4. Beiträge der Internationalen Tagung in Brügge April 1996. 2000.

Band 14 Werner Paravicini (Hrsg.): Europäische Reiseberichte des späten Mittelalters. Eine analytische Bibliographie. Teil 3. Niederländische Reiseberichte. Nach Vorarbeiten von Detlev Kraack bearbeitet von Jan Hirschbiegel. 2000.

Band 15 Werner Paravicini (Hrsg.): Hansekaufleute in Brügge. Teil 5. Renée Rößner: Hansische Memoria in Flandern. Alltagsleben und Totengedenken der Osterlinge in Brügge und Antwerpen (13. bis 16. Jahrhundert). 2001.

Band 16 Werner Paravicini (Hrsg.): Hansekaufleute in Brügge. Teil 6. Anke Greve: Hansische Kaufleute, Hosteliers und Herbergen im Brügge des 14. und 15. Jahrhunderts. 2011.

Reihe E: Beiträge zur Sozial- und Wirtschaftsgeschichte
Hrsg. von Gerhard Fouquet

Band 1 Thomas Hill / Dietrich W. Poeck (Hrsg.): Gemeinschaft und Geschichtsbilder im Hanseraum. 2000.

Band 2 Gabriel Zeilinger: Die Uracher Hochzeit 1474. Form und Funktion eines höfischen Festes im 15. Jahrhundert. 2002.

Band 3 Sascha Taetz: Richtung Mitternacht. Wahrnehmung und Darstellung Skandinaviens in Reiseberichten städtischer Bürger des 16. und 17. Jahrhunderts. 2004.

Band 4 Harm von Seggern / Gerhard Fouquet / Hans-Jörg Gilomen (Hrsg.): Städtische Finanzwirtschaft am Übergang vom Mittelalter zur Frühen Neuzeit. 2007.

Band 5 Gerhard Fouquet (Hrsg.): Die Reise eines niederadeligen Anonymus ins Heilige Land im Jahre 1494. 2007.

Band 6 Sven Rabeler: Das Familienbuch Michels von Ehenheim (um 1462/63–1518). Ein niederadliges Selbstzeugnis des späten Mittelalters. Edition, Kommentar, Untersuchung. 2007.

Band 7 Gerhard Fouquet / Gabriel Zeilinger (Hrsg.): Die Urbanisierung Europas von der Antike bis in die Moderne. 2009.

Band 8 Dietrich W. Poeck: Die Herren der Hanse. Delegierte und Netzwerke. 2010.

Band 9 Carsten Stühring: Der Seuche begegnen. Deutung und Bewältigung von Rinderseuchen im Kurfürstentum Bayern des 18. Jahrhunderts. 2011.

Band 10 Sina Westphal: Die Korrespondenz zwischen Kurfürst Friedrich dem Weisen von Sachsen und der Reichsstadt Nürnberg. Analyse und Edition. 2011.

Reihe F: Beiträge zur osteuropäischen Geschichte
Hrsg. von Rudolf Jaworski und Ludwig Steindorff

Band 1 Peter Nitsche (Hrsg.), unter Mitarbeit von Ekkehard Klug: Preußen in der Provinz. Beiträge zum 1. deutsch-polnischen Historikerkolloquium im Rahmen des Kooperationsvertrages zwischen der Adam-Mickiewicz-Universität Pozna und der Christian-Albrechts-Universität zu Kiel. 1991.

Band 2 Rudolf Jaworski (Hrsg.): Nationale und internationale Aspekte der polnischen Verfassung vom 3. Mai 1791. Beiträge zum 3. deutsch-polnischen Historikerkolloquium im Rahmen des Kooperationsvertrages zwischen der Adam-Mickiewicz-Universität Poznań und der Christian-Albrechts-Universität zu Kiel, unter Mitarbeit von Eckhard Hübner. 1993.

Band 3 Peter Nitsche (Hrsg.): Die Nachfolgestaaten der Sowjetunion. Beiträge zur Geschichte, Wirtschaft und Politik. Herausgegeben unter Mitarbeit von Jan Kusber. 1994.

Band 4 Stephan Conermann / Jan Kusber (Hrsg.): Die Mongolen in Asien und Europa. 1997.

Band 5 Randolf Oberschmidt: Rußland und die schleswig-holsteinische Frage 1839–1853. 1997.

Band 6 Rudolf Jaworski / Jan Kusber / Ludwig Steindorff (Hrsg.): Gedächtnisorte in Osteuropa. Vergangenheiten auf dem Prüfstand. 2003.

Band 7 Ulrich Kaiser: Realpolitik oder antibolschewistischer Kreuzzug? Zum Zusammenhang von Rußlandbild und Rußlandpolitik der deutschen Zentrumspartei 1917–1933. 2005.

Band 8 Annelore Engel-Braunschmidt / Eckhard Hübner (Hrsg.): Jüdische Welten in Osteuropa. 2005.

Band 9 Martin Aust / Ludwig Steindorff (Hrsg.): Russland 1905. Perspektiven auf die erste Russische Revolution. 2007.

Reihe G: Beiträge zur Frühen Neuzeit
Hrsg. von Olaf Mörke

Band 1 Rolf Schulte: Hexenmeister. Die Verfolgung von Männern im Rahmen der Hexenverfolgung von 1530–1730 im Alten Reich. 2000. 2., ergänzte Auflage 2001.

Band 2 Jan Klußmann: Lebenswelten und Identitäten adliger Gutsuntertanen. Das Beispiel des östlichen Schleswig-Holsteins im 18. Jahrhundert. 2002.

Band 3 Daniel Höffker / Gabriel Zeilinger (Hrsg.): Fremde Herrscher. Elitentransfer und politische Integration im Ostseeraum (15.–18. Jahrhundert). 2006.

Band 4 Volker Seresse (Hrsg.): Schlüsselbegriffe der politischen Kommunikation in Mitteleuropa während der frühen Neuzeit. 2009.

Band 5 Björn Aewerdieck: Register zu den Wunderzeichenbüchern Job Fincels. 2010.

Reihe H: Beiträge zur Neueren und Neuesten Geschichte
Hrsg. von Christoph Cornelißen

Band 1 Lena Cordes: Regionalgeschichte im Zeichen politischen Wandels. Die Gesellschaft für Schleswig-Holsteinische Geschichte zwischen 1918 und 1945. 2011.

www.peterlang.de

www.ingramcontent.com/pod-product-compliance
Ingram Content Group UK Ltd.
Pitfield, Milton Keynes, MK11 3LW, UK
UKHW022226051026
15624UKWH00002B/376

9 783631 621776